LA DERNIÈRE ARTISTE SOVIÉTIQUE

VICTORIA LOMASKO

Je dédie ce livre à mon amie Nadia Plounguian, artiste, poètesse, commissaire d'expositions, critique d'art et la personne la plus talentueuse et la plus extraordinaire que je connaisse, sans le soutien de laquelle je n'aurais pu achever ce livre.

Victoria Lomasko - octobre 2022.

AVANT-PROPOS DE L'AUTRICE

À l'origine, j'ai conçu *La Dernière Artiste soviétique* comme une suite à mon précédent livre *D'Autres Russies*. J'ai depuis simplement étendu l'horizon de mes voyages jusqu'à ce que l'on nomme « l'espace post-soviétique ».

D'une part, j'ai fui Moscou où il est devenu difficile et dangereux de travailler sur des thèmes sociaux, en raison de la censure et de la répression. D'autre part, ayant vécu en URSS, je désirais chercher les traces de l'Empire soviétique, pour les analyser et pour comprendre ce qui unifiait nos peuples par le passé, ce qu'il restait aujourd'hui de ces liens, et s'il existait un « avenir *post*-post-soviétique » commun.

Dans les livres et journaux soviétiques pour les enfants avec lesquels j'ai grandi, le thème de la belle et indestructible amitié entre les quinze républiques soviétiques revenait souvent. Les textes étaient accompagnés d'images attrayantes. Les montagnes du Caucase, les steppes asiatiques, des personnages en robes bariolées tenant des fruits et, bien entendu, cette même image récurrente : quinze enfants des différentes nationalités formant une ronde. Je n'ai visité aucune république soviétique durant mon enfance et ma jeunesse. Quand j'ai organisé mes voyages dans l'espace post-soviétique en 2014, j'étais, d'une certaine façon, encore fascinée par les images et les histoires féeriques des journaux soviétiques. Et chaque fois que je rencontrais quelque chose les évoquant, je le notais et le dessinais sans faute.

Du reste, j'ai travaillé comme je le faisais en Russie auparavant. J'ai réalisé des croquis sur le vif et j'ai mené des entretiens, en appliquant les méthodes journalistiques et sociologiques. J'ai étudié la structure sociale et son impact sur le destin des gens, l'émergence des initiatives citoyennes, l'évolution des rôles genrés, la formation de l'espace urbain, *etc.*

Je pensais qu'il me fallait, pour réaliser ce livre, visiter toutes les anciennes républiques soviétiques. La pandémie a balayé ces plans et m'a amenée à reconsidérer mon regard sur la vie et, par voie de conséquence, sur les méthodes artistiques. La première partie du livre regroupe les reportages réalisés avant la pandémie.

Quand une révolution non-violente a éclaté au Bélarus en 2020 et au plus fort de la pandémie, j'ai pensé que c'était exactement l'histoire qui manquait à mon livre. Dans tous les reportages précédents, j'avais décrit la vie quotidienne et ordinaire, mais j'avais maintenant la chance de dépeindre l'ébranlement de l'espace post-soviétique et la métamorphose de la société post-soviétique en une chose nouvelle. D'une certaine manière, l'union de la Russie et du Bélarus était le dernier fragment de l'empire soviétique, si bien que la victoire de la révolution bélarusse aurait changé le paysage politique et privé le terme « post-soviétique » de toute pertinence.

Les principaux événements que j'ai vécus à Minsk sont décrits dans le reportage, mais il y manque une histoire. Avant mon retour à Moscou, craignant pour le sort de mes dessins, j'ai voulu les scanner, mais cela s'est avéré difficile. Il y avait des descentes de police chez tous les reprographes et aucun de mes proches n'avait de scanner. L'employée d'un musée national m'a alors proposé de les scanner en secret sur son lieu de travail. Alors que j'arpentais les couloirs gris et poussiéreux de l'établissement – qui me rappelaient les espaces de mon enfance – et quand, durant les scans, j'ai maintes fois tremblé et fermé en hâte le programme, après avoir découvert un membre du personnel dans mon dos, je me suis rappelé physiquement ce que signifiait être soviétique. Et toute nostalgie pour cette époque a disparu à jamais.

L'hiver, le retour d'Alexeï Navalny en Russie et de nouvelles manifestations se sont soldés par des répressions et par la transformation du régime autoritaire de Poutine[1] en dictature. L'impitoyable censure de toute représentation artistique des processus se déroulant sous nos yeux et l'impossibilité simultanée – en raison de la pandémie – de partir et de travailler en Occident, m'ont rejetée dans une sorte de réalité soviétique, m'ont renvoyée à l'époque où l'artiste non-conformiste[2] était enfermé·e seul·e à seul·e avec ses pensées et ses œuvres.

J'ai compris que je ne possédais que ma propre perception et que les événements alentour n'étaient pas importants. Seule importait la finesse avec laquelle je les percevais. M'étant totalement désintéressée des jeux politiques, j'ai commencé à percevoir le cours de la vie et l'entrelacement des innombrables destins humains. Délaissant les méthodes journalistiques et sociologiques, j'ai alors découvert que je pouvais parler de tous les phénomènes existants dans la langue des métaphores et des symboles. Voilà la véritable liberté de l'artiste.

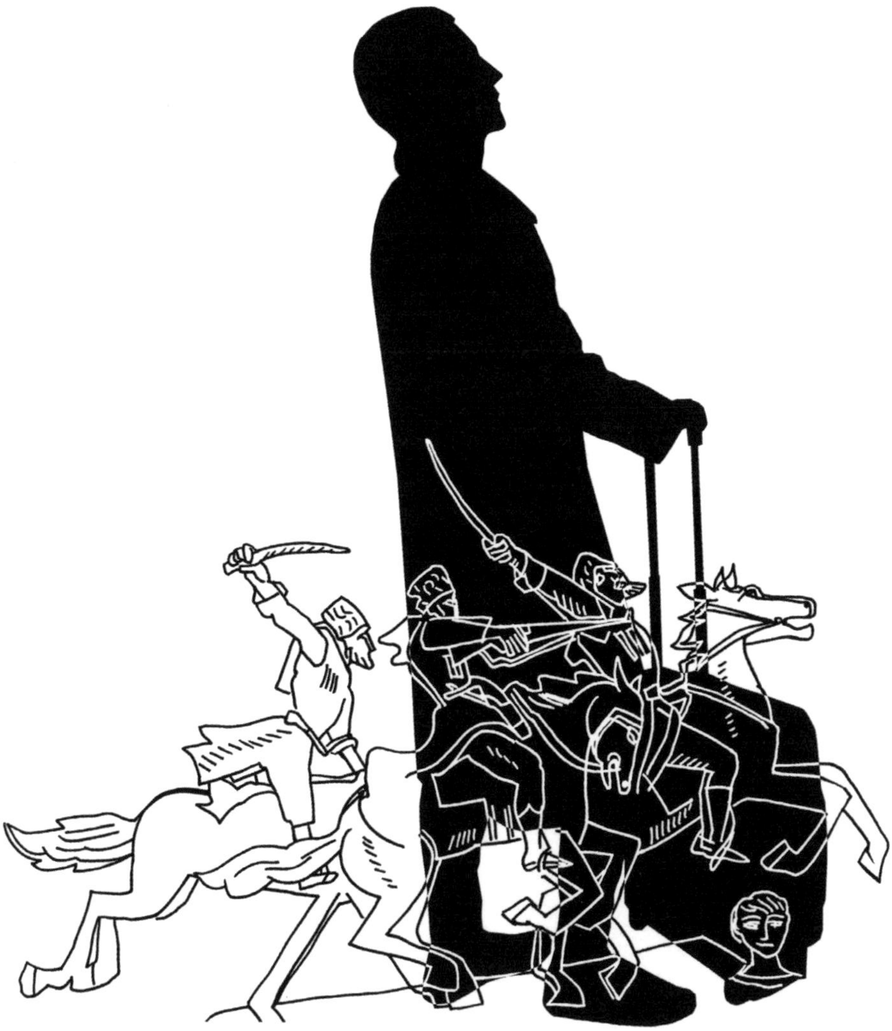

LES TRACES DE L'EMPIRE

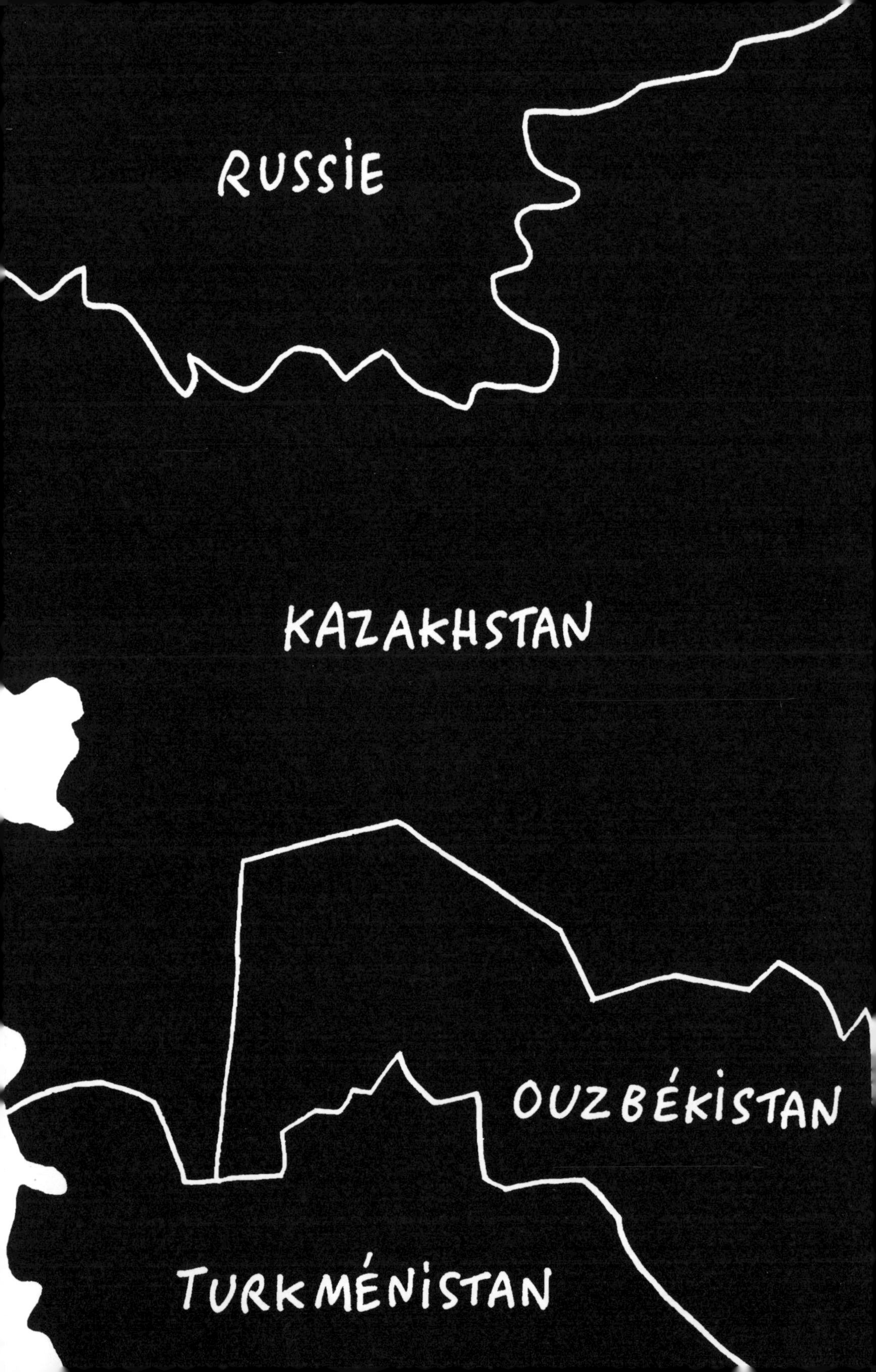
RUSSIE
KAZAKHSTAN
OUZBÉKISTAN
TURKMÉNISTAN

Voyage à
BICHKEK
2014

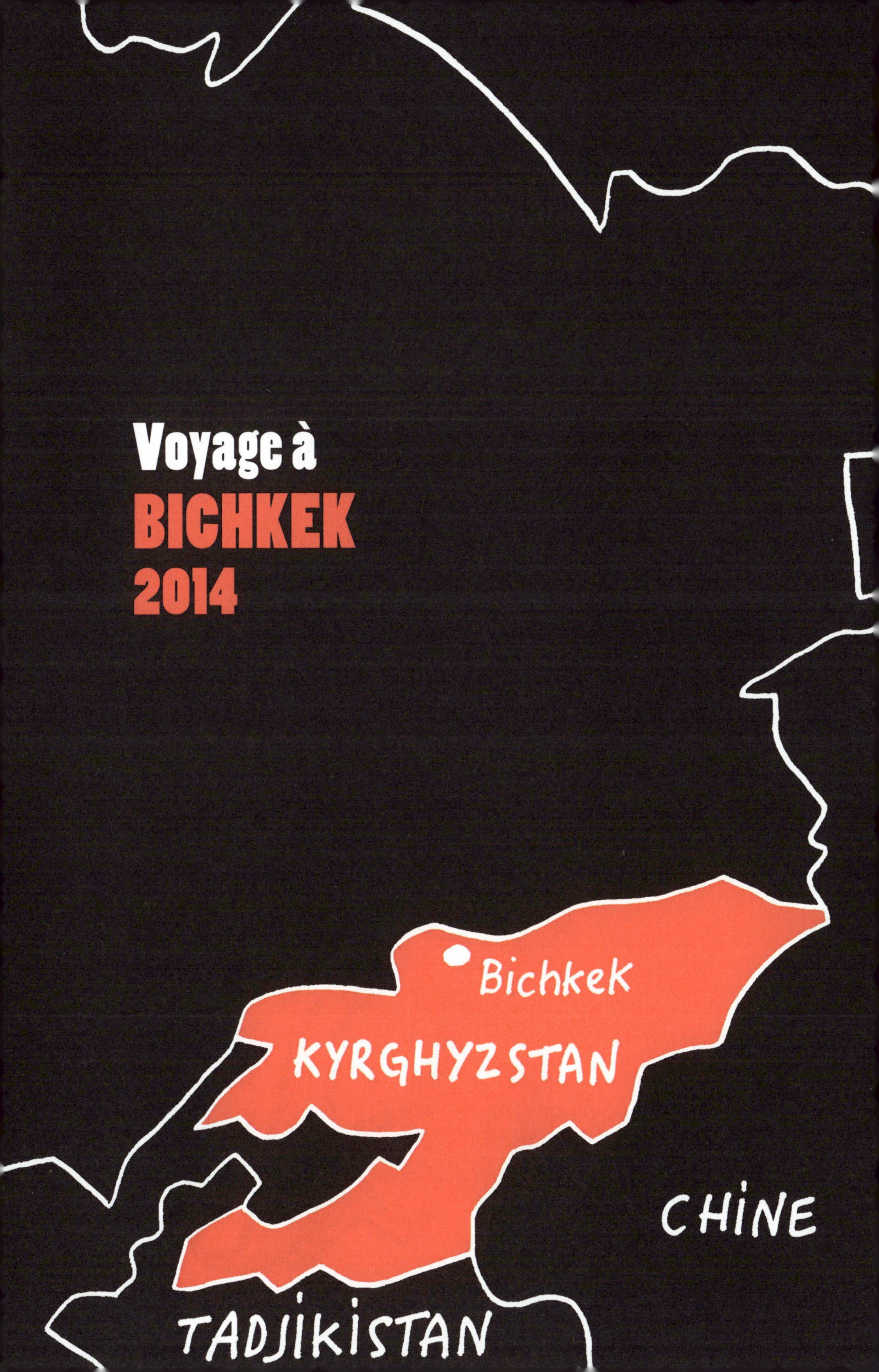

« Kyrghyzstan »/« Kirghizie »

Mon exploration de l'espace post-soviétique a commencé en 2014 avec un voyage à Bichkek[3] sur l'invitation d'un groupe féministe local. « Est-il possible qu'il y ait des féministes au Kirghizstan ? », se sont étonné·e·s des militant·e·s moscovites avant mon départ.

Sur la route de l'aéroport à Bichkek, Selbi, la meneuse du groupe, m'a corrigée à plusieurs reprises : « Ne dis pas “Kirghizie”, mais “Kyrghyzstan”, ni “kirghize”, mais “kyrghyze”. » En général, les Russes du pays le prononcent à leur manière et ne prêtent pas attention à leurs *i*. Mais quand un·e Kyrghyze dit « Kirghize » pour parler de soi ou des autres, cela veut dire qu'iel est tout à fait russifié·e et qu'iel a oublié ses traditions nationales[4].

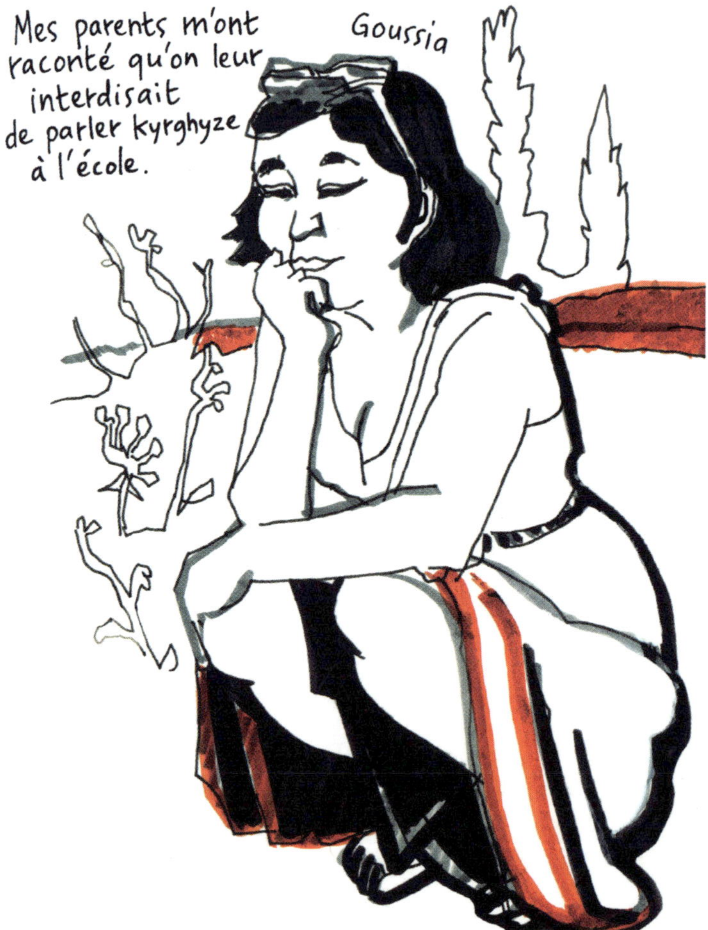

Le féminisme à la kyrghyze

Baktygoul, Daria et Méérim, des membres du groupe des « Filles militantes du Kyrghyzstan », ont entre treize et quatorze ans. Elles montent un dossier pour une bourse de la fondation Frida[5]. Si elles l'obtiennent, elles organiseront des concours de *manastchy* pour les filles.

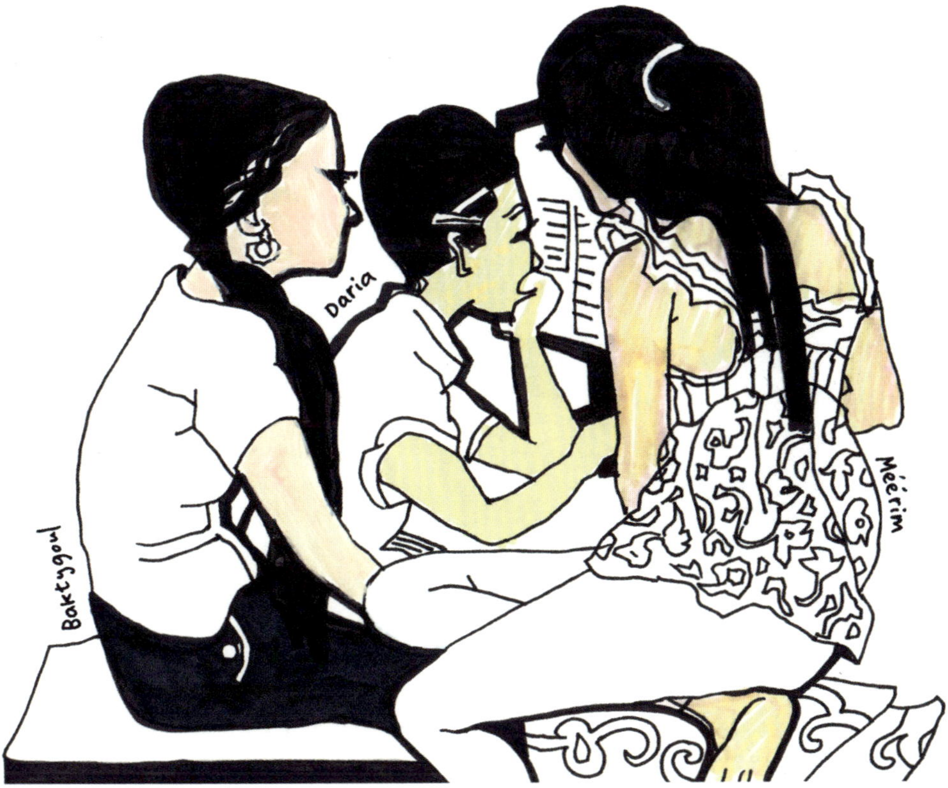

Les *manastchy* sont les conteur·se·s de l'épopée kyrghyze de Manas[6]. Autrefois, l'honorable rôle de conteur incombait exclusivement aux hommes. Des conteuses sont toutefois apparues ces dernières années. Baktygoul est l'une d'elles. Elle m'a raconté que les garçons y sont spécialement formés et que leurs enseignants participent aux jurys, alors que les filles se forment elles-mêmes. Leurs chances de gagner dans les concours généraux sont pratiquement nulles.

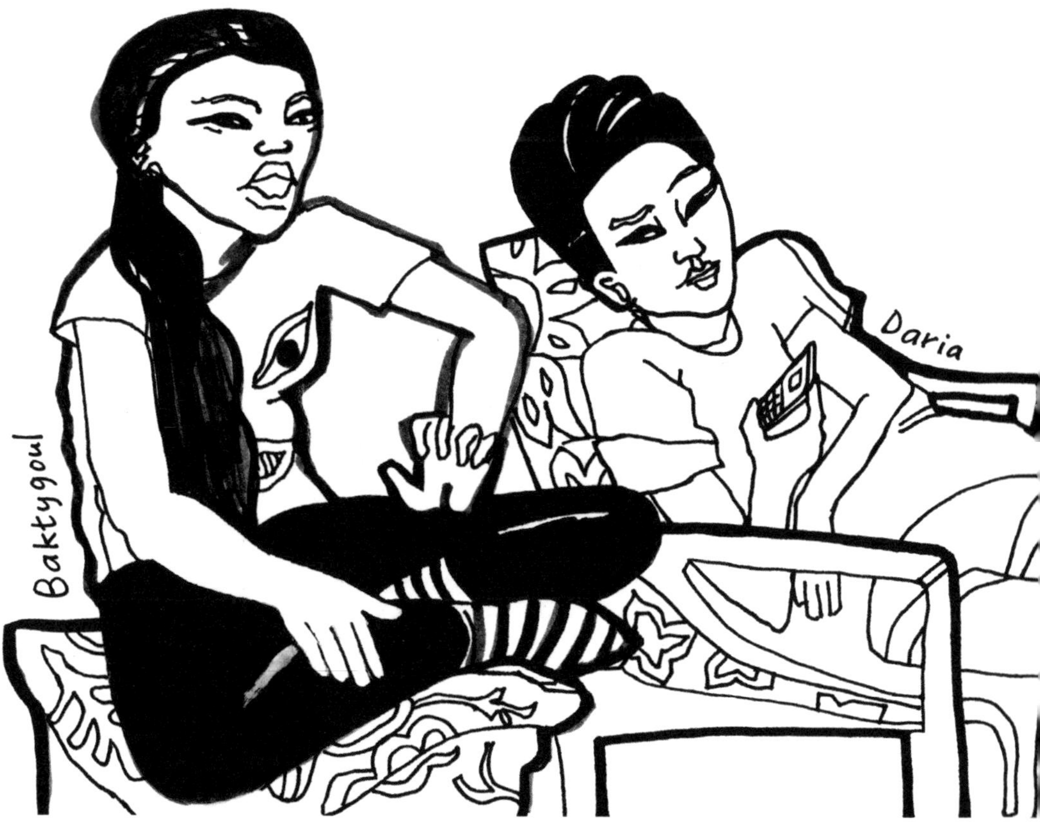

J'ai interrogé les filles sur l'*Ala katchouou*[7], l'enlèvement des fiancées. Deux d'entre elles m'ont raconté que leurs mères avaient été enlevées : « C'était une amourette d'écoliers. Ma mère voulait étudier, mais on l'a obligée à se marier. » « Au XXIe siècle, mes cousins ont enlevé leur épouse », raconte Daria. « Et quatre types ont enlevé ma cousine. Elle est très forte et s'est défendue. Ils ne l'ont maîtrisée qu'avec peine. »

« Vous n'avez pas peur d'être enlevées ? », ai-je demandé aux filles.

« Non. Il y a une loi maintenant. Nous disons aux mecs : "Et les articles 154 et 155 ? Vous voulez en prendre pour dix ans ?" »

La peine a été alourdie en 2013. Auparavant, les ravisseurs de « fiancées » mineures encouraient de trois à cinq ans de prison et une simple amende si la jeune fille avait dix-sept ans révolus. La loi a changé après deux ans de pression de l'organisation Ligne ouverte[8], du Centre d'aide aux femmes[9] et grâce à l'activisme de groupes de femmes de tout le pays. Le groupe féministe de Bichkek a mené l'une des actions les plus retentissantes dans le centre-ville de la capitale. Elles ont installé 19 300 drapeaux : 9 800 drapeaux rouges (autant que de femmes enlevées en un an), 2 000 drapeaux blancs (autant que de viols lors des enlèvements), et 7 500 drapeaux violets (autant que de violences domestiques recensées).

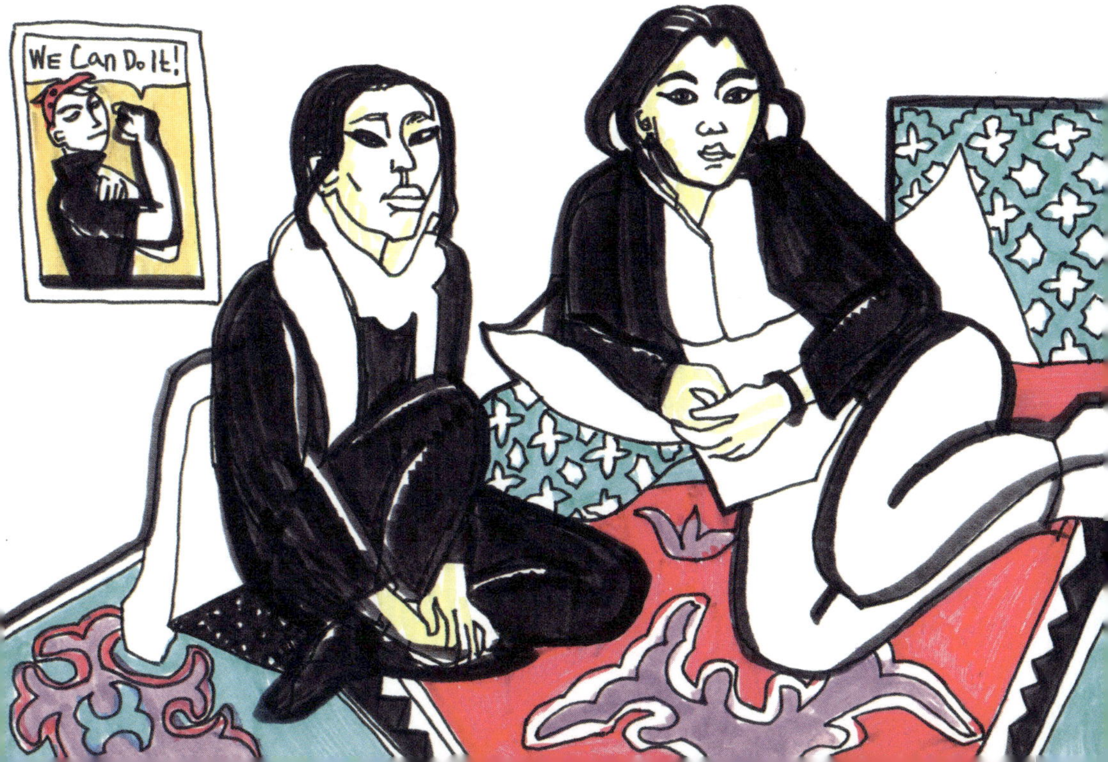

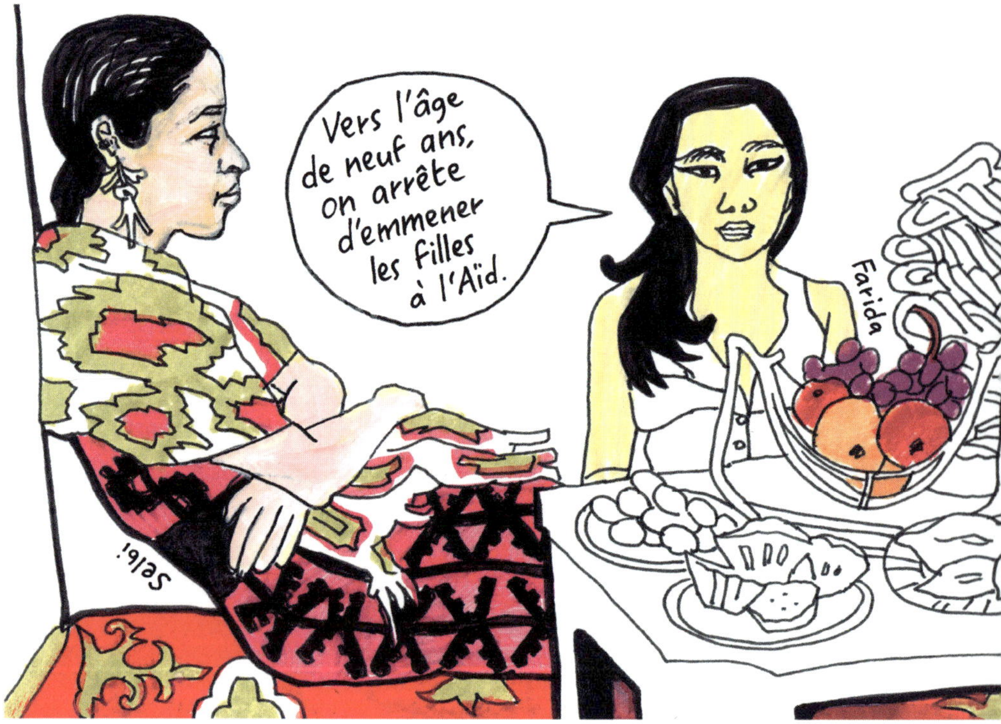

Farida, membre du groupe féministe de Bichkek, est doungane[10]. Elle m'a invitée chez elle à la fête musulmane de l'Aïd[11] qui est célébrée après le Ramadan.

Si on arrête d'y inviter les filles, c'est parce qu'elles cuisinent, servent durant la fête et débarrassent après les nombreux·ses invité·e·s.

Les familles dounganes sont très grandes. Plusieurs générations vivent ensemble et il y règne une stricte hiérarchie interne. La vie des filles, des femmes et des épouses est asservie au ménage. Enfant, Farida se levait à six heures du matin pour s'occuper de la maison. On ne la laissait pas jouer avec les autres enfants. « Cette maison était mon seul univers », m'a-t-elle dit. Elle devait se battre pour avoir le droit d'aller à l'école. Quand Farida a rencontré des féministes et s'est mise à militer, la pression familiale est devenue si forte qu'elle a dû fuir la maison. Elle est une des principales organisatrices de l'action des drapeaux.

Après avoir vécu un an dans une communauté féministe, Farida est rentrée à la maison. Sous l'influence de sa fille, Sofia, sa mère, a commencé à s'intéresser aux droits des femmes et a transformé l'ordre domestique.

Maria, sa sœur cadette, a du temps libre. Elle peut jouer avec les autres enfants, dessiner et étudier.

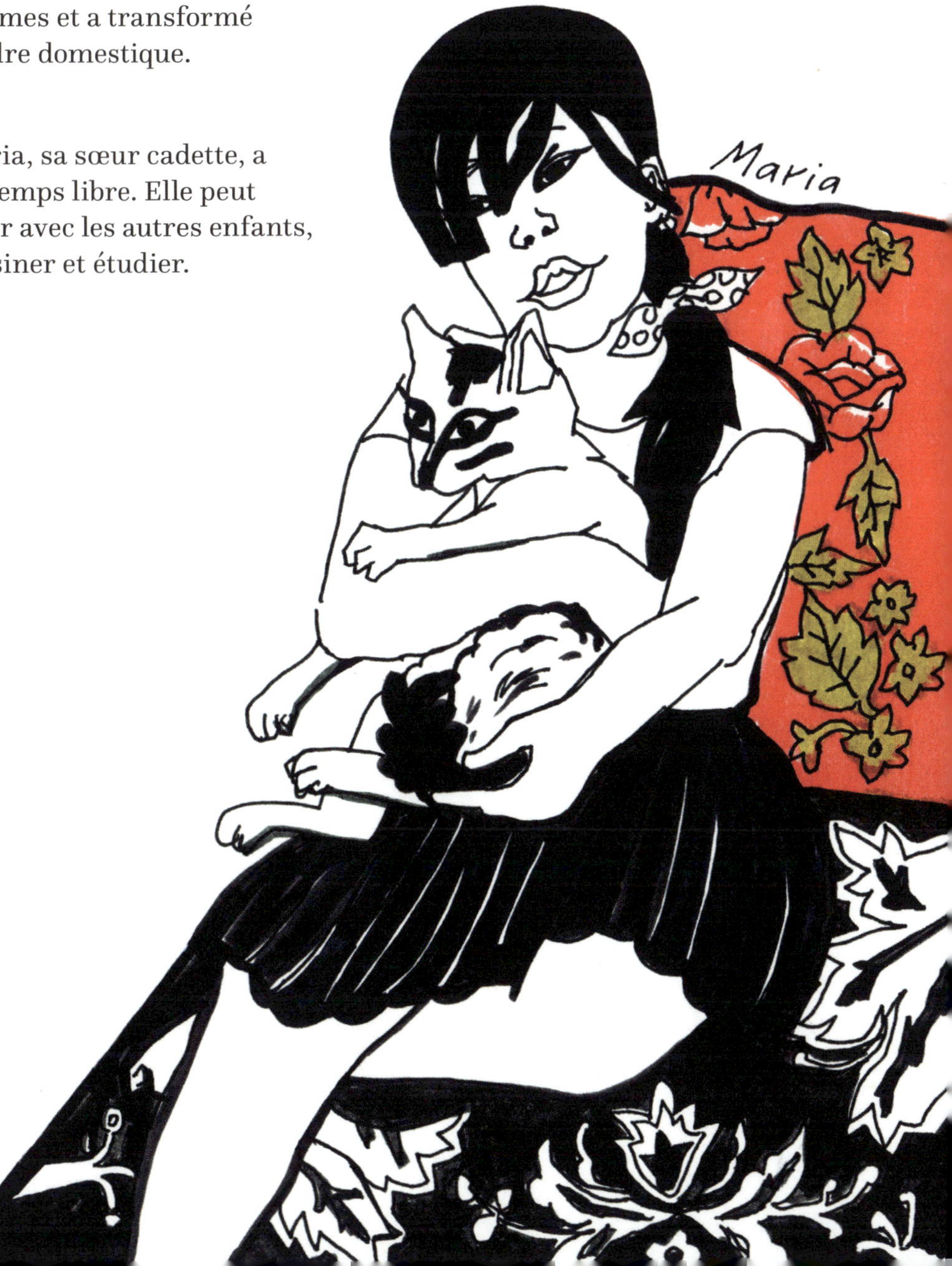

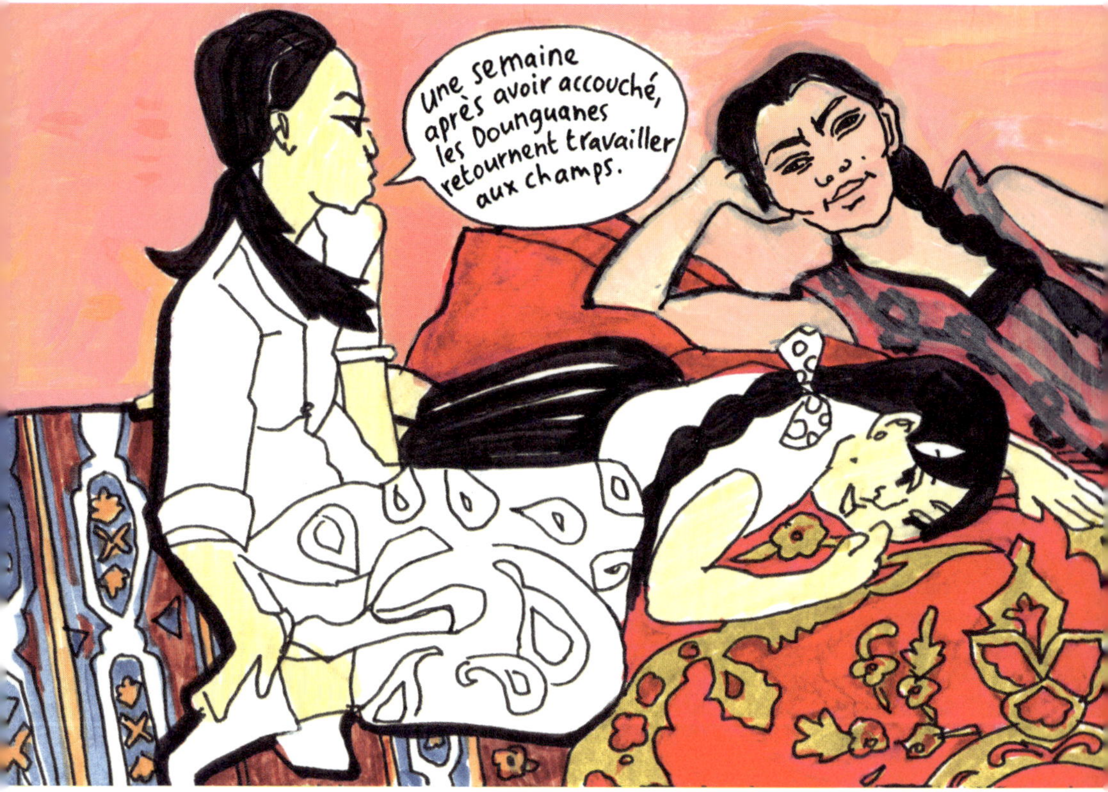

Des filles kyrghyzes ont commenté ce dessin :

– Elles se reposent trop !

– Ma grand-mère a accouché dans un champ et a repris le travail aussitôt.

– Les Kyrghyzes sont plus courageuses !

Le rude labeur des femmes et des enfants subsiste dans les villages kyrghyzes. « Dès six ans, un·e enfant doit pourvoir à ses propres besoins. À neuf ans, iel doit gagner de quoi payer ses livres d'école et son uniforme. On emploie les ados à la cueillette des framboises et d'autres baies. Iels travaillent dix heures par jour », m'a raconté Méérim.

Le problème de l'émigration

Ayant appris qu'une célèbre artiste moscovite se trouvait à Bichkek, on m'a invitée à dessiner au forum Mekendechter (Compatriotes), organisé à l'initiative de l'ex-présidente du Kyrghyzstan, Rosa Otounbaïeva[12].

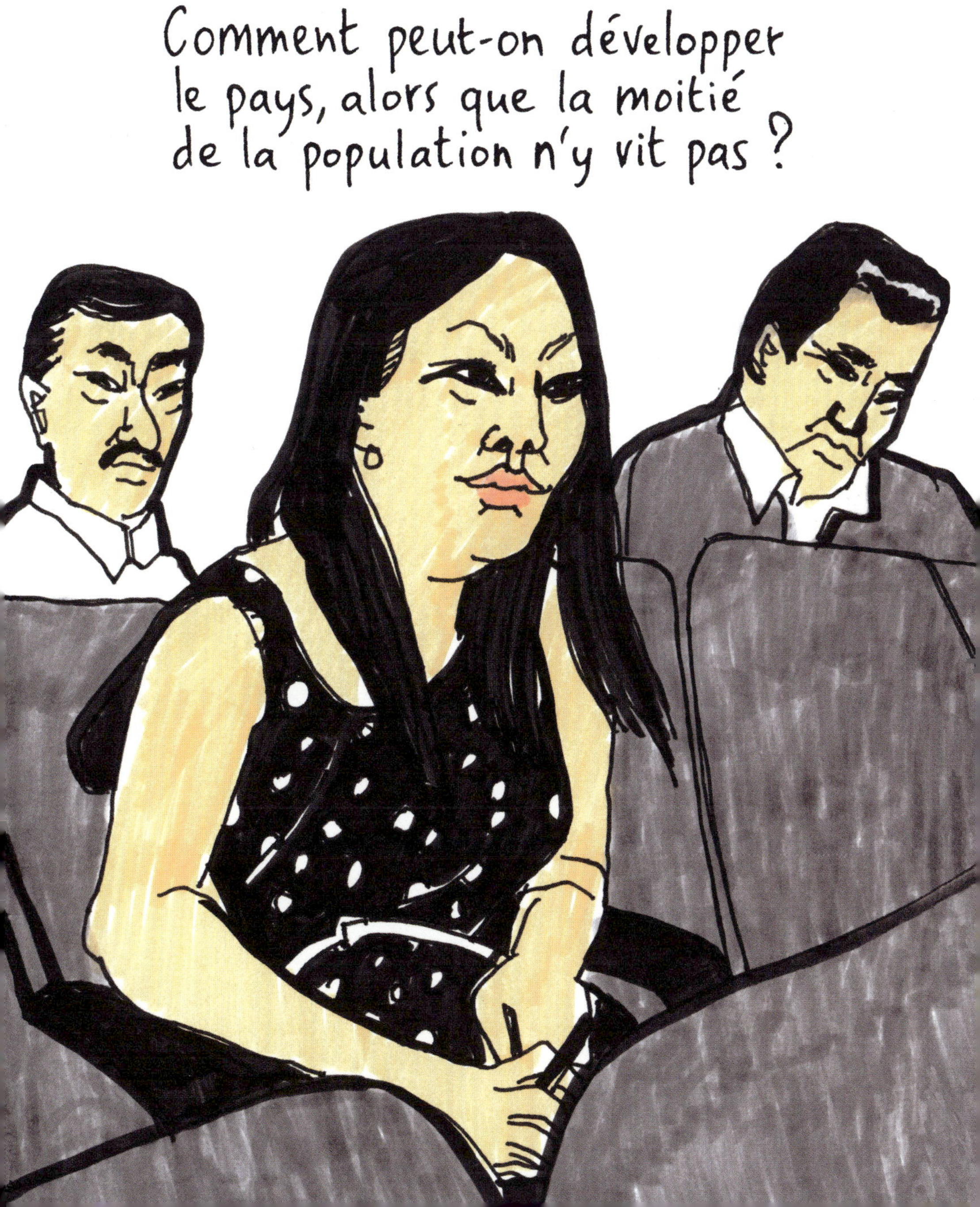

Le forum était consacré au problème migratoire. Il se déroulait dans le bel et vaste ensemble architectural de l'université turco-kyrghyze Manas, que les Turcs ont ouverte à Bichkek en 1997. Un grand portrait d'Atatürk était accroché à gauche de la scène et une représentation de Manas, le principal héros de l'épopée kyrghyze, à droite. Un débat séparé sur la coopération entre les « pays frères » – le Kyrghyzstan et la Turquie – était au programme. Ces dernières années, beaucoup de Kyrghyzes sont parti·e·s travailler en Turquie parce que les migrant·e·s y sont plus respecté·e·s qu'en Russie. L'islamisation du pays s'est accrue avec l'influence turque.

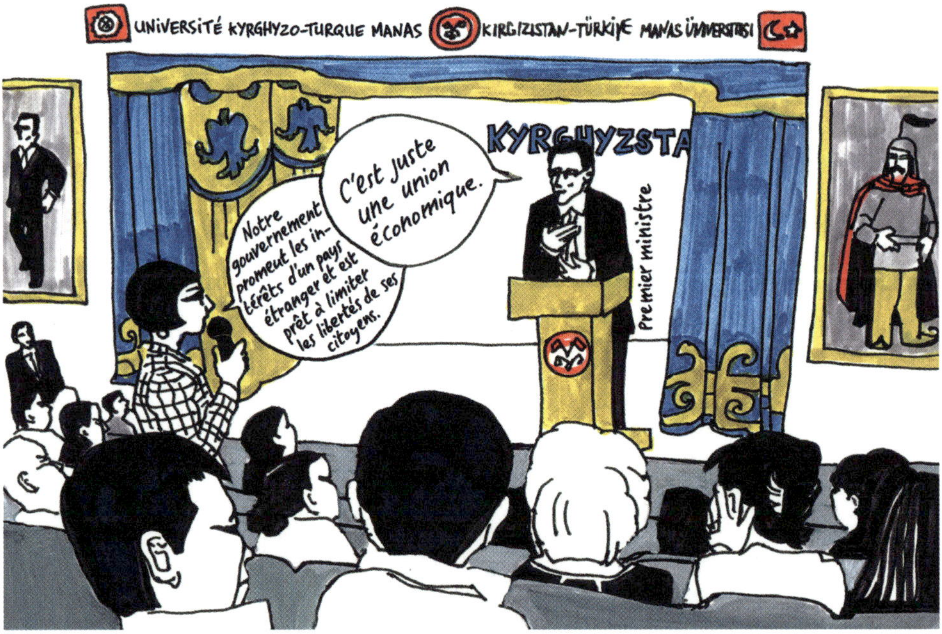

Presque la moitié des intervenant·e·s s'exprimait en russe. Aucun débat consacré à la coopération avec la Russie n'était au programme, mais le sujet est revenu sans cesse – et la possible adhésion du Kyrghyzstan à l'union douanière de l'Union eurasiatique[13] en premier lieu.

Cette adhésion facilitera les migrations vers la Russie et aggravera en même temps l'émigration. Des intervenant·e·s ont déclaré que le Kyrghyzstan manquait déjà de spécialistes et tout simplement de main-d'œuvre dans certaines régions.

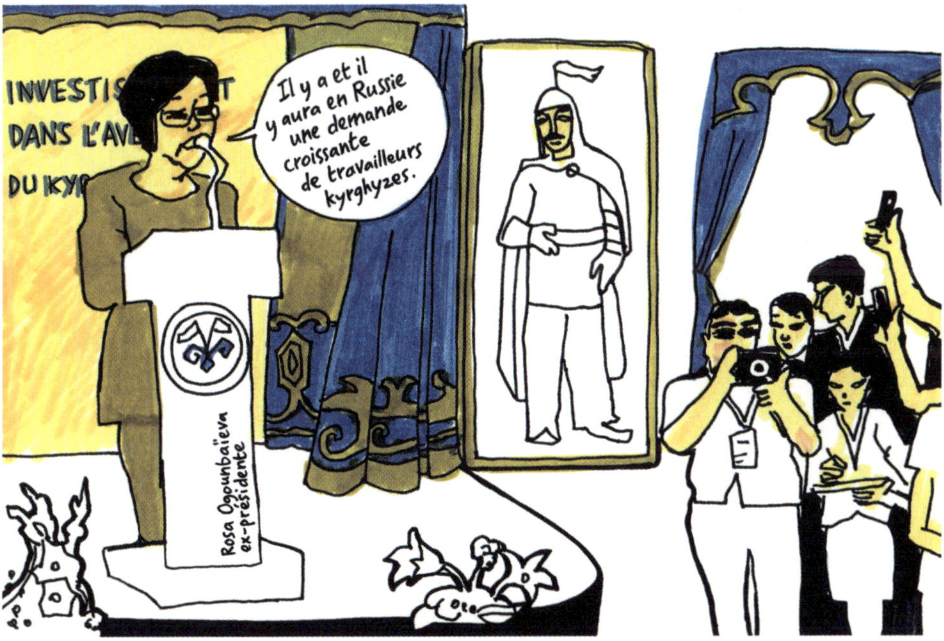

Intervention de Roza Otounbaïeva

Sur Google, on trouve des commentaires de citoyen·ne·s russes sur l'adhésion du Kyrghyzstan à l'union douanière. Il s'agit le plus souvent de commentaires indignés et banals sur « ces parasites de métèques », ou bien d'expressions de joie sur la « réunification des terres russes ». Plus rarement, des commentaires libéraux du genre : « il faut bien que quelqu'un fasse le sale boulot ! »

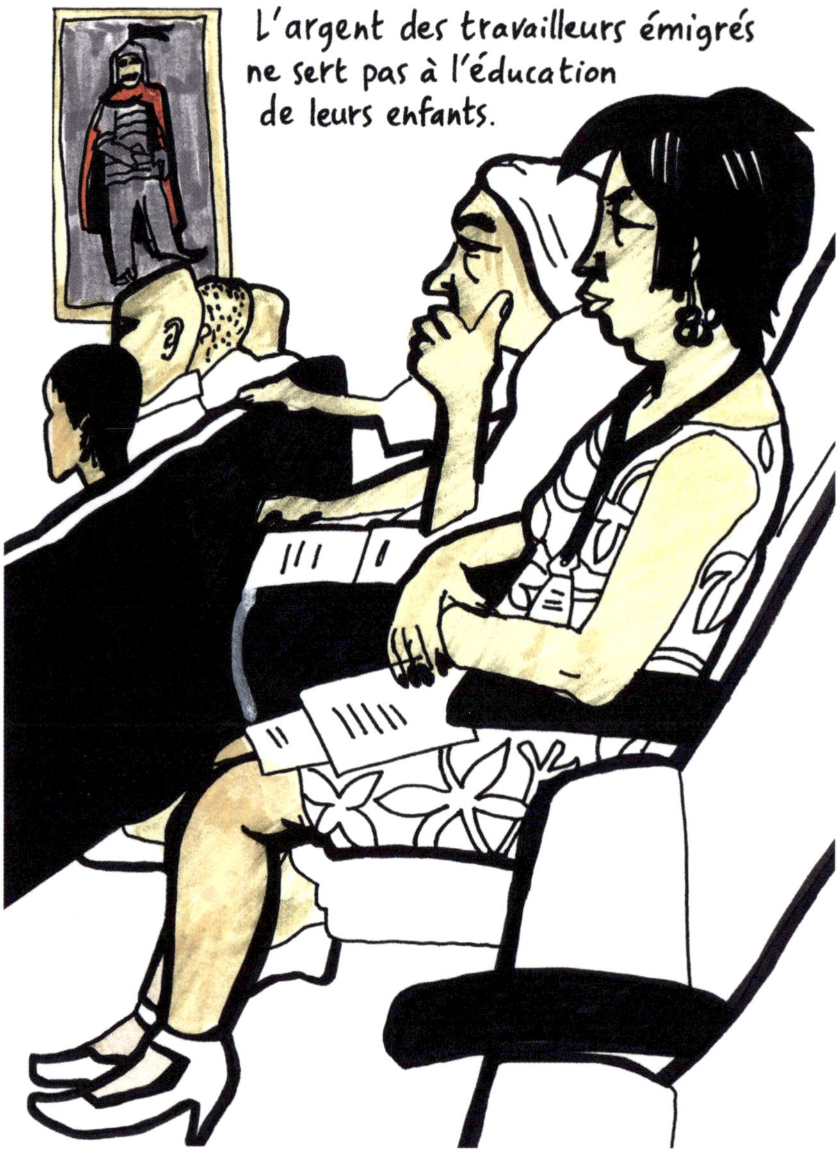

La plupart du temps, l'argent gagné à l'étranger ne sert ni à l'éducation, ni à un achat immobilier, ni à l'ouverture d'un commerce. Plusieurs années de salaire peuvent être dépensées en moins d'un mois pour une *toï*. Il s'agit d'une fête composée de festins opulents. Elle diffère d'un repas de fête ordinaire par la quantité de nourriture. Celle-ci doit être telle que les invité·e·s ne peuvent pas tout manger et en emportent chez eux. Les invité·e·s viennent un mois durant à la fête d'une circoncision. Et parfois, quand une famille organise une *toï* à un mariage, elle prend un crédit qu'elle mettra des années à rembourser.

La clôture du forum s'est déroulée dans la banlieue de Bichkek, dans l'élégant complexe ethnique Supara[14]. Le flot de mets et d'alcool n'a pas tari un instant. La fête s'est terminée vers minuit et les invité·e·s ont emporté la nourriture restante dans de petits paquets spéciaux pour *toï*.

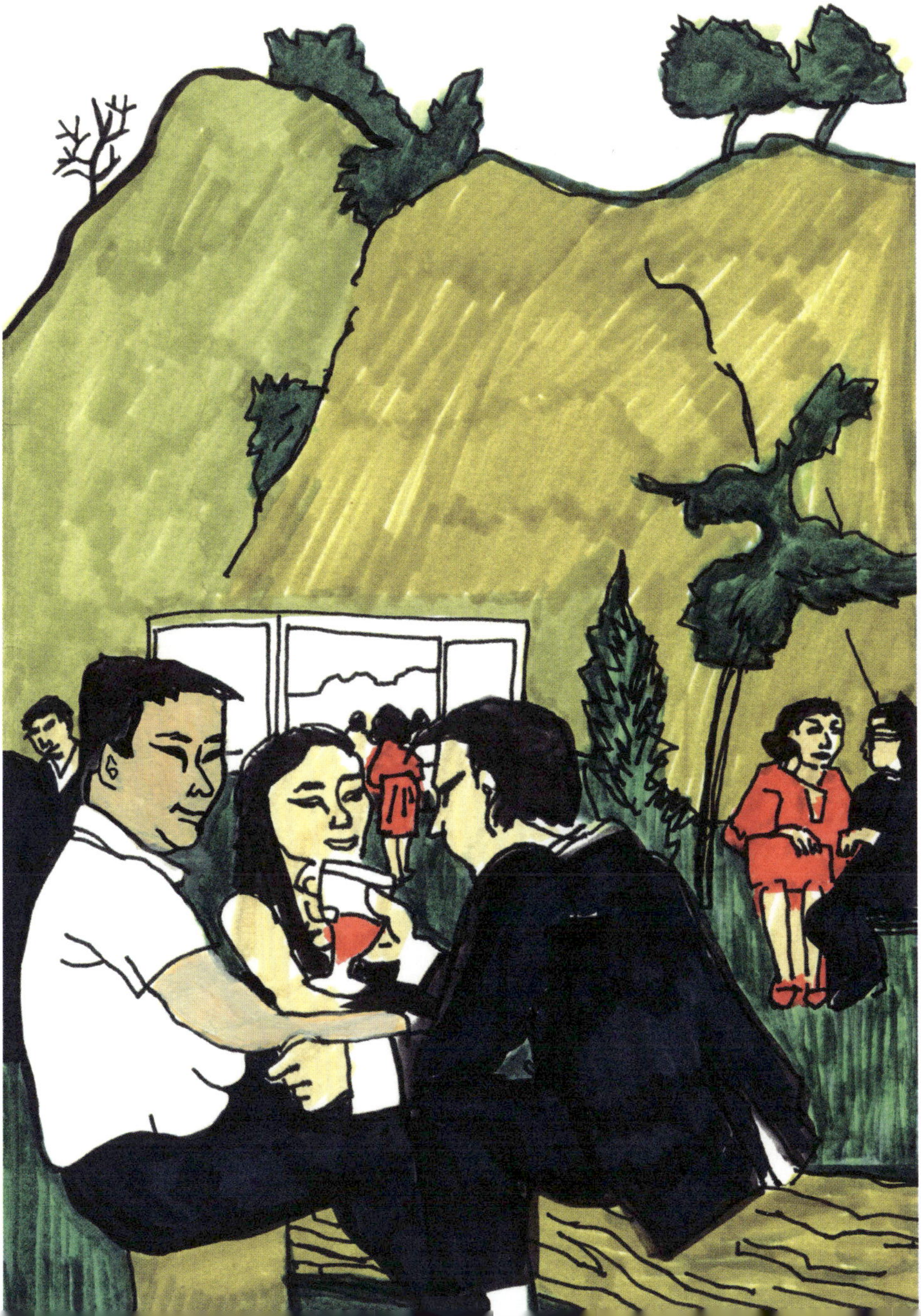

LGBT

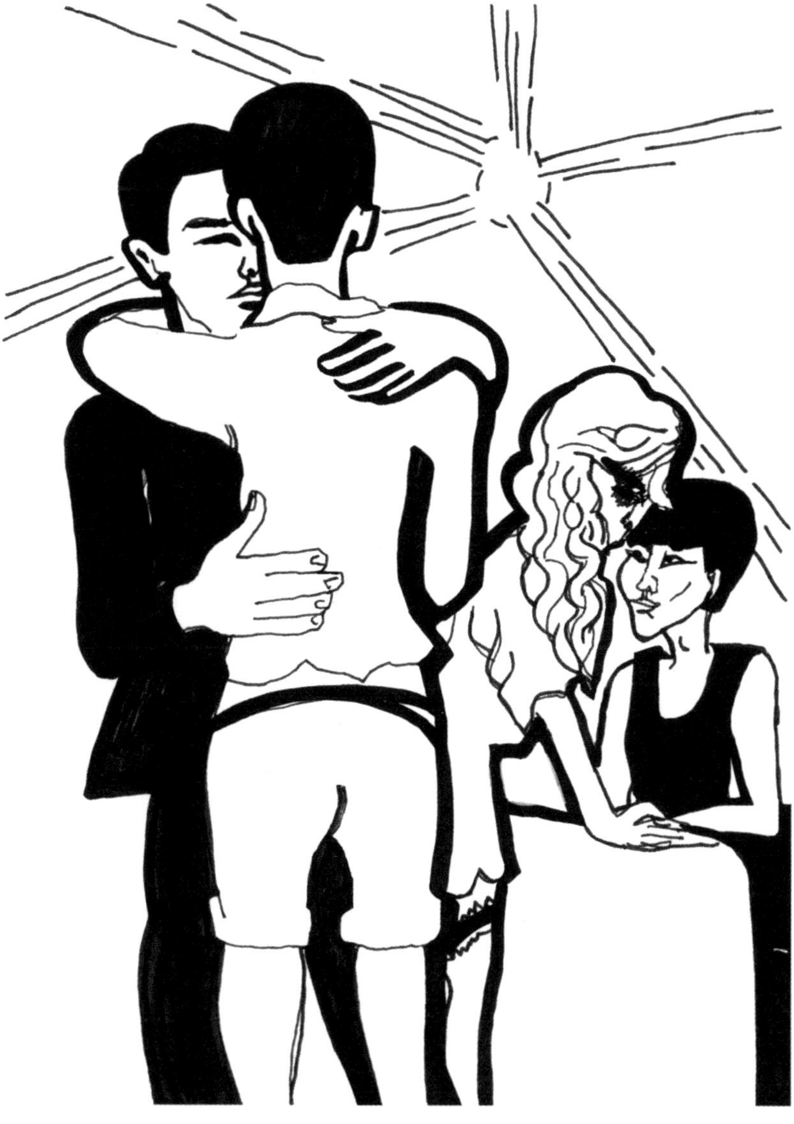

J'aime pénétrer dans les lieux cachés et être la première artiste à documenter ce qu'il s'y passe. J'ai visité un club privé LGBT à Bichkek, probablement le seul du pays.

Officiellement, il n'y a pas de LGBT au Kyrghyzstan. Les Russes ont le droit d'être homosexuel·le·s, mais pas les Kyrghyzes. Néanmoins, tou·te·s les client·e·s du club étaient kyrghyzes. Il y avait très peu de couples lesbiens. Au Kyrghyzstan, les lesbiennes se cachent encore plus que les gays.

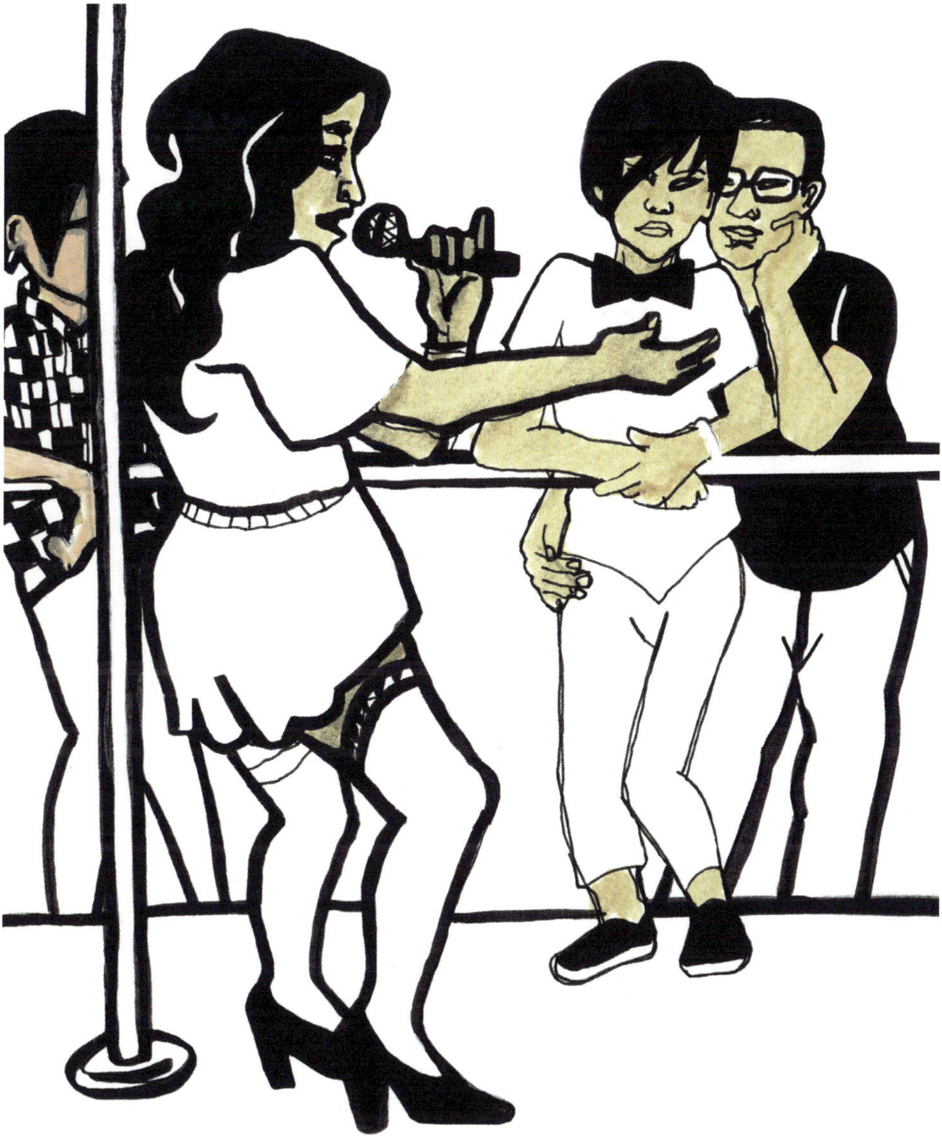

Les passages à tabac, les viols et les meurtres de gays, de lesbiennes et de transsexuel·le·s sont répandus au Kyrghyzstan, comme en Russie. Après l'adoption de la loi homophobe sur « l'interdiction de la propagande de l'homosexualité et de la pédophilie auprès des mineurs[15] », les cas d'agression contre des militant·e·s LGBT se sont multipliés en Russie.

J'ai discuté avec plusieurs client·e·s du club, mais je n'écrirai rien sur elleux. Bichkek est une petite ville et la mention du moindre détail serait dangereuse.

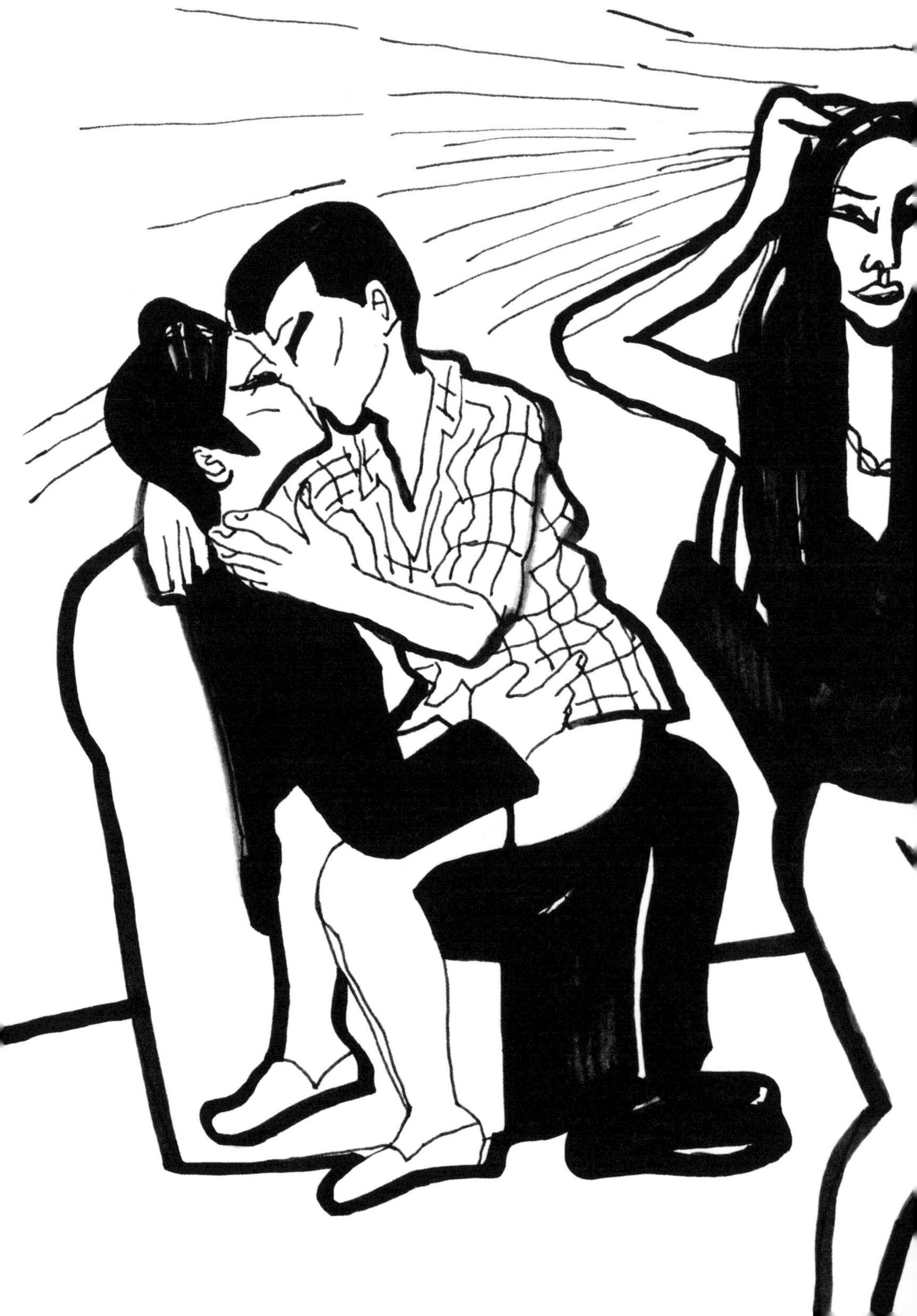

« Nous sommes constamment en butte aux humiliations et aux insultes. Nous ne voyons pas comment continuer à vivre. Comment trouver un·e conjoint·e ? Comment le dire à nos parents ? Ou comment faire pour que nos parents ne l'apprennent pas ? Comment sortir du club sans danger ? », m'ont dit des habitué·e·s du club, pendant que je les dessinais.

Quand se sont ouverts les débats sur la loi de criminalisation de « la propagande LGBT », des député·e·s kyrghyzes ont déclaré : « avec la Russie, nous défendons le monde oriental contre l'Occident. » Il est probable que cette position ait plu à beaucoup de citoyen·ne·s ordinaires. Iels ne suivent pas l'actualité russe et ignorent que lorsqu'on laisse l'État piétiner les droits d'un groupe social, rien ne peut plus arrêter le flux de lois censurant toutes les sphères de nos vies. Il serait triste qu'un tel avenir attende la société civile émergente du Kyrghyzstan.

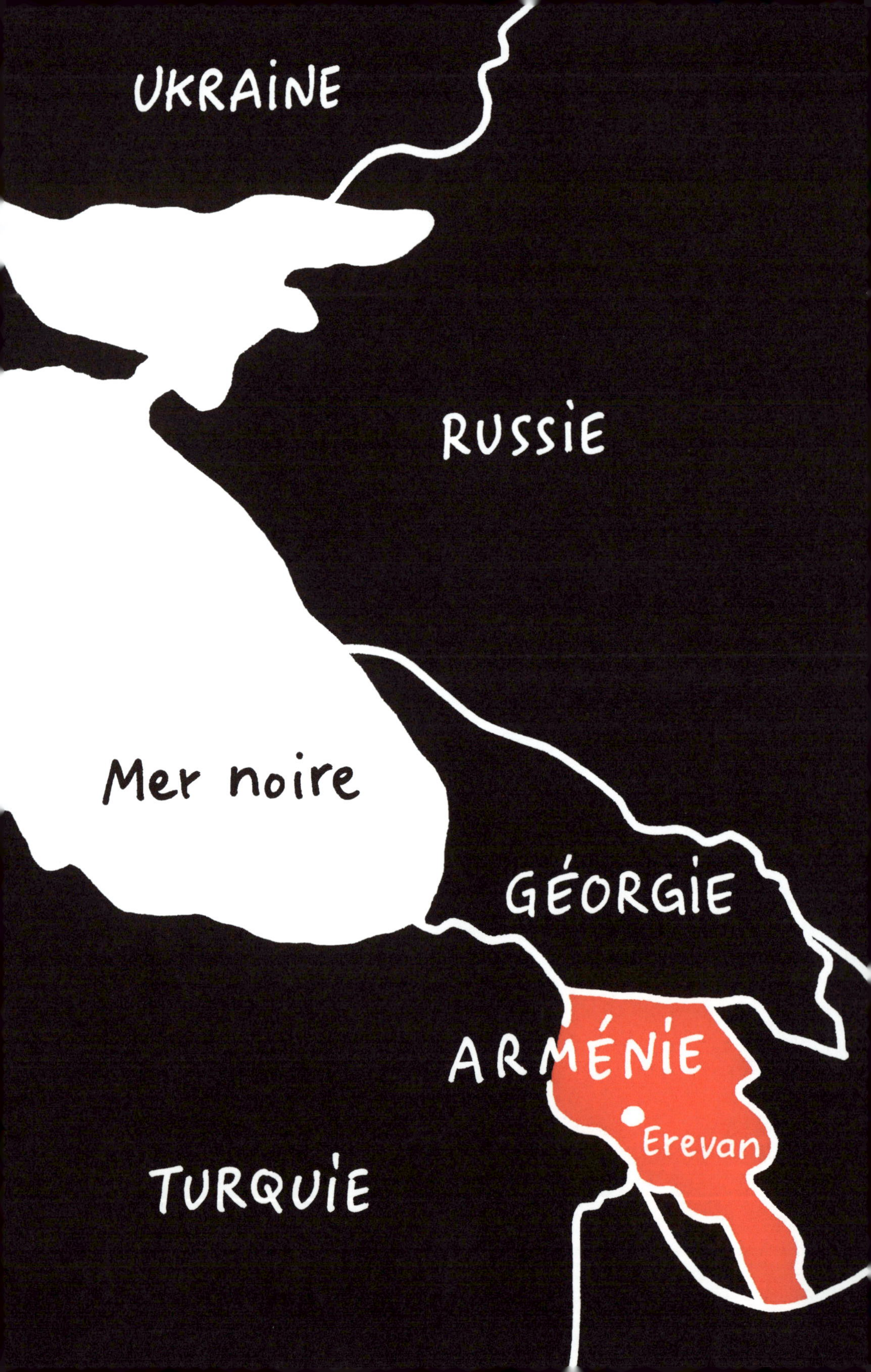
UKRAINE
RUSSIE
Mer noire
GÉORGIE
ARMÉNIE
Erevan
TURQUIE

Voyage à EREVAN 2015

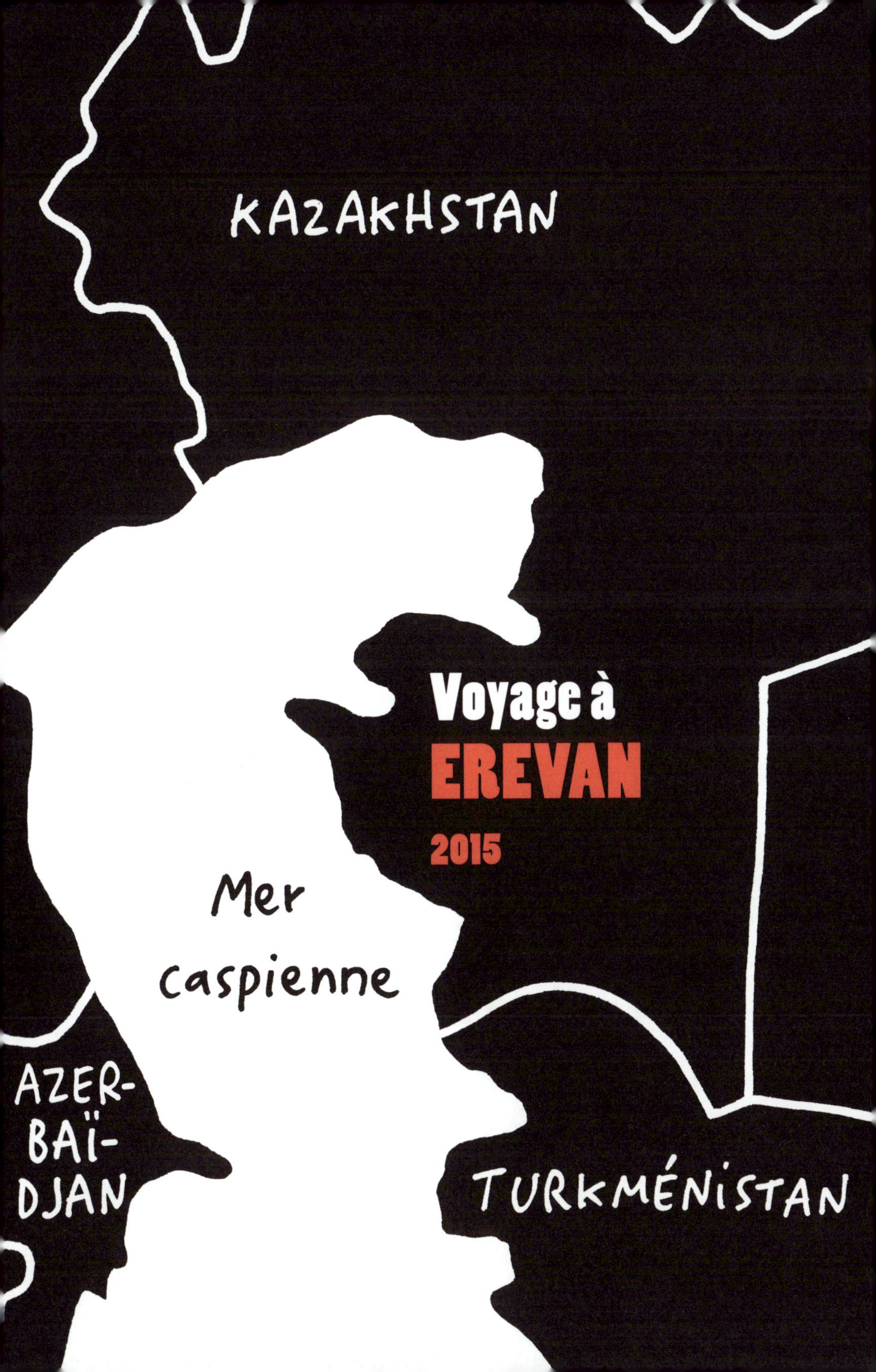

Je suis allée en Arménie[16] pour la première fois en 2015. Ce qui m'a le plus impressionnée, le premier jour, c'est qu'on semble n'y parler qu'une seule langue et que tout le monde se ressemble dans les rues d'Erevan. L'Arménie est un pays mono-ethnique. Selon les statistiques, plus de 97 % des habitant·e·s sont des Arménien·ne·s de souche. On identifie immédiatement les rares touristes dans les rues d'Erevan. Il n'y a pas d'hostilité envers les étranger·e·s, mais il y a une distance, et j'ai vite compris qu'accéder à la vie locale me serait impossible sans l'aide d'ami·e·s arménien·ne·s.

L'homogénéité de la ville était tellement atypique que j'avais envie de demander : « et qui vit à Erevan, hormis les Arménien·ne·s ? » Il y a de petites communautés fermées kurdes, yézidies[17], assyriennes[18], grecques et molokanes[19]. Aucune de mes connaissances arméniennes n'avait de lien amical ou professionnel avec des membres de ces minorités nationales.

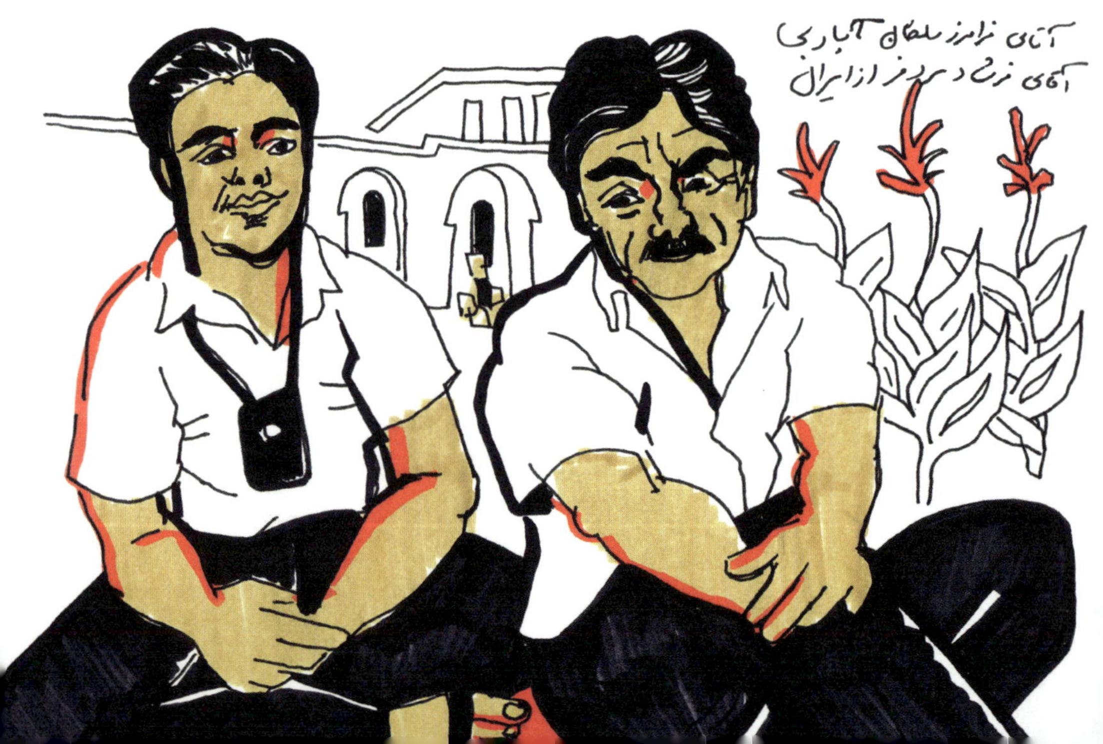

La foule dans la rue m'est apparue plus diverse quand j'ai appris à distinguer les Iranien·ne·s des touristes lambda. Les Arménien·ne·s les appellent des « Perses » avec un peu de mépris, et disent qu'iels « viennent en Arménie pour relâcher la pression, se soûler et draguer des filles. » Chaque soir, une foule de « Perses » se réunit sur la place de la République pour admirer les fontaines chantantes[20]. La plupart d'entre elleux se laissaient aborder facilement et j'ai réalisé une dizaine de portraits d'Iranien·ne·s, durant mes premiers jours à Erevan.

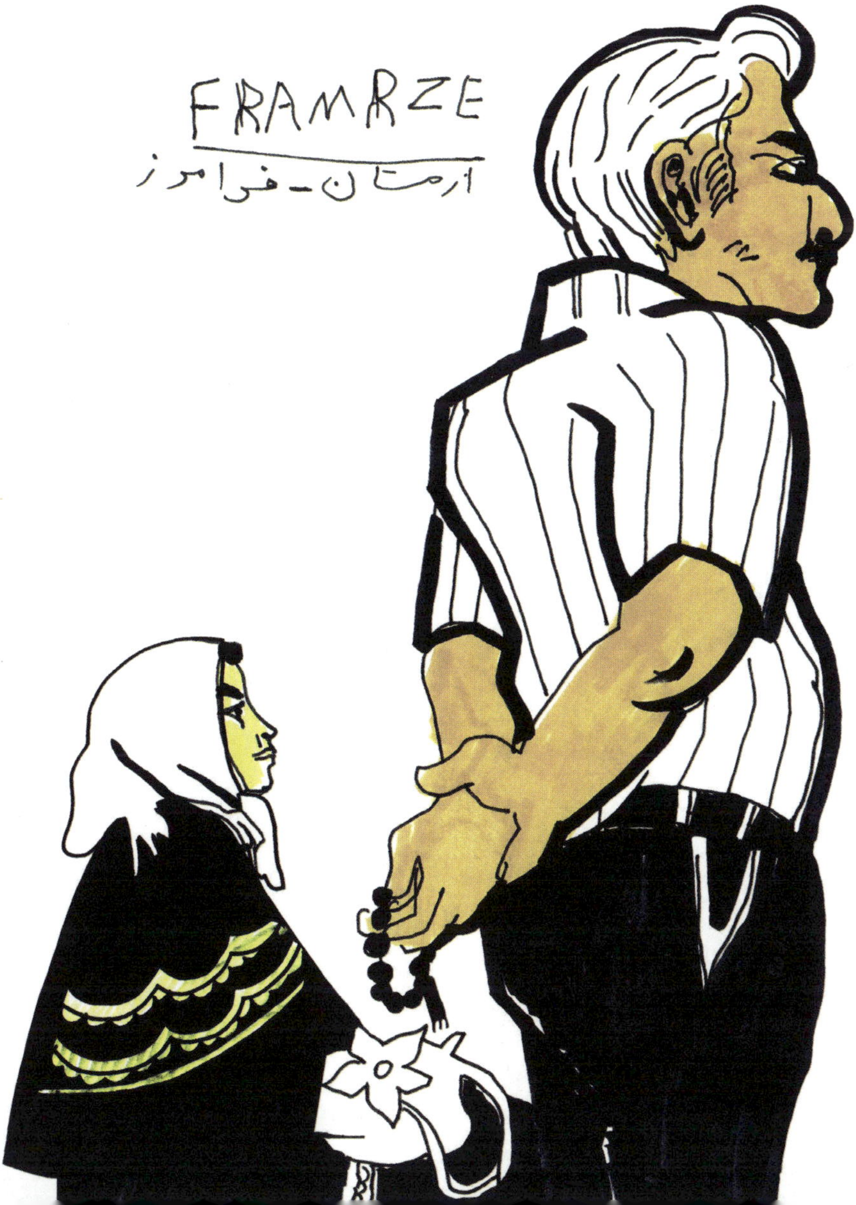

« Un Turc sera toujours un Turc »

Contrairement à la Russie, où les gens sont isolés les uns des autres, la société arménienne cultive la solidarité et la surveillance mutuelle. Le gouvernement véhicule l'idée que l'État arménien est une grande famille arménienne unie, et cela rend délicate la critique interne du pouvoir. Des manifestant·e·s d'Électro-Erevan[21], le mouvement contre la hausse du prix de l'électricité, m'ont raconté comment la police avait tenté d'en appeler à leur conscience en leur disant : « Nous sommes tous frères et sœurs ! »

Le sujet du génocide arménien[22] remonte régulièrement à la surface. Sur la première affiche que j'ai vue à l'aéroport, le Turc était comparé à Hitler. Chaque soir sur l'avenue du Nord, des musiciens de rue chantent des chansons sur la résistance des Arménien·ne·s aux Turc·que·s durant le génocide. Ils sont aussitôt entourés d'Arménien·ne·s de la diaspora qui viennent à Erevan pour l'été et qui chantent avec beaucoup d'enthousiasme. Durant les manifestations d'Électro-Erevan, les gens ont entonné des chansons sur le génocide en signe de protestation.

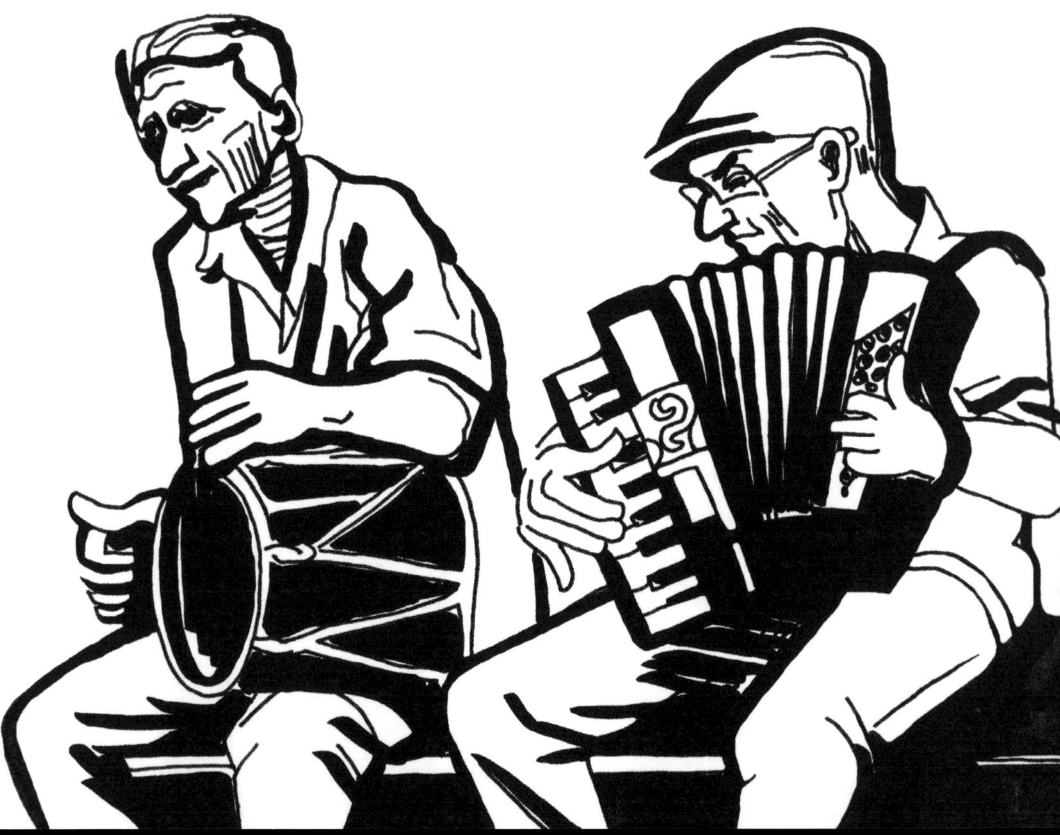

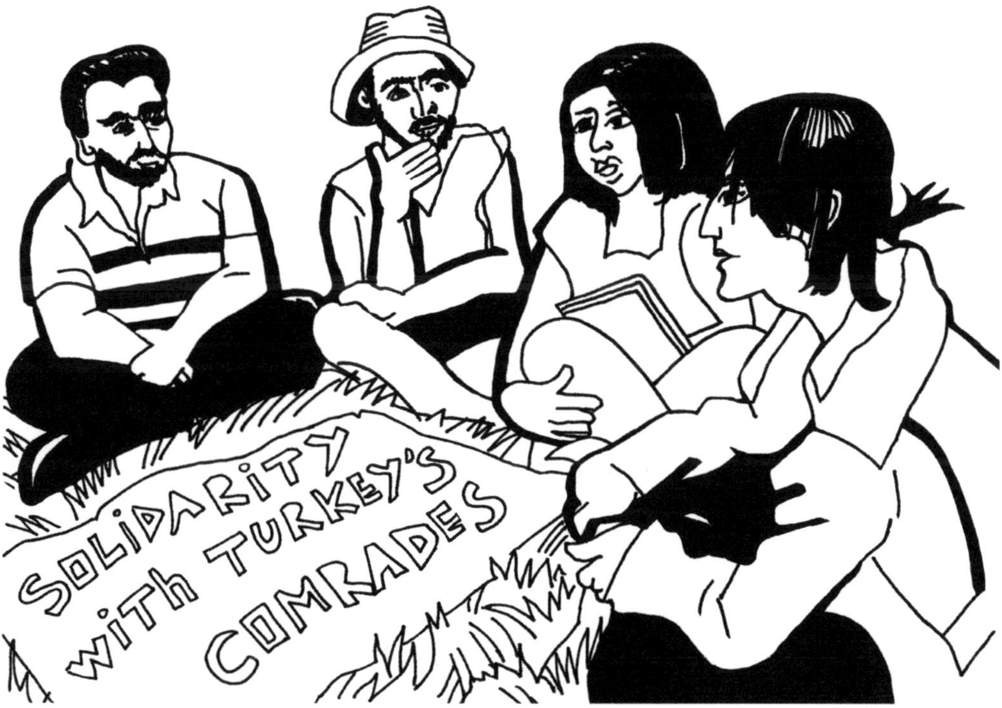

Il y a un dicton en Arménie : « une Turc sera toujours une Turc », autrement dit un ennemi mortel. Cependant, la jeunesse progressiste d'Erevan suit avec intérêt les mouvements sociaux en Turquie et sympathise avec les mouvements de gauche du pays. Je suis allée à une réunion militante. On y a débattu de la façon de traduire et de publier rapidement des nouvelles des actions antigouvernementales en Turquie, qui ont débuté après les attentats de Suruç[23]. Les médias arméniens officiels n'évoquent presque pas les actualités de leurs voisins : la Turquie, l'Iran et l'Azerbaïdjan.

L'espace urbain

Si on se promène au centre-ville, sans prêter attention aux cours intérieures, Erevan et son goût du clinquant peuvent rappeler Moscou.

Au début, je ne comprenais pas où acheter des fruits et légumes locaux à bon prix. Le marché le plus proche n'était accessible qu'en transports ; je ne voyais pas de marchands de rue ; et, dans les grandes enseignes, les prix étaient quasiment ceux de Moscou. On m'a conseillé plus tard de chercher dans les cours intérieures, les magasins des petit·e·s commerçant·e·s. Ce sont des kiosques et des cabanons.

On peut bien manger et pour pas grand-chose dans les gargotes qu'ont ouvertes des réfugié·e·s syrien·ne·s. Les Arménien·ne·s tiennent les restaurants qui sont plus onéreux. À Erevan comme à Moscou, la culture des fripes n'est pas développée. On y trouve par contre beaucoup de magasins de marque hors de prix. Le soir dans les rues du centre-ville, les gens déambulent comme sur un podium dans des habits à la mode. Des hommes aux cheveux ras et aux vêtements sombres côtoient des femmes maquillées aux longs cheveux, aux tenues vives et cintrées, et au décolleté plongeant.

On remarque des prostituées dans la foule. J'ai assisté à un scandale sur la place de la République. Un homme a accusé une travailleuse du sexe de faire un métier infâme et elle lui a plus ou moins répondu : « mon corps m'appartient ! »

Quand j'ai tenté de dessiner la scène, une autre travailleuse du sexe m'a soudainement saisi le bras et a poussé un cri qui a rameuté une dizaine de proxénètes. Par chance, l'héroïne de mon dessin a sauvé mon carnet de croquis du carnage et a même accepté de poser pour le portrait ci-contre.

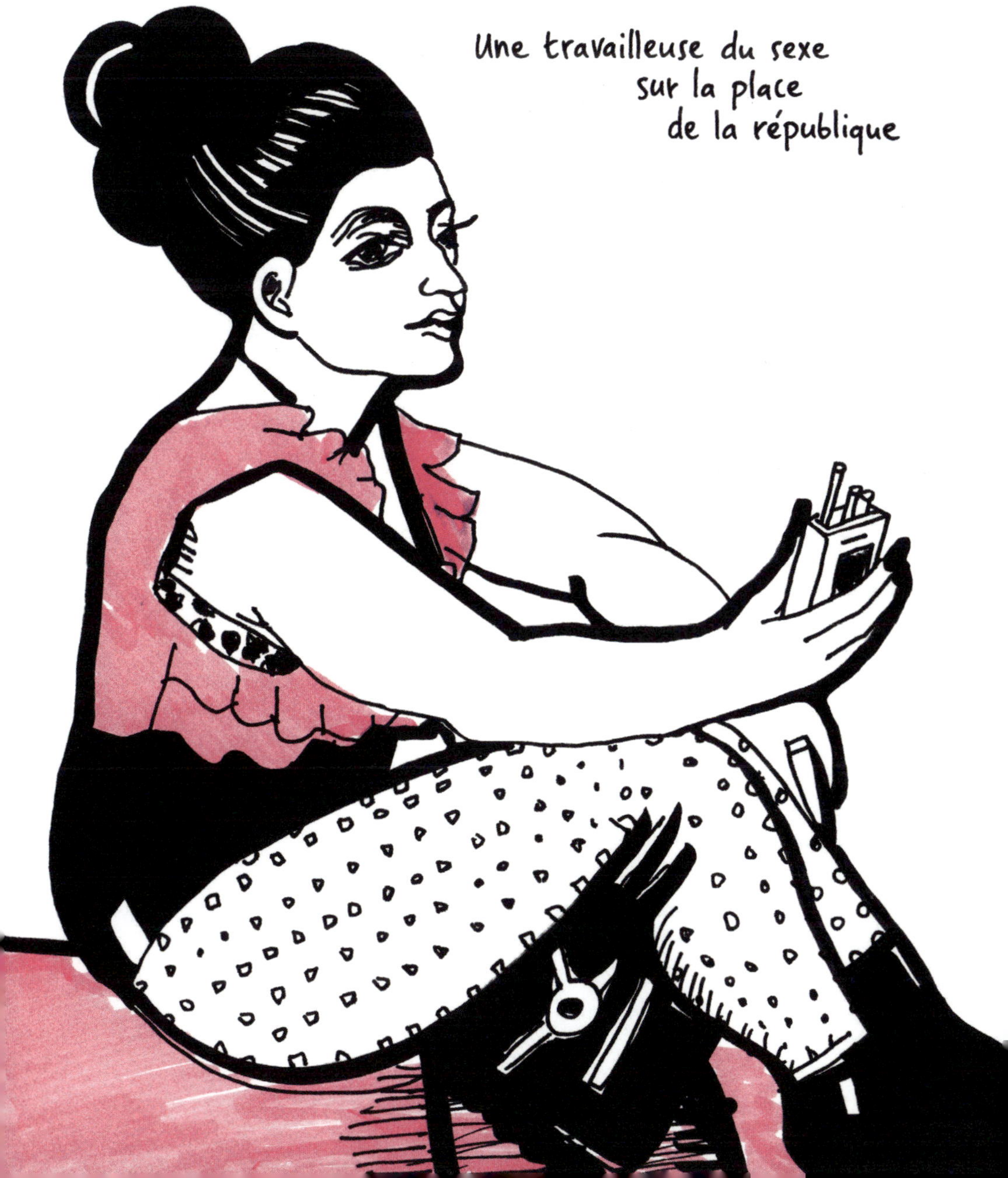
Une travailleuse du sexe
sur la place
de la république

On voit beaucoup de choses intéressantes dans les cours intérieures d'Erevan. On y trouve, par exemple, de minuscules salons de coiffure privés où l'on se fait couper les cheveux, où l'on joue au nardy[24], et où l'on parle politique. Un jour, en me promenant dans Erevan avec des ami·e·s arménien·ne·s, nous sommes tombé·e·s sur un de ces lieux et mes ami·e·s m'ont obtenu la permission de dessiner.

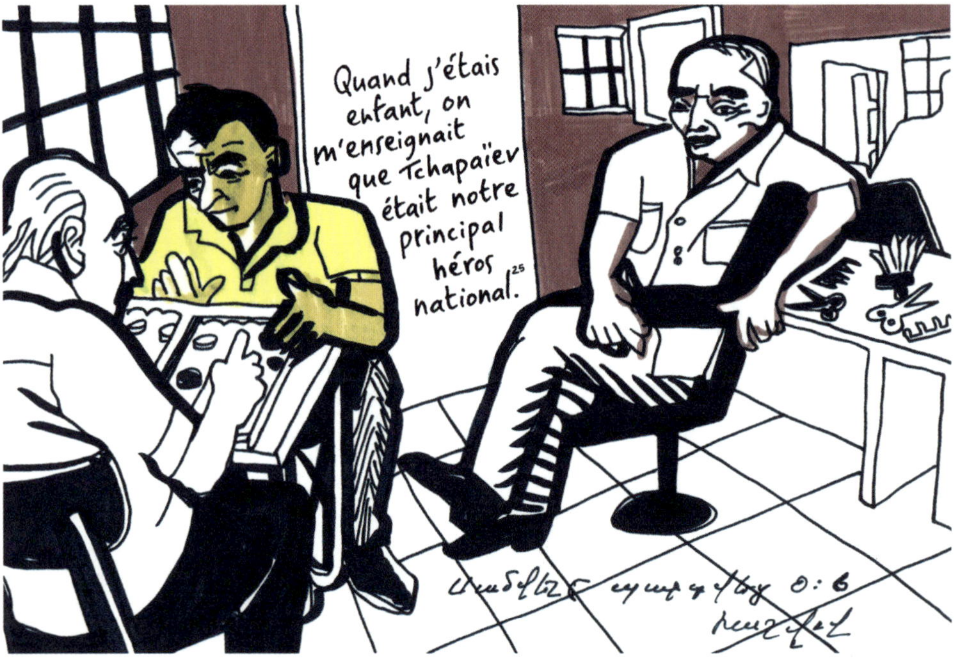

Un des habitué·e·s du salon était le fils du célèbre peintre réaliste-socialiste Simon Galstian[26]. Il s'est mis à critiquer l'imposition de la langue et de la culture russes à l'époque soviétique, et a attaqué le colonialisme en citant Léon Tolstoï et d'autres classiques russes. La majorité des habitants d'Erevan connaissent bien la langue et, de temps en temps, des phrases russes entières surgissent dans leurs conversations.

On a aussi parlé des nouvelles constructions à Erevan.

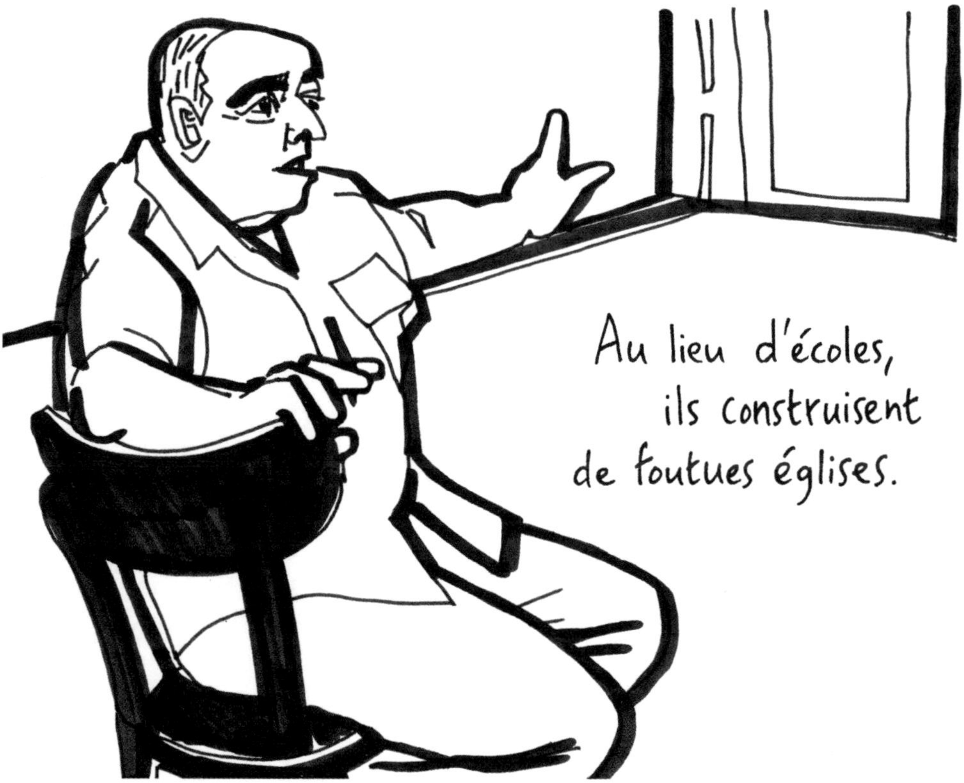

J'ai plusieurs fois entendu ce point de vue dans les milieux artistiques et militants d'Erevan : les Arménien·ne·s considèrent que tout espace doit avoir un·e propriétaire, être bâti et dégager du profit. Les lieux publics d'Erevan sont facilement privatisés. En 2002 par exemple, le millionnaire Gerard Cafesjian[27] a acheté l'ensemble architectural Cascade, un des symboles majeurs de la ville. Un des principaux parcs du centre a également été acheté et privatisé.

Les habitant·e·s ordinaires d'Erevan s'approprient l'espace public avec les moyens du bord. Les plates-bandes des immeubles sont transformées en jardins privés par les habitant·e·s du rez-de-chaussée, et, sur les façades, on ajoute des pièces en les posant sur des colonnes.

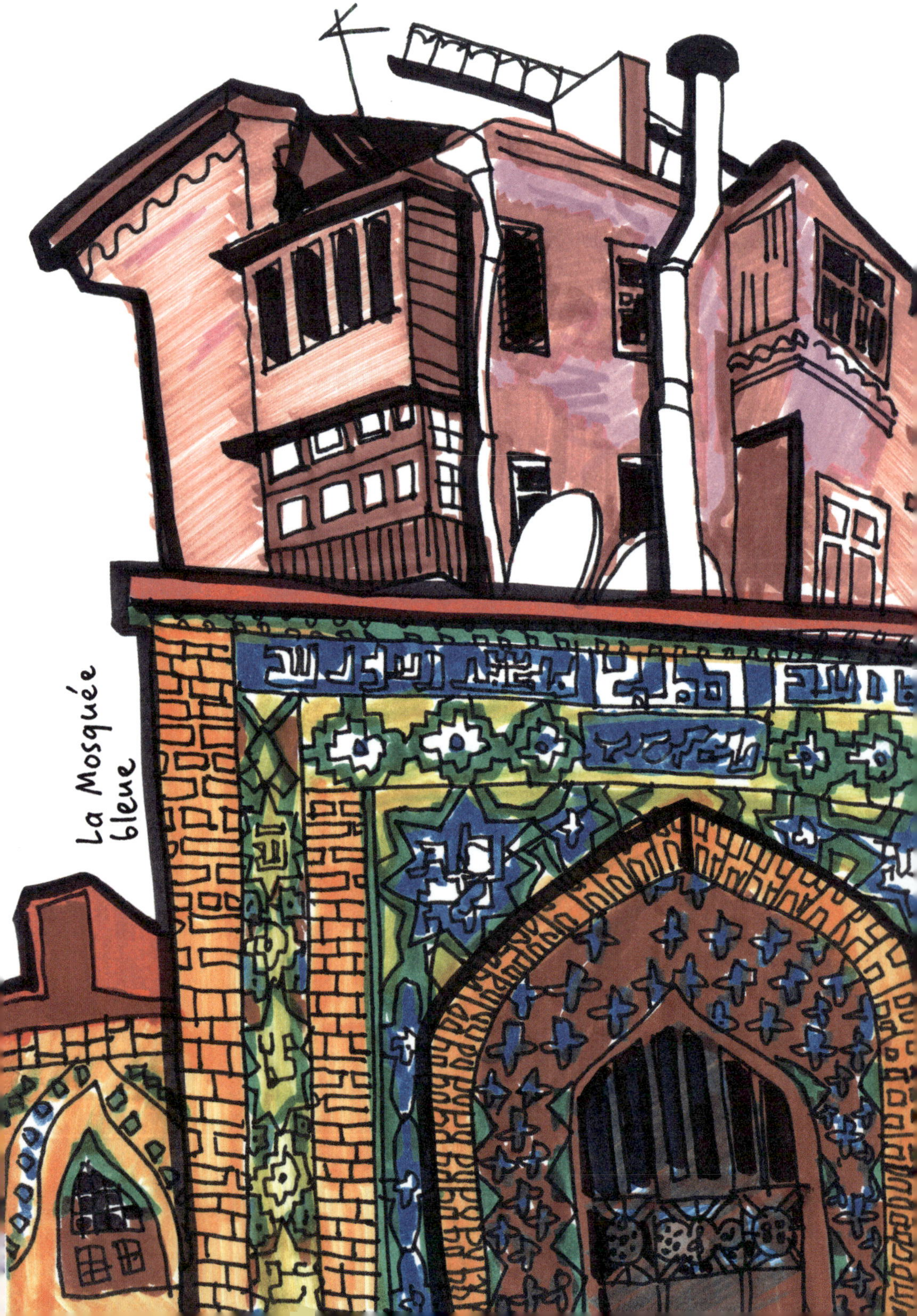
La Mosquée bleue

Erevan est à la fois une des villes les plus anciennes et les plus rebâties.

Il subsiste de l'époque du khanat d'Erevan[28], la mosquée bleue, aujourd'hui étroitement entourée de maisons, et une partie du quartier de Kond. La célèbre usine de cognac Ararat[29] occupe désormais la place de la forteresse d'Erevan[30] et du palais du Sardar[31].

À l'époque soviétique, on a démoli beaucoup de mosquées iraniennes et d'églises arméniennes. Après l'éclatement de l'URSS, ce fut le tour d'édifices soviétiques. On a détruit le bâtiment moderne de la Maison de la jeunesse que les gens surnommaient « l'épi de maïs », ainsi que l'hôtel Sévan. Il ne reste du célèbre hôtel Dvin que sa structure, et seules les protestations des habitants ont sauvé l'avant-gardiste cinéma de plein air Moscou, à l'emplacement duquel on s'apprêtait à construire une église.

Durant la Perestroïka, beaucoup de symboles soviétiques ont été démontés. La place Lénine a été rebaptisée place de la République, et la statue du leader bolchevique, œuvre du célèbre sculpteur Sergueï Merkourov[32], a été retirée de son piédestal et décapitée. Des ami·e·s artistes m'ont raconté que le Lénine sans tête gisait depuis lors dans la cour intérieure de la galerie nationale de peinture[33]. Il m'était impossible d'accéder à la cour sans laissez-passer, mais on pouvait voir la statue depuis une fenêtre de la galerie. J'ai acheté un billet et j'ai trouvé la fenêtre adéquate. Le Lénine sans tête gisait absurdement dans une fontaine hors service. Mon dessin a chamboulé une des surveillantes : « Ne montrez ce dessin à personne ! Ne leur dites pas qu'*Il* gît ici ! » Elle n'a pas pu m'expliquer pourquoi ce secret était si dangereux.

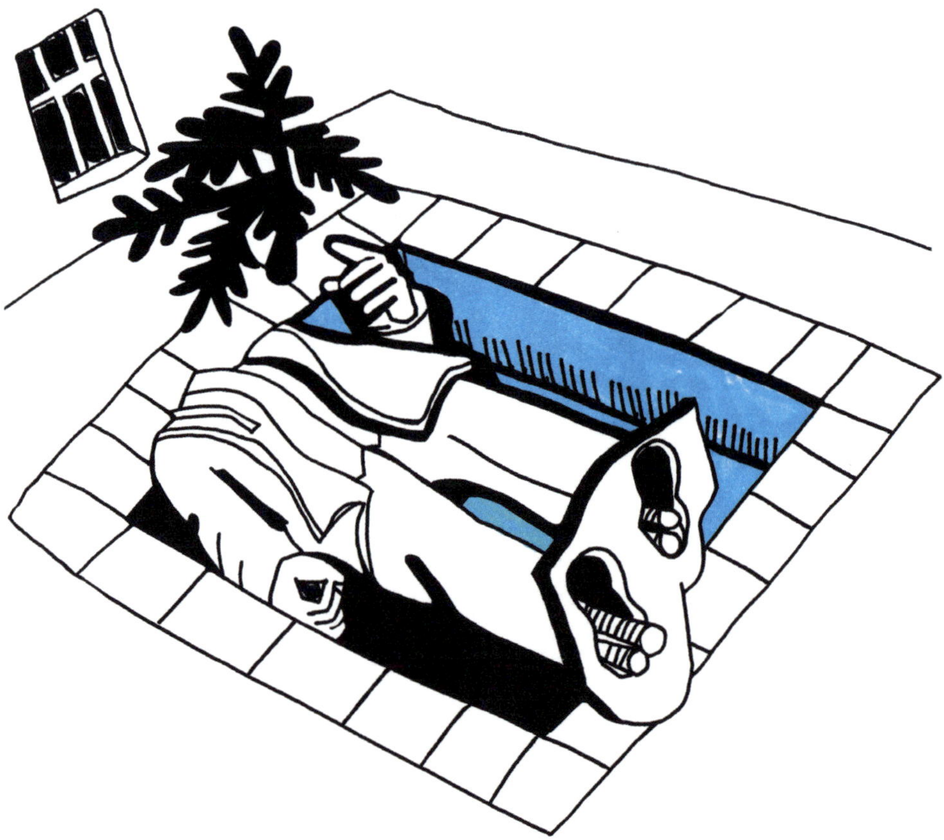

Kond

Au début des années 2000, on a démoli une rue entière du centre-ville pour percer l'avenue du Nord et y construire des immeubles de standing. Beaucoup d'habitant·e·s ont été expulsé·e·s de force de leurs maisons. Au lieu de se voir attribuer de nouveaux appartements, iels n'ont reçu que la compensation financière minimale. Il est désormais question de détruire Kond, le plus ancien quartier d'Erevan.

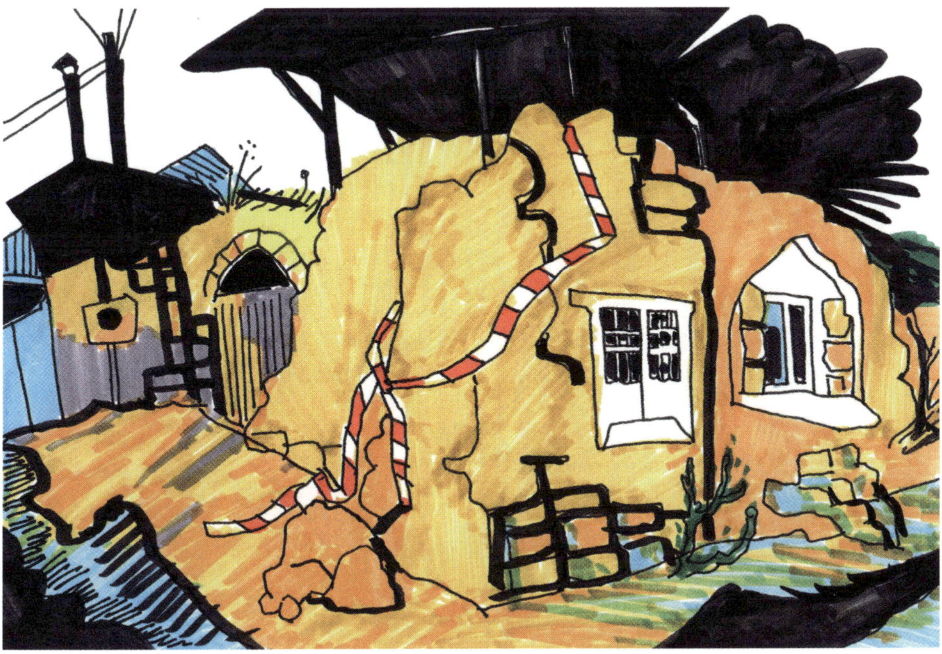

Kond ressemble à une fourmilière. Les maisons d'avant la révolution sont collées sur une grande colline, et on s'égare facilement dans ces ruelles tordues et étroites qui se terminent souvent en cul-de-sac. Des bourgeoi·se·s ont jadis construit ces maisons de pierre, mais aujourd'hui la majeure partie de Kond a l'air d'un bidonville. La mosquée iranienne, à moitié en ruine et aux abords de laquelle cinq familles vivaient encore à l'époque soviétique, est particulièrement impressionnante.

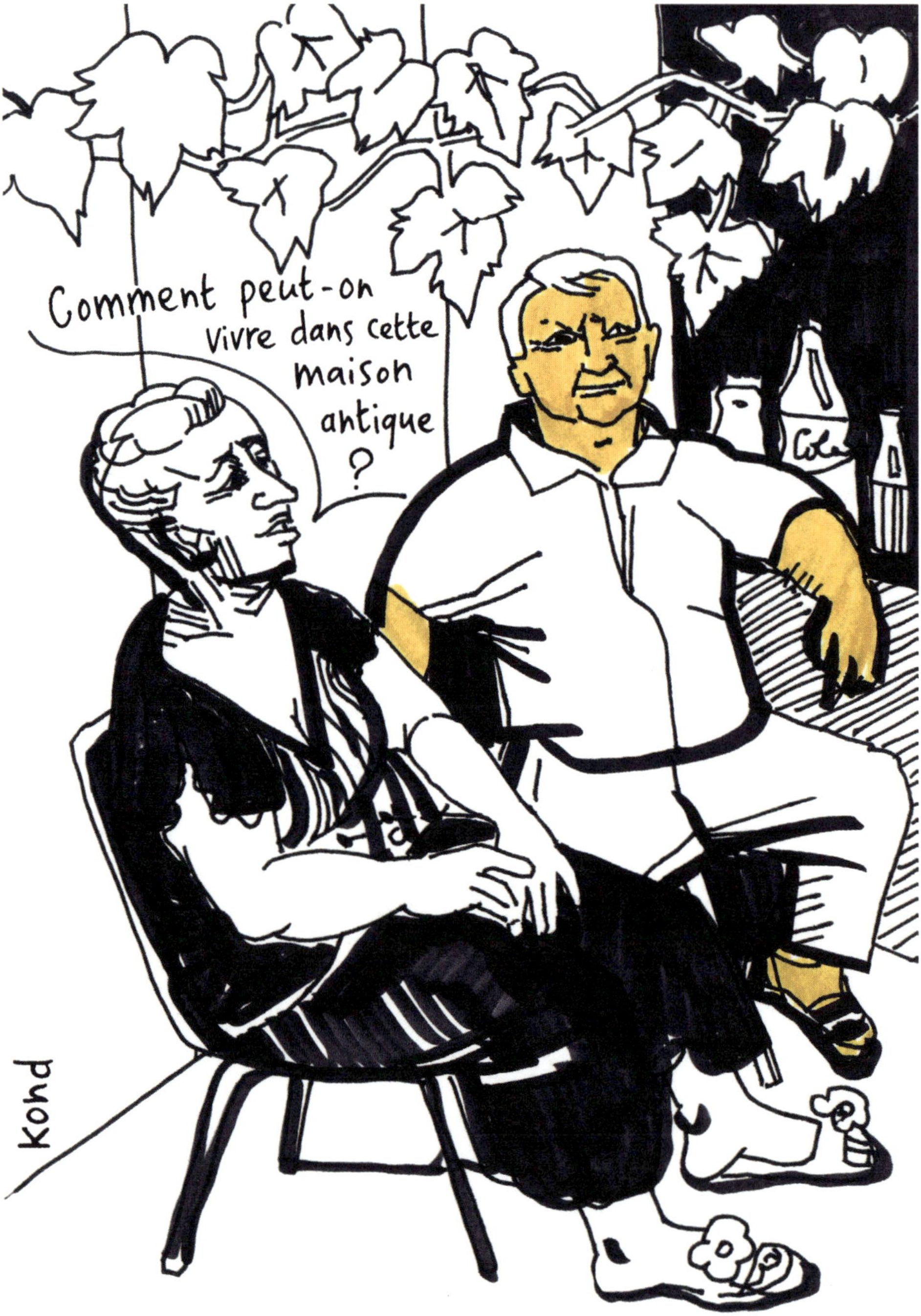

En arménien, « antique » sonne comme une insulte et signifie « vieux débris ».

Beaucoup d'habitant·e·s de Kond pensent que le quartier est maudit, car la plupart des maisons appartenaient autrefois à des musulman·e·s : des Iranien·ne·s, des Azéri·e·s, et des « Turc·que·s » (comme les Tatars[34] d'Azerbaïdjan se désignaient elleux-mêmes). Iels sont toutefois fortement attaché·e·s à leur communauté. Les voisin·e·s se connaissent et sont souvent parent·e·s. Ce propriétaire d'un pigeonnier voudrait qu'on reloge tou·te·s les habitant·e·s de Kond dans une seule et grande maison neuve.

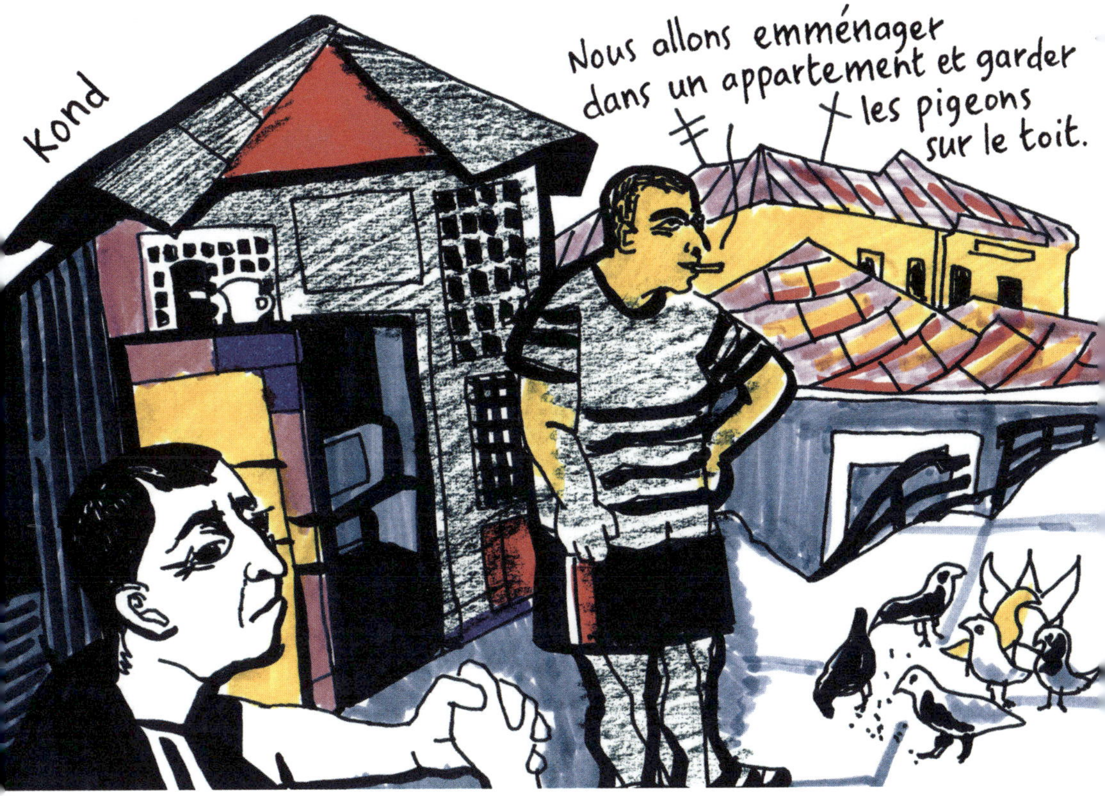

Les habitant·e·s de Kond ne rêvent pas tou·te·s de partir. J'ai rendu visite à Nara, une militante vivant avec sa mère dans une maison construite par ses grands-parents, après leur fuite de Turquie, durant le génocide. Elle adore sa maison et voudrait la restaurer.

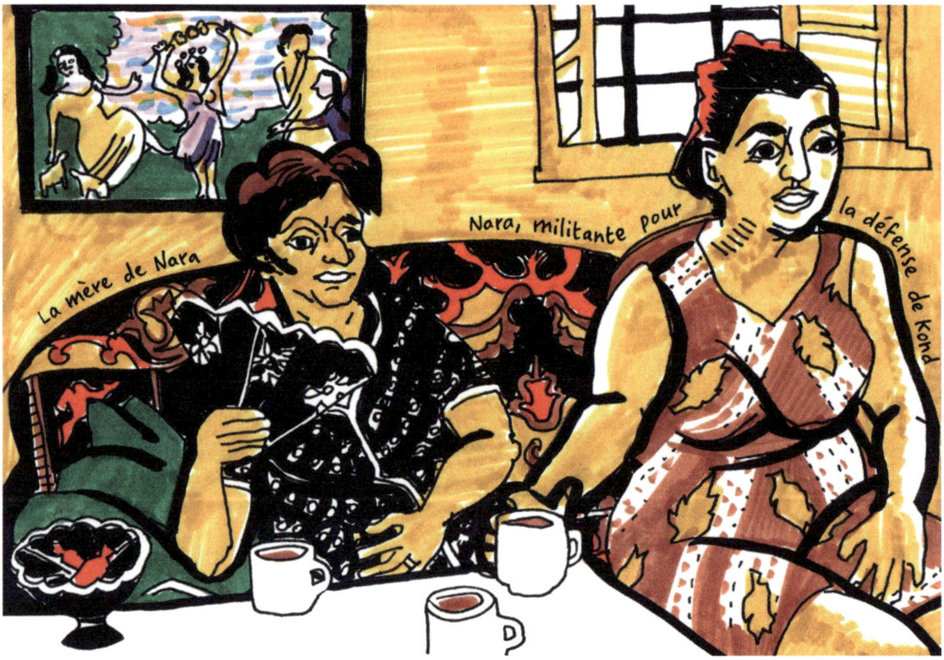

Nara m'a raconté qu'à l'époque soviétique, les pouvoirs locaux avaient sommé les propriétaires de maisons individuelles de renoncer à leurs actes de propriété. La plupart des habitant·e·s de Kond, sa grand-mère comprise, s'y étaient plié·e·s. Apprenant qu'on avait jeté à la rue les habitant·e·s des maisons démolies lors de la construction de l'avenue du Nord, les habitant·e·s de Kond se sont inquiété·e·s.

Nara a fait le tour des maisons de Kond et a poussé les voisin·e·s à se battre pour leurs droits. Les habitant·e·s sont allé·e·s au siège du gouvernement avec des chaises, s'y sont assi·se·s des heures durant, et ont exigé la restitution des actes de propriété. Iels ont finalement eu gain de cause.

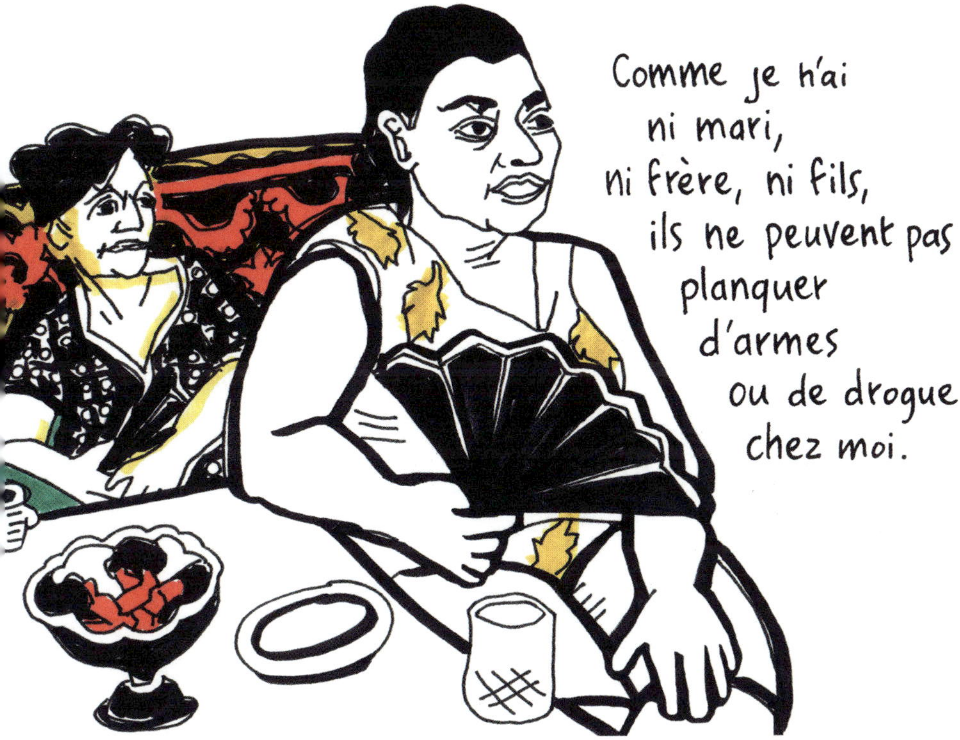

Dans la société arménienne, on fait pression sur les militantes par l'intermédiaire des hommes de leur famille. Seul·e·s des femmes et un vieillard – un vétéran de la guerre du Haut-Karabagh[35] – ont participé à la manifestation pour Kond, et la police ne les a donc pas dispersé·e·s par la force. Des négociations ont été entreprises avec le seul homme présent et Nara a été ignorée des forces de l'ordre.

La prison pour femmes Abodian

Avec le soutien du centre de réhabilitation des prisonniers dépendant du ministère de la justice d'Arménie, j'ai donné deux cours de dessin à la prison pour femmes Abodian. Le centre fournit une aide juridique et psychologique aux prisonnier·e·s, et organise régulièrement à Abodian, la prison la plus proche d'Erevan, des cours de peinture sur céramique, de vitrail et de sculpture sur bois.

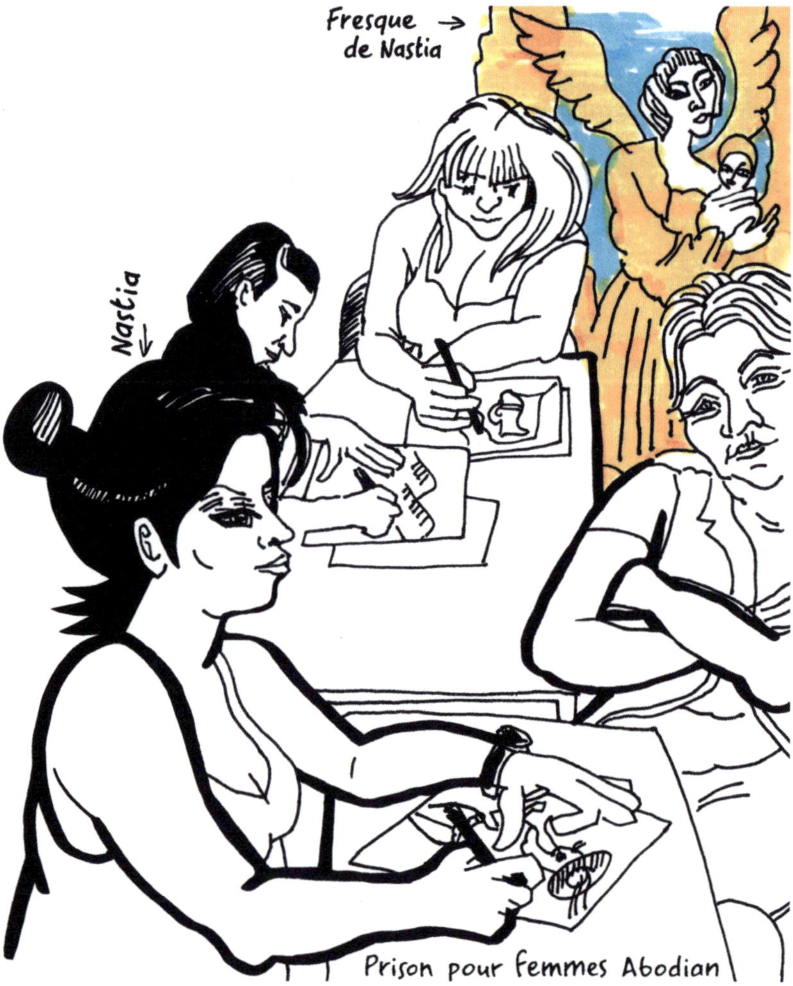

Durant mon atelier, j'ai rencontré Nastia, l'artiste vedette d'Abodian, qui y a peint plusieurs fresques monumentales. Elle étudiait la peinture de Sarian[36] et d'Avétissian[37], et rendait hommage à leur travail dans ses œuvres.

Il y a beaucoup d'arbres sur le terrain d'Abodian et les murs peu élevés surmontés de barbelés ne masquent pas entièrement les montagnes. Les prisonnières s'habillent avec leurs propres vêtements. On m'a expliqué qu'aucun uniforme n'était prévu dans les prisons pour femmes (« Elles restent des femmes. ») et que les conditions de détention y étaient plus douces que dans celles pour hommes. En Arménie, il n'y a pas de prison pour les mineures. Les tribunaux s'efforcent de les condamner à des peines avec sursis.

À l'heure du déjeuner, une foule bigarrée de femmes s'est précipitée dans le réfectoire avec des casseroles, des cocottes et des poêles pleines de la nourriture qu'elles avaient cuisinée. Presque personne ne mange la nourriture de la prison. Si en Russie, beaucoup de prisonnières sont abandonnées à leur sort par leur famille, en Arménie, les parents prennent soin d'elles durant toute leur peine.

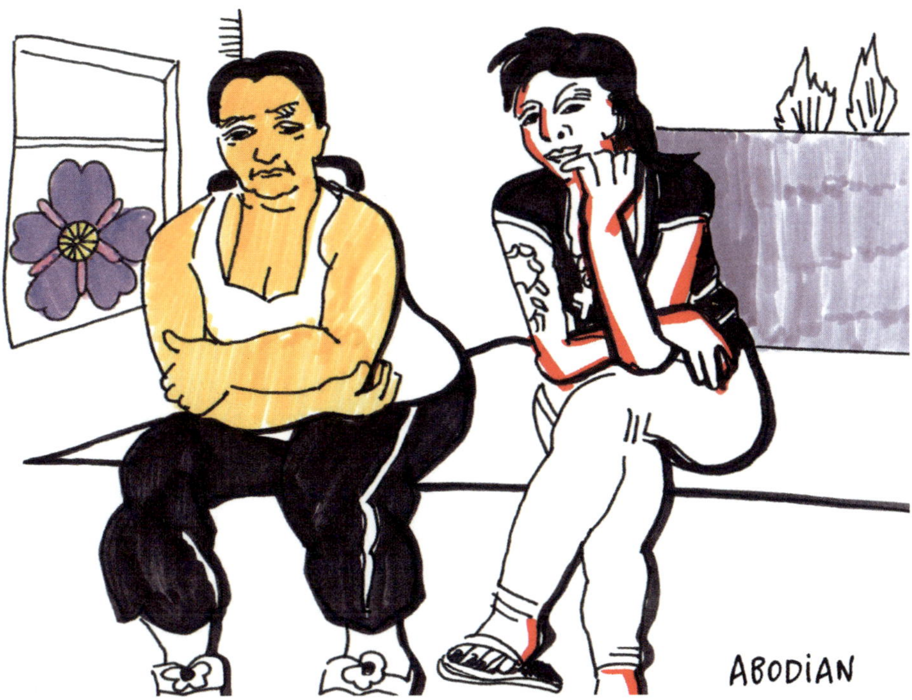

Les délits les plus courants sont la fraude, le trafic de drogue et le trafic sexuel. Des Arméniennes poussent leurs compatriotes dans l'esclavage sexuel en Turquie, parce que le pays est proche et qu'il y a de la demande. Les femmes ayant séjourné en prison restent marquées à vie. Elles ont très peu de chances de trouver un travail normal, de se construire une vie privée et de marier leurs filles.

Être une Arménienne

Un jour à Erevan, on m'a prise pour une Arménienne. J'étais assise par terre et je dessinais des marchands de tapis, quand une vieille dame s'est approchée, m'a sermonnée en arménien et s'est mise à tirer sur ma jupe avec acharnement. Quand elle a compris que je venais de Russie, elle s'est complètement désintéressée de ma moralité. En Arménie, « russe » est synonyme de « putain ».

Il est intéressant de comparer les types de pressions que la société impose aux femmes en Russie et en Arménie. Chez nous, il est indécent d'être encore vierge à dix-huit ans passés. On attend d'une femme qu'elle ait des relations sexuelles avec un homme et qu'elle fasse des enfants, même s'il lui faut pour cela être une mère célibataire. En Arménie, l'honneur familial est ce qui compte le plus. De nombreuses célibataires demeurent de « vieilles vierges » et en parlent publiquement sans problème. Dans beaucoup de *marzers* (régions) d'Arménie, la tradition de la pomme rouge subsiste. Le lendemain matin de la nuit de noces, on envoie aux parents de la mariée une pomme rouge qui atteste de sa virginité passée. Il est honteux d'être « engrossée » hors mariage. Il est honteux de divorcer. Et c'est un malheur d'être sans enfant.

Un jour, une amie arménienne, sociologue, a vu un fournil dans une cour et m'a proposé d'interviewer conjointement les femmes qui cuisaient du pain *lavash*[38]. On nous a cordialement offert un siège et proposé un café, mais la conversation sur les changements sociaux à Erevan a tourné court. Les femmes ont demandé en arménien à mon amie quel âge avaient mes enfants chimériques (elles étaient certaines de leur existence), et ont tenté de la marier à leurs fils. Elles ne m'ont posé qu'une question et, après ma réponse, se sont totalement désintéressées de la conversation.

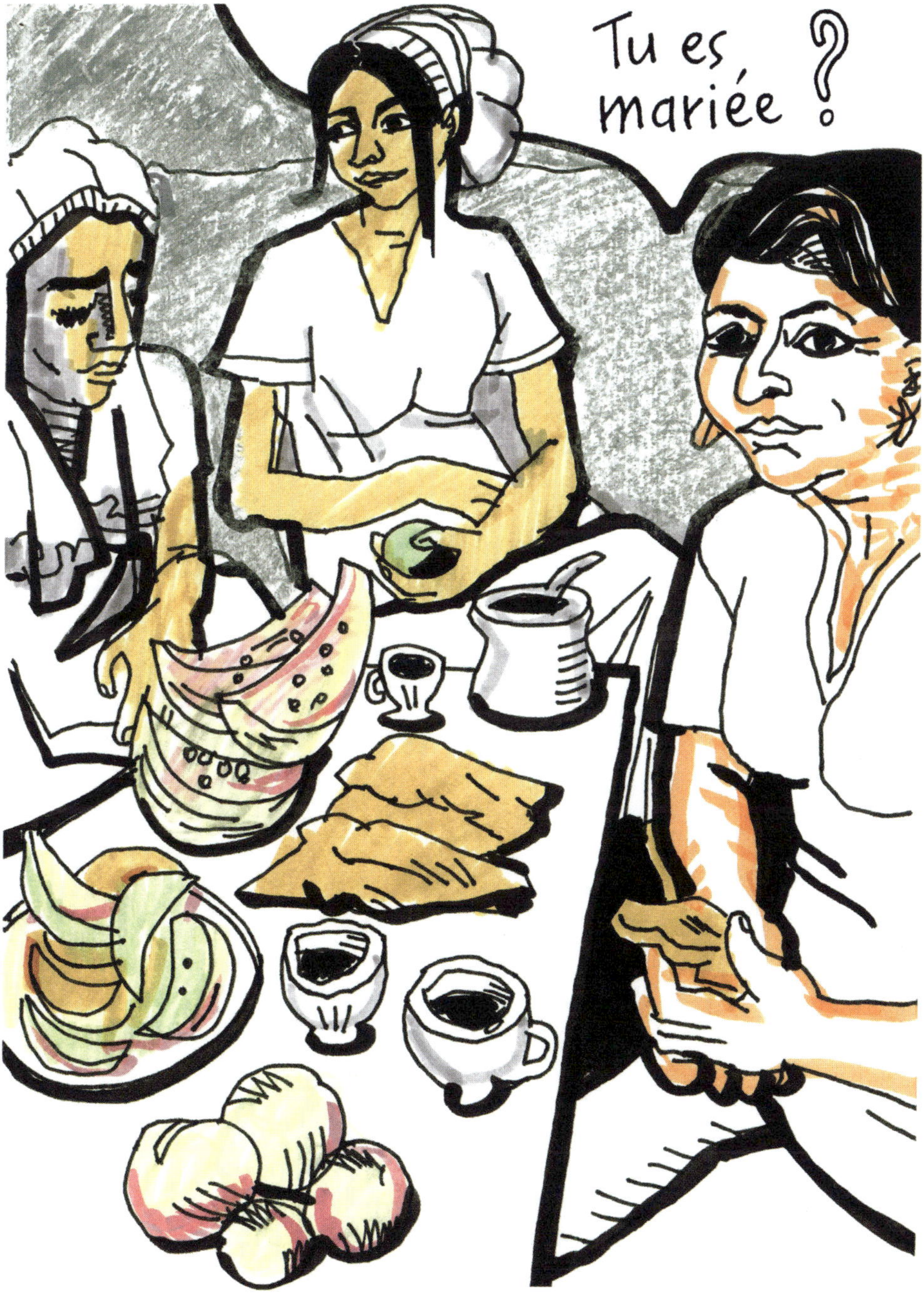
Tu es mariée ?

En Arménie comme en Russie, les violences domestiques sont monnaie courante. En 2010, sept organisations de femmes se sont regroupées pour former la *Coalition to Stop Violence against Women*[39], afin de faire du lobbying en faveur de la loi contre les violences domestiques[40] et de porter assistance aux victimes. J'ai assisté au procès de Suzanna dont la coalition payait l'avocat et qu'elle accompagnait au tribunal. La jeune femme était régulièrement battue par son mari et sa belle-mère. Quand elle a décidé de divorcer, on lui a retiré sa fille. Après l'audience, le juge a sermonné les anciens époux : ils devaient préserver la famille et l'honneur de la société arménienne.

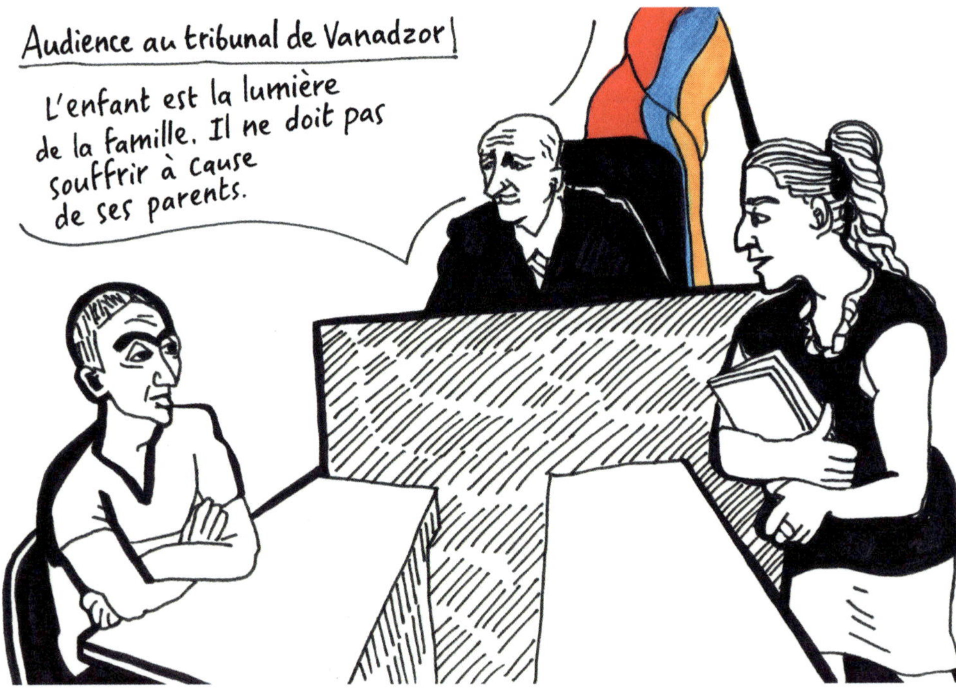

L'Arménie a un problème particulier. Le pays occupe la troisième place après la Chine et l'Azerbaïdjan en nombre d'avortements sélectifs. On avorte habituellement s'il y a déjà deux filles dans la famille et qu'on en attend une troisième. Cette enfant non désirée peut être appelée « bavakan », ce qui signifie « ça suffit ! »

Le fils est considéré comme le dépositaire de la lignée familiale et comme le futur soutien de famille. Quand une femme met au monde un garçon, son statut social s'en trouve considérablement augmenté. Traditionnellement, le fils emmène son épouse chez ses parents et hérite de la maison. Les filles mariées partent vivre dans la famille de leur mari. Celles qui ne le sont pas servent la famille de leur frère.

Ces traditions patriarcales reculent peu à peu et la jeunesse d'Erevan se distingue fortement de ses parents. J'ai réalisé le portrait d'Arévik, une féministe chercheuse en sciences sociales, et de sa mère qui ne comprenait pas pourquoi sa fille ne s'empressait pas de se marier et de faire des enfants.

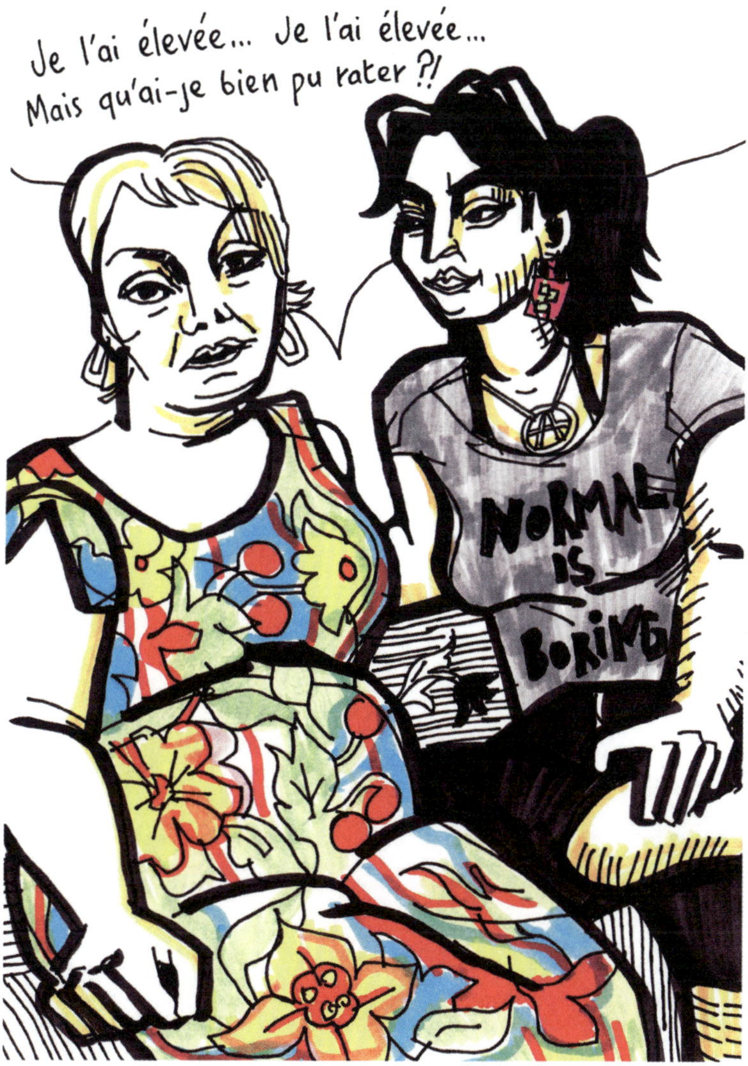

Les rencontres, les entretiens et les collaborations avec des femmes indépendantes sont les souvenirs les plus chaleureux de mon séjour à Erevan. Je crois que les femmes permettront à la société arménienne de devenir plus douce, plus souple et plus diverse.

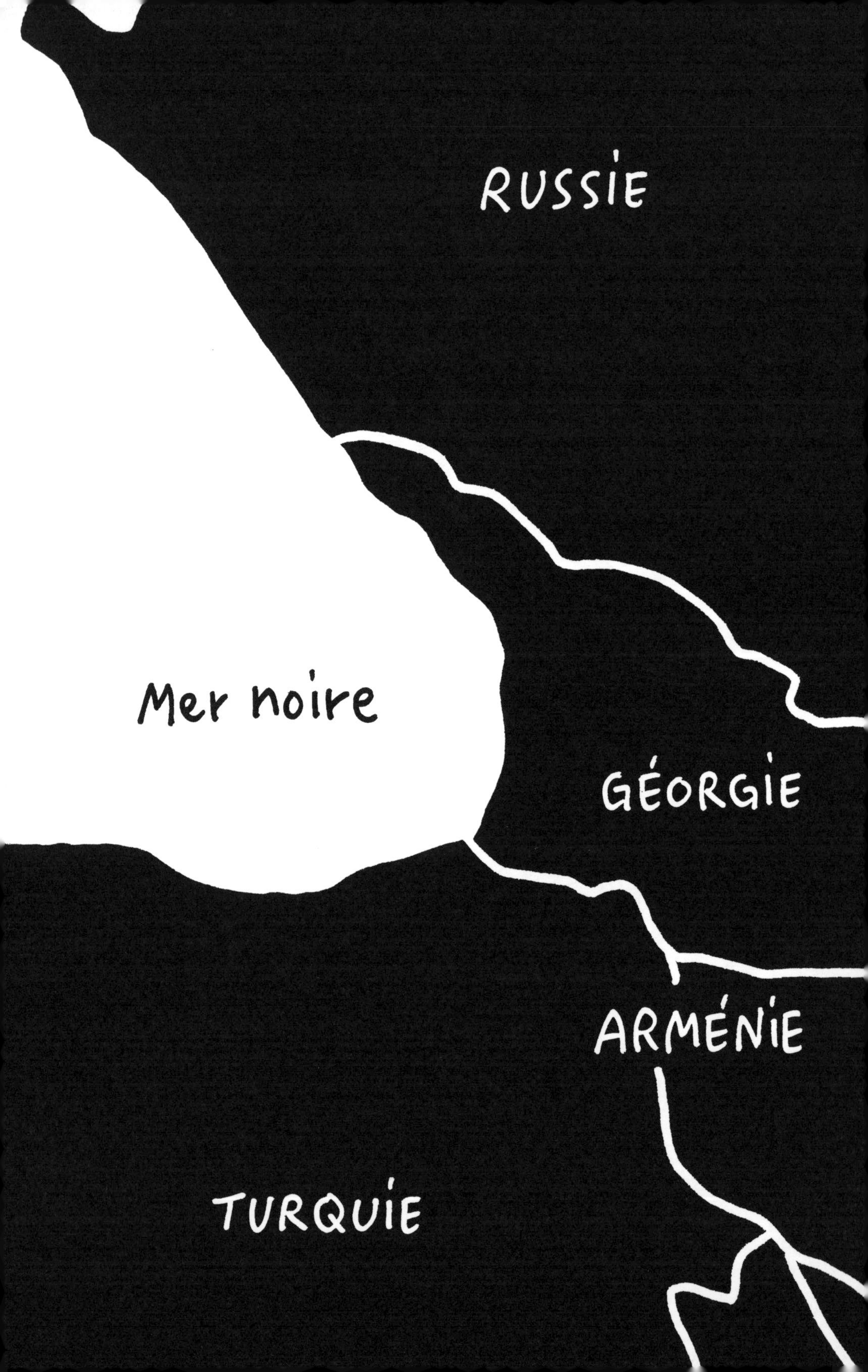
RUSSIE
Mer noire
GÉORGIE
ARMÉNIE
TURQUIE

Voyage au DAGHESTAN 2015

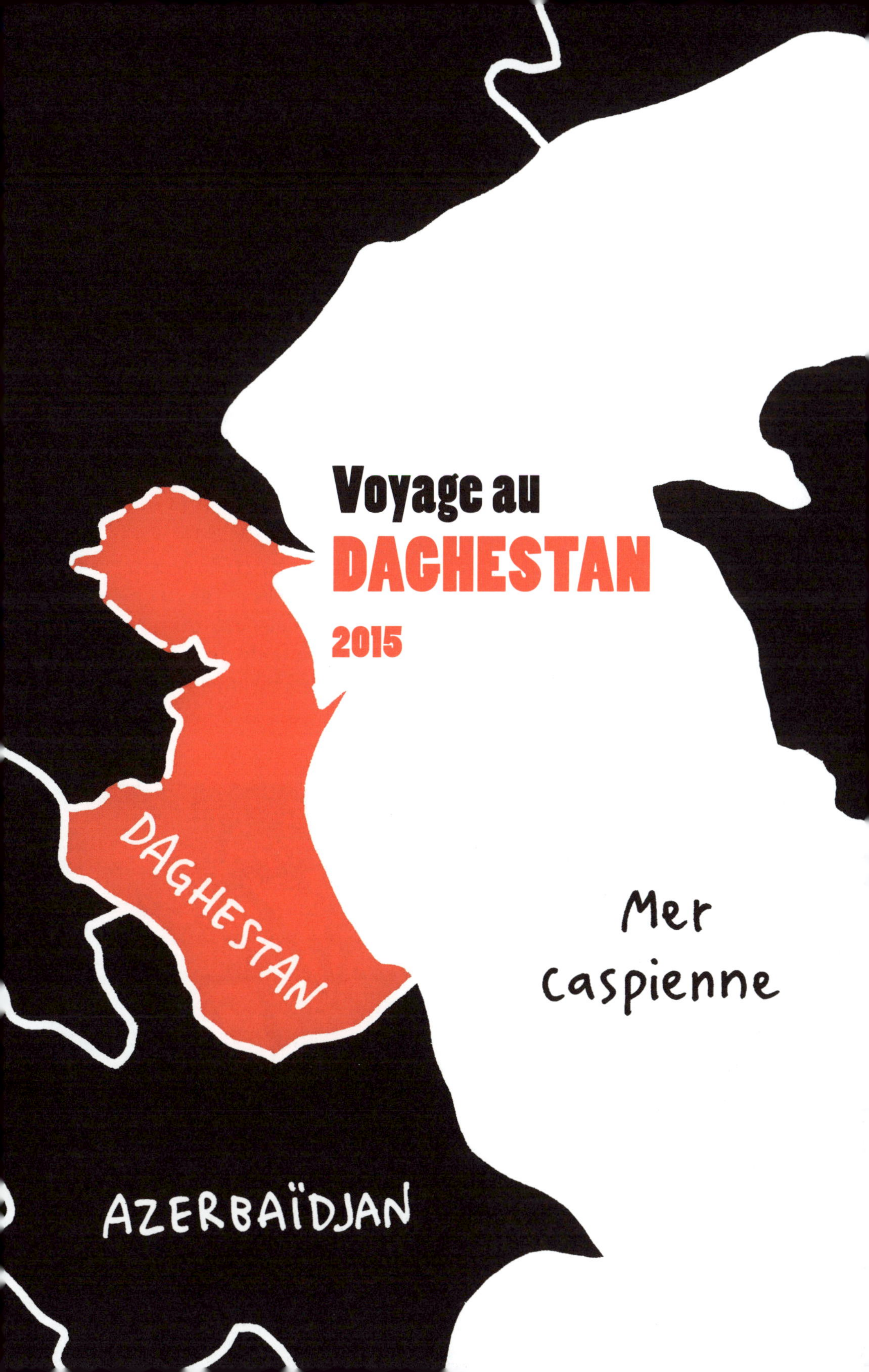

Makhatchkala

En 2015, on m'a invitée à donner des conférences à Makhatchkala[41]. J'ai visité la ville durant mon temps libre. Le premier site touristique qu'on m'a montré était la prison se dressant sur la Colline du Scorpion : « C'est une forteresse de garnison reconstruite, un de nos plus vieux bâtiments. Ses murs et sa maçonnerie sont d'origine. » On m'a montré un autre site : un hôtel particulier du XIXe siècle, assez ordinaire, mais considéré comme une des plus belles maisons de Makhatchkala. On m'a ensuite proposé une balade sur les nombreux marchés : « Notre ville n'est qu'un immense bazar. »

Sur les marchés, j'ai essayé de dessiner et d'engager la conversation. « De quelle ethnie êtes-vous ? » est une question à laquelle les gens répondent volontiers à Makhatchkala. Trente ethnies cohabitent en paix au Daghestan.

Un homme à qui j'avais offert son portrait m'a rapporté le dessin une demi-heure plus tard : « j'ai regardé de plus près et j'ai vu que vous m'aviez fait le nez trop gros. » Un autre modèle, une marchande de miel, a également jeté son portrait : « tout le monde dit que j'ai un nez grec et droit, mais vous m'avez fait un nez busqué. »

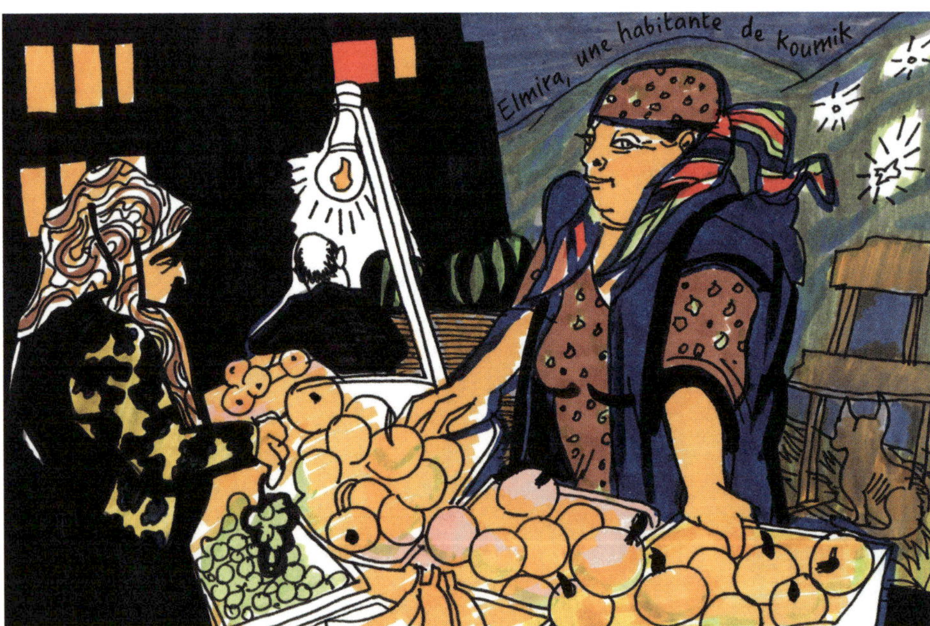

Cette femme m'a demandé de la dessiner, elle et son fils. Une vieille, en passant dans mon dos, m'a fait remarquer que l'islam interdisait la représentation humaine.

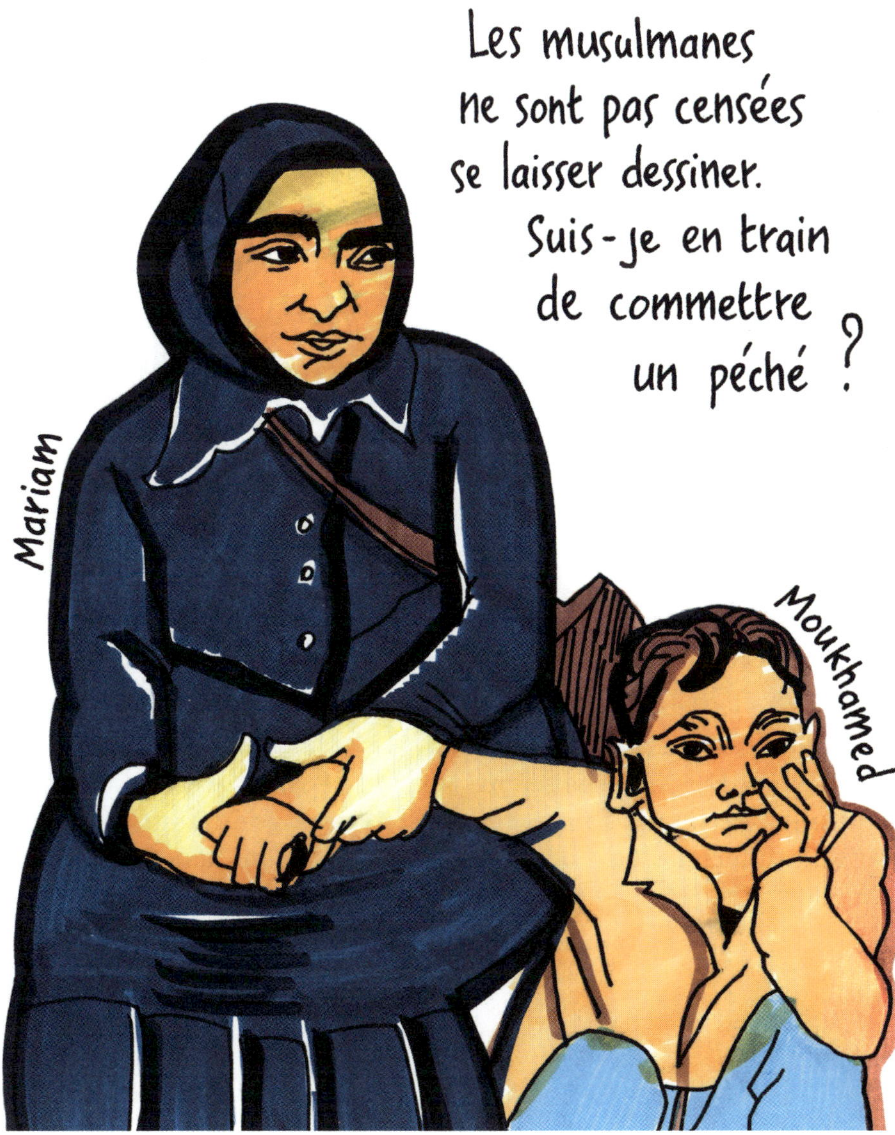

Les étudiant·e·s de l'école d'art M. A. Djémal[42], où j'ai donné une conférence, m'ont raconté que des gens s'inscrivaient en section artistique et refusaient ensuite de faire du modèle vivant pour des motifs religieux. « Certaines "voilées" déchirent leurs croquis après les avoir présentés. Elles veulent se cantonner à la création de costumes. » Les femmes voilées sont les filles et les femmes qui portent le hijab.

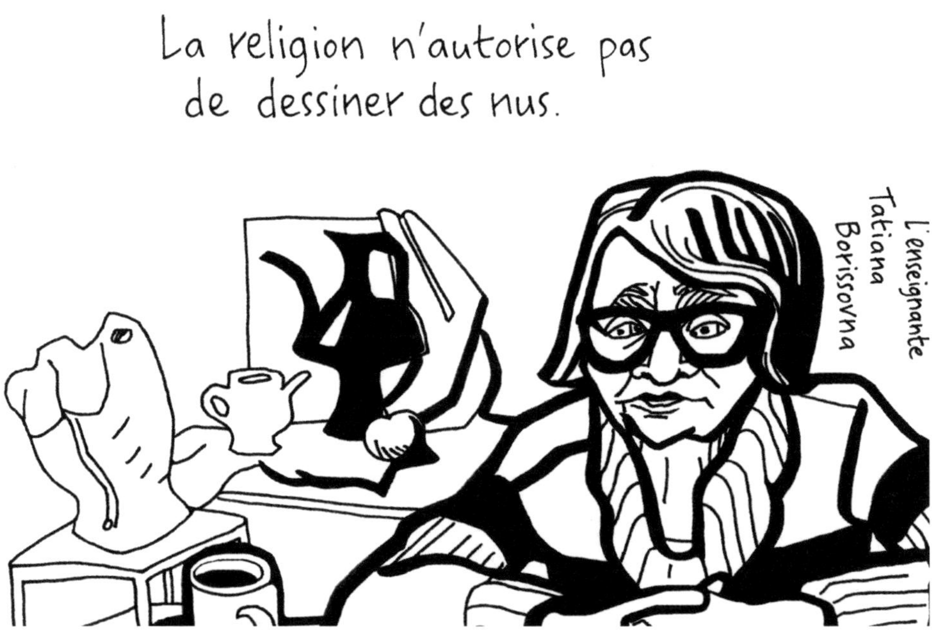

En section artistique, on ne fait pas de nus. « Lors d'un cours, on a dessiné un gars sans T-shirt », se sont souvenus les étudiant·e·s. « Mais la porte était fermée. Le modèle ne voulait pas qu'on sache qu'il posait. »

Conversation avec un étudiant ayant suivi mon cours sur l'art social :

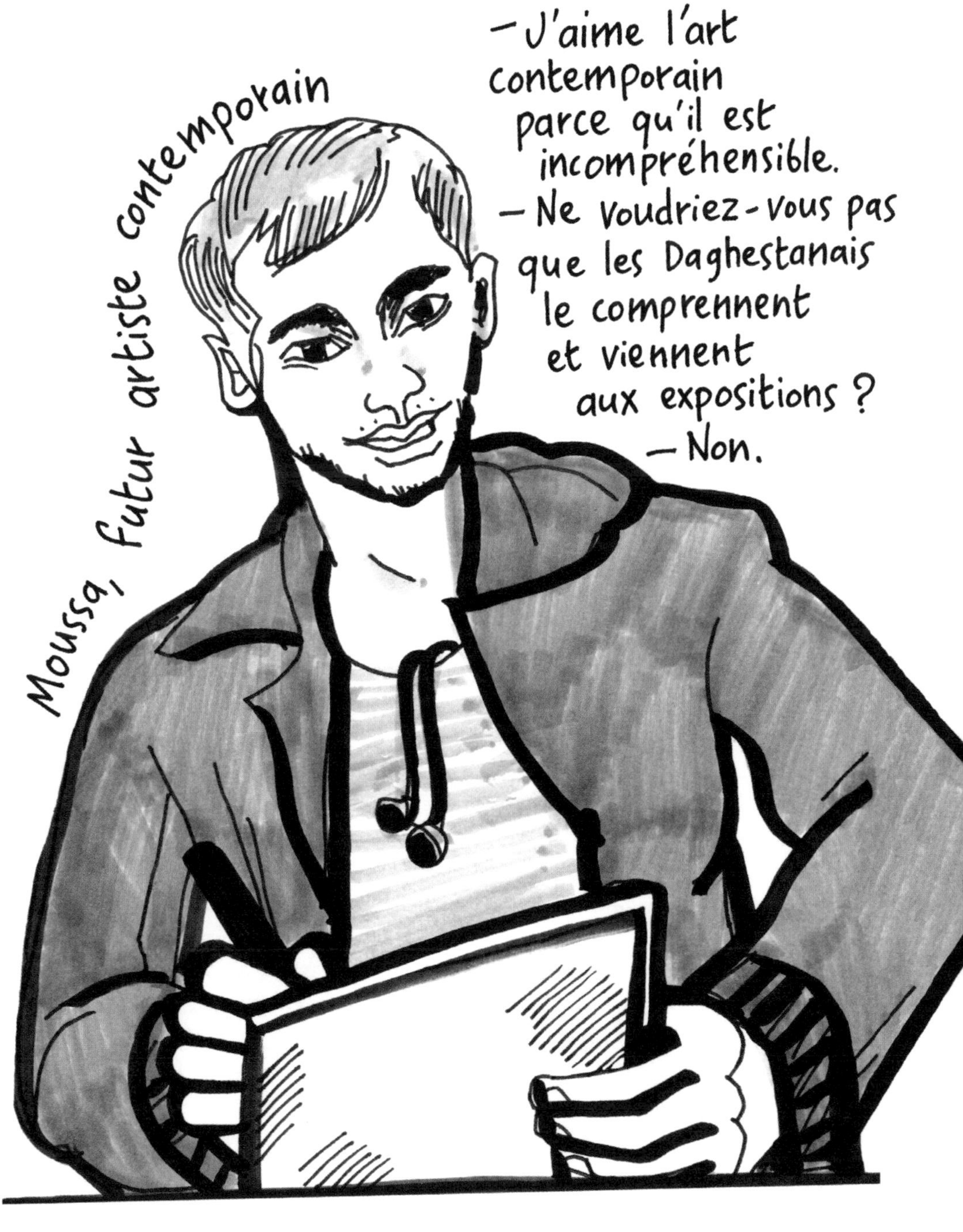

« Que peut faire une femme au Daghestan ? », a dit Saïda. « Selon l'islam, les femmes ne doivent ni danser, ni chanter. »

Saïda et Raïssat sont deux amies originaires de la petite ville de Kiziliourt[43]. Elles louent ensemble un appartement. Leurs familles les ont laissées étudier l'art sans histoire. La mère de Saïda l'aide même à accrocher ses œuvres lors des présentations.

« Quand j'étais petite, j'ai vu une fille d'une famille religieuse, toute vêtue de blanc et portant le foulard. C'était si beau ! J'ai donc demandé pour la première fois à Maman de m'acheter un foulard. Quand j'ai commencé à lire le Coran, j'ai compris que je portais le foulard pour moi-même. N'importe qui peut aborder une fille non voilée et lui demander son numéro de téléphone. Moi, je me sens à l'aise quand je marche en hijab, en tunique et en jeans », m'a dit Saïda.

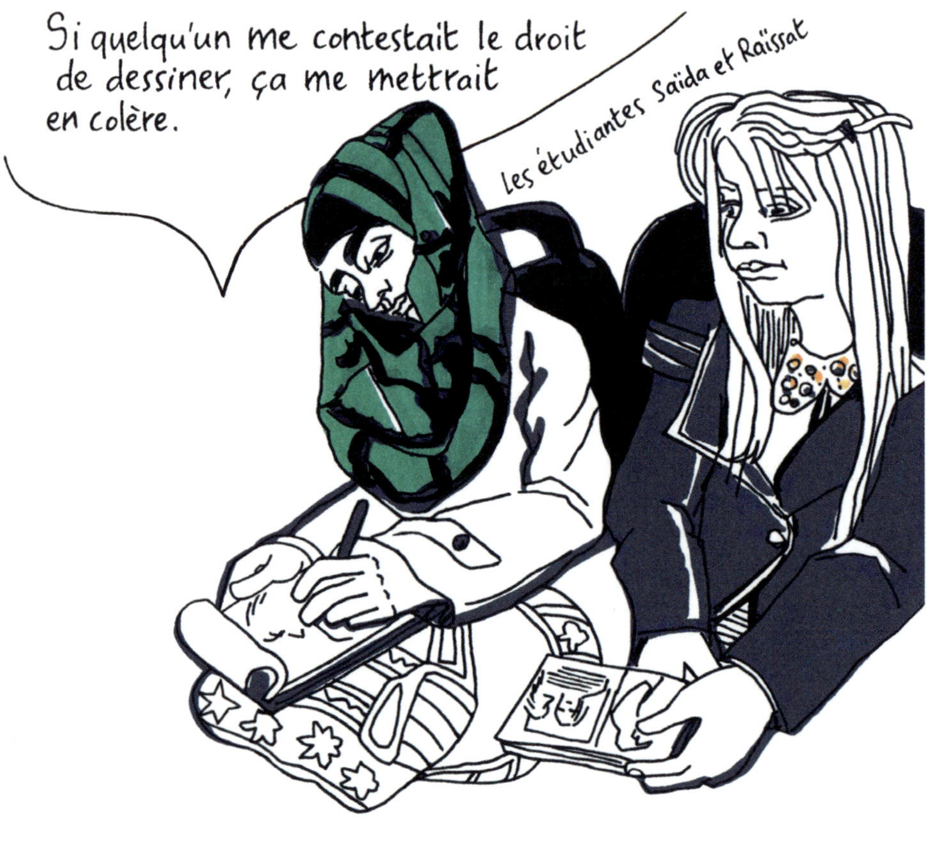

« J'aimerais bien porter le voile, mais mes parents penseraient que les wahhabites[44] m'ont embrigadée. Le mari d'une amie s'est fait enrôler et iels sont parti·e·s en Syrie avec les enfants. Iels sont persuadé·e·s qu'iels iront droit au Paradis s'iels meurent là-bas. Certaines filles retirent leur voile quand elles sortent de la maison et d'autres le mettent quand les parents ne regardent pas », m'a confié Madina, une étudiante.

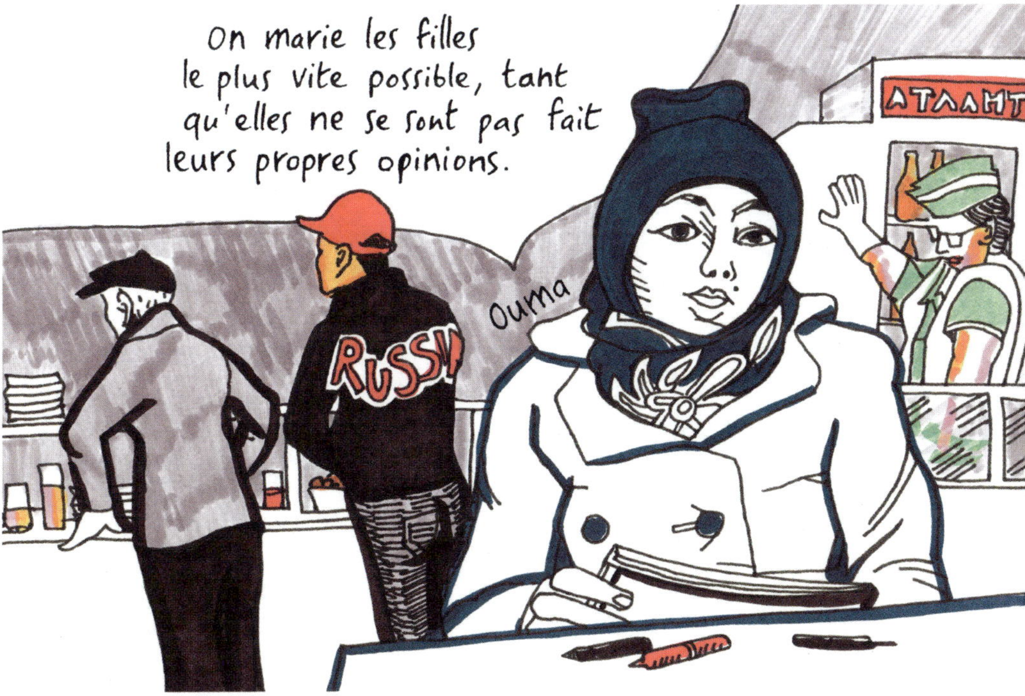

« Le plus vite possible » signifie avant vingt ans. Au Daghestan, il est important que le mari puisse dresser son épouse.

La mère d'Ouma enseigne la musique et son père est artiste. « Quand j'ai dit que je voulais étudier l'art, papa est sorti de la pièce en silence. Et il est revenu avec un carnet de croquis. »

Beaucoup de femmes s'habillent de manière très sexy à Makhatchkala. J'ai essayé de rencontrer quelques-unes de ces « bombes » (la sous-culture locale de femmes branchées aux longs cheveux noirs et aux lèvres gonflées) et j'ai fait la connaissance d'un mannequin.

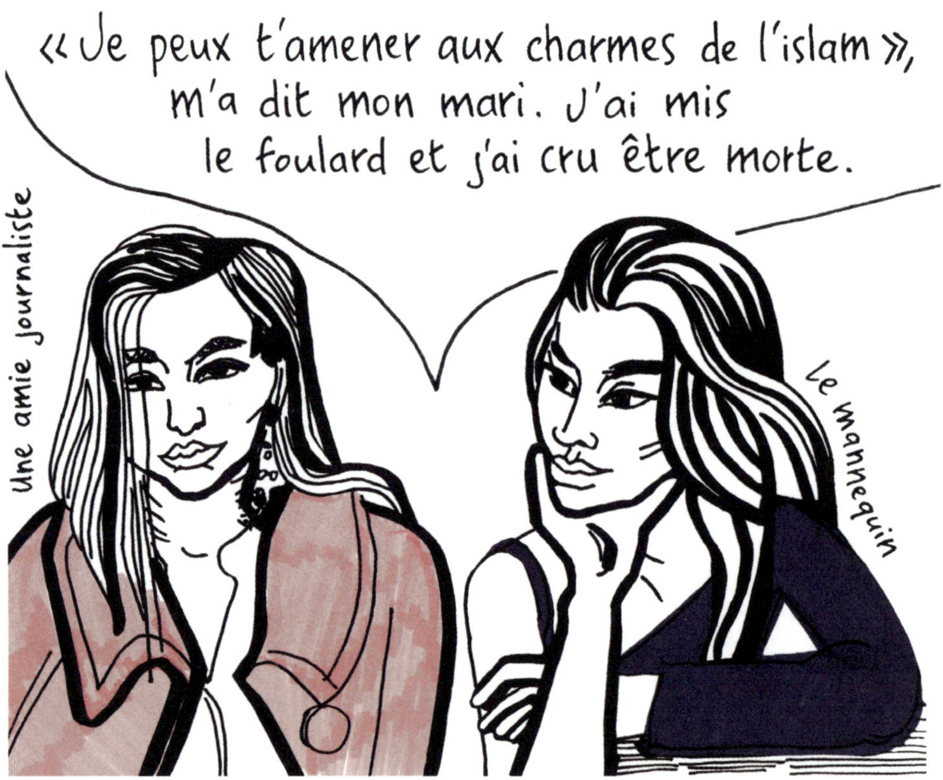

Bien qu'encore jeune, elle a déjà eu le temps de se marier, de subir la violence domestique et de divorcer. Je ne l'ai pas identifiée parce que les femmes modèles sont isolées au Daghestan : « C'est risqué d'être mannequin ici. Je ne traîne pas dehors. »

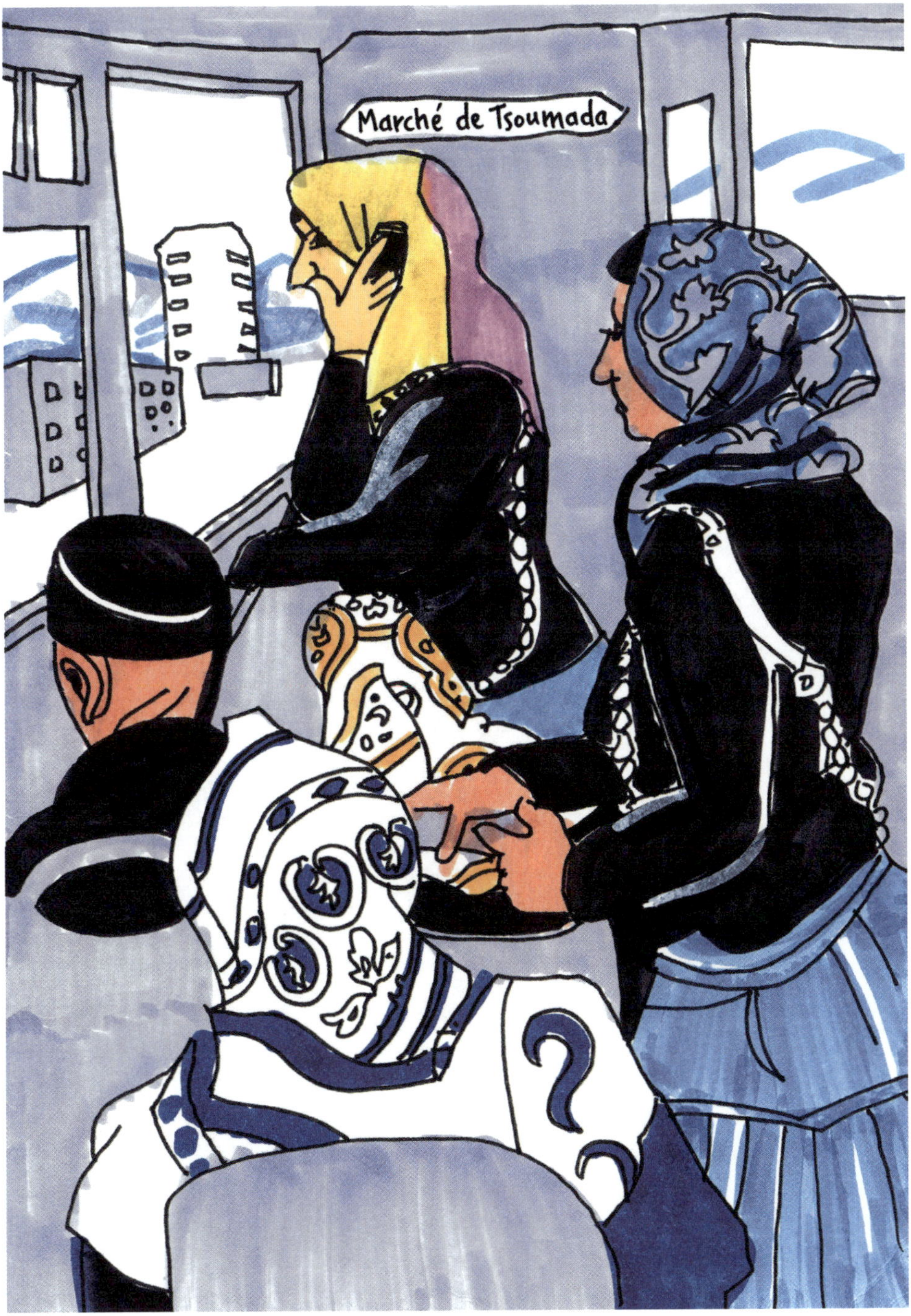

Femmes voilées dans un bus de Makhatchkala.

Des villages de haute montagne : Kidéro, Mokok, Bejta

À Makhatchkala, j'ai rencontré l'ethnographe Patimat Magomedova[45]. Patia[46] m'a invitée à me joindre à son voyage dans des villages de montagne à la frontière de la Géorgie. Son objectif était de collecter du matériel sur l'excision au Daghestan. Au village de Kidéro[47], elle a interviewé une femme qui pratiquait cette « opération » depuis de longues années.

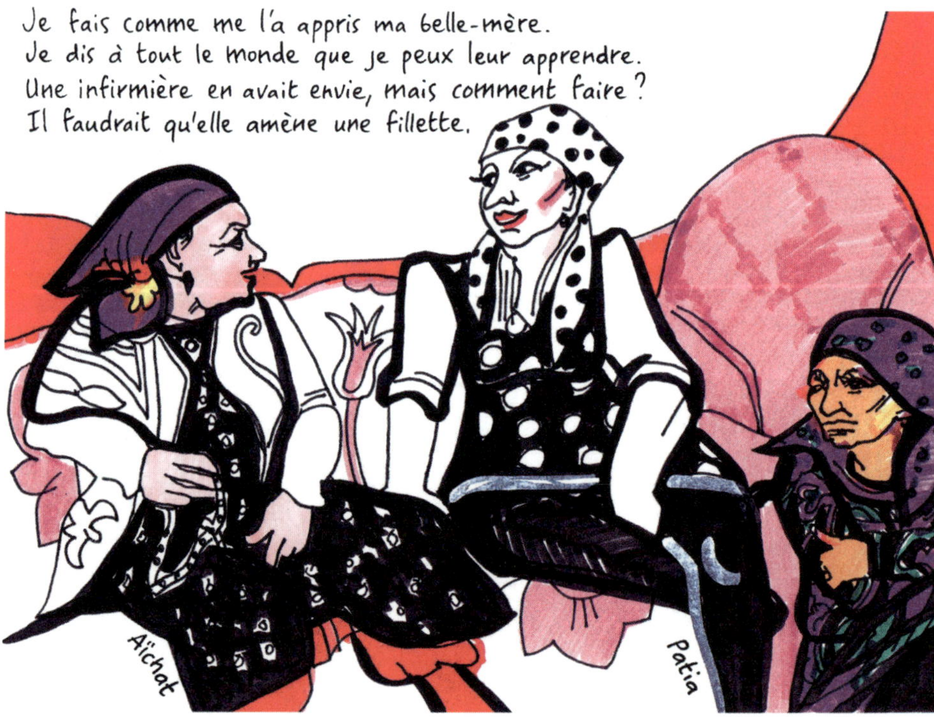

« Je fais une petite incision pour que le sang coule. Une petite goutte suffit. On faisait aussi des excisions à l'époque soviétique. J'excise les fillettes avant qu'elles n'aient leurs règles. Après, elles ont honte et moi, j'ai honte de regarder. Quand on m'a excisée, une fille plus âgée a crié devant moi : « j'ai mal ! » Je me suis enfuie, mais ma grand-mère m'a rattrapée. Elle m'a ensuite expliqué : « tu seras belle désormais. Tu réciteras ton *namaz*[48]. Tu apprendras bien », nous a dit Aïchat.

Pourquoi pratiquer l'excision ? Plusieurs femmes ont répondu : « on nous a excisées. Nous excisons donc nos filles. » D'autres m'ont dit que cela venait de la *Sounna*[49], la tradition sacrée relatant la vie du prophète Mahomet : « Mahomet l'a fait à ses filles. Toutes les musulmanes doivent donc le faire. » Mais la plupart d'entre elles avaient fait exciser leurs filles ou s'apprêtaient à le faire pour que « les filles ne cavalent pas. »

Les mères décident de l'excision avec l'accord tacite des pères. Certaines font même opérer leurs filles sans l'accord de leur mari. « Nous vivons des temps difficiles. Il y a beaucoup de femmes et peu d'hommes. Une fille doit être excisée au cas où elle vive seule. »

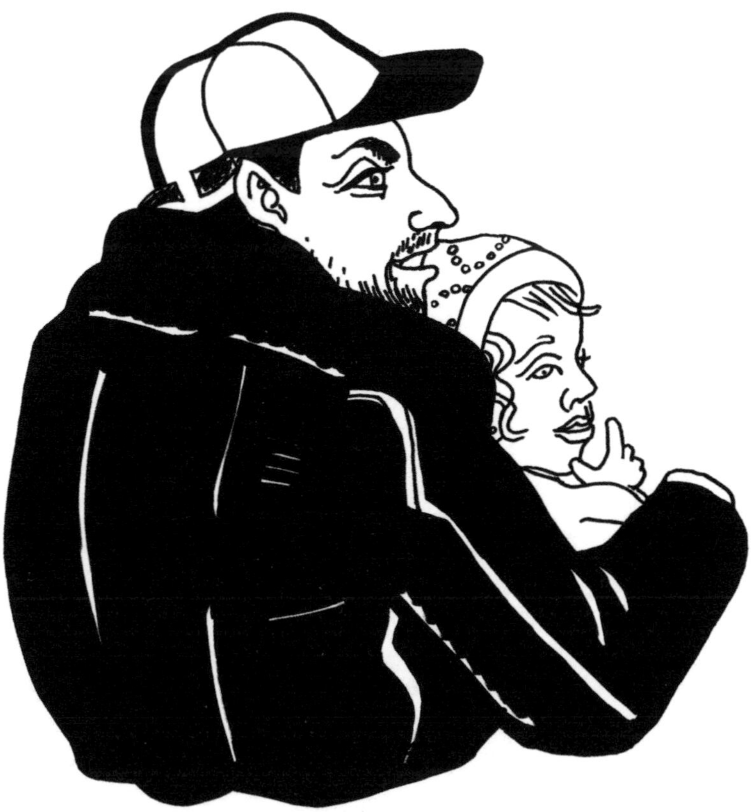

La mère de cette fillette pense qu'il vaut mieux « qu'une fille soit frigide que dépravée. »

À Kidéro, nous avons rendu visite à Bika, une parente de Patimat. Bika est la seconde épouse de son mari. Sa situation est fréquente au Daghestan. Le mari vit avec sa première femme dans un autre village et rend visite à Bika de temps à autre.

« Après mon divorce, je me suis retrouvée seule avec deux enfants, mais je ne voulais pas devenir une seconde épouse », a dit Bika. « Quand mon actuel mari a commencé à me courtiser, ma famille s'en est aperçue et les cancans ont commencé. Que je le voulusse ou non, il a fallu m'y résigner. Tout va bien désormais. Vivre au village en étant divorcée était trop dur. Même quand on a une conduite irréprochable, on a droit aux commérages. »

Bika nous a raconté une autre histoire. Un jour à Kidéro, après une fusillade dans laquelle deux policiers avaient trouvé la mort, des femmes se sont mises à parler des secondes épouses. La veuve d'un des deux policiers a entendu la dispute et a dit : « J'aimerais mieux que mon mari ait pris neuf épouses, mais soit encore en vie. Je pourrais le voir une fois par an. » Un silence embarrassé s'est ensuivi.

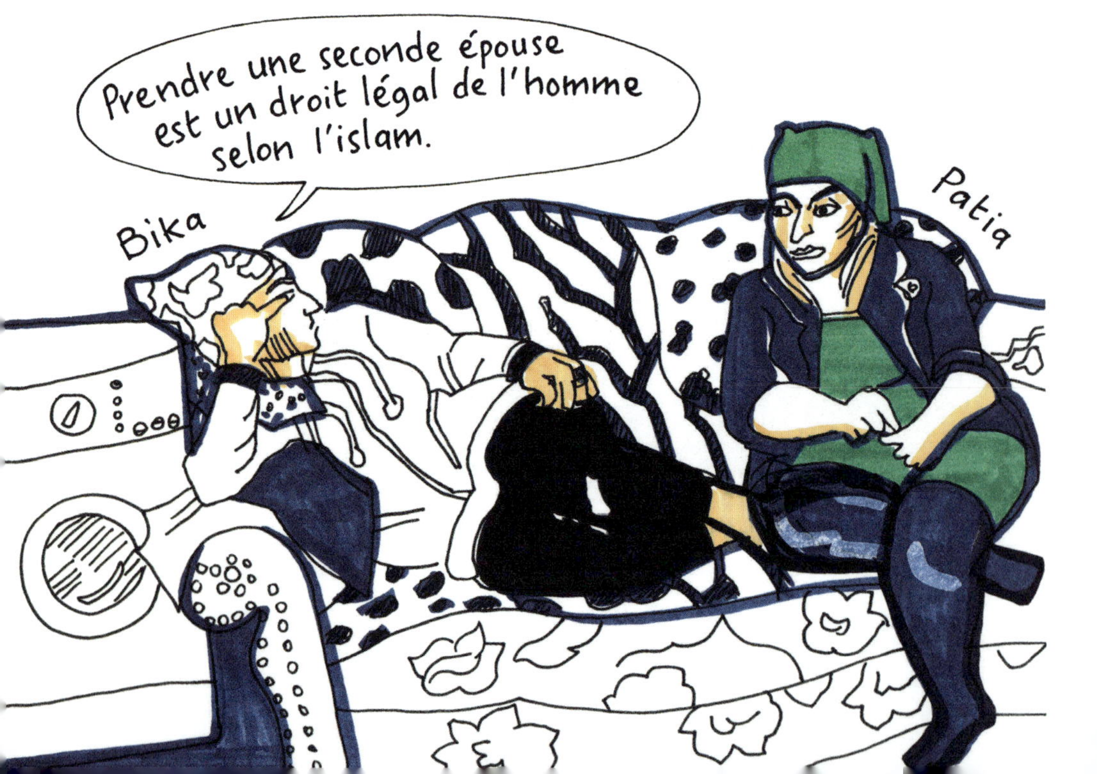

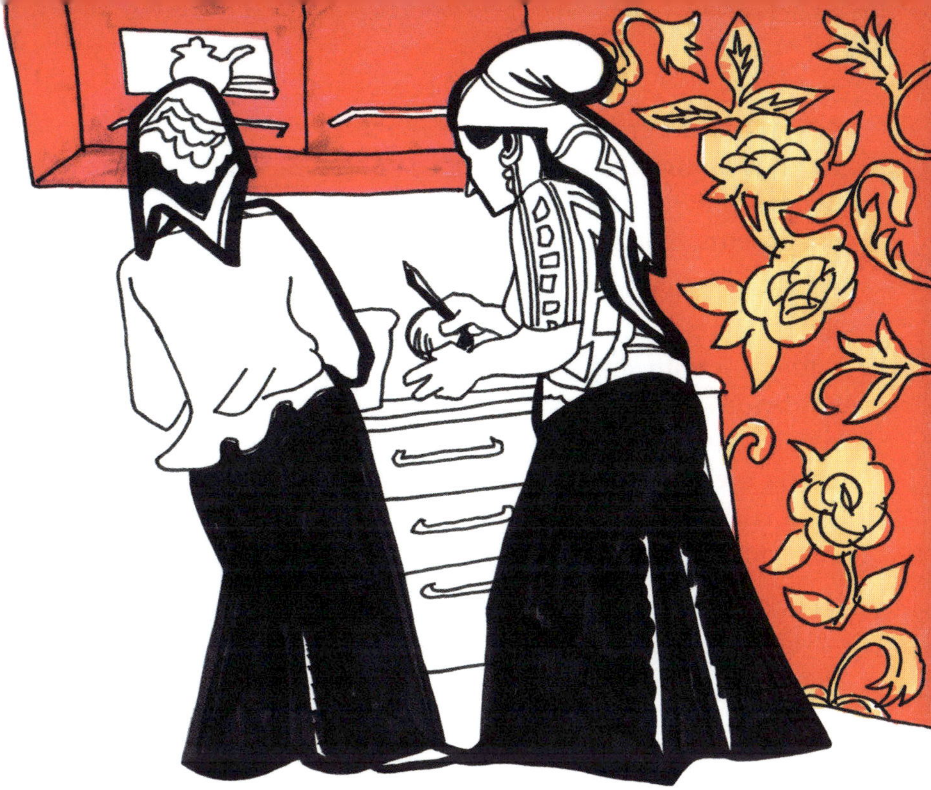

« La seconde épouse est une amante légalisée », m'a dit Patimat. Elle pense que presque personne ne reste toute sa vie avec sa seconde épouse. Selon l'islam, le mari doit subvenir également aux besoins des deux femmes, mais le plus souvent la seconde femme ne reçoit pas de réel soutien matériel.

Patimat a donné son avis sur le mariage scandaleux, en Tchétchénie, de Najoud Goutchigov[50], un *kadyrovets*[51] âgé de quarante-six ans, avec une jeune fille de dix-sept ans : « je ne comprends pas pourquoi un tel scandale a éclaté autour de ce mariage. Il y a bien des fiancées de quatorze ans. Tu penses ! Une fille qu'on marie de force... Ça arrive tous les jours par ici ! Le choix de la famille se révèle souvent être le meilleur. Et il est légal d'avoir une seconde épouse selon l'islam. Je n'aimerais pas qu'on déballe ainsi ma vie publiquement. Je pensais que les Tchétchènes tueraient la journaliste qui en a parlé. »

En visite dans une autre maison :

– Pourquoi n'y a-t-il que des femmes à la maison ?

– C'est la seconde épouse. Son mari ne vit pas ici et seuls les hommes de sa famille ont le droit d'entrer.

À Kidéro, j'ai rencontré Sirajoudine Abdourakhmanov[52], l'auteur du livre *Au virage serré de nos vies*, sur la violente déportation des Daghestanai·se·s en Tchétchénie en 1944 et sur leur retour au Daghestan en 1956-1958.

Abdourakhmanov m'a parlé de la déportation : « À l'époque, ils ont déporté la population de plusieurs *raïons*[53] (districts), mais ils n'ont entièrement incendié que le nôtre, celui de Tsounta[54]. Les maisons ont brûlé sous les yeux des habitants, parce qu'ils refusaient de partir. Sur la route et en Tchétchénie, chaque famille a perdu cinq ou six membres. Beaucoup souffraient de paludisme. L'acclimatation était rude. Les Tchétchènes ont chevauché le cheval d'Hitler sur une selle dorée[55], mais nous... Pourquoi avons-nous été déportés ? »

Abdourakhmanov est né en Tchétchénie et y est resté jusqu'en sixième. Je lui ai demandé ce dont il se rappelait du retour à Kidéro depuis la Tchétchénie. « Nous sommes revenus en camion dans nos montagnes. Un foyer par camion. Nous ne pouvions pas emporter grand-chose. Quand la route s'est arrêtée, nous avons continué à pied. »

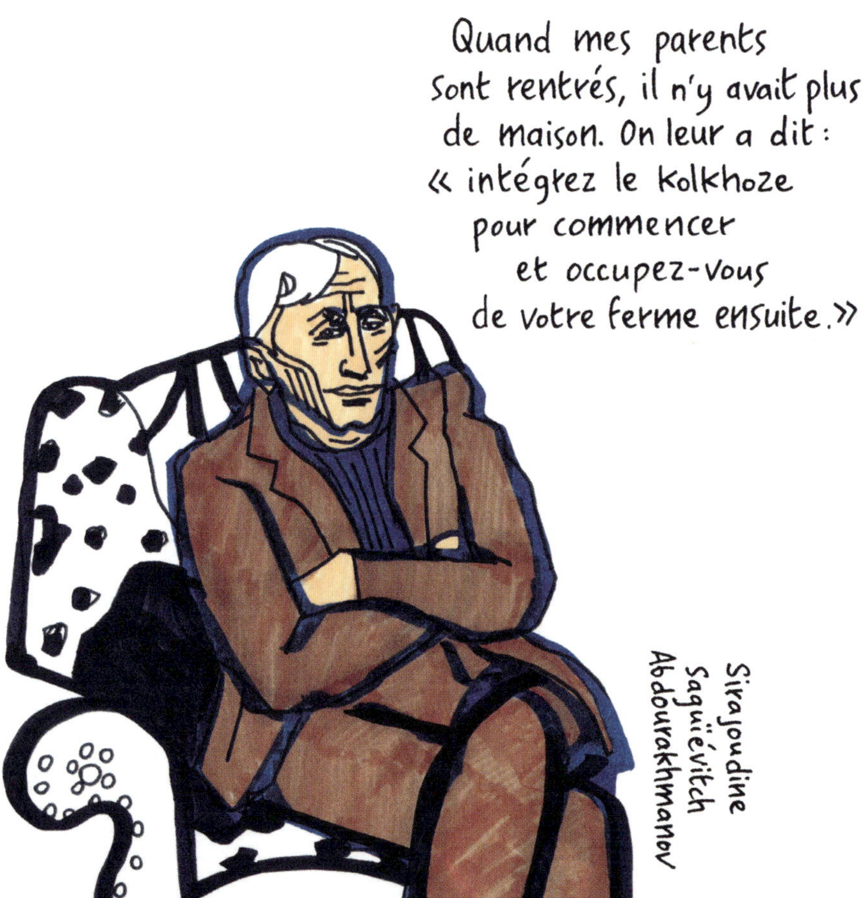

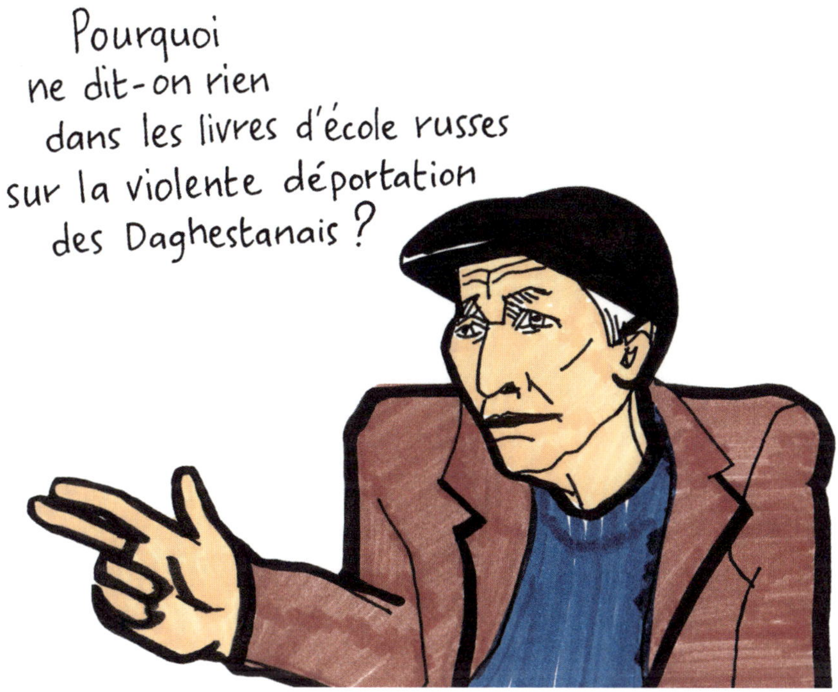

Quand j'ai demandé : « Pourquoi écrivez-vous dans votre livre que l'époque stalinienne était juste et bienveillante ? », l'auteur s'est indigné : « Comment Staline aurait-il pu voir comment se passait la déportation ? Que faisait-il pendant la guerre à votre avis ? »

Depuis plusieurs années, Abdourakhmanov et ses condisciples cherchent à faire reconnaître la déportation des Daghestanais·e·s comme un fait historique et à obtenir une compensation financière pour les habitant·e·s du *raïon* incendié de Tsounta. Il croit que l'essentiel est de « porter le problème aux oreilles de Poutine ». Ayant appris qu'une Moscovite s'intéressant à l'histoire de la région se trouvait à Kidéro, il a traversé le village sous la pluie pour me rencontrer et a été amèrement déçu d'apprendre que, bien que travaillant à Moscou, je n'ai pas accès au président.

Les habitant·e·s du village voisin de Mokok[56] espèrent aussi recevoir l'aide de Moscou. Leur école tombe en ruines et les murs peuvent s'effondrer sur les enfants à tout moment. Iels réclament des réparations depuis plus de vingt ans. Des fonctionnaires sont venu·e·s de Makhatchkala. Il y a eu des articles dans les médias du Daghestan. Mais tout a été vain.

« Ils proposent de fermer notre école et de conduire les enfants en bus au village voisin, mais les routes du coin sont trop dangereuses », m'a dit l'institutrice.

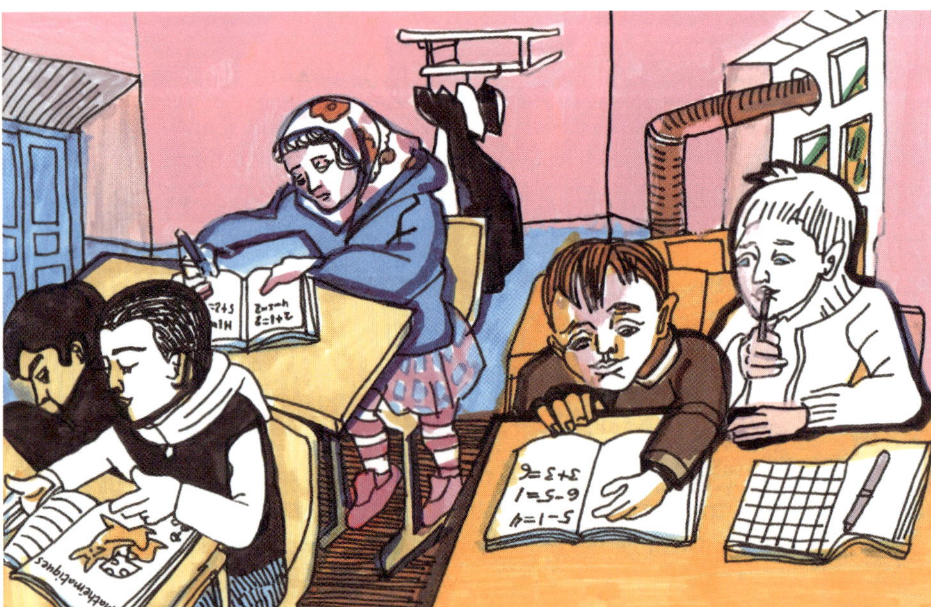

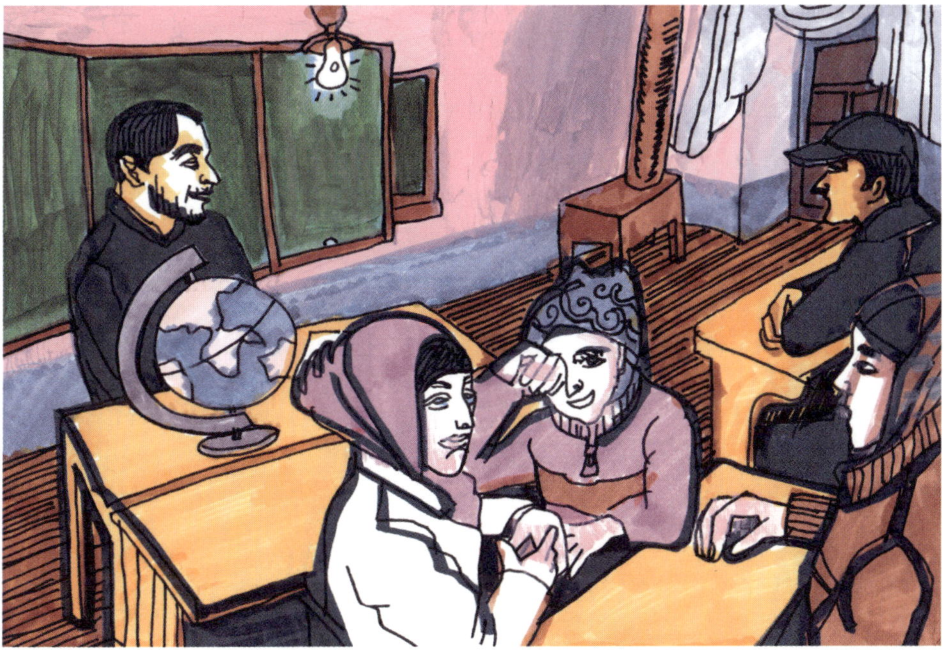

Pendant le cours de culture physique, l'instituteur m'a dit :
« Les filles font des pompes à la maison et les garçons ici, par terre, parce que nous n'avons pas de tapis de sol. »

On se chauffe au bois. Les cours sont souvent interrompus à cause de la fumée. À partir d'octobre, les enfants assistent aux cours en manteaux. « Notre école vétuste occupe la première place dans les classements régionaux. Pourtant, ces tables datent du temps où j'étais écolier. Nous ne faisons que du ripolinage », m'a dit le directeur de l'école.

Il n'y a pas de bonnes routes à Mokok. Quand il y a de la neige, de la pluie, ou du verglas, l'étroite route de montagne devient dangereuse et impraticable. Les villageoi·se·s, et les femmes en particulier, sortent rarement du village. On vit plus isolé ici que dans les villages voisins. Cela explique peut-être pourquoi beaucoup de mariages sont conclus entre parents proches. Une des femmes, mariée à un cousin, a commenté : « Et où trouverais-je quelqu'un d'autre à épouser ? »

Patimat et moi sommes allées chez une grande famille. Ce couple a dix enfants, tou·te·s adultes, trente petits-enfants et deux arrière-petits-fils. Tou·te·s les enfants, hormis le cadet, vivent dans leurs propres maisons. Les parents espèrent que leur fils se mariera bientôt, mais qu'il restera avec eux afin que son épouse les aide à la maison.

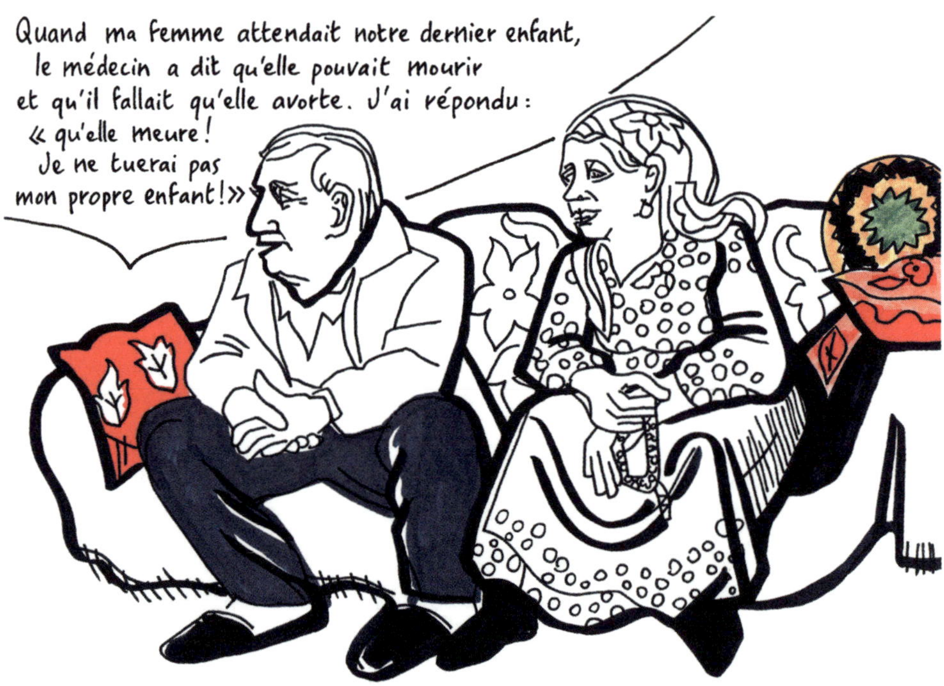

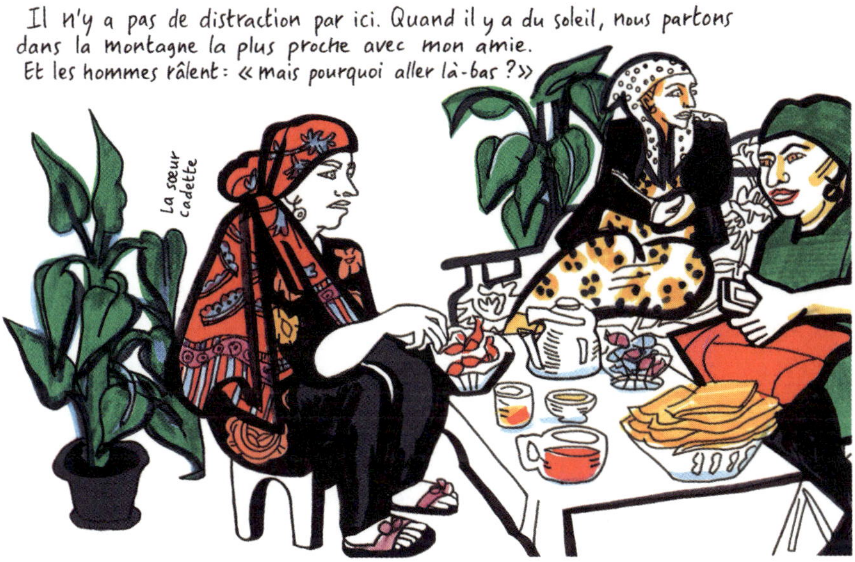

La plupart des hommes du village vont sur les réseaux sociaux, mais interdisent à leurs femmes d'en faire autant. Comme dans le reste du Daghestan, les femmes sont d'abord surveillées par leur père, leurs frères et leurs cousins, et ensuite par leur mari. « Dieu me garde que ma sœur parle avec un homme au téléphone ! J'aurais honte devant tout le village », nous a dit le frère cadet.

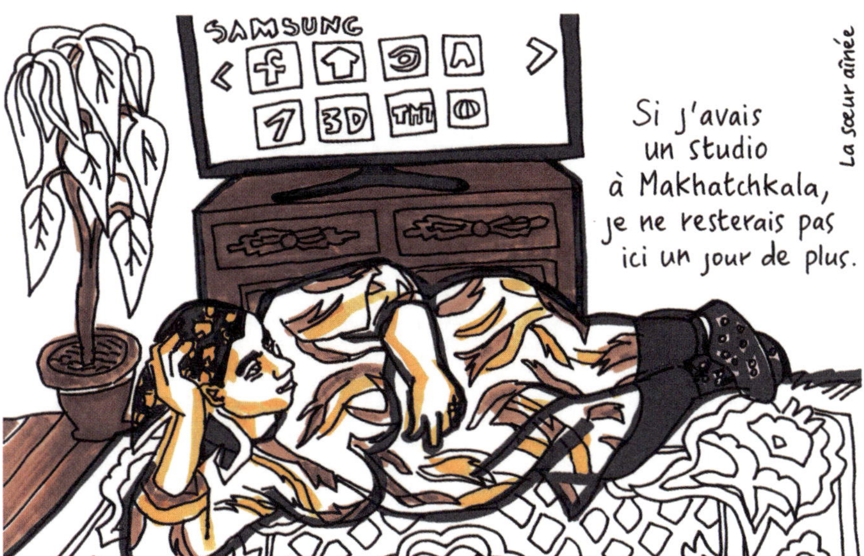

La dernière étape du voyage était Bejta[57], le village natal de Patimat. Tou·te·s les habitant·e·s de Bejta, avec qui j'ai parlé, ont noté qu'iels formaient une « société laïque ». Les villages tels que Kidéro et Mokok sont excessivement religieux à leurs yeux. Les habitant·e·s de Bejta allaient souvent en Géorgie à l'époque soviétique, et beaucoup d'entre elleux aiment la culture géorgienne depuis lors.

J'ai demandé au grand-oncle de Patimat, qui était instituteur à l'école du village à l'époque, comment l'idéologie communiste, l'islam et les coutumes montagnardes se combinaient.

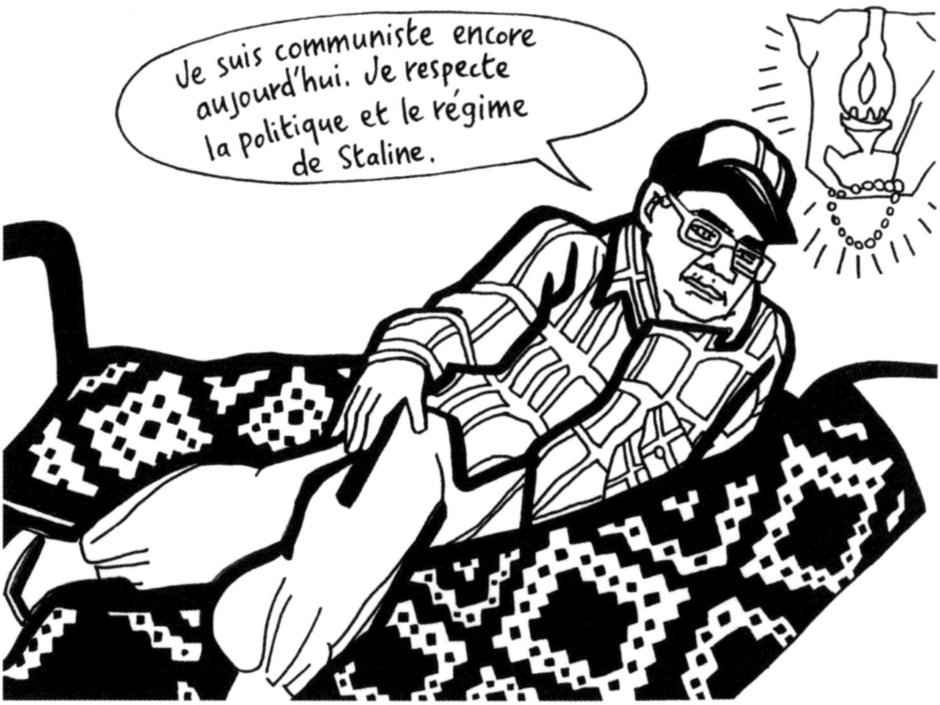

Il m'a raconté qu'il était interdit de prier en public, mais que tout le monde priait à la maison. Les instituteur·rice·s veillaient à ce que les enfants ne prient pas à l'école. Les filles venaient à l'école, le foulard des pionnier·e·s[58] au cou et le voile sur la tête. Une habitante de Bejta s'est rappelé comment les autorités avaient essayé de s'y opposer deux ans durant, dans les années 1980. Les filles devaient assister aux cours sans voile.

L'instituteur a rencontré sa future épouse à l'école et est allé arranger le mariage avec sa belle-famille.

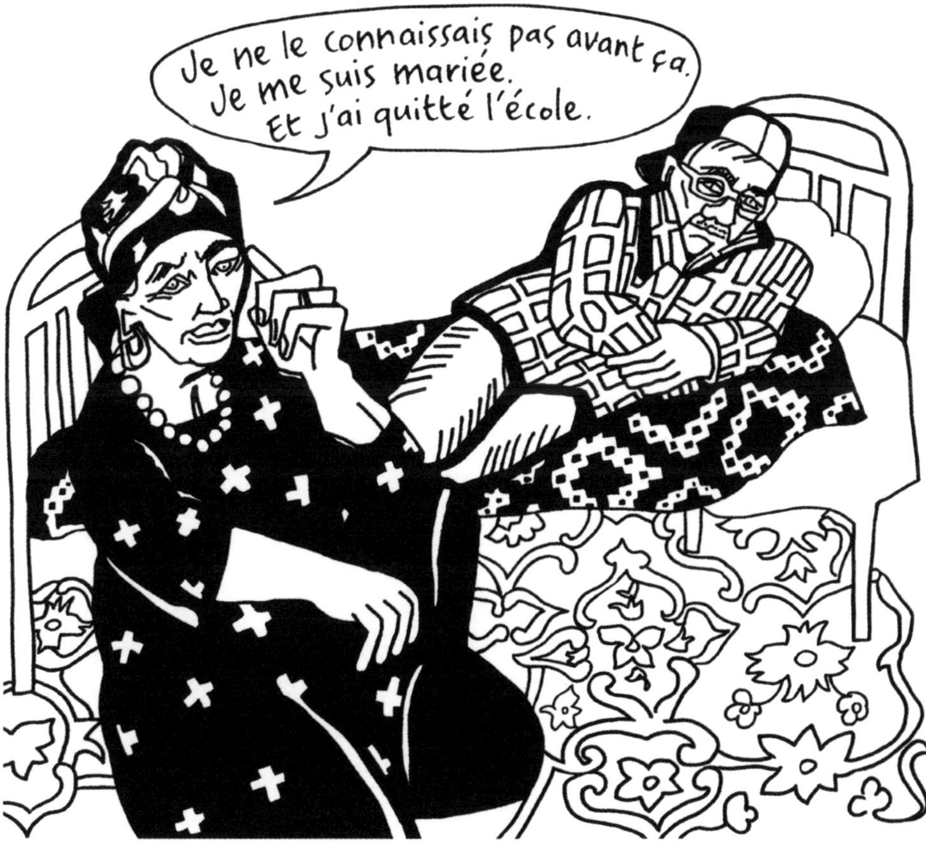

Se fréquenter avant le mariage était jugé honteux. Les jeunes n'ont pu se rencontrer et se fréquenter librement avant le mariage que dans les années 1960, 1970 ou 1980 (plusieurs décennies sont citées). « Les choses se font plus correctement de nos jours », a dit la tante de Patimat.

« Si les relations entre hommes et femmes étaient entièrement régies par les coutumes montagnardes, comment se traduisait l'idéologie soviétique de l'égalité des sexes ? », ai-je demandé.

« Garçons et filles s'asseyaient à la même table à l'école », m'a répondu la famille de Patimat.

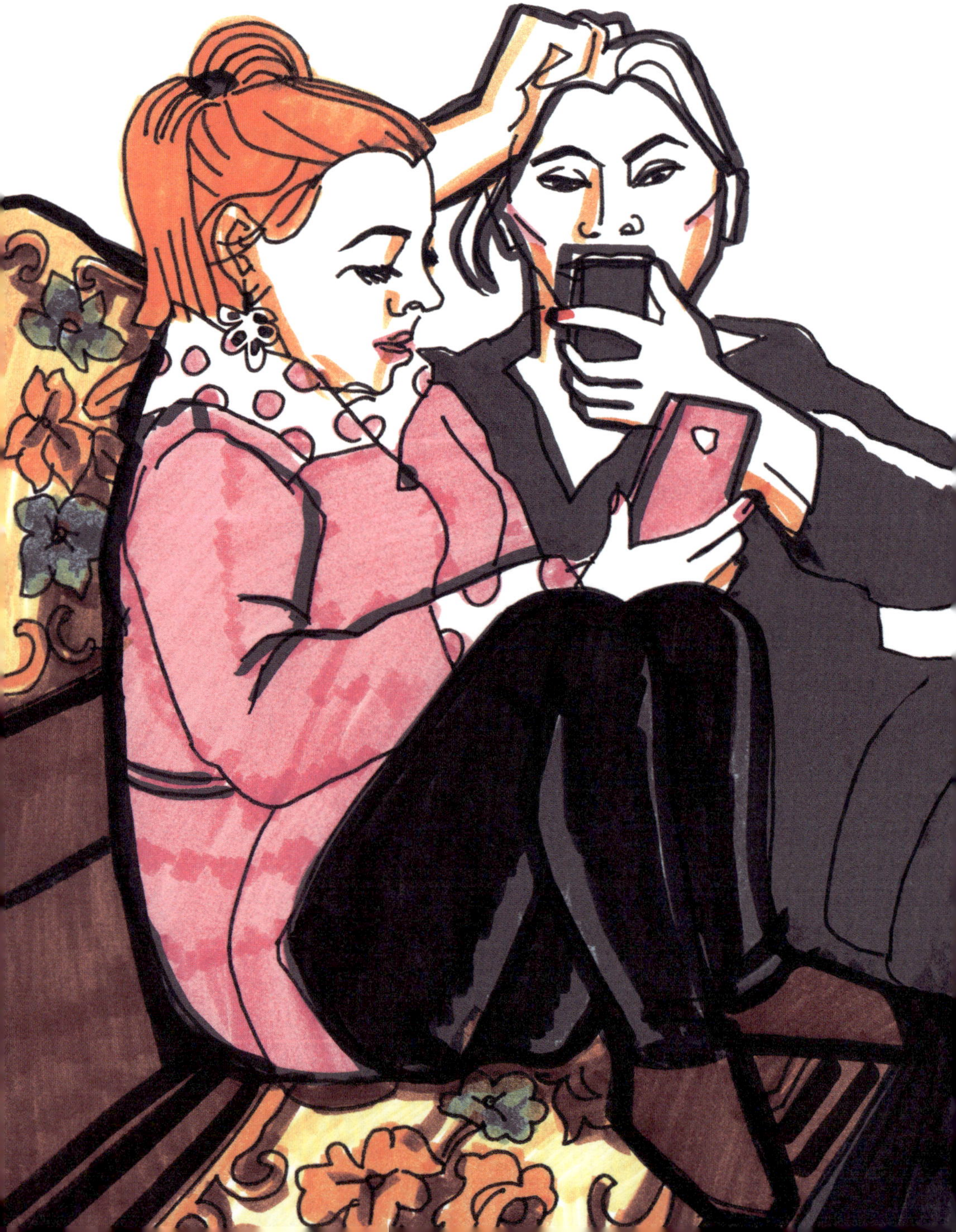

Voici à quoi ressemble une veillée à Bejta. Il y a le Wi-Fi dans toutes les maisons et la plupart des gens utilisent les réseaux sociaux. Les enfants regardent constamment la télévision et se parlent en russe dès leur plus jeune âge. La génération précédente apprenait le russe à l'école, mais n'employait que le bejta[59] au quotidien.

Les femmes commentent le port du voile...

à Kidéro : « Si je sortais sans voile, ma famille m'égorgerait » ;

à Mokok : « Les filles doivent porter le voile à partir de trois ou cinq ans. Les gens cancanent parce que ma fille sort sans voile, mais je préférerais qu'elle ne le porte qu'à partir de dix ans » ;

à Bejta : « Ici, on peut se promener comme on veut, même en kimono ! »

Malgré toute la « laïcité » du village, il n'y a jamais eu de discothèque à Bejta. Les gens pensent que c'est un lieu pour les « dévergondées ». On se rencontre pour l'essentiel lors des mariages. Tout comme autrefois, il est extrêmement important de conserver sa virginité : « Si tu couches avant le mariage, le gars ne voudra pas t'épouser. » Les habitantes de Bejta sont surprises quand je leur raconte qu'en Russie on vit un temps ensemble, avant de se marier.

Nous sommes parties de Bejta pour Makhatchkala en minibus[60]. La route a pris près de sept heures. Alors que nous étions secoué·e·s dans d'effrayants virages surplombant des précipices, un compagnon de route nous a raconté qu'à l'époque soviétique, on allait en ville « assis dehors à l'arrière du camion, même en hiver, emmitouflés dans des couvertures. Aujourd'hui c'est confortable. » Le minibus pour Makhatchkala part chaque matin depuis Bejta et une fois par semaine depuis Kidéro. Depuis Mokok, il faut prendre sa propre voiture.

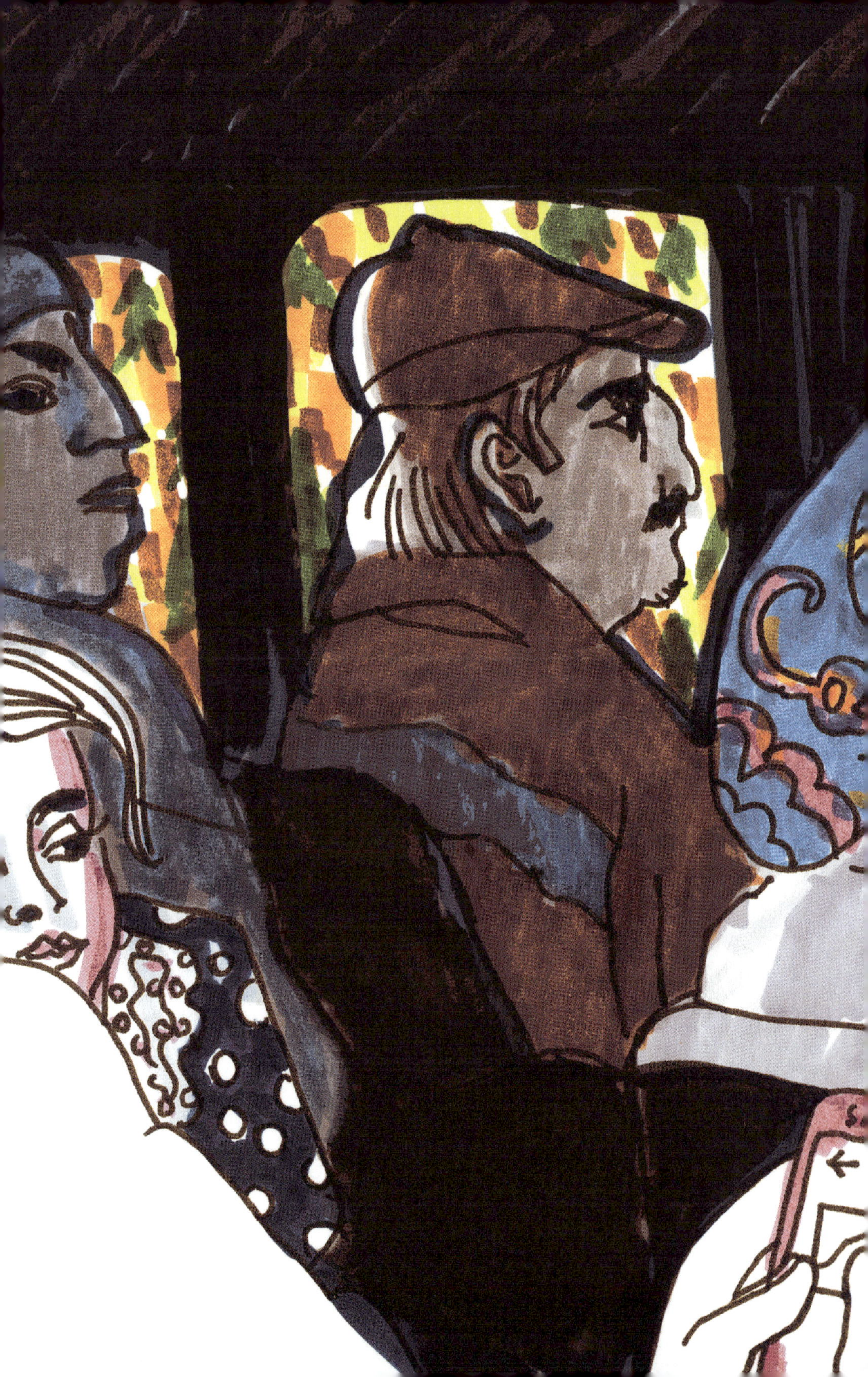

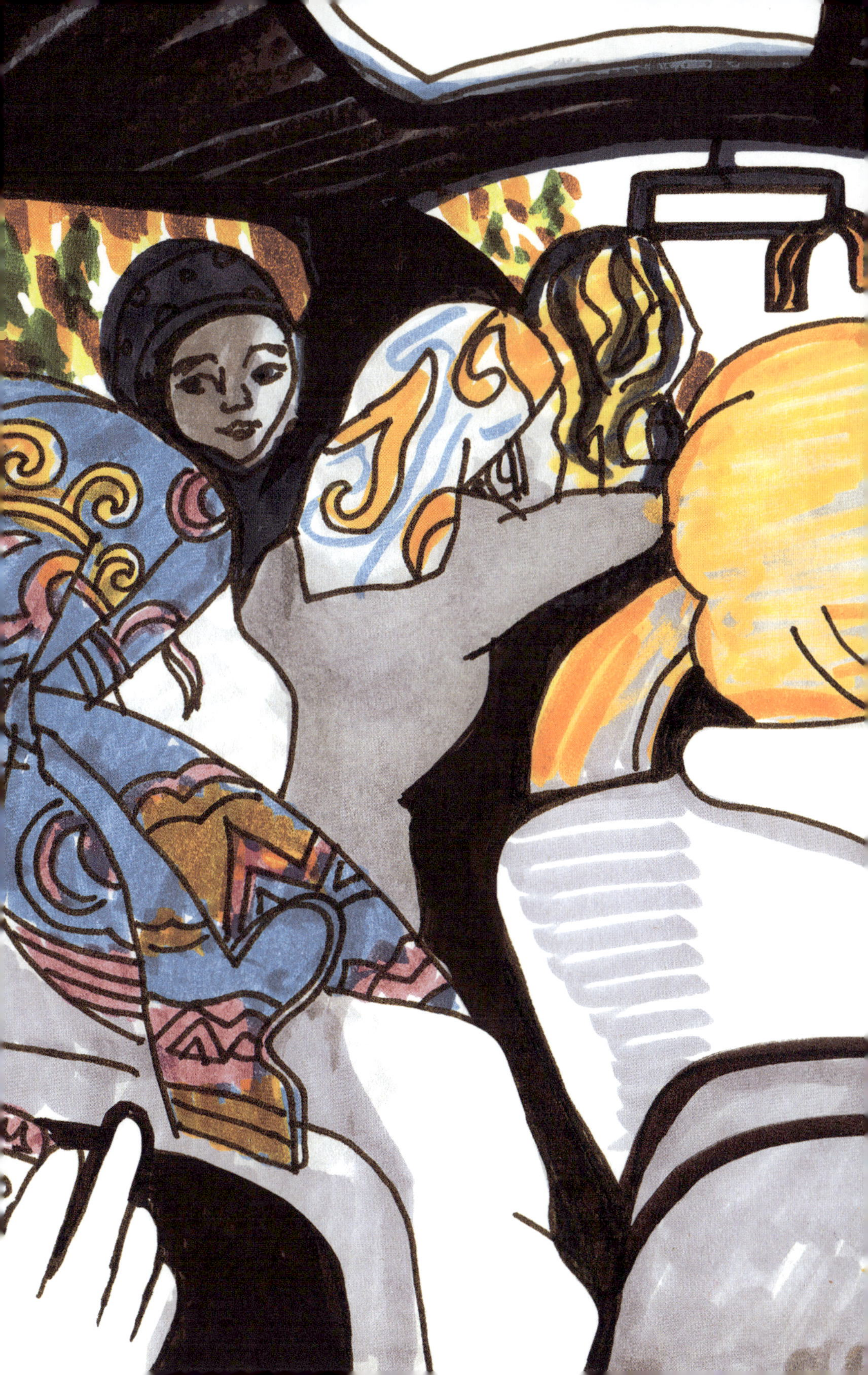

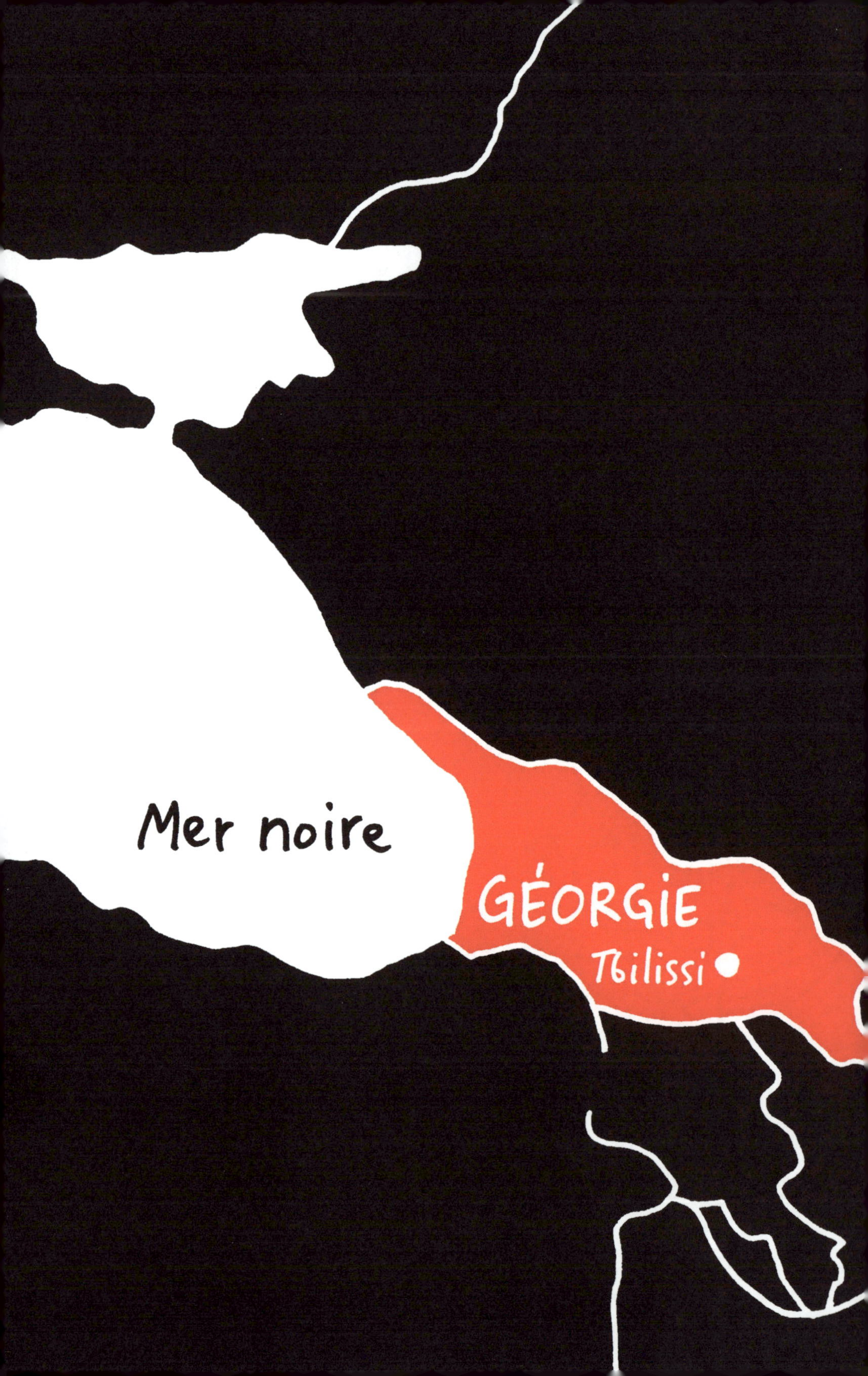
Mer noire
GÉORGIE
Tbilissi

Voyages à TBILISSI 2015-2016

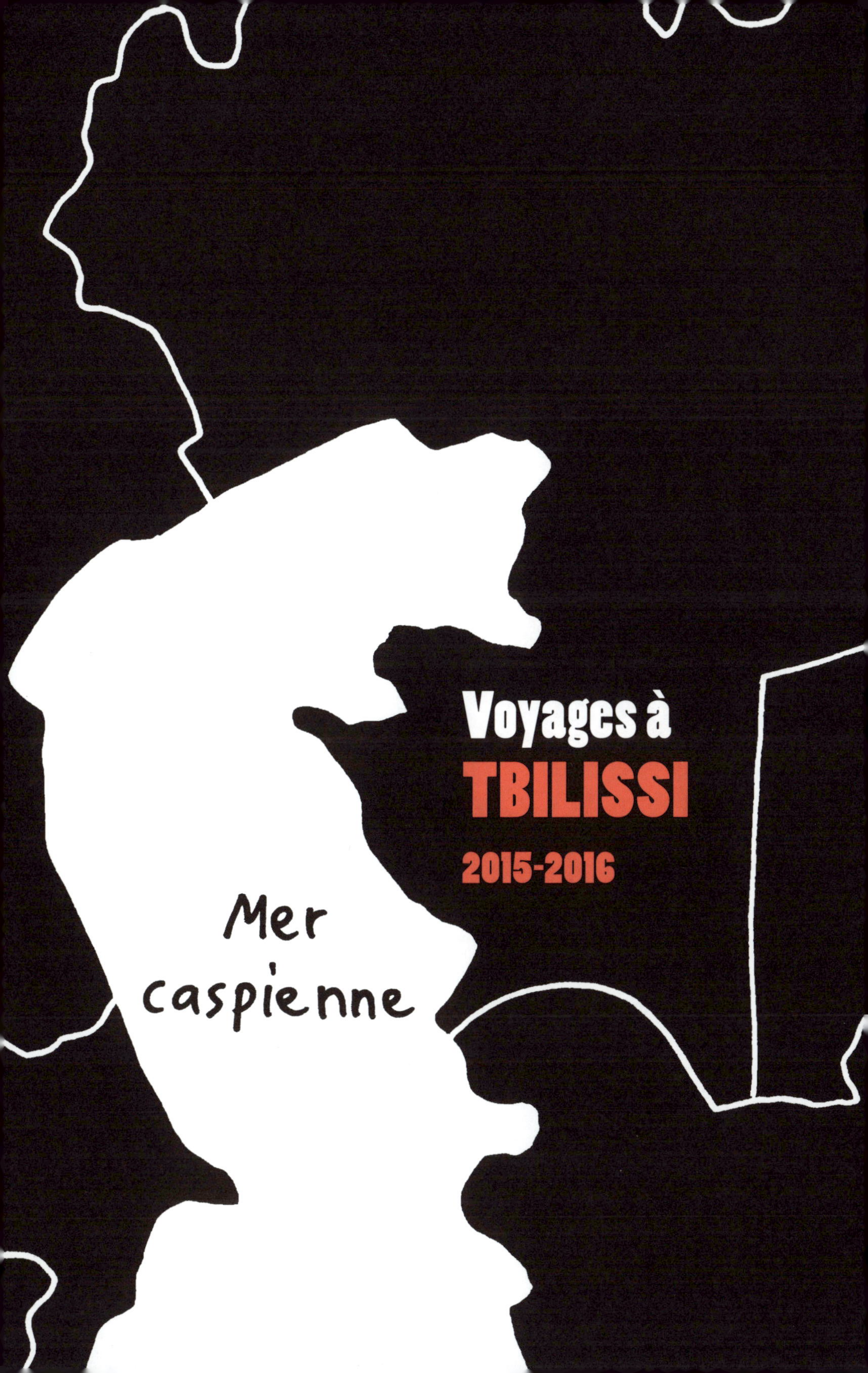

Le 9 avril

Avant de partir à Tbilissi[61], des ami·e·s m'ont parlé de la ville avec enthousiasme. Iels ont évoqué sa beauté, l'hospitalité des Géorgien·ne·s, les chansons lors des banquets et les vieilles cours de Tbilissi. « Que pourrais-je dire de nouveau sur ce lieu touristique ? », me suis-je demandée.

Le 9 avril 1989[62] a surgi dans la conversation dès ma première visite chez des habitant·e·s de Tbilissi. Mes hôte·sse·s étaient surpris·e·s que je ne sache rien de cette date. Pour elleux, comme pour beaucoup de Géorgien·ne·s, c'est un point de rupture dans les relations entre Géorgien·ne·s et Russes. J'ai décidé de rencontrer quelques personnes ayant vécu l'événement.

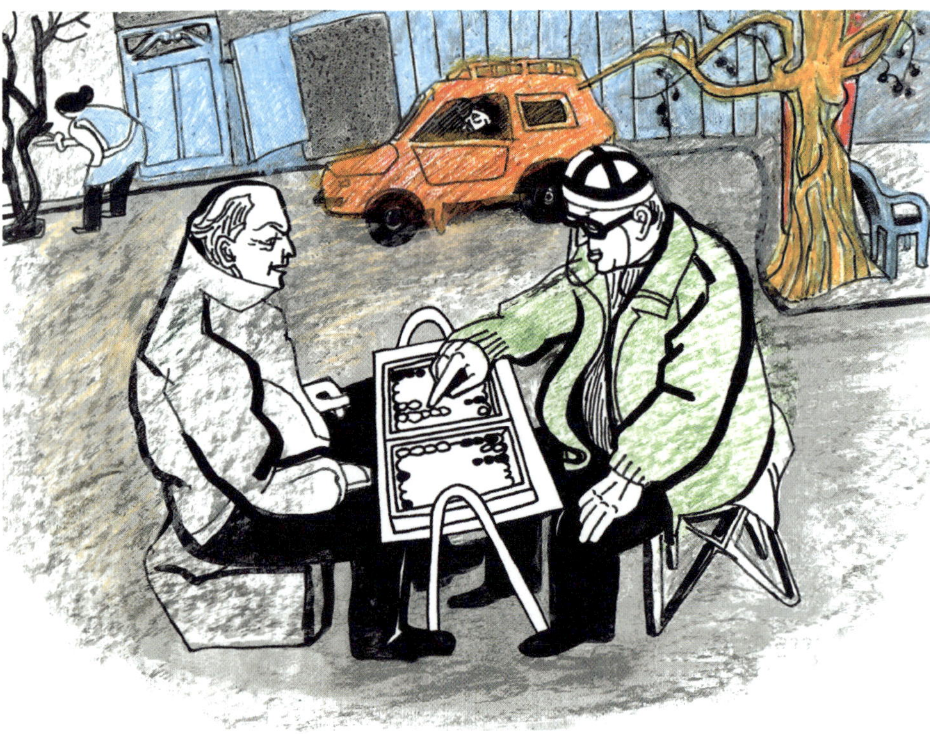

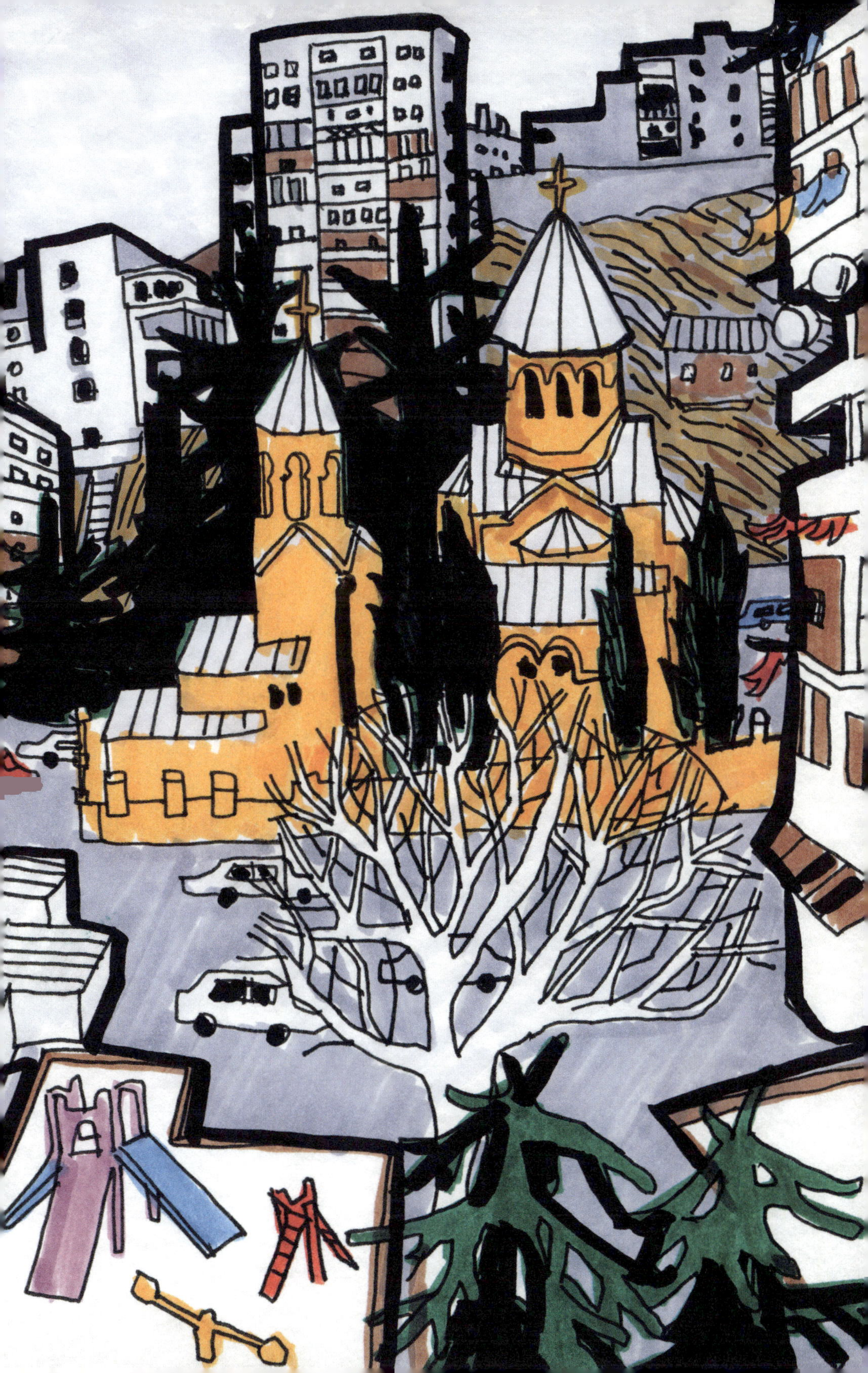

« Après le 9 avril, tout a radicalement changé », m'a dit Noukry, un routier ayant manifesté pour l'indépendance de la Géorgie en 1989. « Ils ont achevé les gens à coups de pelle, comme du bétail. Si seulement ils nous avaient fusillés… Nous sommes déjà passé·e·s par là. » Les bêches avec lesquelles les soldats soviétiques ont frappé les manifestant·e·s pacifiques sont exposées dans une vitrine du Musée de l'occupation soviétique[63] de Tbilissi.

Les rassemblements pour l'indépendance commencèrent le 2 avril à Tbilissi. Les 7 et 8 avril, des unités militaires et des tanks entrèrent dans la ville. Beaucoup de gens comprirent que la répression serait violente. Le catholicos[64] Élie II appela les manifestant·e·s à prier dans l'église, mais iels ne l'écoutèrent pas. Quelques minutes plus tard, les soldats attaquèrent la foule à l'aide de pelles et de gaz lacrymogène. Plusieurs personnes furent tuées, des femmes pour la plupart.

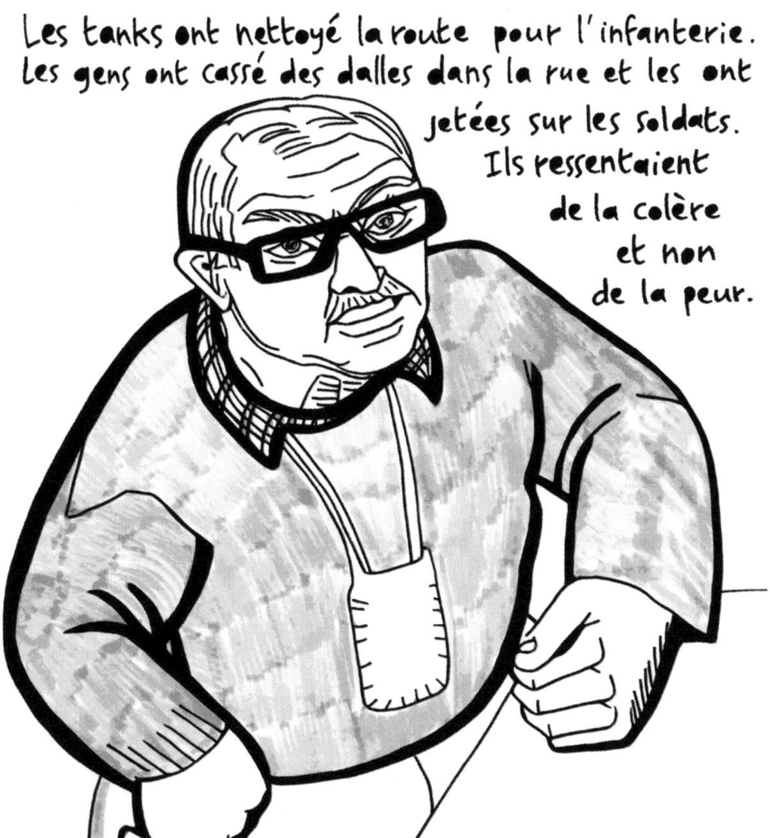

David, un historien spécialiste de l'Orient, enseignant et acteur des événements du 9 avril.

Èka, la dirigeante de l'organisation féministe *Women's Initiatives Supporting Group* (WISG)[65] a participé aux rassemblements de 1989, avec des ami·e·s étudiant·e·s : « Quelqu'un a dit dans le haut-parleur qu'on avait fait venir en ville des tanks et des soldats. Nous nous sommes assis sur la chaussée pour leur barrer la route. »

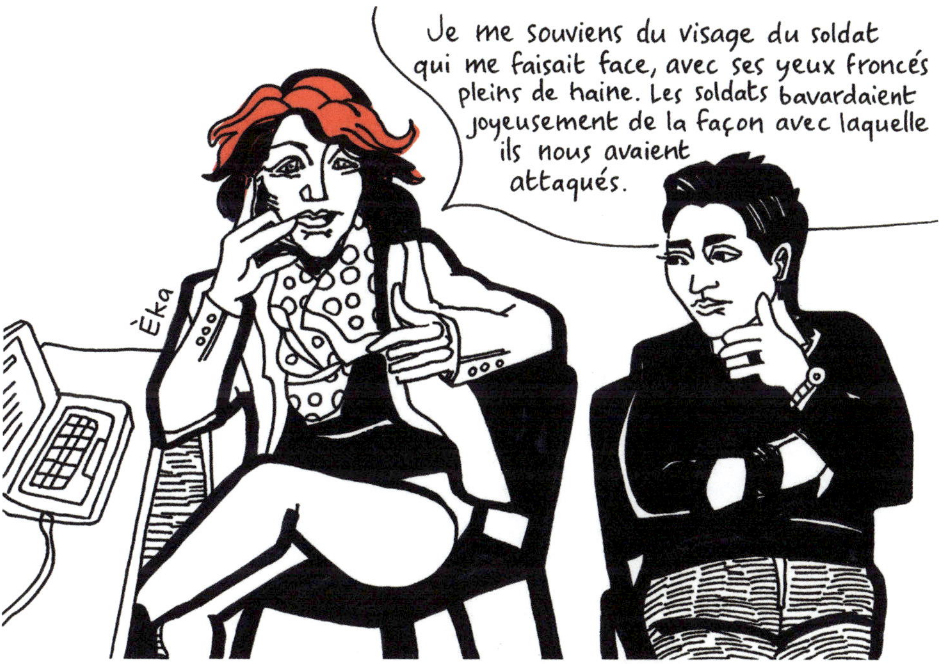

« La police géorgienne de l'époque a tenté de nous protéger. On les avait désarmés, mais ils ont fait barrage de leurs corps et nous ont fait entrer dans le cinéma Roustavéli. Nous avons trouvé la sortie de secours et nous sommes enfuies. Seize personnes se sont fait tuer. Nous étions désespérés, mais ne nous sentions pas impuissantes. Nous jetions des pierres sur les tanks », se souvient Èka.

Mikhail Gorbatchev[66], le président du Présidium du Soviet suprême, refusa d'assumer la responsabilité de ces événements. Le gouvernement prétendit d'abord que les gens étaient morts dans une bousculade.

« Je hais les grands États. Je voudrais qu'ils soient tous découpés en morceaux pour qu'ils ne puissent plus faire ça aux petits États », m'a dit Noukry.

Gala Pétri, une journaliste, a déménagé d'Irkoutsk à Tbilissi en 1984. Elle se souvient qu'il y avait « beaucoup de patriotisme primaire » à la fin des années 1980 et au début des années 1990. Avant le 9 avril, l'élite géorgienne parlait russe et il était chic d'envoyer ses enfants à l'école russe. Les gens se sont mis par la suite à regarder de haut ces enfants-là. Gala a donc envoyé sa fille dans une école géorgienne. Elle ne se souvient pas que des Russes aient été victimes de violences physiques. « Les Russes ont quitté la Géorgie plus tard, pour des raisons économiques », m'a-t-elle expliqué.

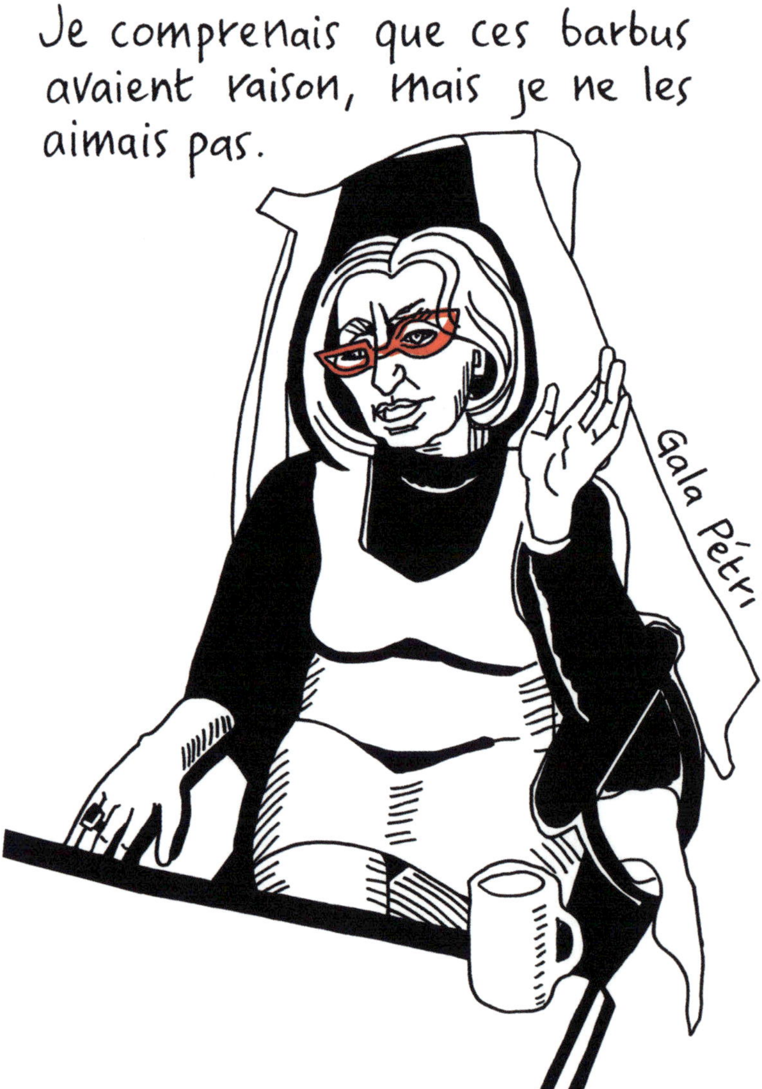

De retour à Moscou, j'ai demandé à de nombreux·ses ami·e·s ce qu'iels savaient de la tragédie du 9 avril à Tbilissi. Une seule personne a pu me répondre : Israpil Chovkhalov[67], un journaliste des magazines caucasiens *Doch*[68] et *Le Mot de la femme*[69]. En 1989, il a servi dans la ville de Samtrédia[70] en Géorgie occidentale.

« Le 9 avril, je patrouillais en ville avec d'autres soldats. Les gens se rassemblaient dans la rue, parlaient en géorgien et s'agitaient. Dans la soirée, le bruit a couru en ville que des soldats avaient tué une femme enceinte à coups de pelle, durant la répression du rassemblement de Tbilissi. Avant le 9 avril, les gens étaient gentils avec les soldats et leur offraient à manger. Mais par la suite, ils les ont vus comme des assassins », m'a raconté Israpil.

« Un jour, des soldats détachés à Tbilissi sont venus dans notre unité. Ils avaient participé à la répression. Ils nous ont raconté que les Géorgiens étaient courageux et culottés. Ils fonçaient sur les soldats à mains nues. Les femmes se battaient aussi bien que les hommes. Certains soldats n'étaient pas prêts à se servir de pelles et de gaz contre les manifestants, et ils se sont donc fait frapper. »

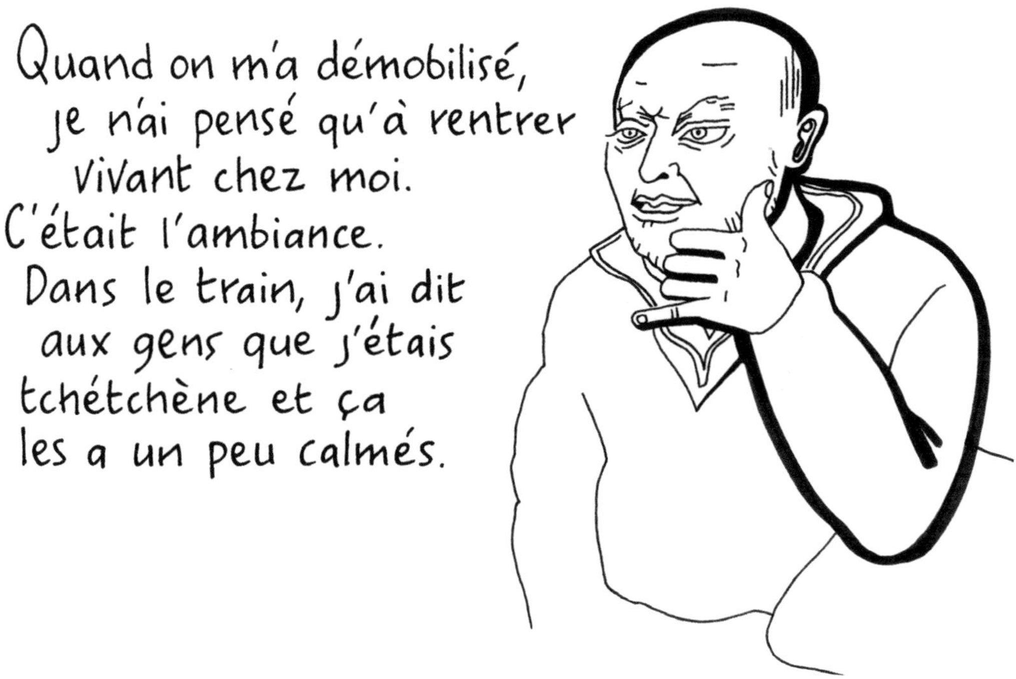

La religion

En 2013, Èka et Natia – l'autre dirigeante du WISG – ont organisé, avec d'autres militant·e·s, une marche LGBT dans le centre de Tbilissi. Le 17 mai, une foule de 20 à 30 000 personnes, menée par des prêtres, est venue affronter les quelques centaines de manifestant·e·s. La police n'a pas pu contenir la foule et a dû évacuer les militant·e·s LGBT dans des bus. Beaucoup d'entre elleux ont été frappé·e·s violemment. Parmi les agresseurs, seuls quatre hommes ont écopé d'une amende de 100 lari (40 euros).

« Nous étions cinq dans le bus. La foule nous pourchassait. Les agresseurs étaient pour la plupart des hommes de dix-sept à quarante ans. Je pensais que, s'ils nous attrapaient, ils nous violeraient en public, avant de nous tuer », a raconté Natia. « Dans le minibus, il n'y avait plus une seule vitre intacte. Trois personnes ont fini avec une commotion cérébrale. Pendant longtemps, je n'ai pas pu prendre les transports publics. Je regardais mes voisins de bus et je me demandais lesquels d'entre eux m'avaient jeté des pierres. »

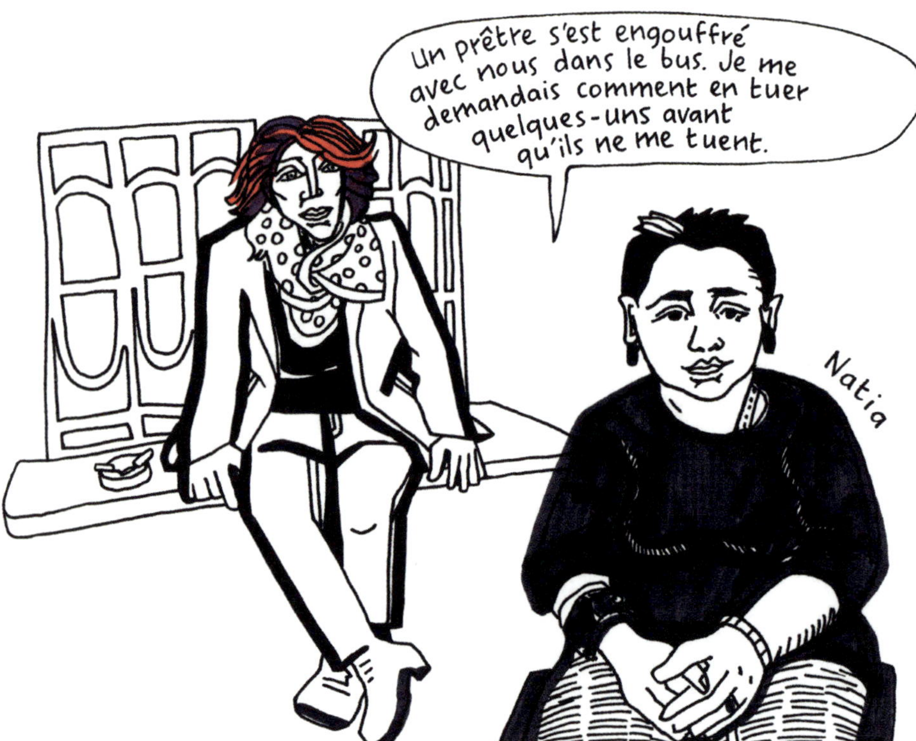

Nino, une journaliste, se souvient elle aussi très bien des événements du 17 mai. Elle était venue à la manifestation en tant que correspondante du magazine *Libérali*[71] et aussi pour soutenir ses ami·e·s militant·e·s LGBT. Un collègue journaliste gay l'accompagnait. Des ami·e·s lui ont donné une pancarte sur laquelle était écrit « J'ai le droit d'aimer ». Quand la marche a été attaquée, elle a jeté la pancarte et n'a pensé qu'à s'extraire vivante de la foule avec son collègue.

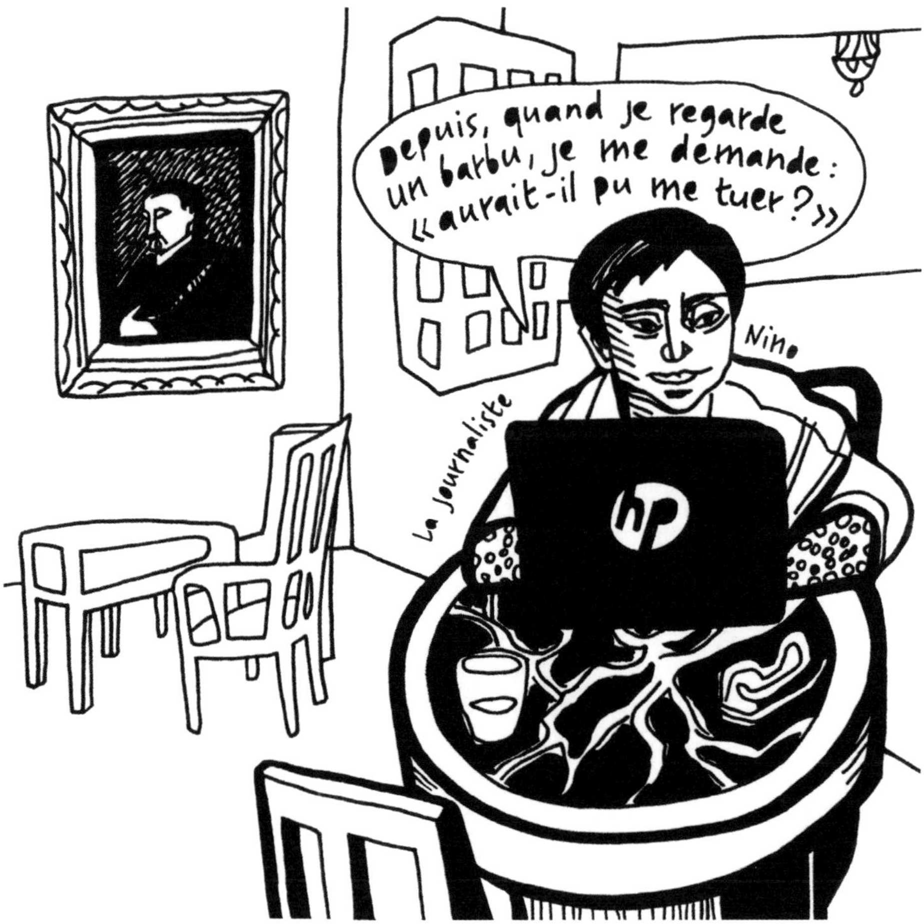

Quelques jours après notre conversation sur l'écrasement de la marche LGBT de 2013, Nino m'a écrit que son fils de dix-sept ans, un jeune branché aux cheveux longs, avait été pris pour un homo et battu dans la rue. Il a dit « Je t'aime » à sa copine au téléphone, avant de raccrocher, et des hommes se sont jetés sur lui : « Comment oses-tu ? Sale pédé ! »

Cette œuvre a été réalisée lors de l'atelier « pochoir féministe sur papier » que j'ai donné à Tbilissi pour des militant·e·s géorgien·ne·s.

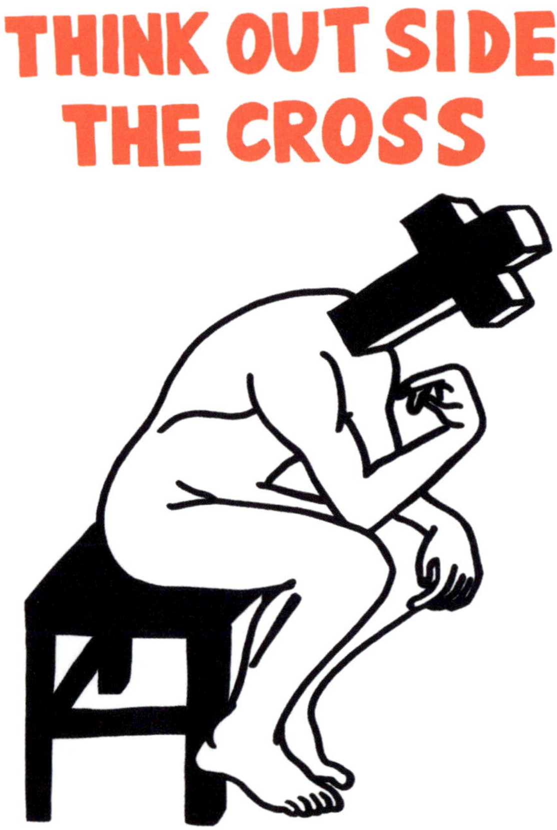

Le tabouret est quasiment devenu un symbole pour les habitant·e·s de Tbilissi. Durant l'attaque contre la marche LGBT du 17 mai, un des prêtres a pris un tabouret comme arme.

Lors de l'atelier, les participant·e·s voulaient surtout travailler sur le thème du contrôle de la sexualité féminine par la société, la famille et l'Église. Iels ont évoqué la difficulté pour les filles célibataires sexuellement actives d'obtenir l'aide d'un gynécologue en Géorgie – « Google au lieu d'un gynéco » – et l'absence d'aide psychologique – « Un prêtre au lieu d'un psychologue. ».

Les bigots géorgiens ne cherchent pas seulement à contrôler la conduite des femmes. En 2015, un des organisateurs de la bibliothèque militante Kampus a été agressé. Des « gars du quartier » sont entrés dans la bibliothèque, durant une conférence consacrée à *Ainsi parlait Zarathoustra*. L'un d'eux n'a pas aimé la phrase « Dieu est mort ». « Un voyou est venu, a découvert que j'étais l'organisateur de la conférence et m'a planté un couteau dans le cœur », m'a raconté Mikhaïl qui en a miraculeusement réchappé. À sa sortie d'hôpital, il a déménagé la bibliothèque et a poursuivi le programme de conférences.

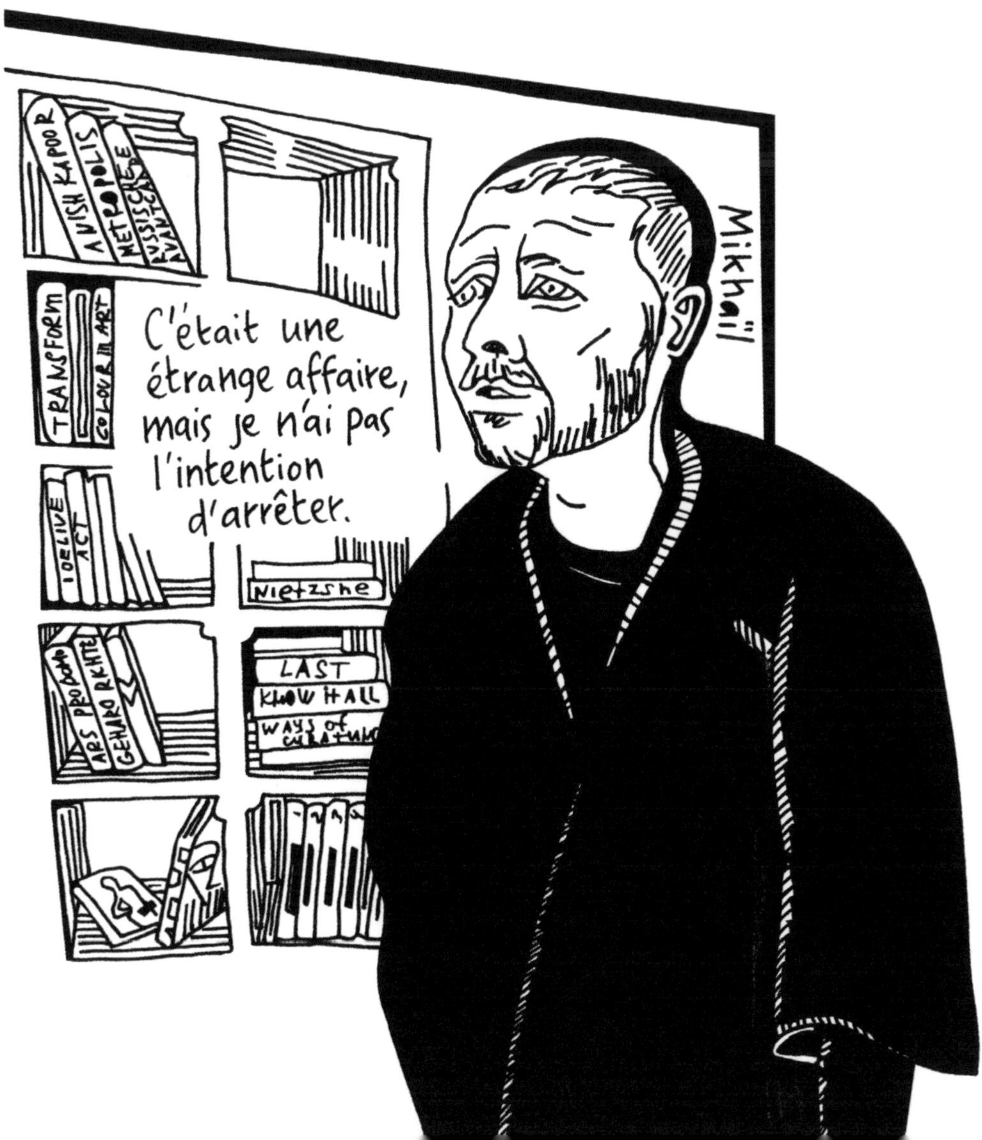

Certain·e·s artistes géorgien·ne·s essaient de critiquer l'Église. Irakly, un militant, m'a raconté une action de 2015 :

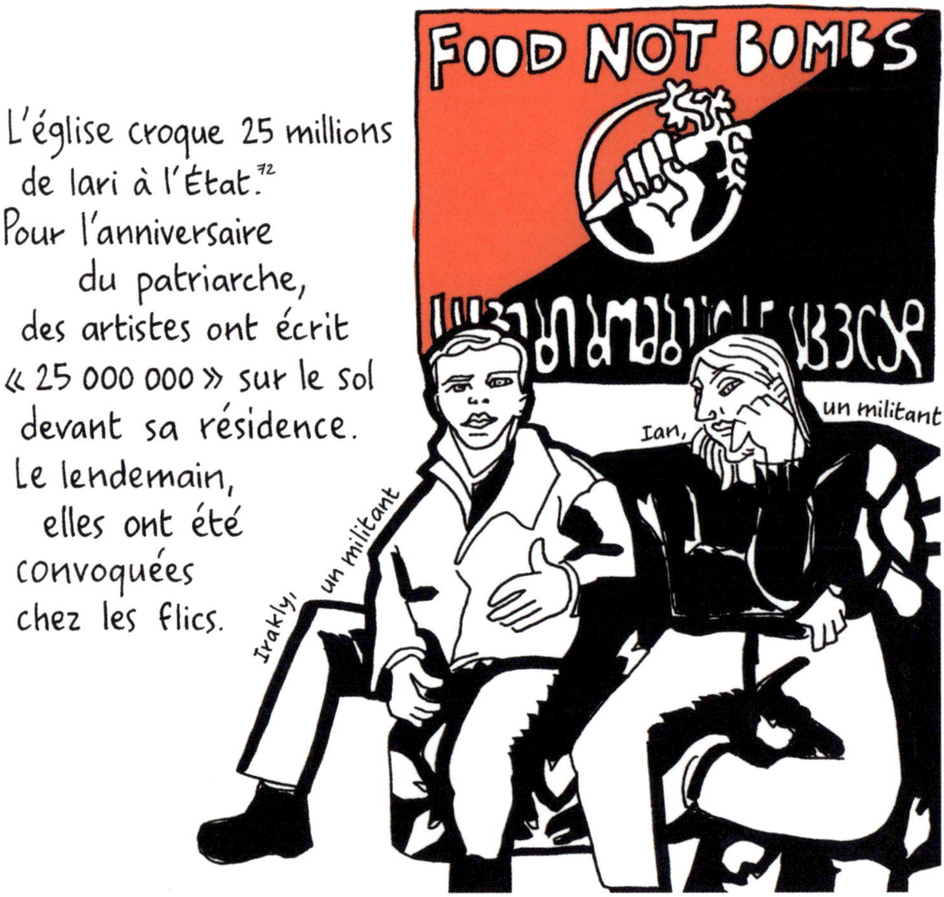

« La Vierge suicidaire », une peinture de l'artiste Lia Oukléba[73], a déchaîné la fureur des bigots de Géorgie. Elle représente une Vierge enceinte se plaquant un pistolet sur la tempe. Malgré l'immense pouvoir de l'Église, la peintre en a été quitte pour quelques attaques sur internet. Contrairement à la Russie, la Géorgie n'a pas de lois sur « l'incitation à l'hostilité ou à la haine » et sur « l'offense envers le sentiment religieux des croyants. »[74]

Il y a beaucoup de nouvelles églises à Tbilissi, surtout dans le quartier de Sabourtalo. L'église de l'Élévation-de-la-croix, par exemple, a été construite en 2003, rue Panaskerteli, sur un terrain pris à une école maternelle.

« Pourquoi personne n'a protesté quand l'école maternelle a été amputée d'une grande partie de son terrain ? », ai-je demandé à une amie géorgienne vivant dans cette rue. Elle m'a expliqué que les habitant·e·s du quartier auraient attaqué les militant·e·s prêt·e·s à s'opposer à la construction de l'église.

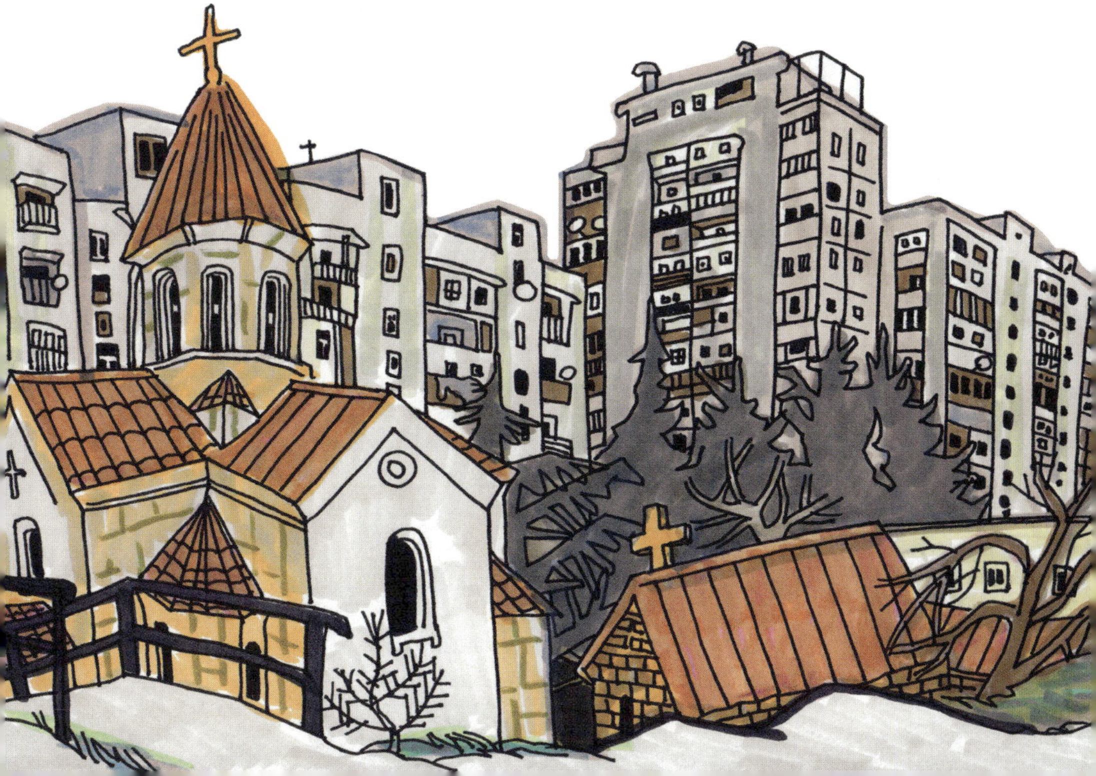

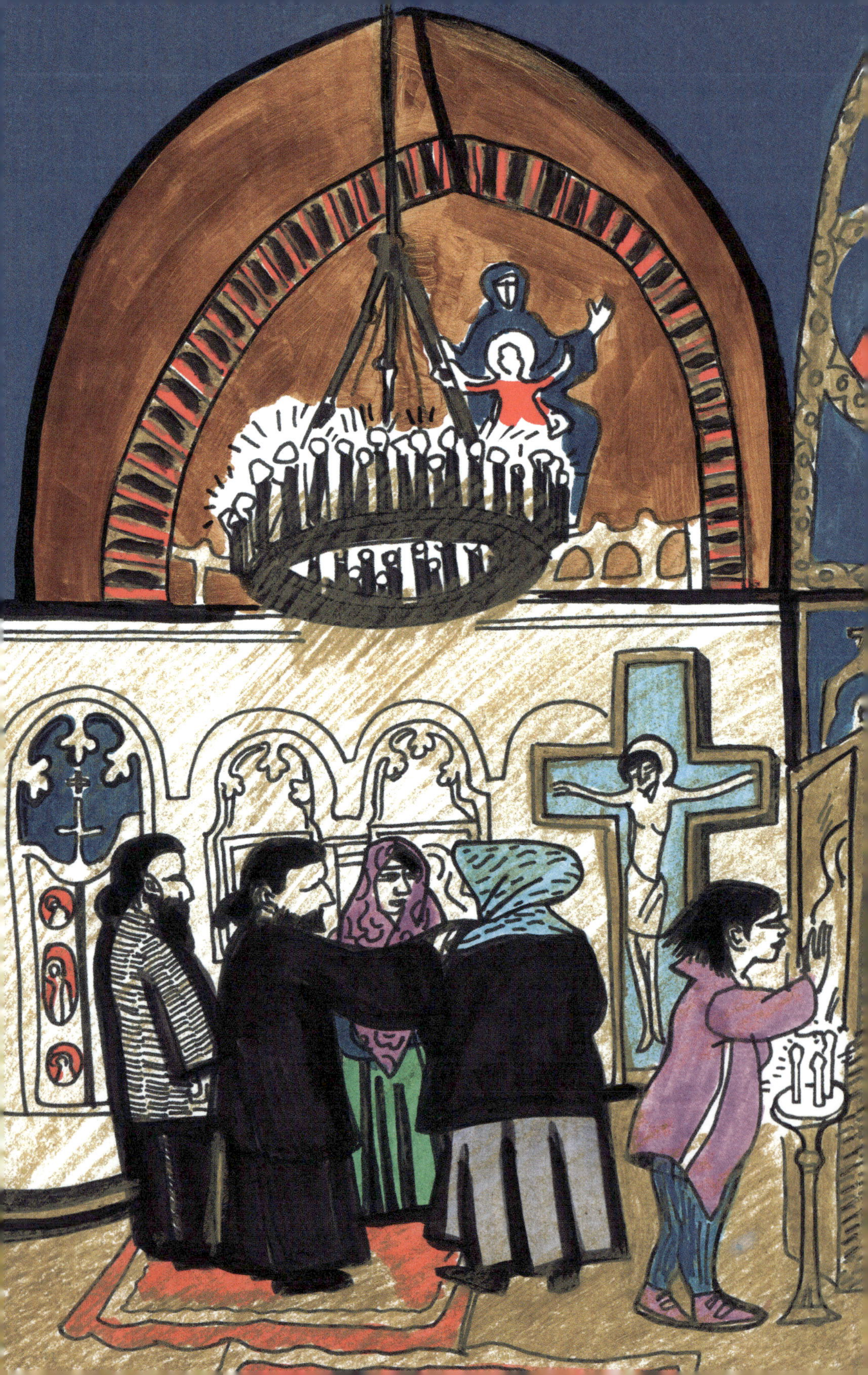

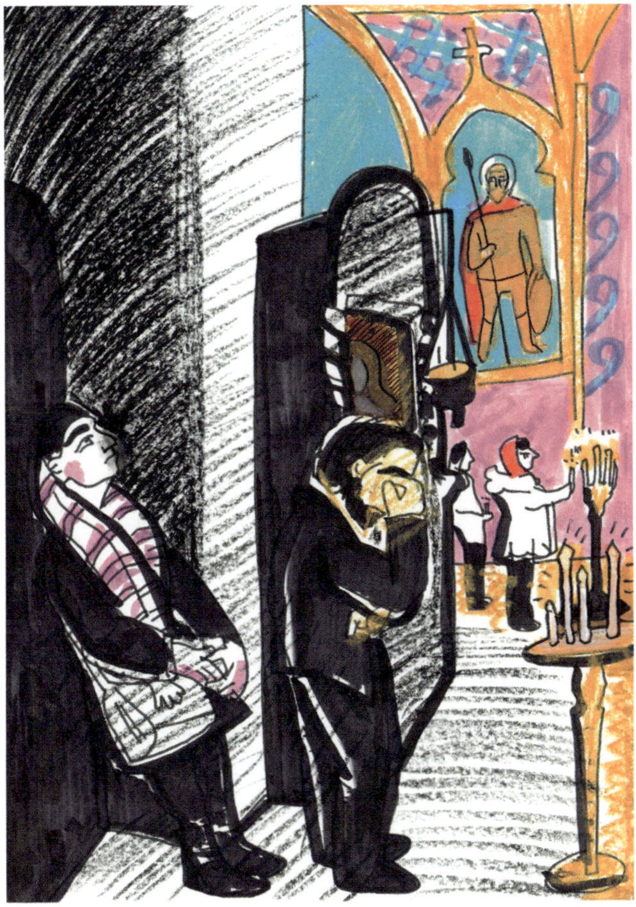

À la différence des églises moscovites, les églises de Tbilissi ne ressemblent pas à des établissements publics dirigés par des prêtres-fonctionnaires. Il y a des bancs dans toute l'église. Durant la messe, ceux qui le veulent s'asseyent et non uniquement les malades et les vieillards. On ne m'a pas défendu de dessiner. J'ai remarqué que plusieurs femmes portaient un jeans, mais pas de fichu sur la tête. Avant et durant la messe, les paroissien·ne·s s'adressaient directement aux prêtres.

La Géorgie n'a pas cessé d'être religieuse durant la période soviétique. La plupart des personnes âgées avec qui j'ai discuté, y compris les communistes convaincu·e·s, m'ont dit qu'elles étaient croyantes et allaient aussi à l'église à l'époque.

Des ami·e·s de Tbilissi m'ont conseillé de discuter avec le père Gouram dont les opinions plutôt libérales le démarquent des autres prêtres. Voici un fragment de notre conversation :

– L'Église aide-t-elle les sans-abris, les mendiants et les pauvres en Géorgie ?

– Contrairement à l'Église catholique, l'Église orthodoxe a plus à voir avec le mysticisme et la prédication qu'avec une organisation caritative.

– Que pouvez-vous me dire de l'attaque menée par des prêtres contre la marche LGBT de 2013 ?

– Les Géorgiens sont un peuple au sang chaud et ils auraient pu tuer quelqu'un. Mais nous avions le droit de protester sans violence contre la marche. Un pays traditionaliste comme le nôtre est-il prêt à accepter ce genre de choses ? C'est déjà difficile en Europe.

J'ai raconté au père Gouram que j'avais dessiné le procès intenté, en 2008, par des militant·e·s orthodoxes moscovites contre les commissaires de l'exposition « L'Art interdit[75] ». Je lui ai dit qu'iels m'avaient menacée et insultée et que j'avais été dégoûtée de l'Église, suite à ce procès. Quand j'ai fini, il m'a enlacée et embrassée, m'a ointe de myrrhe, m'a demandé de l'attendre et est revenu avec un bouquet de violettes.

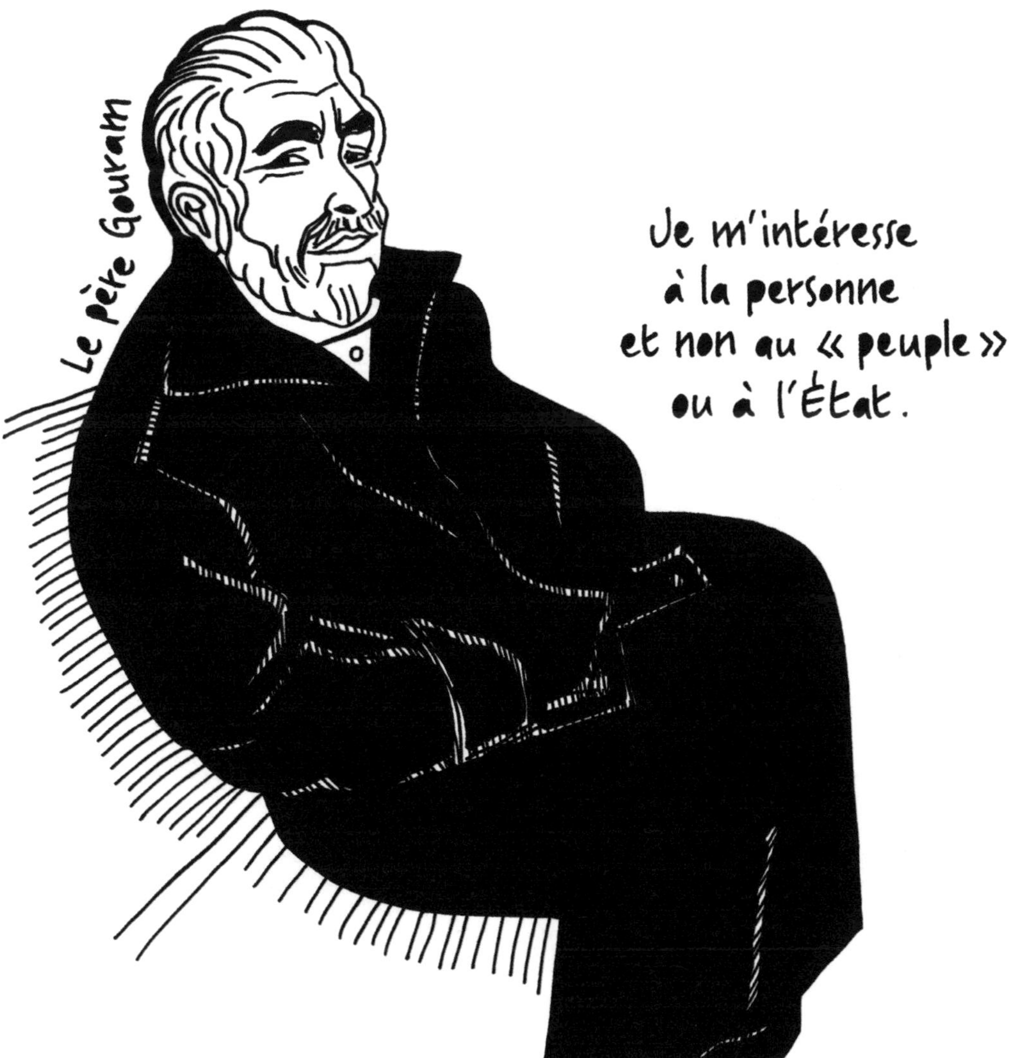
Le père Gouram
Je m'intéresse à la personne et non au « peuple » ou à l'État.

Pas pour les touristes

Quand on se promène dans le centre de Tbilissi, on voit à chaque pas des gens faire la manche. Ce sont des Tziganes avec leurs enfants, des retraité·e·s et des sans-abris. Il y a des réfugié·e·s d'Abkhazie[76] et de la région de Tskhinvali (désormais république *de facto* d'Ossétie du Sud[77]). Certain·e·s d'entre elleux vivent dans d'anciens foyers et dans des baraquements. Il y a en outre beaucoup de migrant·e·s intérieur·e·s venu·e·s dans la capitale en raison de la rudesse de la vie en province. Certain·e·s sans-abris et mendiant·e·s sont des gens qui n'ont pas réussi à payer leurs crédits ou qui se sont fait escroquer lors d'un achat immobilier.

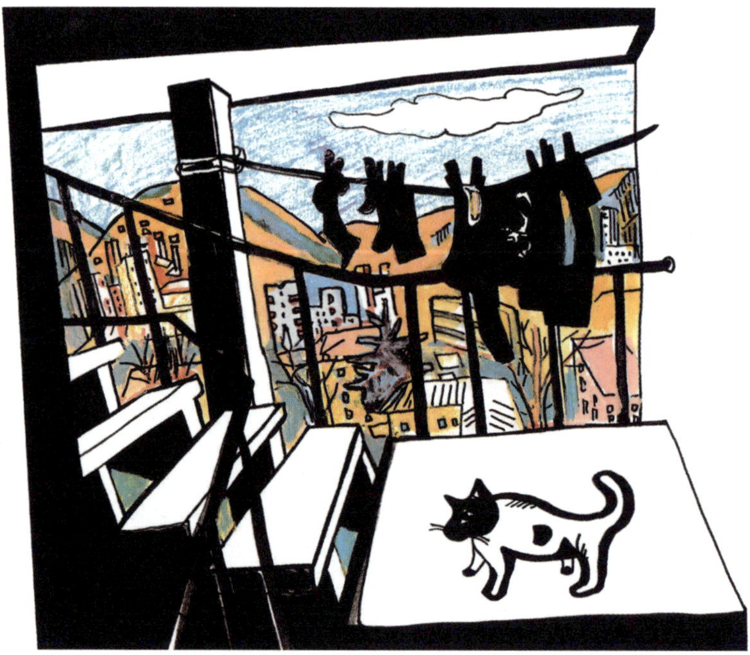

Les sans-abris occupent de vieilles maisons laissées à l'abandon depuis l'effondrement de l'URSS. Il y a près de quatre cents squats en ville. Le gouvernement impose aux squatters de s'en aller ou de renoncer à leurs allocations sociales. Certains bâtiments occupés sont officiellement reconnus comme des habitations légales.

Une sociologue de l'organisation de défense des droits humains EMC[78], qui mène des recherches sur le terrain, m'a emmenée dans un des plus grands squats. Des gens se sont installés en 2012 dans ce bâtiment délabré, ayant abrité un hôpital et un institut de cardiologie.

Certain·e·s squatters sont des gens instruits qui avaient autrefois un travail qualifié et louaient un logement. Iels ont perdu leur travail et se sont retrouvé.e.s à la rue. Selon les statistiques officielles, le taux de chômage dans le pays est d'environ 12 %, mais selon l'enquête du National Democratic Institute[79], un organisme américain, il est de plus de 50 %.

Les sans-abris ont des relations sociales limitées et se marient la plupart du temps entre elleux. J'ai vu beaucoup de jeunes enfants né·e·s au squat.

Les femmes ne parlaient pas russe et la sociologue m'a traduit leurs témoignages. Certaines avaient fui le domicile à cause de la violence conjugale. Je n'ai pu parler russe qu'avec un jeune homme. Celui-ci a vécu quelques années à Saint-Pétersbourg et a déjà été en prison depuis : « J'ai beaucoup traîné. Les filles, l'héroïne... »

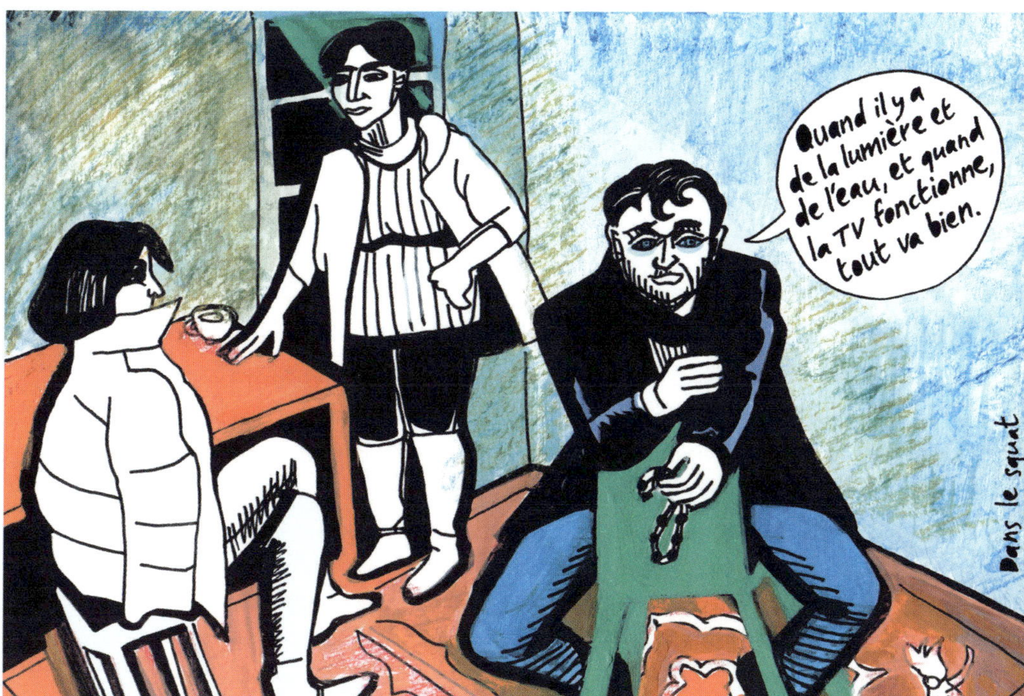

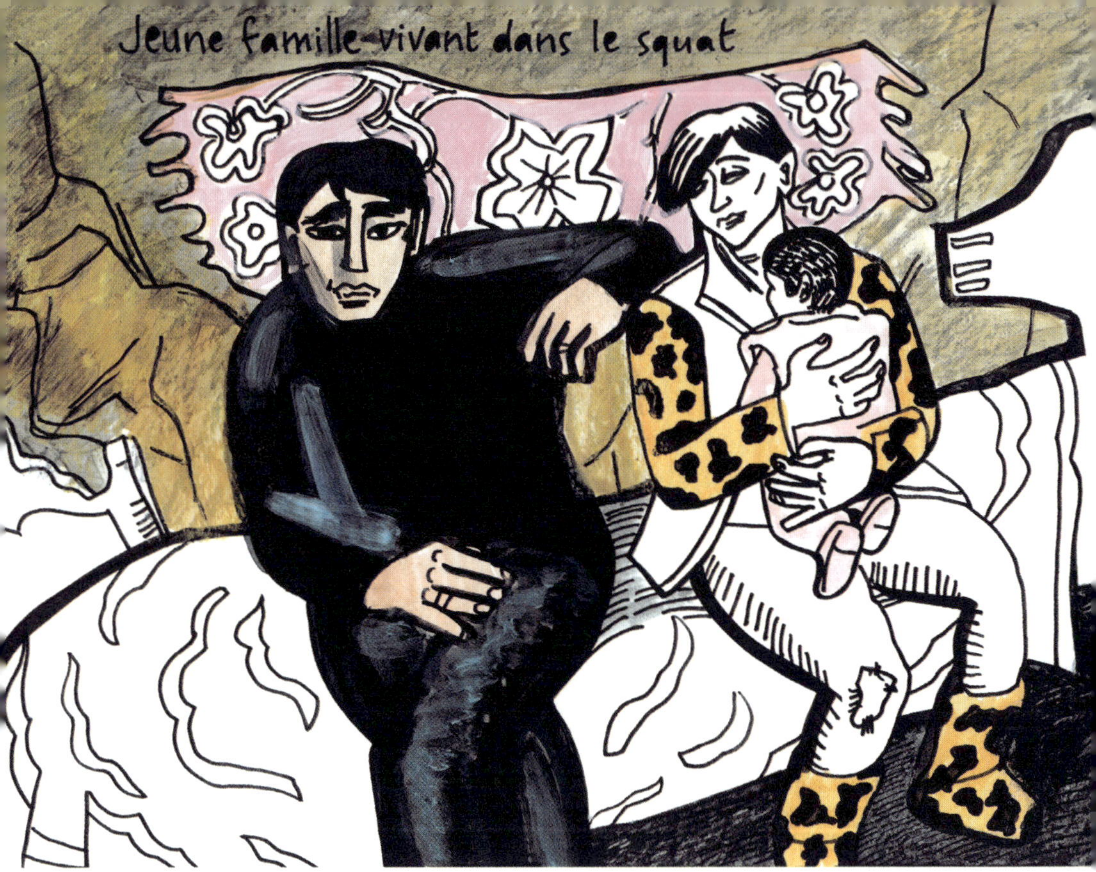

On rapporte l'eau dans des seaux. Il y a un robinet offrant de l'eau gratuite dans la cour du squat. On vole l'électricité, en se branchant au réseau d'éclairage public. La police coupe le câble régulièrement. Les eaux usées vont dans la cave de la maison. On se chauffe avec des petits poêles à bois.

En Géorgie, les problèmes de chauffage ne se limitent pas aux squats. Le chauffage urbain de Tbilissi a fermé ses portes en 1991, durant la guerre civile. Ces années-là, à cause de la misère, des gens ont déterré les tuyaux et les ont vendus pour leur métal non ferreux. Aujourd'hui, on installe des systèmes individuels de chauffage dans les maisons neuves et, l'hiver, les habitant·e·s des vieilles maisons se servent de radiateurs électriques.

Pour les touristes

Dans le vieux Tbilissi, des quartiers entiers sont insalubres. Sous Saakachvili[80], on n'a restauré que quelques façades.

Sur la colline de Sololaki, un étrange bâtiment de verre et de métal se dresse au-dessus de vieilles maisons délabrées. C'est la résidence/centre d'affaires de l'ancien Premier ministre, le milliardaire Bidzina Ivanichvili[81]. Quand j'ai voulu m'en approcher, depuis le jardin botanique, un gardien a surgi d'un buisson et m'a fait savoir qu'à partir de là commençaient les propriétés privées.

Le gardien m'a dit s'appeler Guéorgui. Il est venu de Gori[82] en raison du manque de travail. Il a commencé par travailler sur le chantier de la résidence, puis on l'a engagé comme gardien.

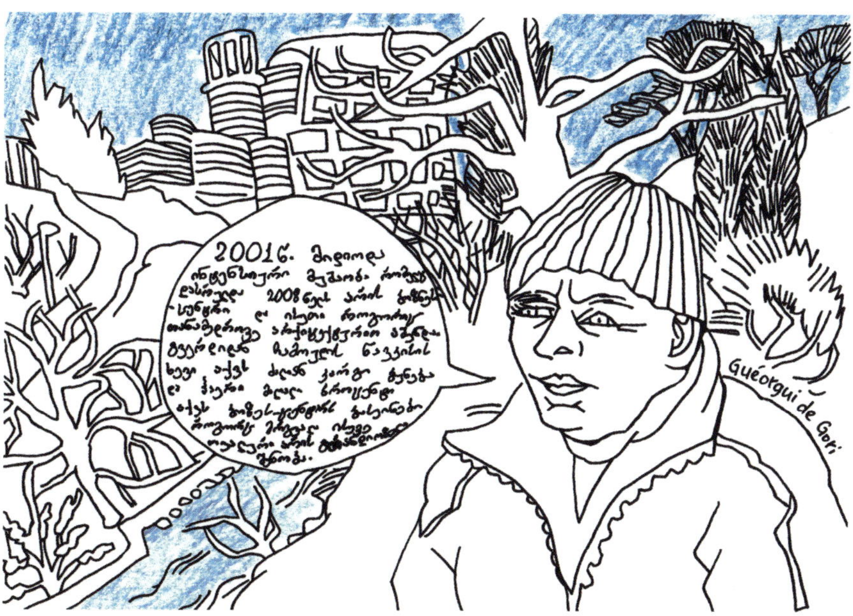

« Les gros travaux ont commencé en 2001. Et ce centre d'affaires à l'architecture moderne a été achevé en 2008. Les gorges de Tsakvissi sont toutes proches. La nature et l'air y sont très bons. Dans le centre d'affaires, il y a des gorges et un espace ovale grandiose. »

Pendant que nous discutions, une grande cascade s'est mise à couler de la falaise. Falaise et cascade sont artificielles. On allume la cascade à la demande du propriétaire.

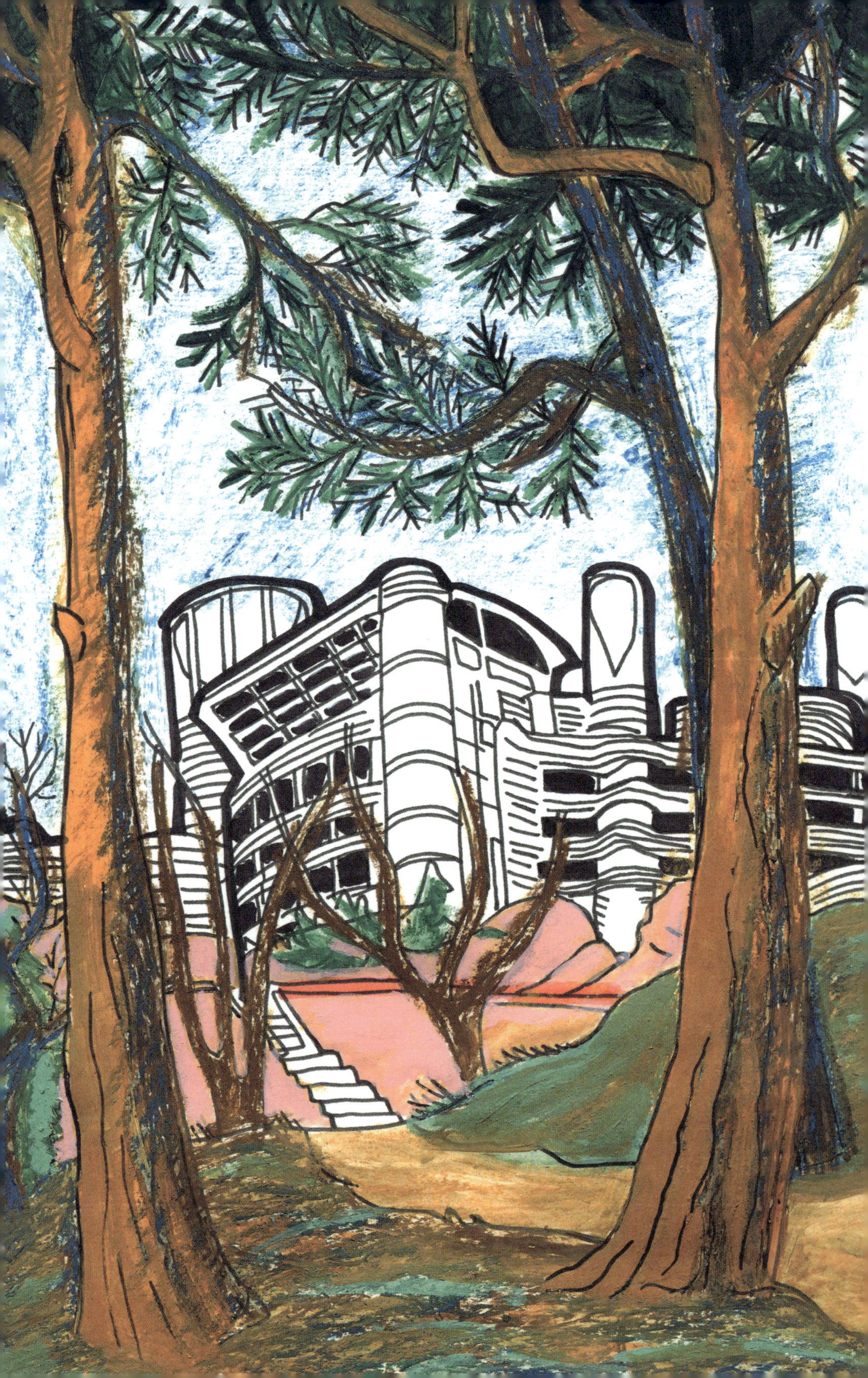

Sur cette même colline de Sololaki, Bidzina Ivanichvili compte construire, dans les années à venir, un complexe touristique géant de style *high-tech*. Trois autres complexes hôteliers/centres d'affaires sont planifiés dans d'autres parties historiques de la ville. Le projet s'appelle « Panorama de Tbilissi ». Selon Ivanichvili, il attirera plus de touristes en ville, mais les opposant·e·s au projet pensent qu'il défigurera la ville.

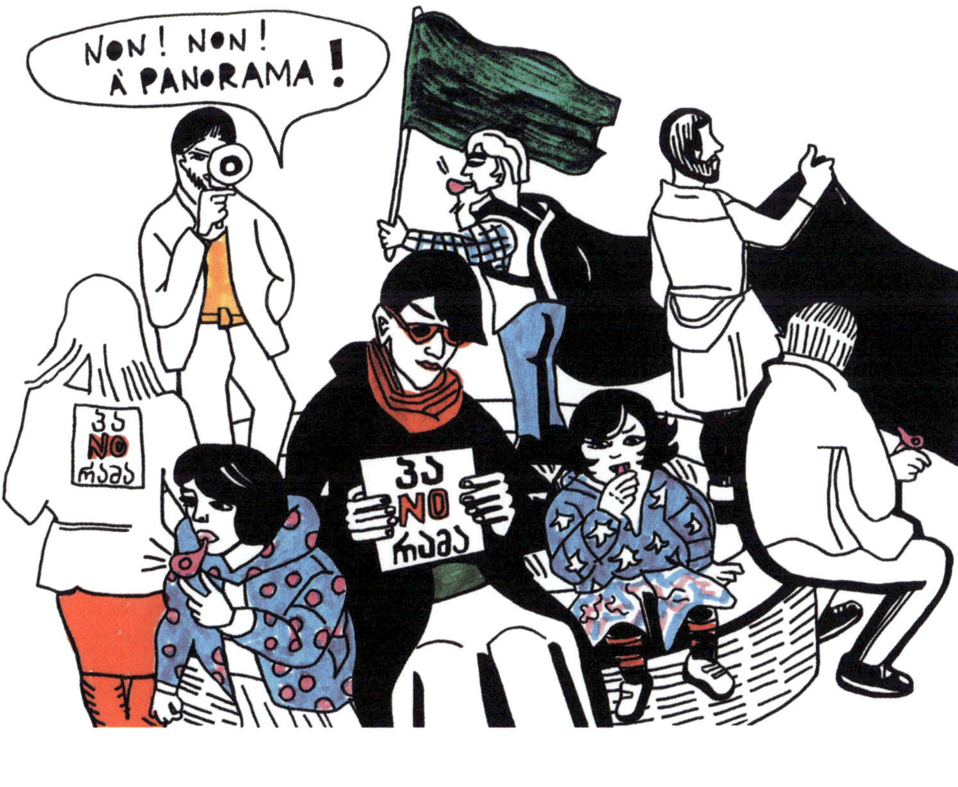

Le 27 février, je suis allée à un rassemblement contre le chantier. Plusieurs ONG, des architectes et des défenseur·se·s du patrimoine culturel, des écologistes, des féministes, des défenseur·se·s des animaux, une association de cyclistes et d'autres initiatives citoyennes y participaient. Les jeunes gens de la « génération Saakachvili » étaient branchés et semblaient sûrs d'eux. Beaucoup étaient venus avec leurs enfants.

Malgré le caractère massif du rassemblement, le gouvernement l'a ignoré. Les travaux ont commencé sur plusieurs sites.

Le passé soviétique

Presque tous les symboles soviétiques ont été démontés à Tbilissi. J'ai donc été surprise de découvrir un monument militaire soviétique à deux pas de l'avenue Roustavéli, dans le parc qui se nomme désormais Parc du 9 avril.

« Hissez les drapeaux ! »

Le monument a été érigé en l'honneur de l'entrée de la Géorgie en URSS. Son nom – « Hissez les drapeaux ! » – renvoie aux célèbres vers du poète géorgien Galaktion Tabidzé[83] :

« Le jour se lève ! Et la boule de feu
Incandescente se lève sur la mer...
Hissez les drapeaux !
La volonté de l'âme renaît... »

Un ami de Tbilissi m'a expliqué que Tabidzé avait écrit son poème « Hissez les drapeaux ! » en 1918, lors de la déclaration d'indépendance de la Géorgie. Mais à l'époque soviétique, on l'a daté de 1921, « l'année à partir de laquelle les bolcheviks ont occupé la Géorgie. »

« Hissez les drapeaux ! »

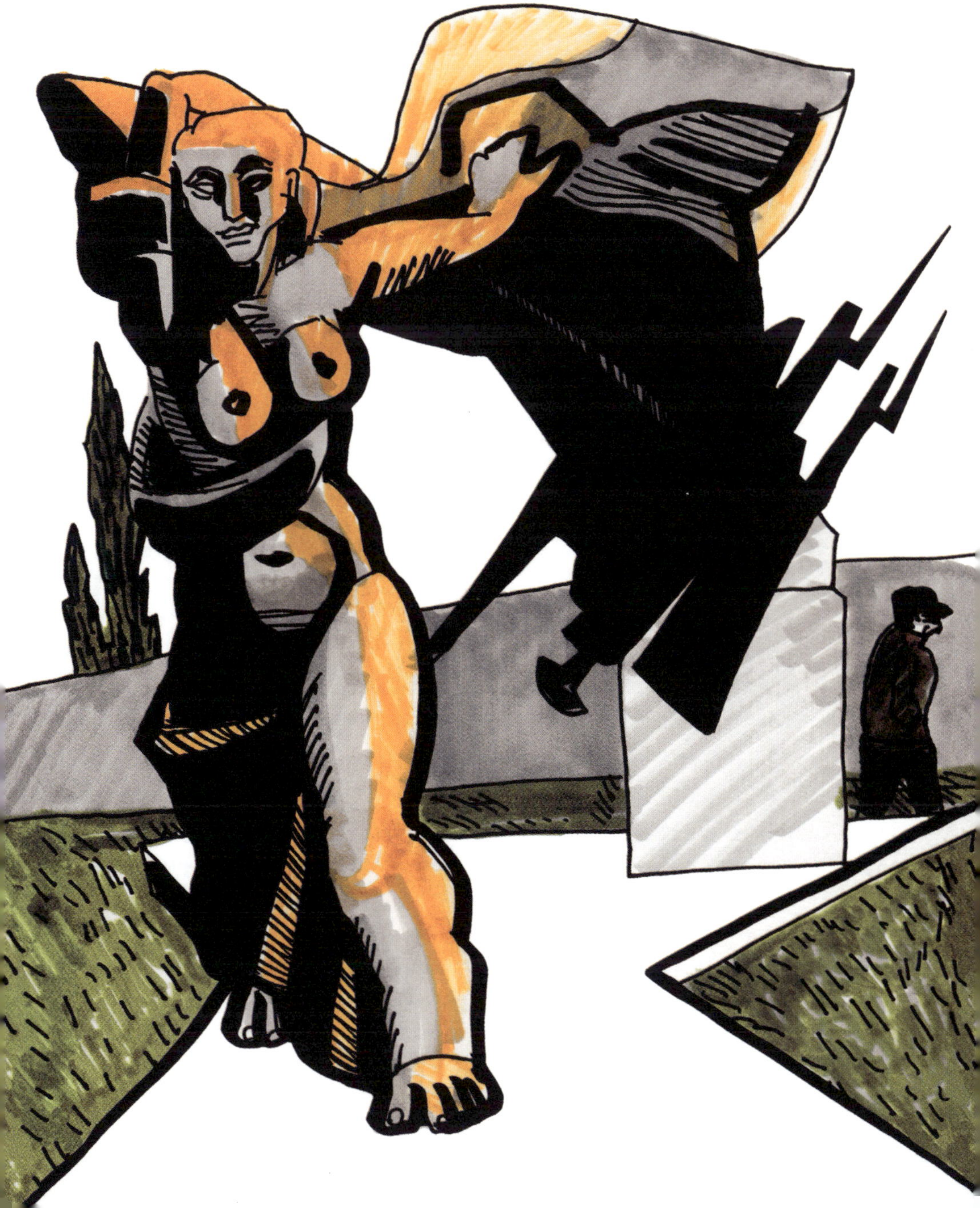

Le Musée Staline de l'imprimerie clandestine Avlabar[84] existe encore à Tbilissi. Sur ses portes rouges, reluisent la faucille, le marteau et l'étoile d'or. L'imprimerie a fonctionné de 1903 à 1906. Les sociaux-démocrates géorgiens, parmi lesquels se trouvait le jeune Iossif Djougachvili[85], descendaient dans une pièce souterraine par un tunnel partant d'un puits. C'est là qu'ils imprimaient des journaux et des tracts révolutionnaires sur des machines allemandes.

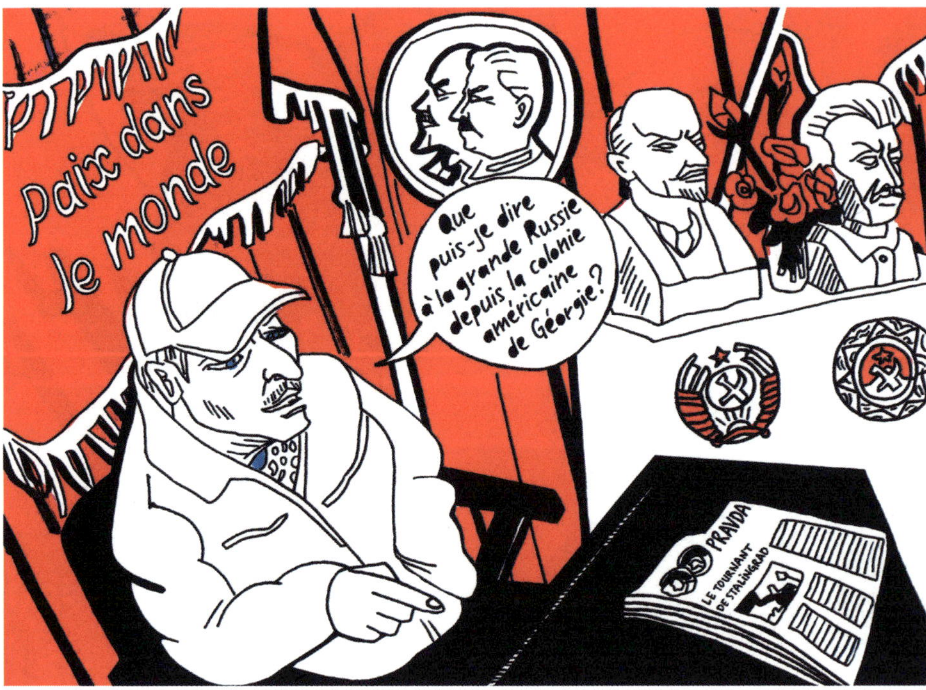

De nos jours, il n'y a ni caisse, ni horaires, ni employé·e·s dans le musée. Un vieux Géorgien du nom de Sosso[86] s'occupe des visites. Il se présente comme un ancien colonel du KGB. Sosso m'a raconté qu'à son retour à Tbilissi depuis Moscou, après l'effondrement de l'URSS, il n'a obtenu ni retraite, ni appartement. Il s'est donc installé dans le musée et y survit des dons des touristes. « Parfois, il n'y a pas de touristes pendant deux semaines », se lamente-t-il.

Pendant que je discutais avec Sosso, des enfants ont accouru dans le musée depuis les maisons voisines. Ils m'ont dit que c'était la première fois qu'ils trouvaient les portes ouvertes et qu'ils voulaient voir ce qu'il y avait à l'intérieur. Ils ont regardé les innombrables portraits et bustes de Staline et de Lénine dans l'entrée. Je leur ai montré un buste de Lénine. « Vous savez qui c'est ? », leur ai-je demandé. Les enfants ne savaient pas.

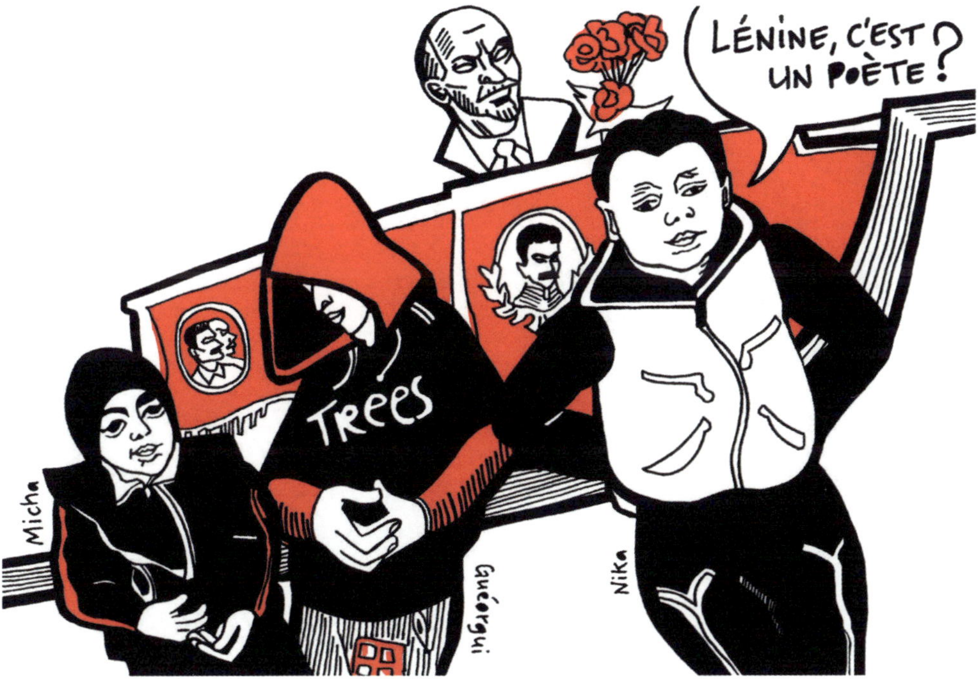

Alors que je m'en allais, Sosso m'a conseillé de visiter le jardin-musée Staline qu'un ancien chauffeur de taxi a créé dans la cour intérieure d'un immeuble ordinaire.

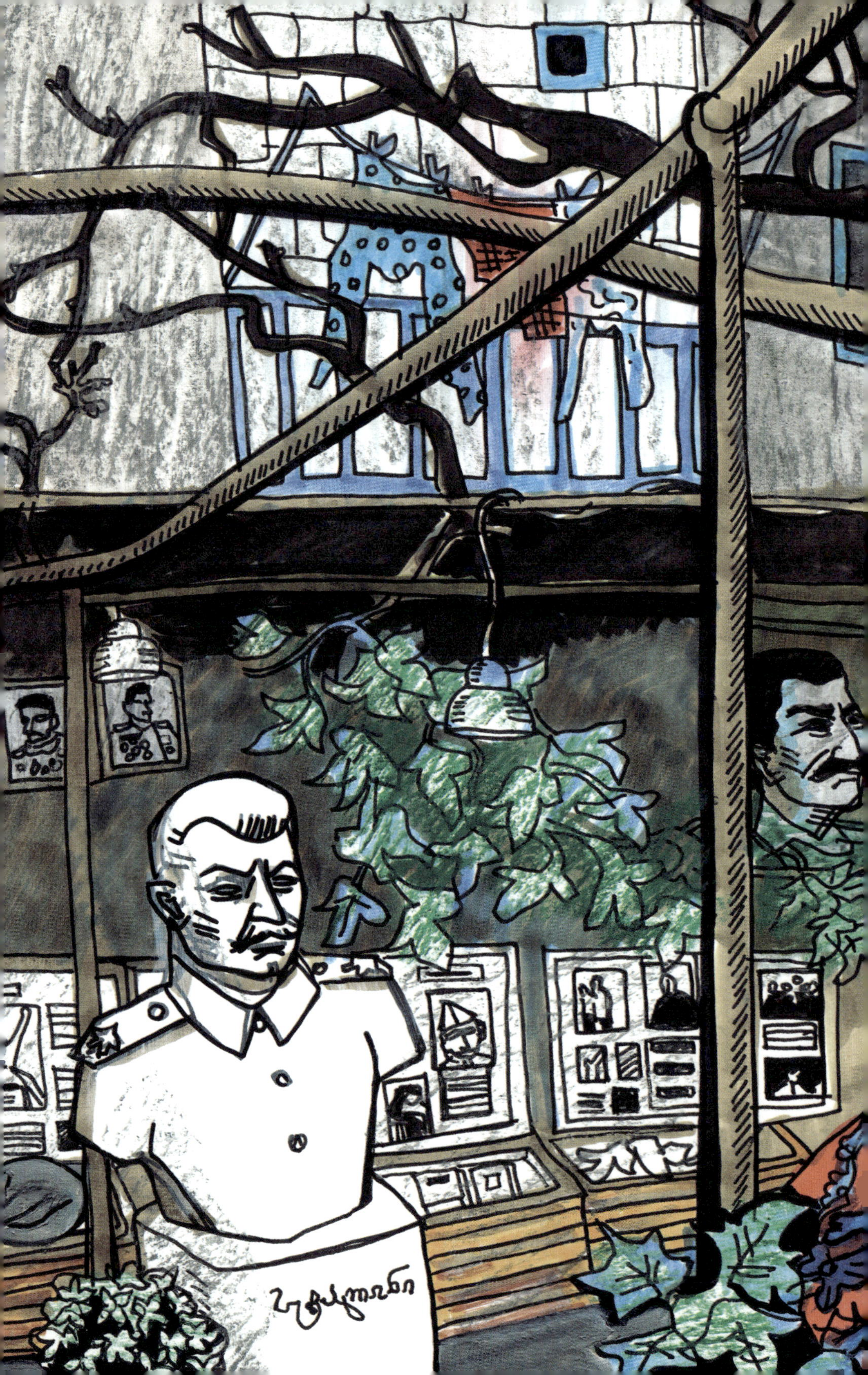

სტალინი

Ouchangui Davidovitch[87], le propriétaire du jardin-musée, a quatre-vingt-six ans. Quand je l'ai interrogé sur l'époque stalinienne, il s'est remémoré les baisses annuelles des prix des produits et m'a montré des affichettes indiquant les prix staliniens de toutes sortes de produits, dans les vitrines de son jardin.

Ouchangui Davidovitch a créé le musée tout seul. Il a acheté au fur et à mesure des photos historiques, des portraits et des bustes, a construit de ses propres mains une maquette de la maison de Staline à Gori, et a rapporté des casques soviétiques et des fragments de grenades de Stalingrad. Dans le jardin-musée, se dresse une stèle en mémoire de son fils décédé. Une vieille photo de ses parents voisine avec un portrait d'apparat de Staline. Les murs sont décorés de gousses d'ail, de fleurs et de fruits séchés.

L'exposition commence sur un mur auquel pendent des portraits photographiques en noir et blanc encadrés. Sur ces photos, les visages sont jeunes et séduisants. Ce sont les fusillé·e·s du rassemblement de 1956.

Après le 20e congrès du Parti communiste, durant lequel Khrouchtchev[88] a fait la critique de Staline, des troubles ont éclaté à Tbilissi. Ouchangui Davidovitch se souvient : « Il y avait chaque jour des rassemblements devant le monument de Staline. Nous exigions des explications. Le 9 mars, Khrouchtchev a donné l'ordre d'ouvrir le feu sur nous. Ils ont tiré sans sommation. J'étais parti manger à ce moment-là et j'ai donc eu la vie sauve. Ils ont tué vingt-sept personnes. Le plus jeune avait quinze ans. On n'en parle pas dans les livres d'histoire. » Ouchangui Davidovitch a créé le musée Staline juste après ces événements.

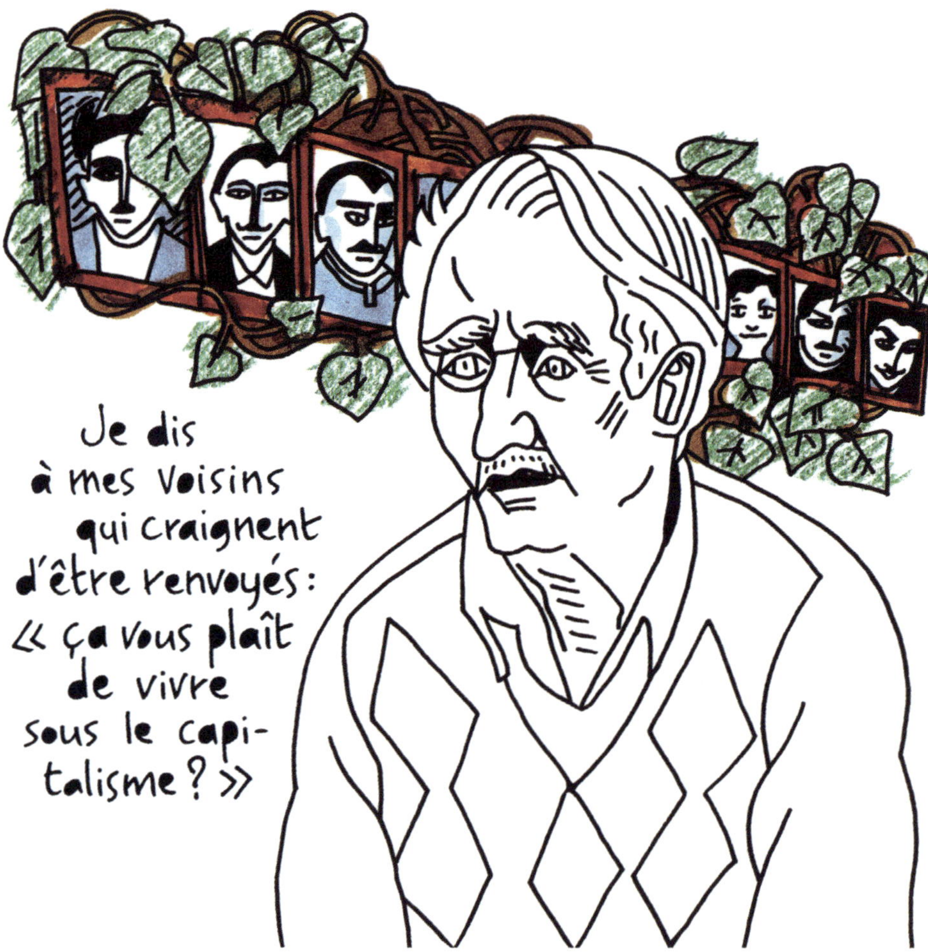

Ouchangui m'a invitée à me réchauffer chez lui en buvant de la *tchatcha*[89] maison et m'a montré un des dix-huit livres d'or de son musée, contenant les commentaires de la fille de Staline et de touristes de toutes les républiques soviétiques. Quand j'y suis retournée une seconde fois, je ne l'ai pas trouvé chez lui. Il était à une réunion du nouveau parti communiste « La Russie est notre amie ».

Quand je m'adresse à quelqu'un en russe, c'est très souvent l'occasion pour les vieux·eilles Géorgien·ne·s de parler des relations avec la Russie. Il y a beaucoup de retraités qui sont chauffeurs de taxi à Tbilissi, et presque tous m'ont dit ce genre de choses durant le trajet :

« 70 % des Géorgiens pensent qu'on vivrait mieux avec la Russie qu'avec l'Europe ou l'Amérique. Des subventions arrivent de l'Ouest, mais tout va au sommet de l'État et rien aux gens ordinaires. Il n'y a rien à faire à Tbilissi à cause du chômage. Presque toutes les entreprises tournent au ralenti. À l'époque soviétique, il y avait du travail et les gens étaient mieux traités. La retraite est de 160 lari (60 euros). Comment peut-on vivre avec ça ? »

Les chauffeurs de taxi ont tous ignoré mes remarques sur la crise économique et les répressions politiques en Russie contemporaine : « Nous aurions bien besoin d'un président comme Poutine ! »

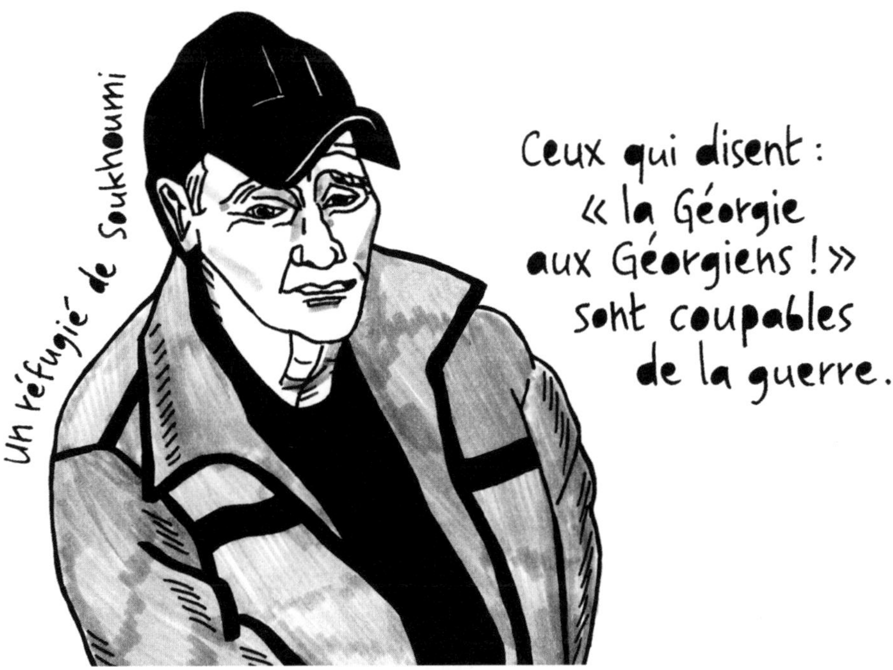

Un retraité, un réfugié de Soukhoumi[90], m'a parlé dans le bus : « À l'époque soviétique, je n'étais pas communiste. Je critiquais le pouvoir. Mais quand je regarde en arrière, je comprends que c'était mieux avant. L'éducation et la médecine gratuites pour tous ! Mon fils a combattu, il a été blessé, mais l'État ne l'a pas soigné. Je suis très en colère contre le pouvoir. »

Les Arménien·ne·s à Tbilissi

Les Géorgien·ne·s et les Arménien·ne·s – deux peuples voisins dont l'histoire et la culture sont inextricablement liées – communiquent de façon très différente. Durant mon voyage à Erevan, j'ai remarqué que les Arménien·ne·s avaient tendance à analyser chaque phénomène, qu'iels remarquaient aussitôt le manque de logique d'un argument ou l'incohérence des faits. À Tbilissi, l'essentiel est d'être passionnant·e et passionné·e, d'être vivant·e et créatif·ve. Ma nouvelle amie, l'Arménienne Lous, qui venait de déménager d'Erevan à Tbilissi, partageait cette impression.

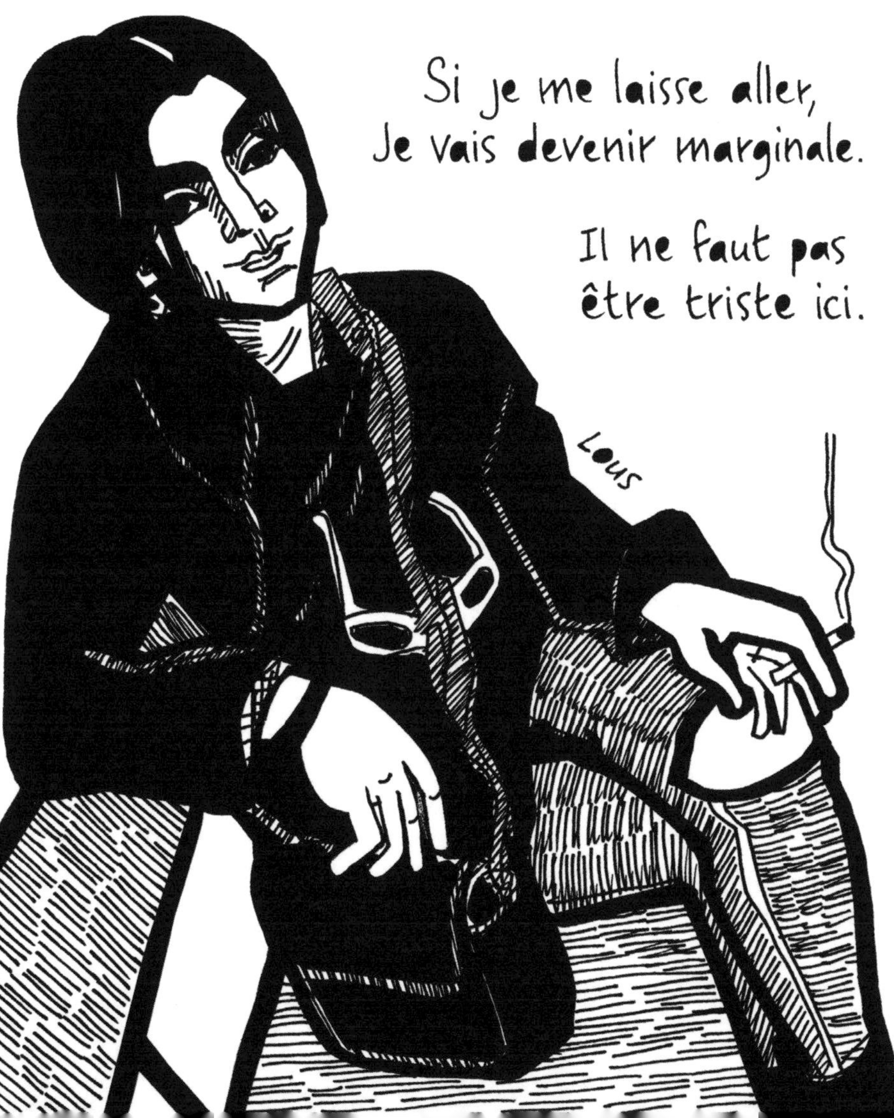

J'ai montré le portrait de Lous à des ami·e·s. Voici leurs commentaires :

– Non, il ne faut pas être triste en Géorgie. L'agressivité est la seule réaction négative plus ou moins acceptable ici. Nous n'avons pas appris à faire face à la tristesse. Si on se laisse emporter par ses émotions, on peut se heurter à des choses encore plus effrayantes.

– La joie fait partie du statut social. Si tout va bien pour toi, tu ne te lamentes et ne pleures pas.

– Les Géorgiens n'aiment pas les faibles. Ça fait partie de notre culture.

En Géorgie, les Arménien·ne·s sont la deuxième minorité nationale la plus importante (5 %), après les Azéri·e·s (6 %).

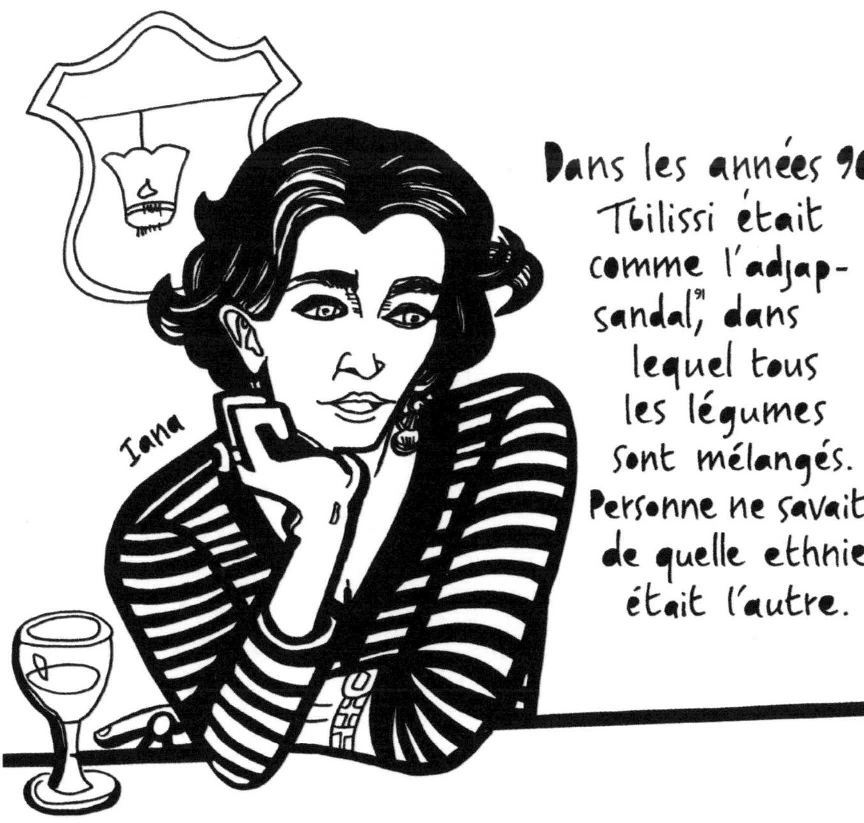

Les ancêtres de beaucoup d'Arménien·ne·s de la ville sont des réfugié·e·s du génocide. Les arrière-grands-parents d'Iana, qui est née à Tbilissi, sont venus en Géorgie à l'époque du génocide. Iana est née dans une famille russophone. Elle a appris l'arménien et le géorgien à l'université.

Dans la Géorgie contemporaine, l'attitude envers les Arménien·ne·s est assez froide. Les explications revenant le plus souvent dans les discussions avec des Géorgien·ne·s sont de ce type :

– Avant la révolution, il y avait à Tbilissi plus d'Arméniens que de Géorgiens. Ils tenaient les commerces et les Géorgiens venaient des villages et travaillaient pour eux comme travailleurs immigrés.

– Aucune Géorgien ne vit en Arménie, mais beaucoup d'Arméniens vivent en Géorgie. Ils possèdent l'immobilier et les entreprises. La grande diaspora arménienne est une menace potentielle.

Presque tou·te·s les militant·e·s et artistes que j'ai rencontré·e·s à Erevan, vont en Géorgie plusieurs fois par an. En Géorgie, il y a beaucoup plus de fondations occidentales et donc beaucoup plus de perspectives. Beaucoup de mes jeunes ami·e·s de Tbilissi n'étaient jamais allé·e·s en Arménie. Quand je leur ai demandé ce qu'iels pensaient des actions Électro-Erevan de 2015 et d'autres manifestations arméniennes, iels m'ont répondu : « Je lis plutôt des choses sur la Turquie » et « Nous avons suivi les manifestations en Grèce. »

À Tbilissi, j'ai participé au projet *Working Agenda of Amirani / Mher*[92], dont un des objectifs est de renforcer les liens culturels entre la Géorgie et l'Arménie. Les participant·e·s géorgien·ne·s disaient qu'il ne fallait pas se couper de l'Europe : « Nous devons estimer l'*European Experience*, nous avons un *Global Future.* »

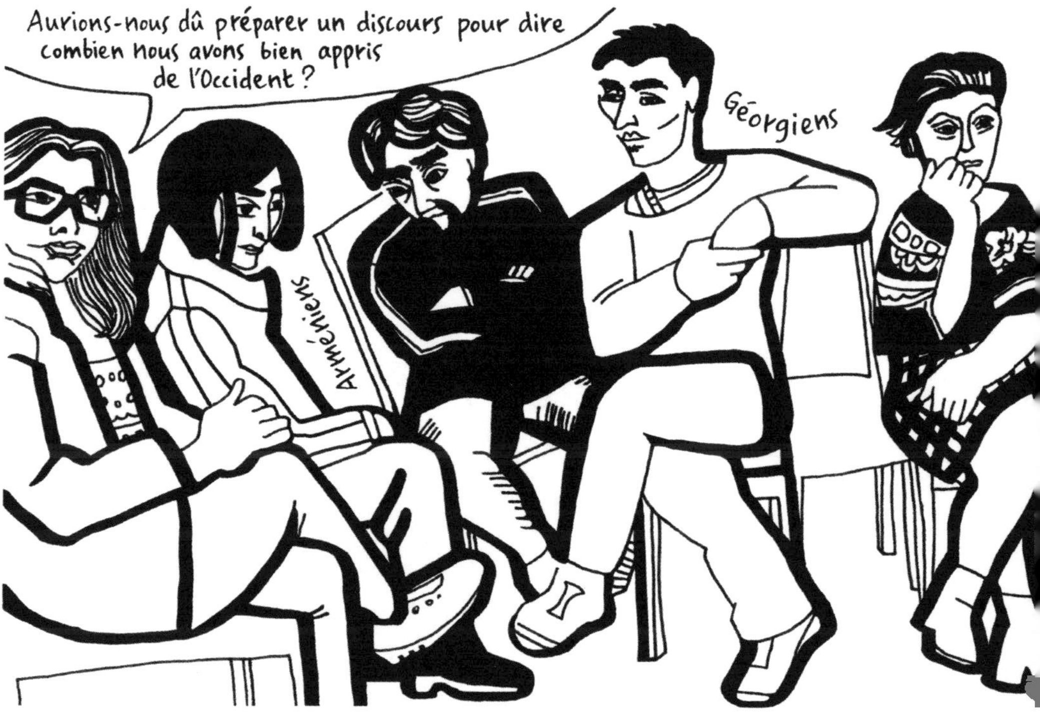

« Dans tous les débats, les Arméniens doivent reconnaître qu'il faut correctement suivre la voie européenne et combien il est mauvais d'être sous la botte de la Russie », m'a dit Zara, une militante arménienne, après la table ronde. Les jeunes Arménien·ne·s progressistes voient d'un mauvais œil l'influence russe en Arménie, mais n'idéalisent pas la dépendance de la Géorgie à l'Occident.

Les Azéri·e·s à Tbilissi

Au banquet de clôture du projet, les Arménien·ne·s ont invité leurs ami·e·s azéri·e·s. À Tbilissi, j'ai maintes fois entendu des Arménien·ne·s dire : « Malgré tous les conflits, Arméniens et Azéris se comprennent mieux qu'Arméniens et Géorgiens », et des Azéri·e·s dire : « Il n'y a pas de peuple plus proche du nôtre que le peuple arménien. »

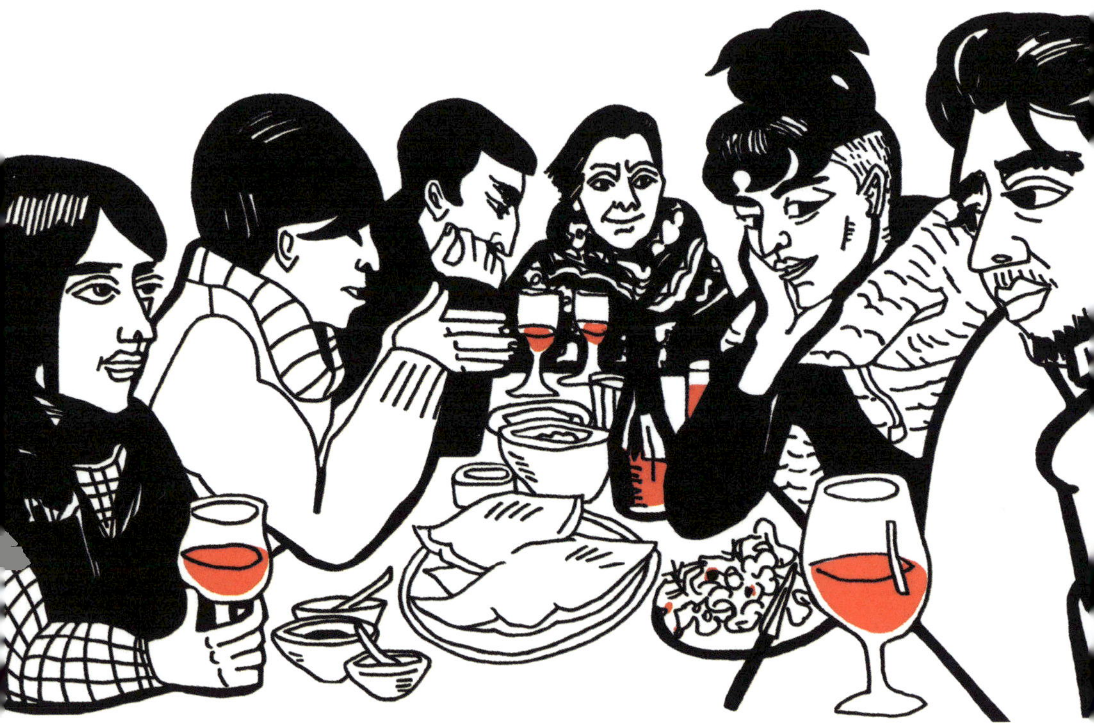

Parmi les Azéri·e·s, il y avait l'écrivain Seymour Baïdjan[93]. Il m'a offert son livre *Gougark* sur la guerre du Haut-Karabagh. Dans *Gougark*, Seymour se souvient des premiers échanges de tirs entre Arménien·ne·s et Azéri·e·s, au début des hostilités dans sa ville natale de Fizouli, la transformation de la ville en champ de ruines et le déménagement de sa famille à Bakou. Le plus pénible à lire n'était pas tant les passages sur la guerre que ceux sur les violences domestiques. Les passages à tabac de femmes et d'enfants dans les familles azéries y sont décrits très froidement.

Dans les années 2000, Seymour appartenait au milieu culturel de Bakou. À partir de 2009, le pouvoir s'est mis à pousser l'*intelligentsia* créatrice hors d'Azerbaïdjan. Plus tard, j'ai rencontré des ami·e·s de Seymour, un couple ayant dû quitter Bakou sous la pression des autorités. Il s'agit de la journaliste, traductrice et poétesse Günel Mövlud[94] et du médecin Khadji Khadjiev.

Günel a débuté comme blogueuse. Après avoir écrit une série de textes critiques sur les problèmes de la société azérie, elle est devenue l'une des auteurs·rices les plus lu·e·s du pays. Günel travaille désormais comme journaliste pour le portail internet Meydan TV[95] fondé par des dissident·e·s azéri·e·s à Berlin.

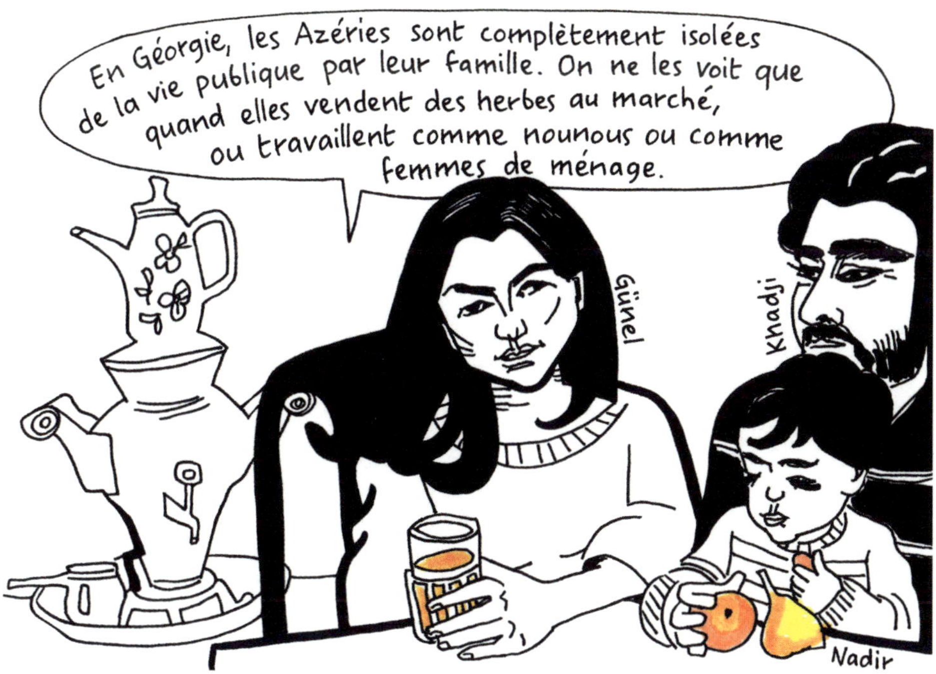

La plupart des reportages de Günel traitent des droits des femmes dans le Caucase du Sud. « La vie des Azéries de Tbilissi est différente de celle des Géorgiennes », m'a-t-elle raconté. « Les familles azéries retirent les filles de l'école en troisième et les marient à quatorze ans. Le suicide est leur manière de résister. La nounou de notre enfant est devenue grand-mère à trente-deux ans. Tu devrais lui parler. »

Renka, leur nounou, a accepté de poser pour un portrait et m'a un peu parlé de sa vie. Elle s'est mariée à treize ans. Elle a eu une fille à quatorze ans et un second enfant, un garçon, à dix-neuf ans. Elle s'est longtemps occupée de la maison et des enfants, et ne sortait en ville qu'accompagnée de son mari. Elle travaille depuis peu comme nounou. Renka aime beaucoup son travail. Elle m'a dit des femmes célibataires qui travaillent et gagnent leur propre salaire : « Elles ont de l'argent et vivent comme elles le souhaitent. À mon avis, c'est mieux. »

Il y a un terme, dans le Caucase, pour désigner le bon comportement qu'une personne doit avoir en société. En azéri et en arménien, c'est *namous* et en géorgien *namousi*. Pour un homme, le *namous* signifie l'honneur. Pour une femme, le *namous* est exclusivement associé à son comportement sexuel et à son inaccessibilité. Dans le Caucase du Nord, on pense qu'un homme dont une parente « cavale », ne peut nettoyer son *namous* qu'en la tuant.

Seymour m'a dit que dans la société azérie, le *namous* peut être acheté. Si une femme, une actrice ou une chanteuse, rapporte beaucoup d'argent à sa famille, elle peut rentrer à la maison tard la nuit et avec un nouvel homme à chaque fois.

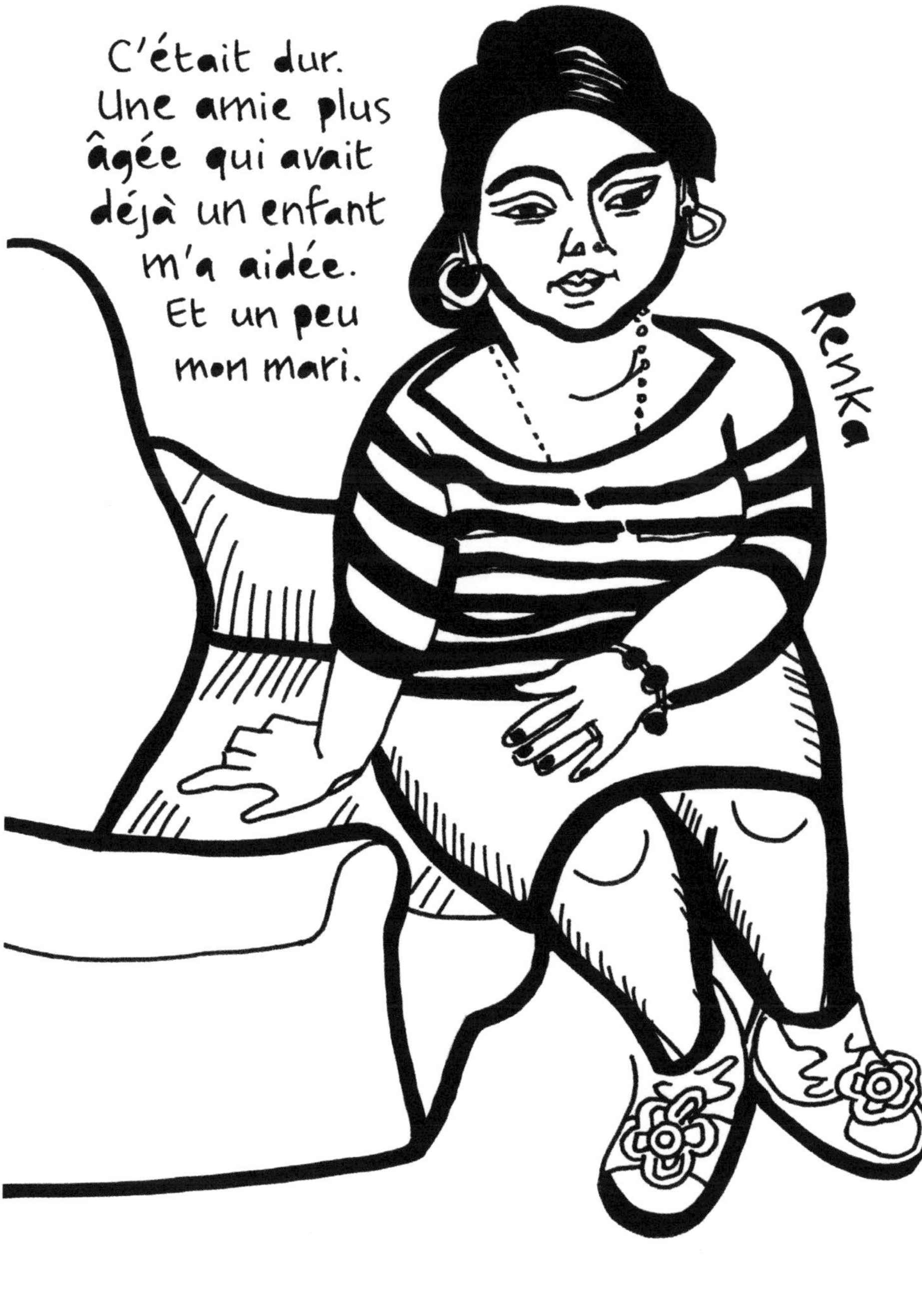
C'était dur. Une amie plus âgée qui avait déjà un enfant m'a aidée. Et un peu mon mari.
Renka

Les Russes à Tbilissi

Des ami·e·s de Tbilissi m'ont dit qu'on commençait à voir, ces dernières années, des jeunes Russes contestant le régime de Poutine s'installer en ville. Il y en a peu pour l'instant. Les Russes avec qui j'ai parlé, ont choisi la Géorgie « parce qu'il n'y a pas besoin de visa, qu'il y fait chaud, que c'est bon marché et que ce n'est pas loin, que beaucoup de gens parlent russe et que nos cultures sont proches. » Iels ne sont pas certain·e·s de s'installer durablement en Géorgie, mais ne sont pas prêt·e·s à retourner en Russie. Ian, un ancien militant moscovite, est un de ces semi-migrants. « Toute la Géorgie est comme un unique et grand village. Les mœurs sont patriarcales. Les relations entre les gens sont plus sincères et plus chaleureuses qu'en Russie. Il y a moins d'agressivité, mais l'irresponsabilité des Géorgiens est agaçante », m'a-t-il dit.

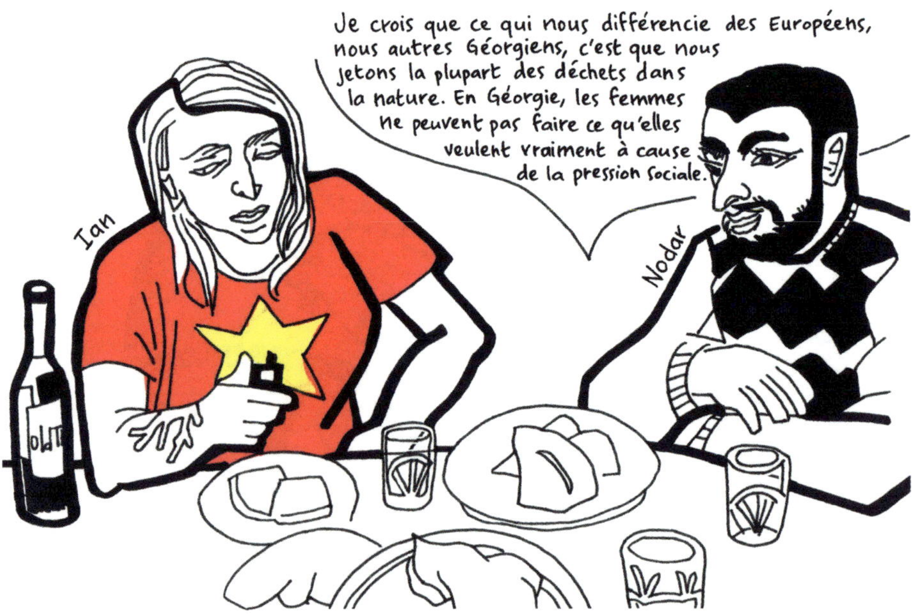

Ian loue un appartement avec Ani, sa copine rencontrée à Tbilissi, et son frère Nodar. Comme beaucoup de jeunes Géorgien·ne·s, Nodar ne parle pas russe et notre discussion en mauvais anglais a tourné court. J'ai demandé à Nodar d'écrire sur le dessin ce qu'il pensait des particularités de la société géorgienne.

Ian lit de moins en moins souvent les informations de Russie et quand il les lit, il se réjouit d'avoir échappé à cette « folie totale ».

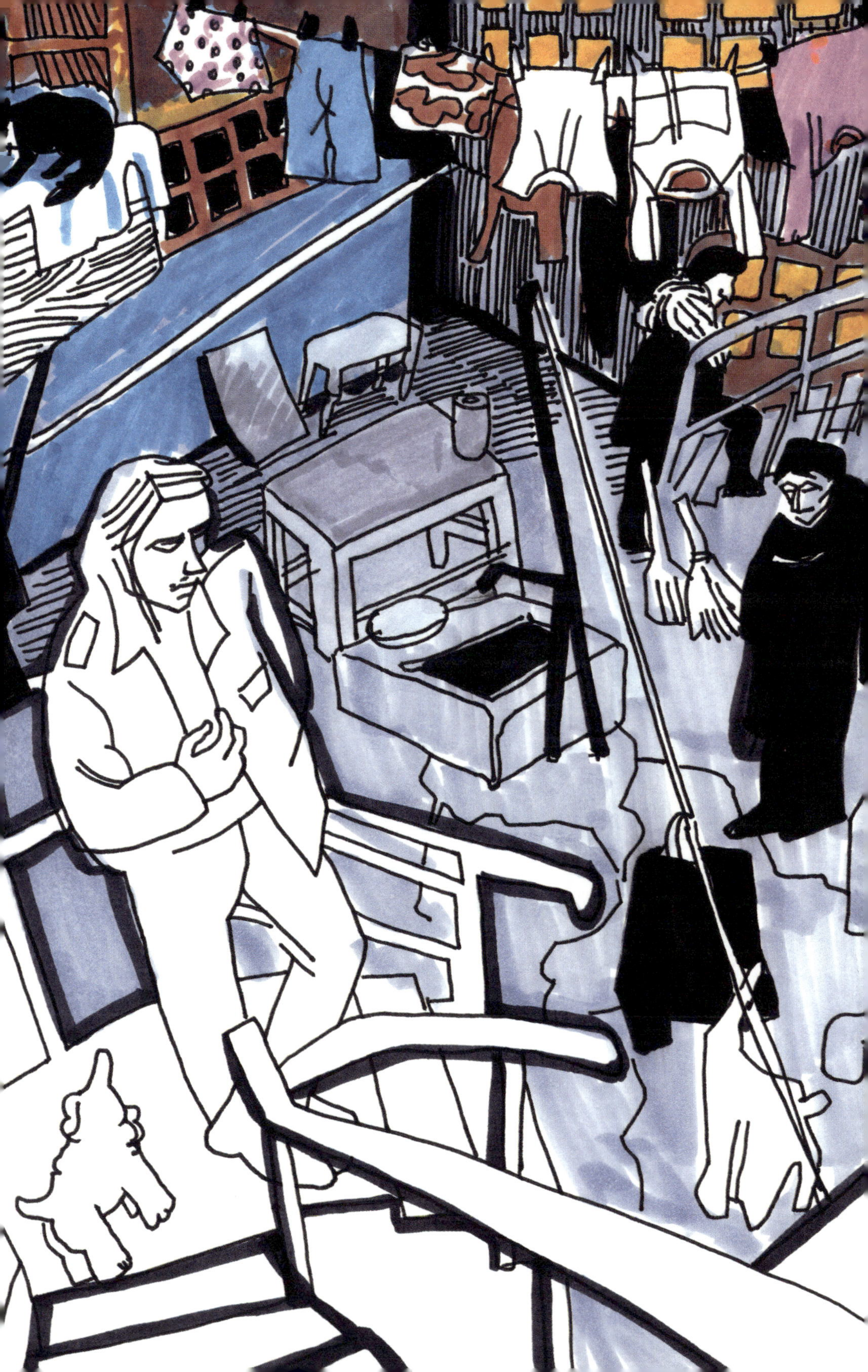

On rencontre toujours des Russes au Kiwi Café situé dans le centre-ville. C'est le premier café *vegan* de Géorgie. Une entreprise multiethnique de Géorgien·ne·s, de Russes, d'Iranien·ne·s et de Suédoi·se·s l'a ouvert en 2015. L'idée initiale était de préparer la nourriture la plus simple et la moins chère possible, mais le café est peu à peu devenu un endroit touristique à la mode. Les militant·e·s russes qui traînent indéfiniment à Tbilissi, travaillent dans les cuisines.

Des projections-débats, des tables rondes et des conférences sur des thèmes sociaux et politiques sont régulièrement organisées au Kiwi Café. J'ai assisté à une conférence sur la lutte des Kurdes pour leurs droits, qu'un militant d'Ekaterinbourg, Alexeï, avait préparée.

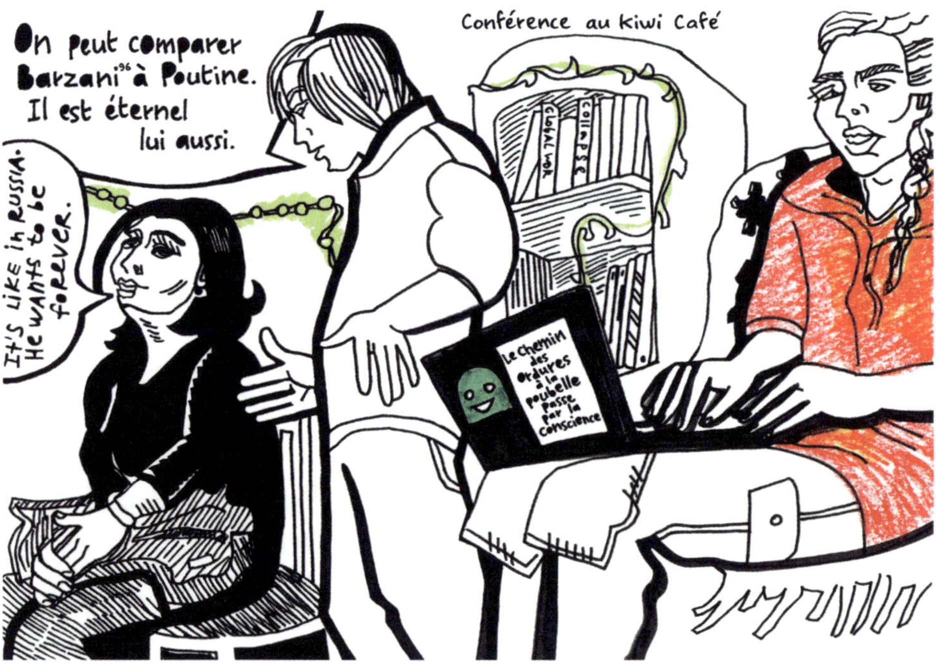

Alexeï est venu à Tbilissi avec un groupe d'ami·e·s : « Ça fait déjà deux mois que nous vivons ici. Nous ne sommes jamais tombés sur des flics ou des fonctionnaires. En Russie, on a l'impression qu'ils sont partout et d'être de trop. »

Oleg, un ancien journaliste moscovite, est un des organisateurs du Kiwi Café.

Il m'a parlé de ses deux derniers voyages de Géorgie en Russie. La première fois qu'Oleg a franchi la frontière terrestre, c'était au poste-frontière du village de Verkhny Lars : « On m'a emmené avec mes affaires pour une vérification spéciale du FSB[97]. Ils me suspectaient d'être un combattant de l'État islamique. » La seconde fois, il est parti pour Moscou en avion avec un ami ukrainien. Le passeport ukrainien, l'enregistrement[98] en Transcarpatie[99] et le corps tatoué de son ami ont été des raisons suffisantes pour l'arrêter et l'expulser. « Tu n'as pas encore eu le temps d'entrer en Russie que tu comprends déjà où tu es revenu ! », m'a dit Oleg.

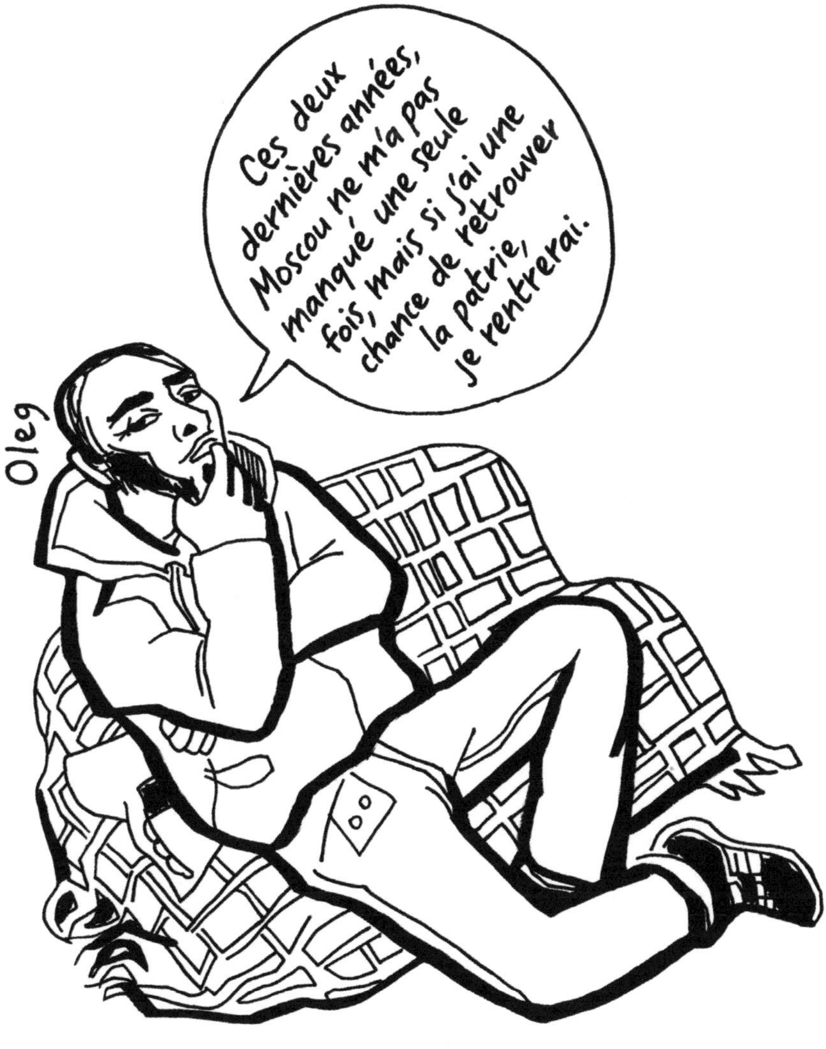

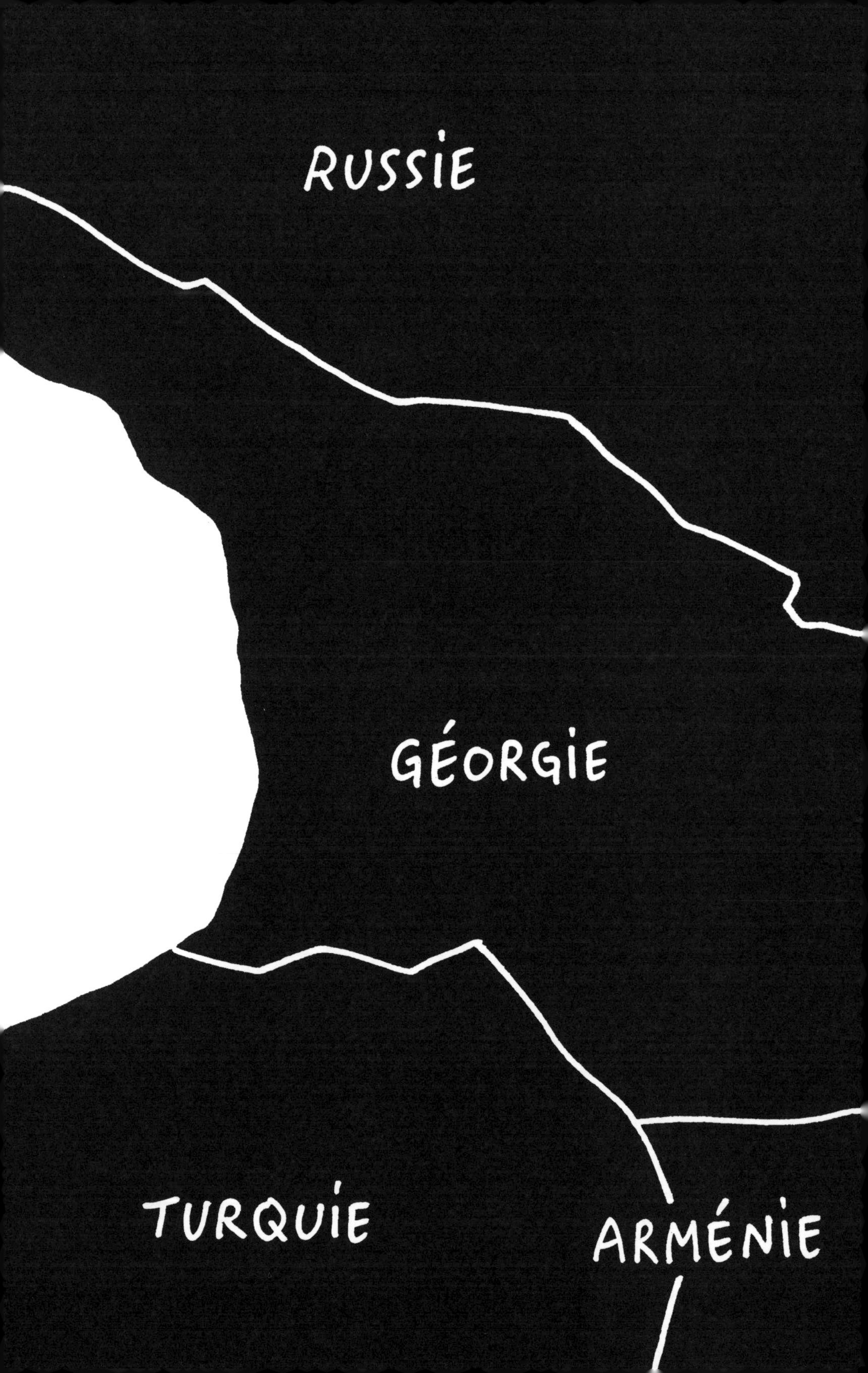
RUSSIE
GÉORGIE
TURQUIE
ARMÉNIE

Voyage en INGOUCHIE

2017

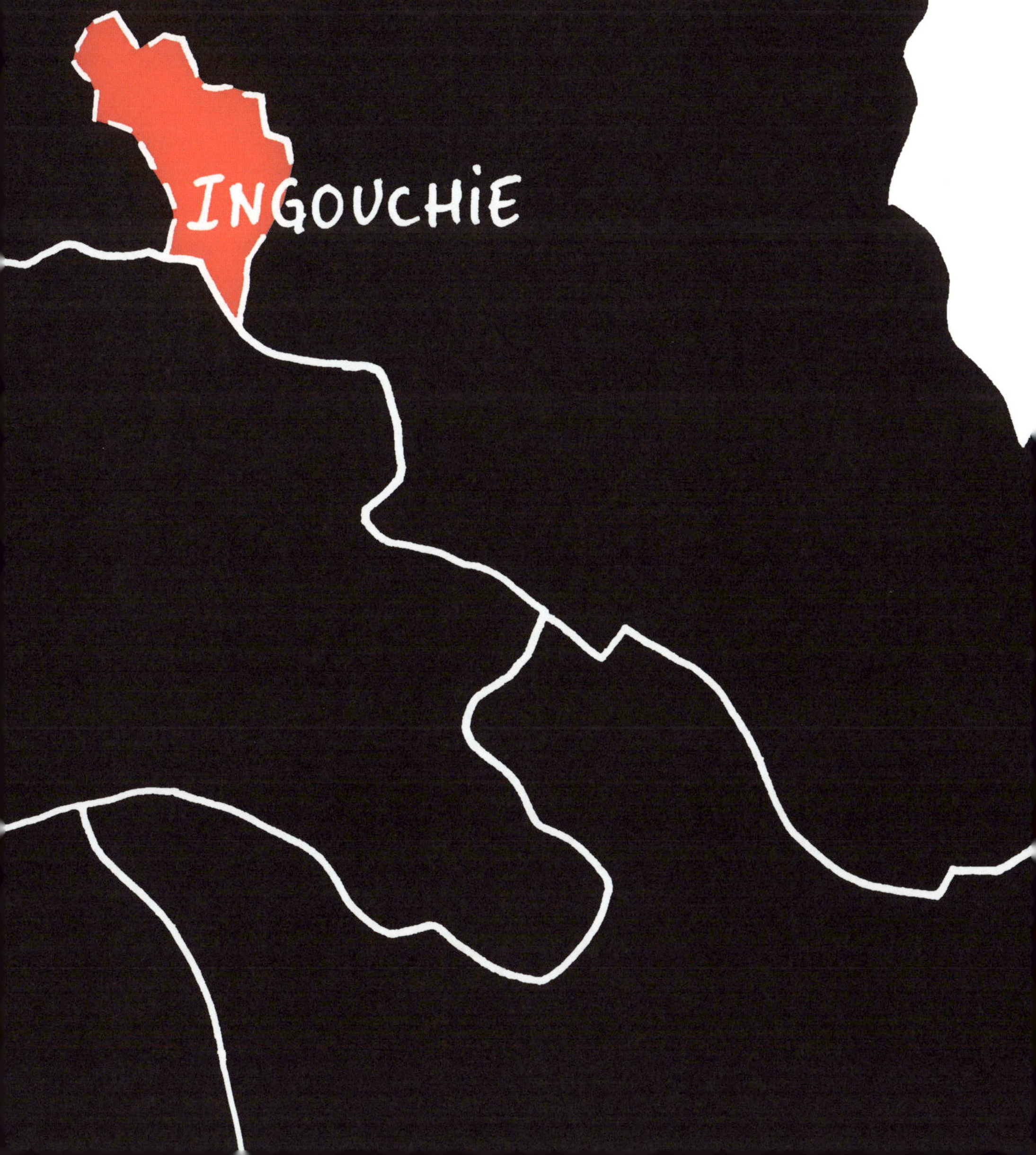

Au lieu d'Amazones

Il y a des endroits où il est essentiel de savoir qui est venu collecter le matériel : un journaliste ou une journaliste, un artiste ou une artiste. Dans certains lieux, j'observe, tel un être invisible, les futur·e·s protagonistes de mes reportages. Dans d'autres, je deviens moi-même un objet d'observation. En Ingouchie[100], où j'étais venue donner un atelier à des groupes de femmes et dessiner, par la même occasion, un nouveau chapitre de ce livre, je suis devenue l'objet principal de l'attention.

Dès mon arrivée à l'aéroport, j'ai remarqué que j'étais la seule femme étrangère blonde en jeans. Les hommes ingouches considèrent qu'il est indécent que leurs femmes sortent en pantalon. Si une Ingouche sort dans la rue dans cette tenue, un·e passant·e la sermonnera et les voitures s'arrêteront et la klaxonneront. Avec mes tempes rasées indiquant clairement que je suis étrangère, j'ai pu marcher en jeans sans dommage. Seul·e·s les enfants s'étonnaient de rencontrer cette créature étrange. Une tante ne porterait pas de pantalon, ni n'aurait une telle coupe de cheveux, et un oncle ne porterait pas de boucles d'oreilles. Iels me montraient du doigt en demandant anxieusement à leurs parents : « Pourquoi le garçon a-t-il mis des boucles d'oreilles ? »

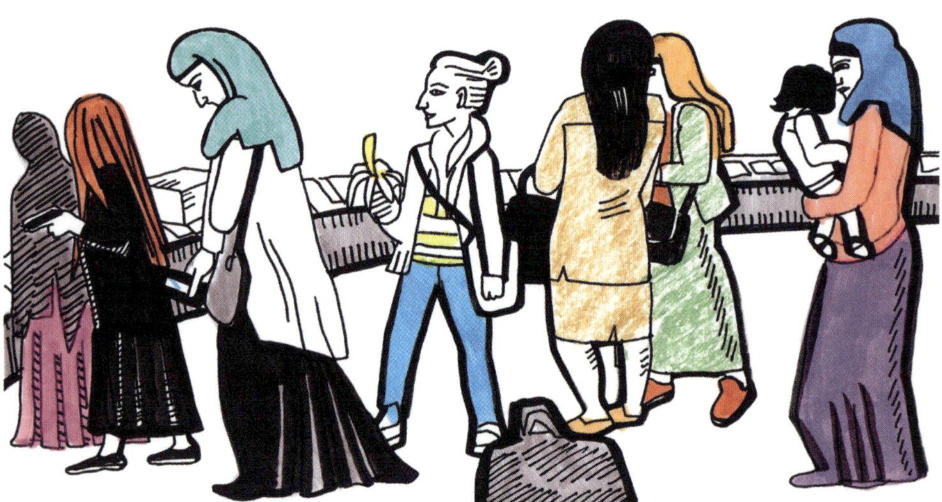

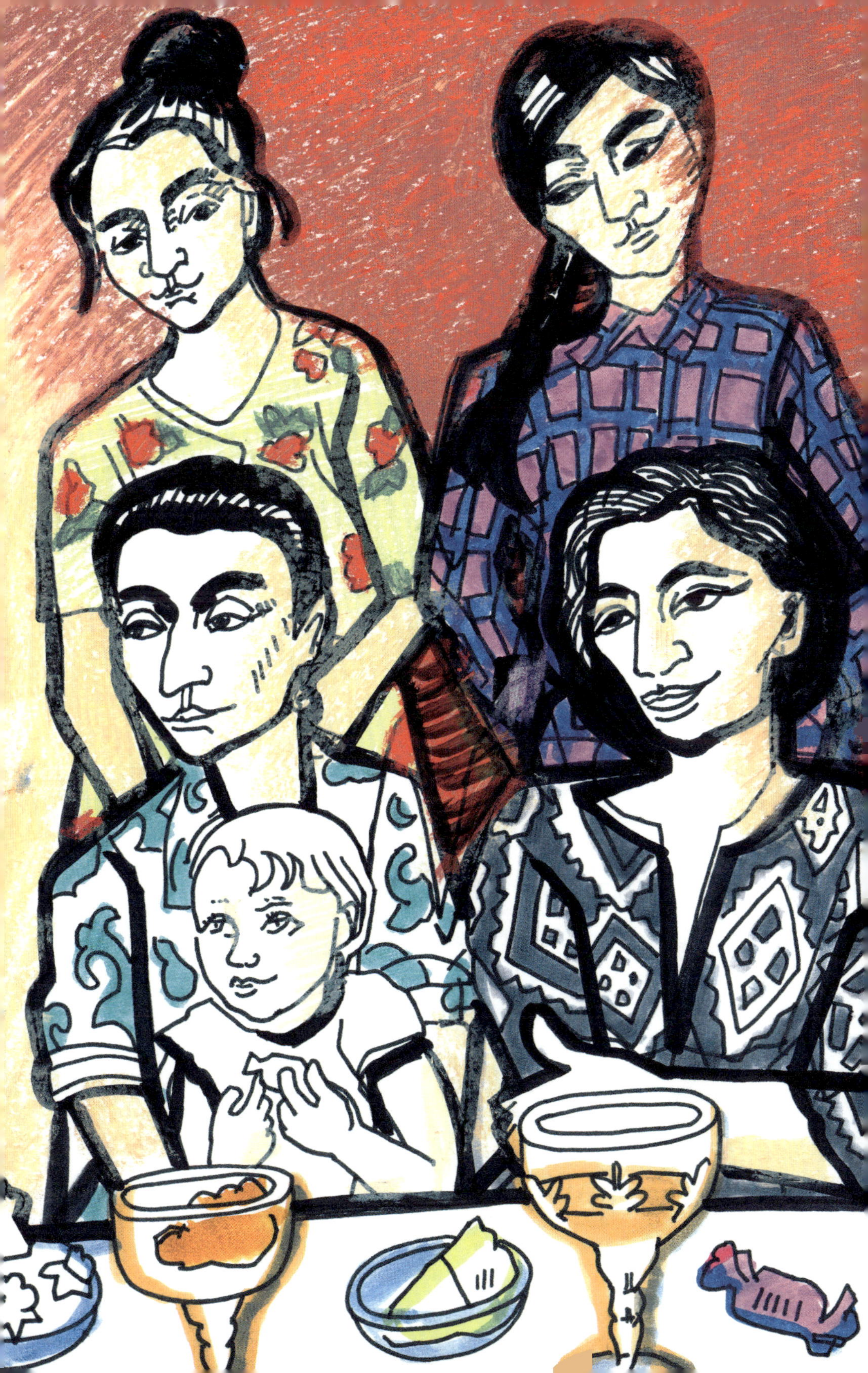

Lors de mes ateliers sur le dessin social, le contrôle des hommes sur l'apparence des femmes est le thème le plus brûlant qu'ont abordé les participantes. Une d'elles a dessiné « le conseil des *aksakals*[101] », le grand-père, le père et le petit frère débattant du droit à se peindre les ongles : « pas en noir », « pas en rouge », « jamais ».

L'autre thème important était le mariage, ou ce que cela signifie d'entrer dans la famille de son mari, où il faudra servir le clan entier.

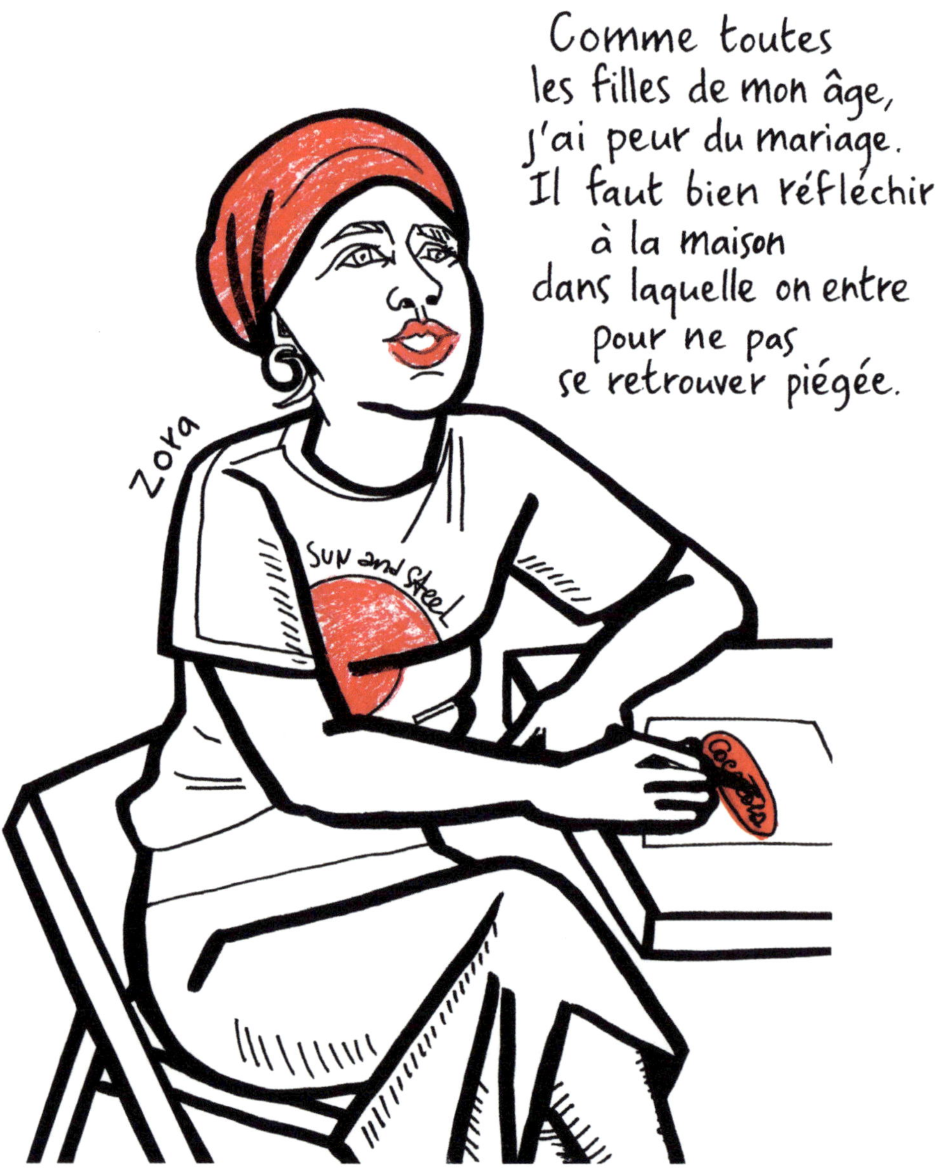

La légende raconte que les Amazones[102] vivaient jadis en ces lieux. Si l'on veut se représenter l'exact opposé des Amazones, il suffit de regarder le modèle auquel une Ingouche doit se conformer de nos jours. Il convient de ressembler à l'unique statue de femme de Magas, qui représente une jeune mère vêtue d'une robe tombant au sol, avec ses trois enfants. Du reste, chaque membre de la société ingouche doit clairement jouer son rôle. Dans la culture ingouche, il existe même un terme spécifique : *ezdel*. Il s'agit d'un corpus de règles non écrites qui transforme en paria quiconque les transgresse.

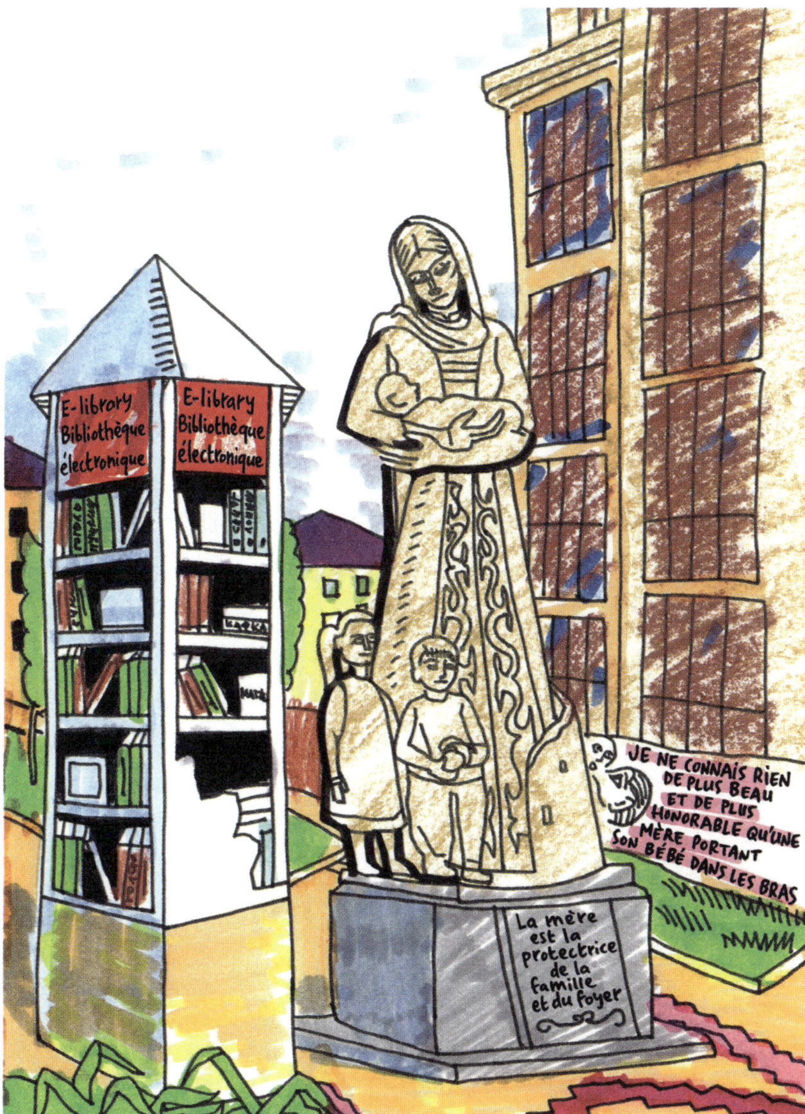

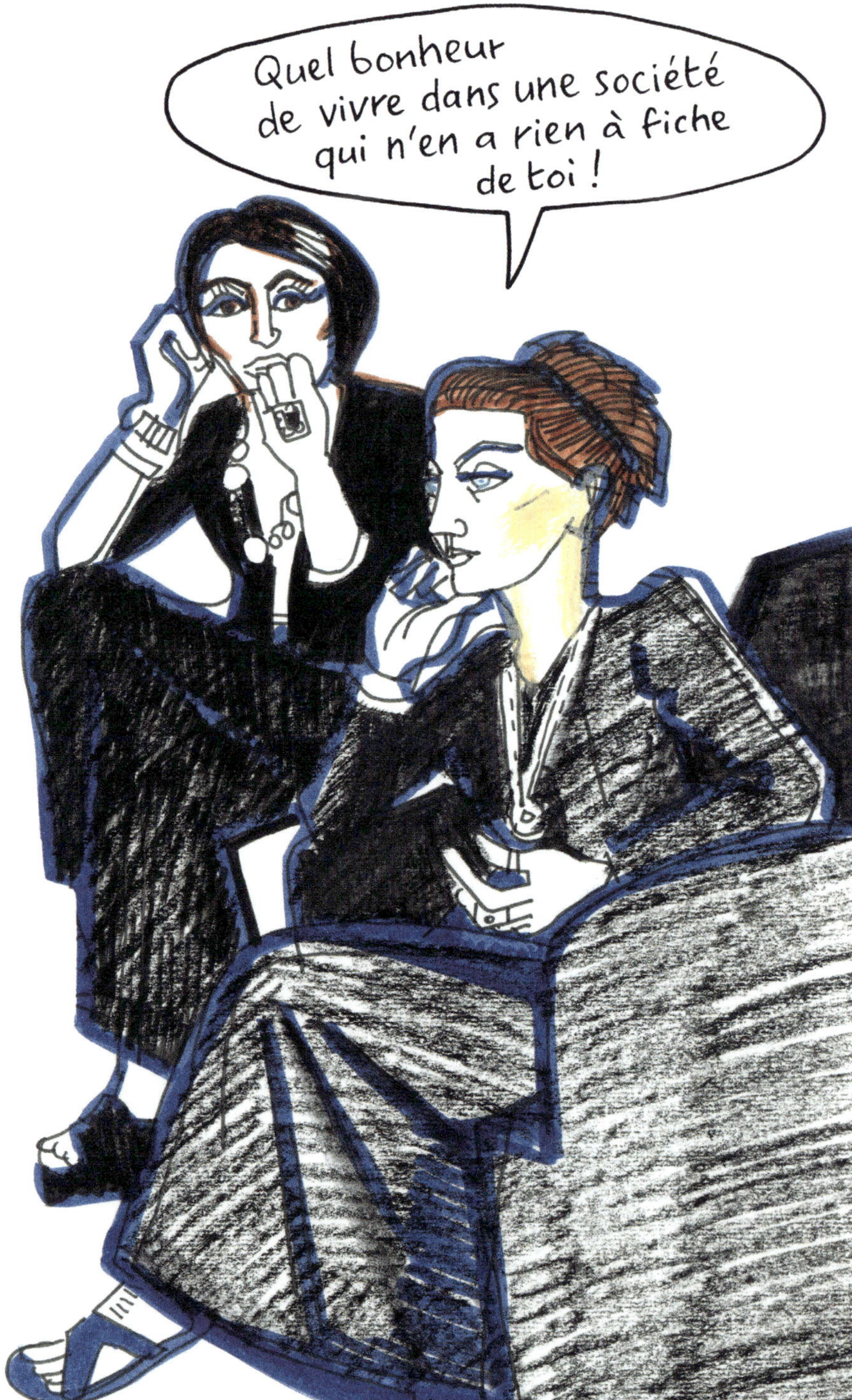

Des participantes à l'atelier

C'est ainsi qu'une des participantes a commenté ma vie moscovite. Je la comprends très bien. C'est pour ce bonheur que j'ai moi-même fui la province pour Moscou. Bien sûr, à Serpoukhov[103] où je suis née, la vie des femmes n'était pas aussi contrôlée qu'en Ingouchie. Mais mon désir de faire sérieusement de l'art provoquait les moqueries et l'hostilité. L'indifférence de Moscou me convenait. Ce n'est que bien des années plus tard, après avoir commencé à travailler dans les pays occidentaux, que j'ai compris qu'au dehors d'une société hostile et d'une société indifférente, il existe aussi une société dans laquelle l'individualité est estimée et se vend même plutôt bien.

Les victimes de la répression

Lors de mon voyage au Daghestan, j'ai beaucoup appris sur la manière dont avait été organisée la déportation des Tchétchènes en 1944. Les Daghestanais·e·s qu'on avait envoyé·e·s vivre de force dans les maisons abandonnées par les Tchétchènes, m'ont raconté leurs histoires. J'écoutais maintenant les histoires des Ingouches. Durant la Seconde Guerre mondiale, on les a déporté·e·s avec les Tchétchènes en Asie centrale. Officiellement, ces peuples étaient accusés de collaboration avec les occupants fascistes, mais les véritables raisons de leur déportation sont toujours inconnues. Presque toutes les personnes âgées avec qui j'ai discuté en Ingouchie, sont nées au Kazakhstan.

Le Grand Mémorial de la mémoire et de la gloire[104], situé entre Magas et Nazran[105], a été construit pour commémorer ces événements. J'y ai donné un de mes ateliers de dessin. Lors de celui-ci, une fille m'a dit que les grands-mères et grands-pères des deux côtés de sa famille s'étaient rencontré·e·s dans le train au retour de la déportation.

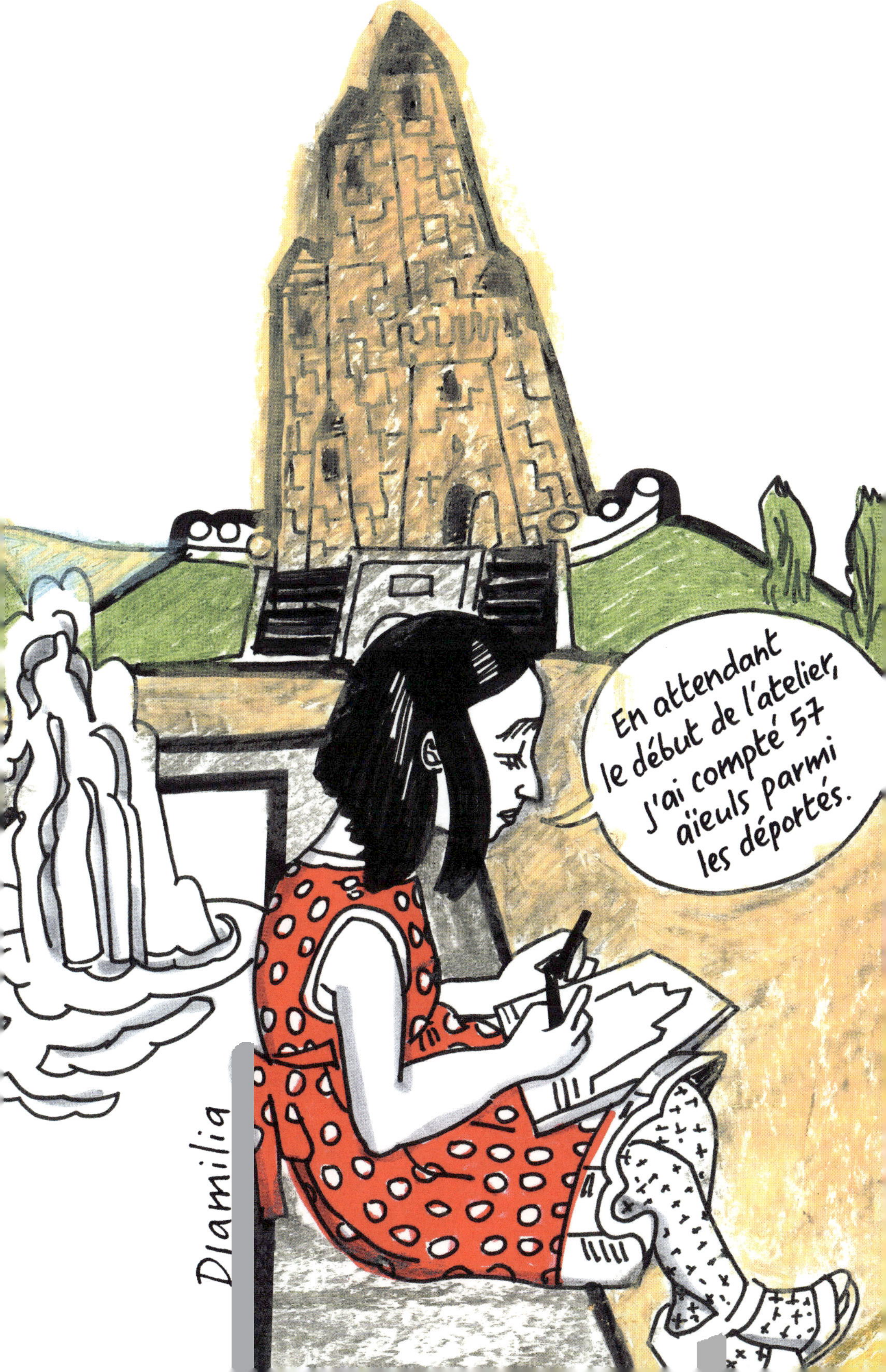
En attendant le début de l'atelier, j'ai compté 57 aïeuls parmi les déportés.
Djamilia

La première chose que voient les visiteur·ses du mémorial est un grand bas-relief représentant le serment d'allégeance des Ingouches à l'Empire russe en 1770. Au milieu de la cour, se dresse une statue célébrant les Ingouches ayant servi dans la « Division sauvage[106] », au sein de l'armée russe.

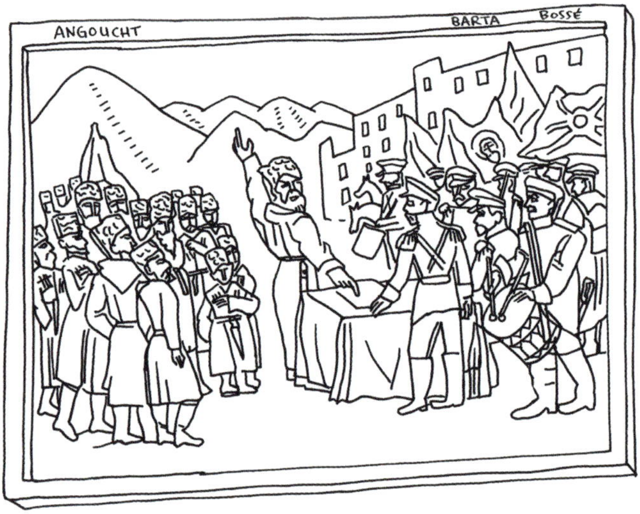

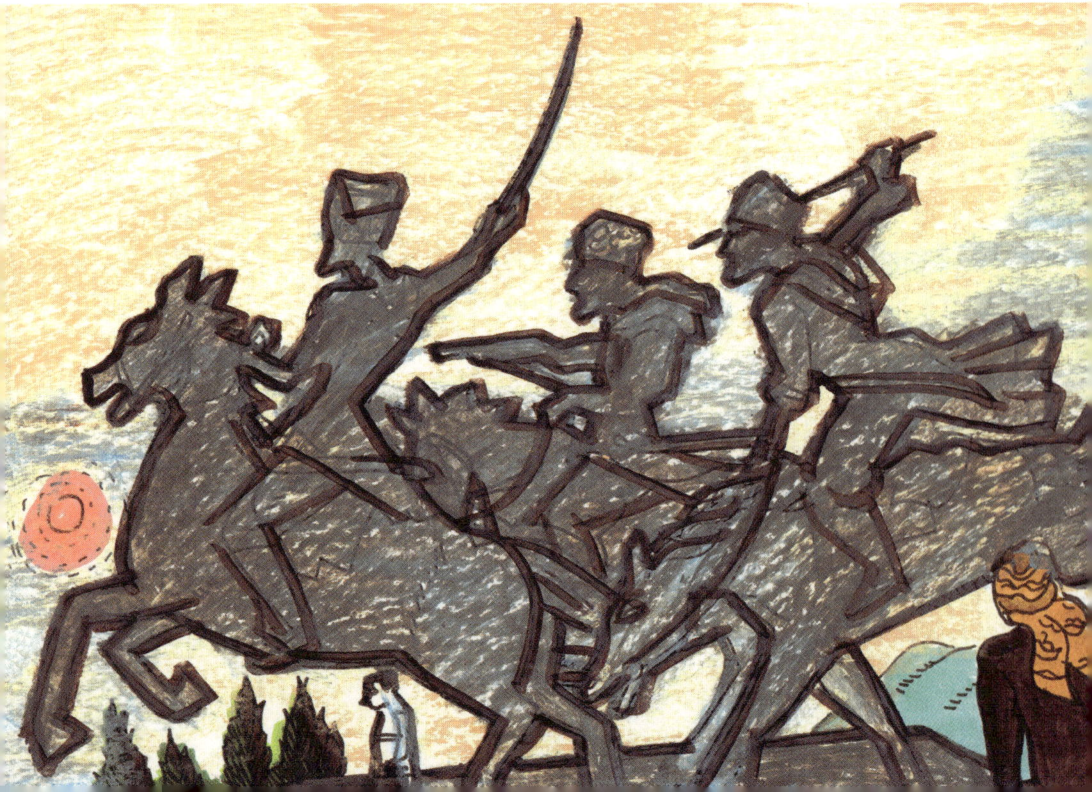

Un petit musée se trouve dans le soubassement du bâtiment « les Neuf Tours ». Les tableaux du musée ont des noms tels que *La Relégation*, *L'Expulsion* ou *La Route de la mort*. Sur le tableau *Le Mercredi noir*[107], des soldats soviétiques en chapkas ornées d'une étoile rouge font face à un enfant ingouche portant la même chapka étoilée et à une jeune mère tenant son petit dans les bras. Dans la pièce, d'autres enfants se préparent en vitesse pour la route. Un des enfants aide sa grand-mère à se chausser. Il n'y a pas d'hommes à la maison. Ils se battent alors contre les fascistes. Dans la chambre de la famille bientôt déportée, pendent des portraits des grands-pères : des officiers de l'armée tsariste.

Sous les peintures, sont disposées des vitrines présentant des livrets militaires et des certificats de remise de décorations d'Ingouches distingués pendant la Grande Guerre patriotique[108]. Les habitant·e·s racontent qu'on a même déporté des Ingouches servant dans l'armée. Certains commandants ont donné à leurs meilleurs combattants des noms de famille russes et ossètes pour les protéger de la déportation.

J'ai demandé aux propriétaires de la maison où j'habitais en Ingouchie, ce qu'iels pensaient de l'exposition du musée.

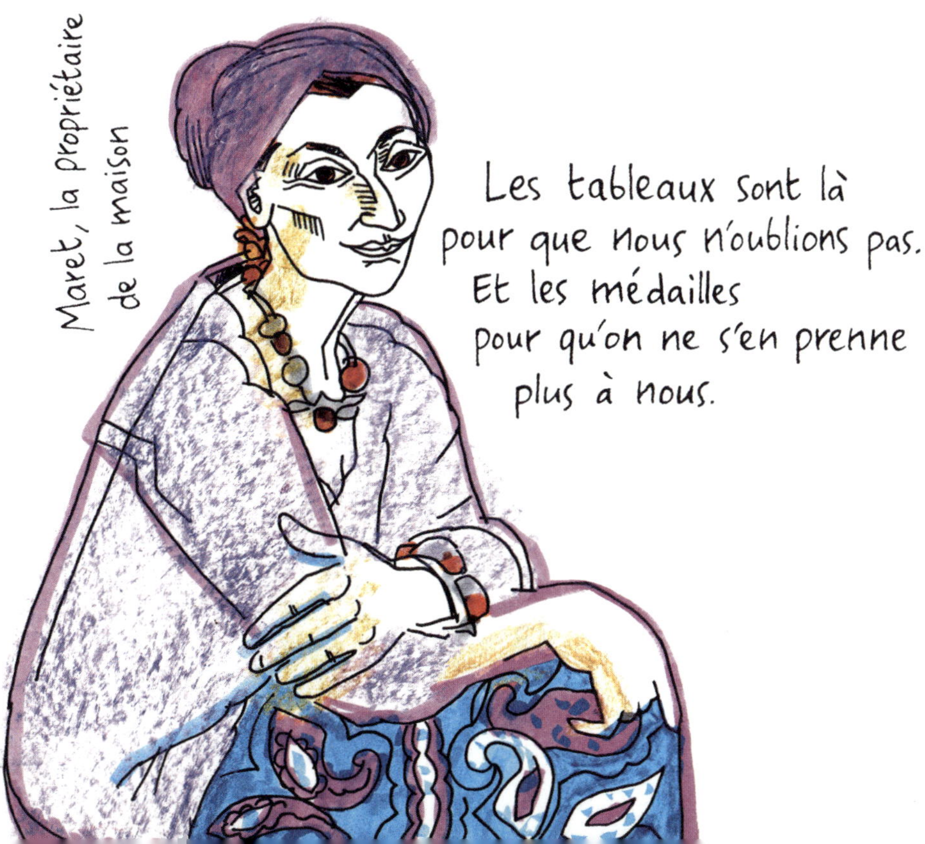

Le conflit ossète

Il semble que chaque habitant·e d'Ingouchie soit traumatisé·e par quelque chose. Certain·e·s ont survécu à la déportation. D'autres ont fui Grozny durant la guerre de Tchétchénie. D'autres encore ont été forcé·e·s d'abandonner leurs maisons et de fuir durant le conflit du raïon de Prigorod[109].

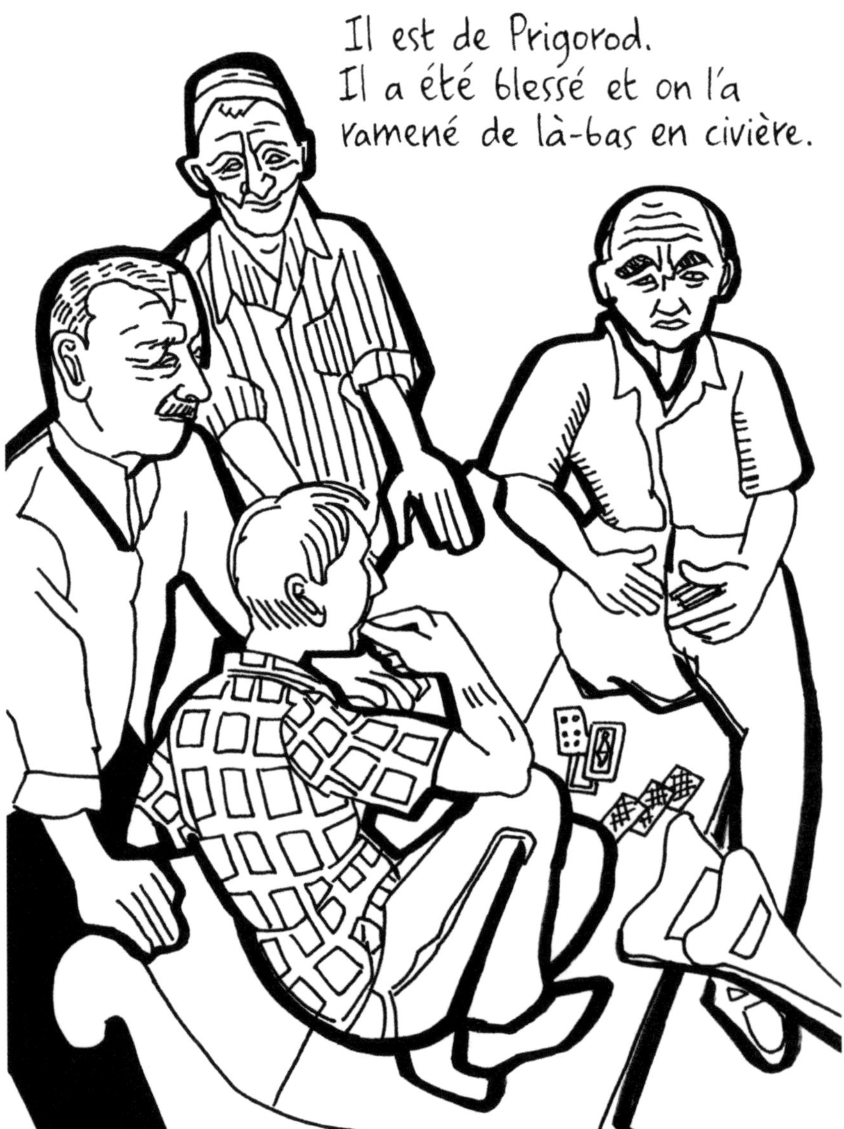

Le *raïon* de Prigorod est le plus ancien site de peuplement ingouche. Durant la déportation, le *raïon* a été rattaché à la république d'Ossétie du Nord dont il fait toujours partie. En 1992, un conflit armé entre Ossètes et Ingouches y a eu lieu.

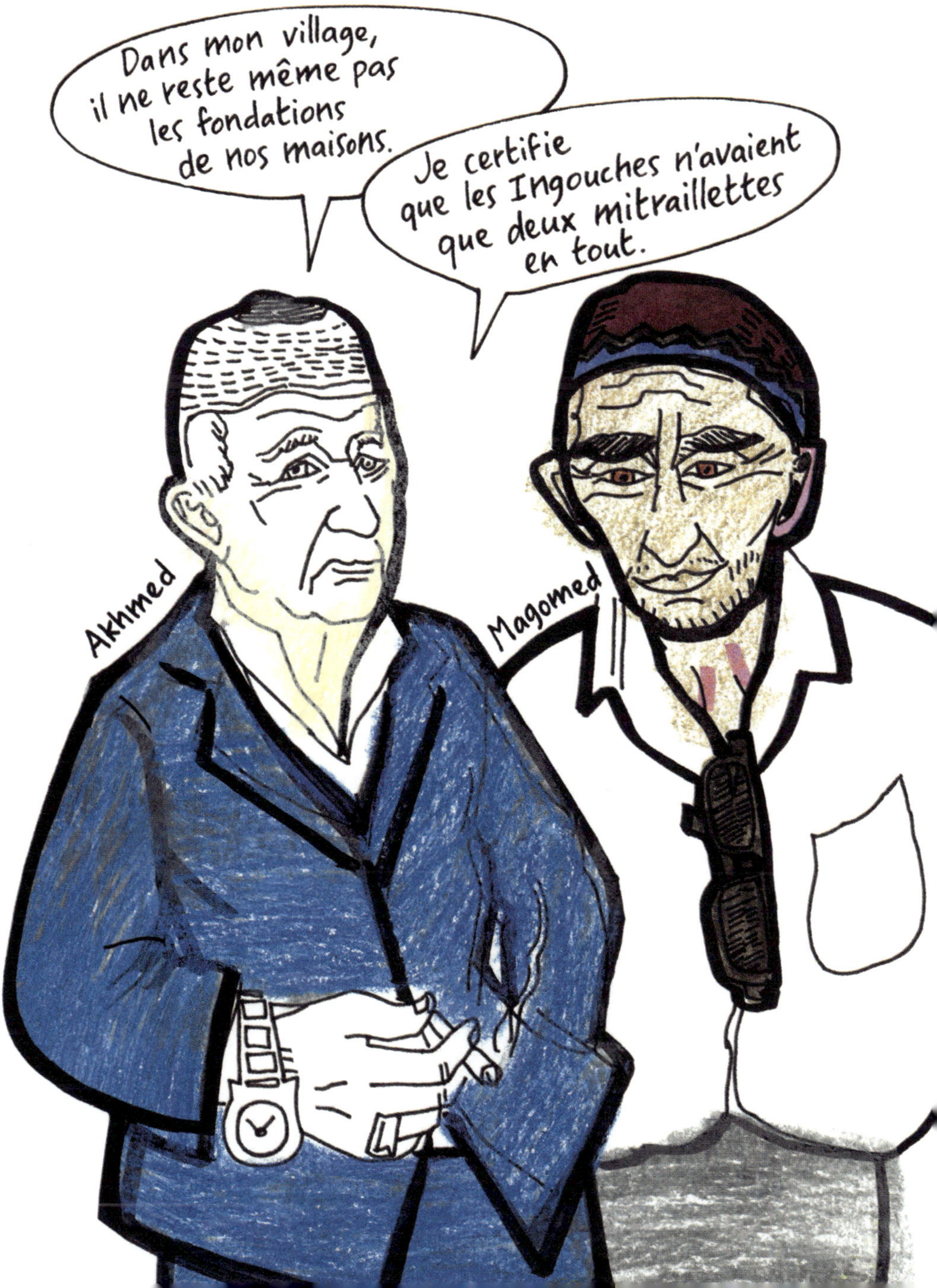

Un soir, on m'a vivement invitée chez une femme nommée Patimat dont le mari et les trois fils ont disparu durant le conflit de Prigorod. Lors de ses recherches, Patimat a écrit à toutes les autorités, a organisé des rassemblements à Moscou avec d'autres Ingouches ayant perdu des proches, et s'est même rendue à l'émission de télévision « Attends-moi ! » En vingt-cinq ans, elle a accumulé un sac de lettres de refus émanant de Moscou : « Adressez-vous à Vladikavkaz[110] ! » « Nous savons où sont les fosses communes », m'a dit Patimat, « mais les Ossètes ne nous autorisent pas à creuser pour faire des analyses ADN. »

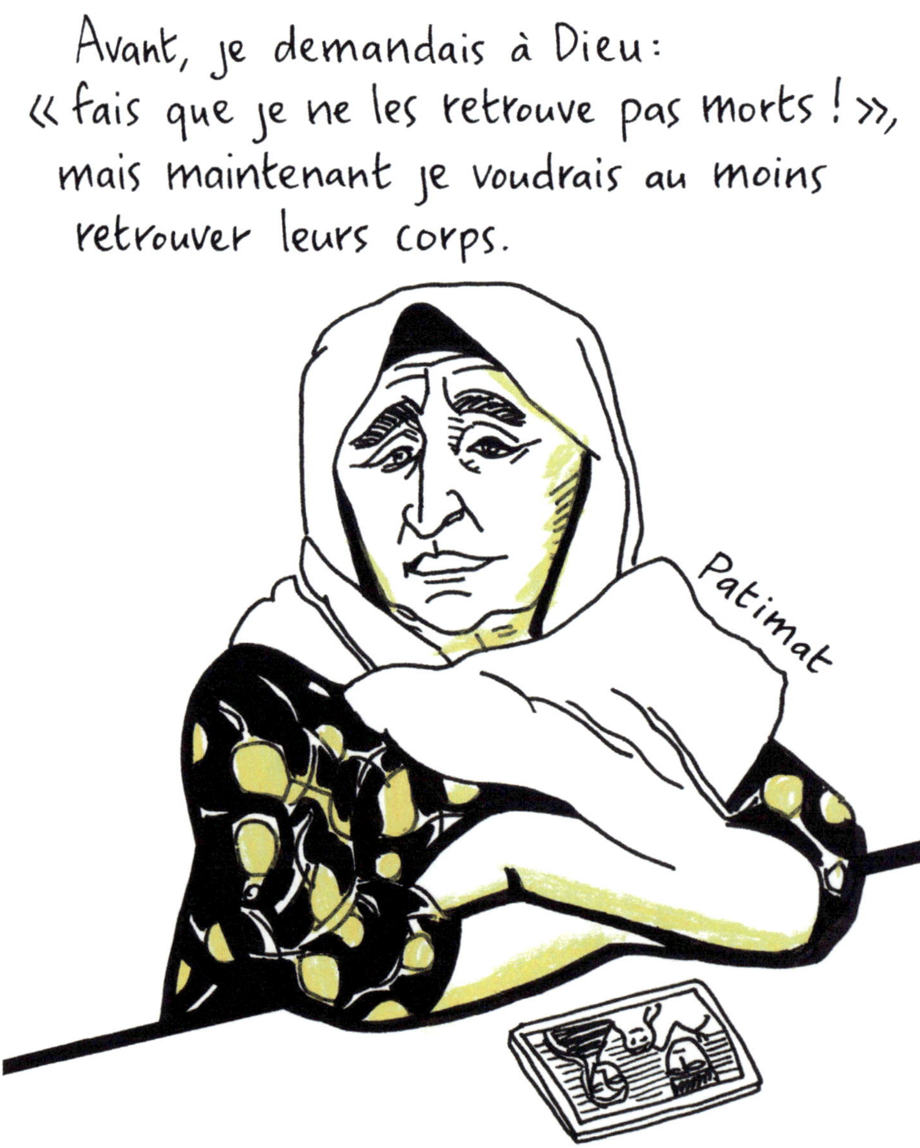

Sa voisine Iakha m'a parlé de sa fuite de Prigorod avec ses neuf enfants par un sentier de montagne large de quarante centimètres. C'est par ce sentier que des volontaires de Sounja ont conduit les réfugié·e·s. Les Ingouches l'ont appelé plus tard « le sentier de la vie ».

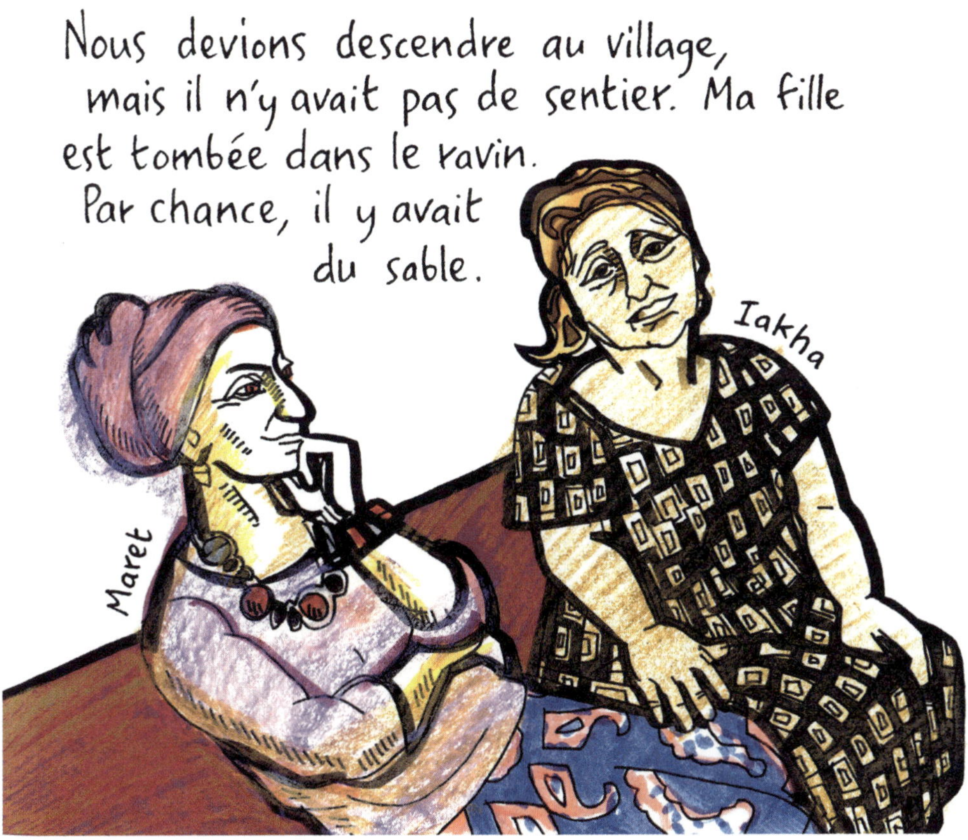

Les deux femmes veulent que l'histoire des injustes souffrances du peuple ingouche soit connue au-delà d'Ingouchie. Elles m'ont bénie de dessiner et d'écrire.

Les *stanitsy* : les anciens villages cosaques

Le bourg de Sounja[111] était autrefois la *stanitsa* de Sleptsov. Durant la déportation des Ingouches, des Cosaques russes vivaient dans la *stanitsa*. Le contraste est frappant entre les petites maisons cosaques aux volets fermés et les grandes maisons ingouches neuves en briques rouges. Un·e Ingouche se refusera tout, mais iel ne construira pas une maison moins belle que celle de ses voisin·e·s. Quand les Ingouches sont revenu·e·s sur leur terre natale, des conflits interethniques ont commencé.

J'ai pensé qu'il me fallait me rendre à l'église pour trouver des Russes. Dans la cour de l'église, des gardiens ingouches étaient assis dans une guérite. Ils ont fouillé mon sac à dos sans explications. Une messe avait lieu dans l'église et j'ai pu observer la minuscule communauté russe dans sa totalité. Tou·te·s celleux qui le pouvaient avaient déjà quitté le village.

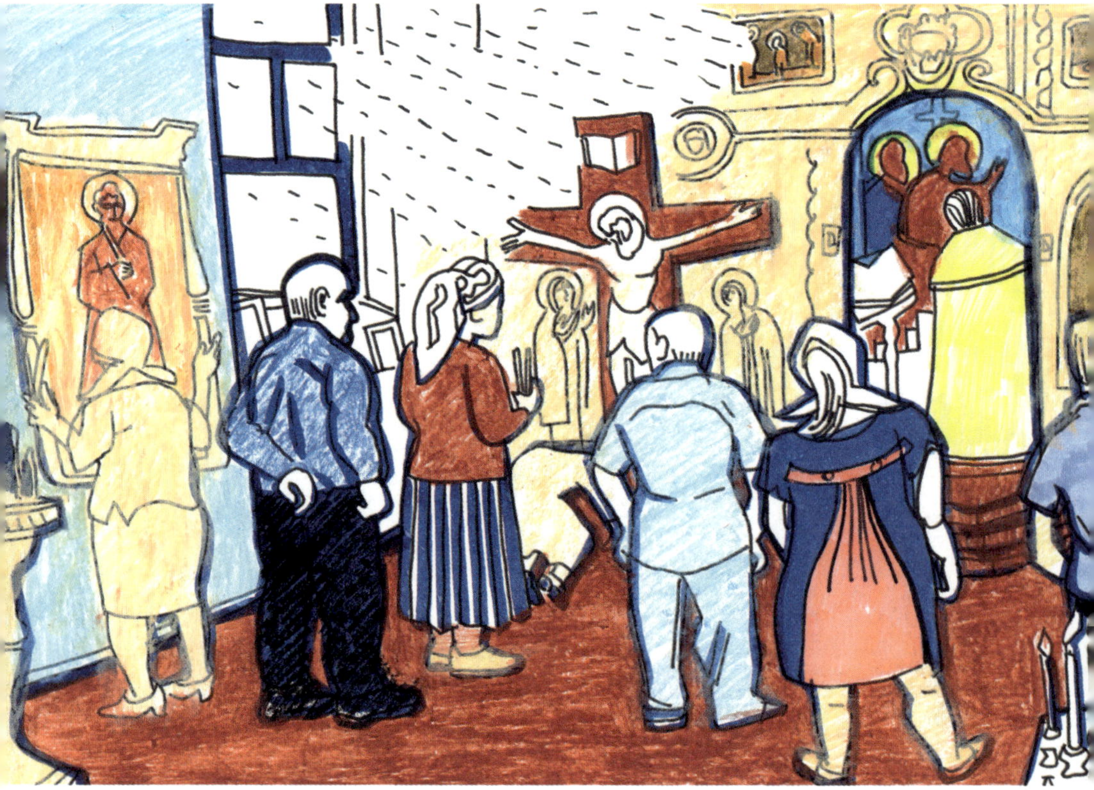

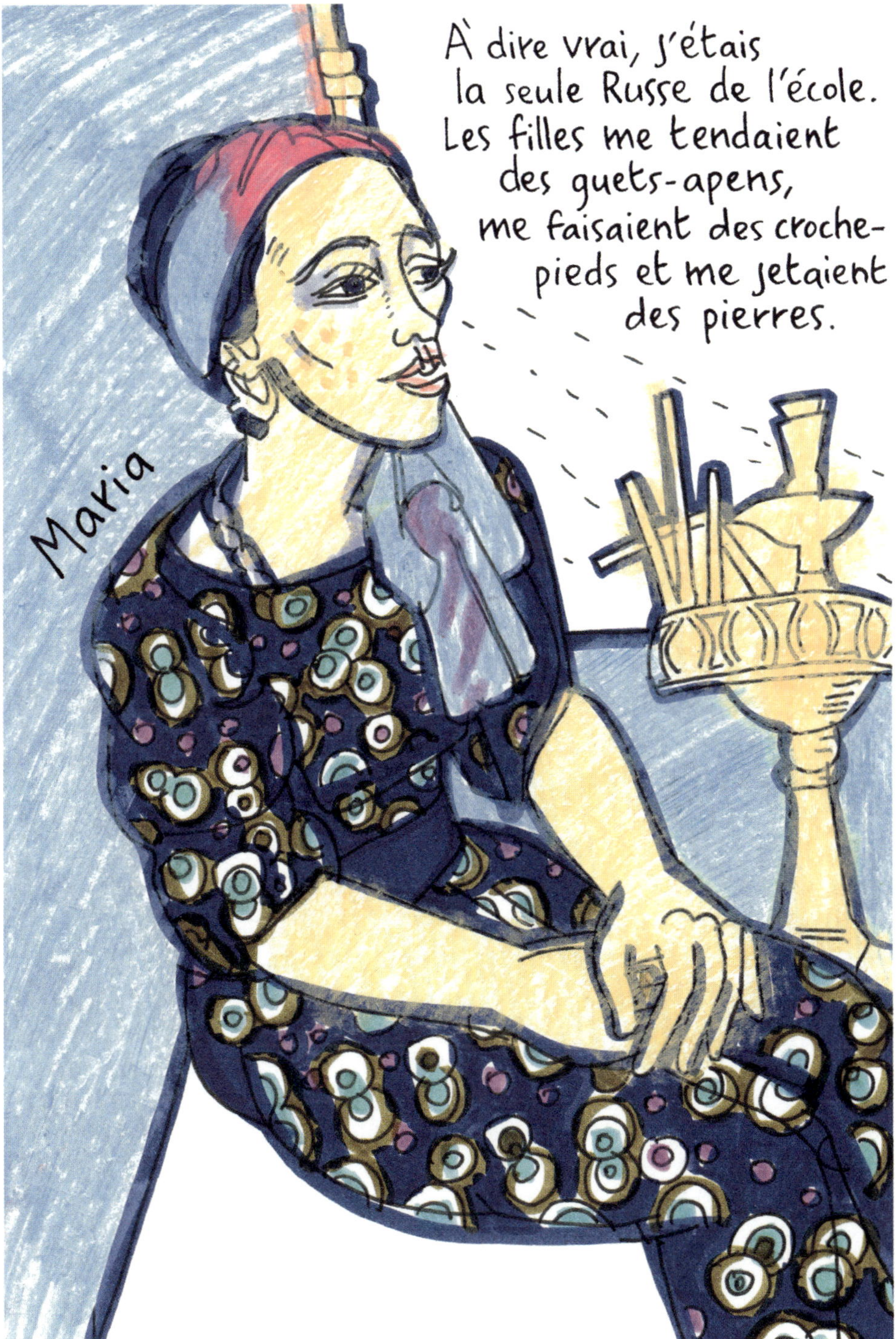
À dire vrai, j'étais la seule Russe de l'école. Les filles me tendaient des guets-apens, me faisaient des croche-pieds et me jetaient des pierres.
Maria

Ayant appris que j'étais de Moscou, les Russes m'ont raconté des histoires effrayantes sur ce qui leur était arrivé ici : le harcèlement à l'école, les enlèvements de parents, le meurtre d'un prêtre, les bombes dans l'église. Cela avait eu lieu quelques années auparavant et on fouillait tout le monde depuis lors. « On a installé les Russes ici durant la déportation. Quand les Ingouches sont rentrés, ils nous ont dit : "c'est ma maison. Tu as deux jours pour partir." Des familles entières ont été coupées en deux. »

Au moment des adieux, les Russes m'ont conseillé d'être prudente :

– N'enlève pas ton foulard, ne porte pas de pantalon, aie l'air d'une Ingouche, tais-toi et tu passeras pour une des leurs !

– Je leur dis que je viens de Moscou.

– Aïe ! Aïe ! Aïe ! Ils vont penser que tu recueilles des informations pour le FSB. C'est ce qu'ils craignent.

Il semble qu'à chaque changement de régime, la Russie envoie ici des Russes dont personne n'a besoin. Ainsi, les Cosaques ayant participé à la colonisation du Caucase du Nord, sous l'Empire russe, ont été « décosaquifié·e·s » et expulsé·e·s par le pouvoir soviétique en 1918-1921. Puis les Cosaques que le pouvoir soviétique a installé·e·s à la place des Ingouches dans les années 1940, se sont révélé·e·s superflu·e·s après l'effondrement de l'Union soviétique. À leur place, le régime poutinien a envoyé des agents du FSB.

Dans le village voisin de Troitskaïa[112], je n'ai pas réussi à trouver des Russes. Des monuments rappellent le passé soviétique dans l'ancienne *stanitsa*. J'ai demandé aux Ingouches pourquoi on ne les avait pas retirés. « Ce ne sont pas les monuments qui nous ont déportés, ma sœur », m'ont-ils répondu. Les nez des statues ont toutefois été brisés.

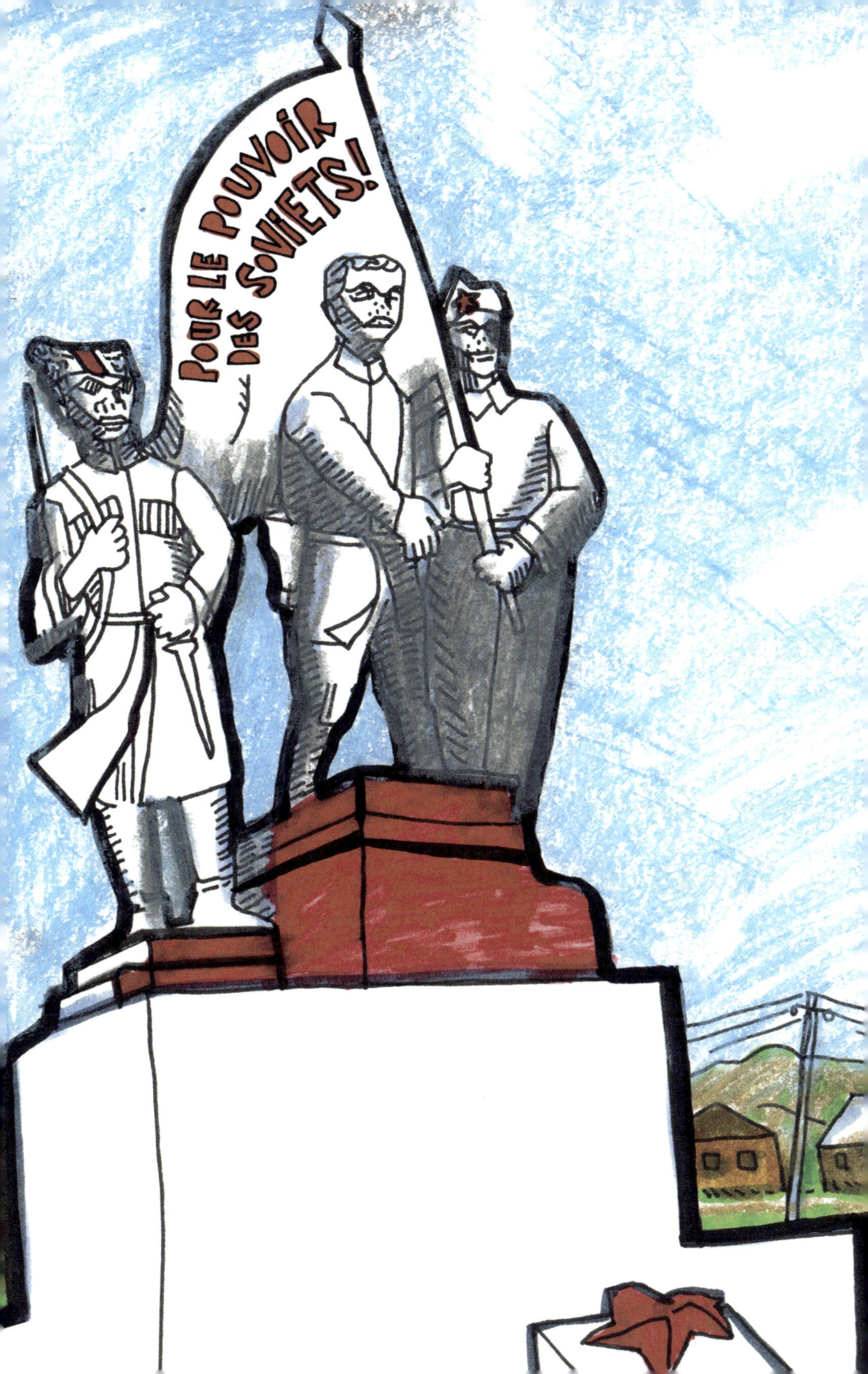
POUR LE POUVOIR
DES SOVIETS!

Les tours ancestrales

Magas, la capitale de l'Ingouchie, est la plus jeune capitale de la Fédération de Russie. La ville a été fondée en 1994. Ici, même les arbres n'ont pas eu le temps de pousser. Au dehors des Ingouches, beaucoup de Russes vivent en ville. Ce sont des agents du FSB et leurs familles. On leur a construit un grand complexe résidentiel, des écoles spéciales et une école maternelle.

Quand je suis arrivée en ville, on célébrait le vingt-cinquième anniversaire de la république d'Ingouchie. On avait installé des écrans géants sur une scène. Une tour pseudo-médiévale ridicule se dressait derrière, et au-delà commençait la plaine désertique. Mon séjour en Ingouchie m'a plongée dans la mélancolie. J'avais le sentiment de me promener sans cesse au milieu de décors assemblés à la va-vite, dans un espace vidé de toute histoire.

« Grâce à l'action héroïque de Poutine, la Russie – et l'Ingouchie avec elle – prospère aujourd'hui. Vive l'amitié des peuples et l'unité de la Russie ! », ont déclaré des hommes importants sur scène. Mais quand on discute avec des Ingouches ordinaires, iels disent des choses bien différentes : « Vous, les Russes, vous pouvez être persécutés en Russie pour vos opinions politiques. Et nous, simplement pour notre ethnie. »

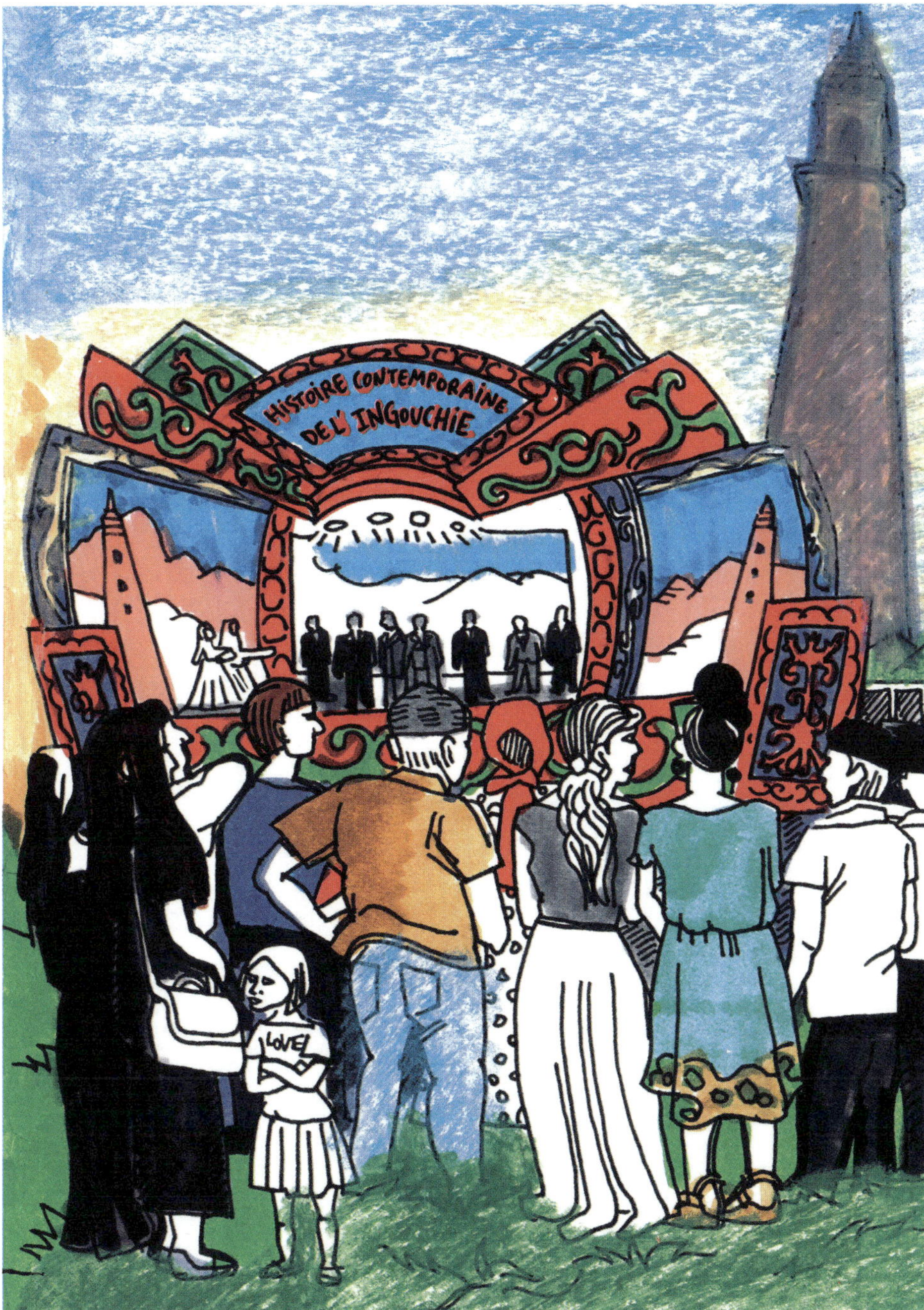
HISTOIRE CONTEMPORAINE
DE L'INGOUCHIE
LOVE

Quand j'ai partagé mes impressions avec la famille ingouche chez qui j'habitais, iels m'ont proposé de m'emmener dans les montagnes et de me montrer les tours ingouches ancestrales[113]. Je savais que les Ingouches étaient autrefois un peuple montagnard, mais je ne savais pas que les montagnes locales étaient pleines de bourgs médiévaux.

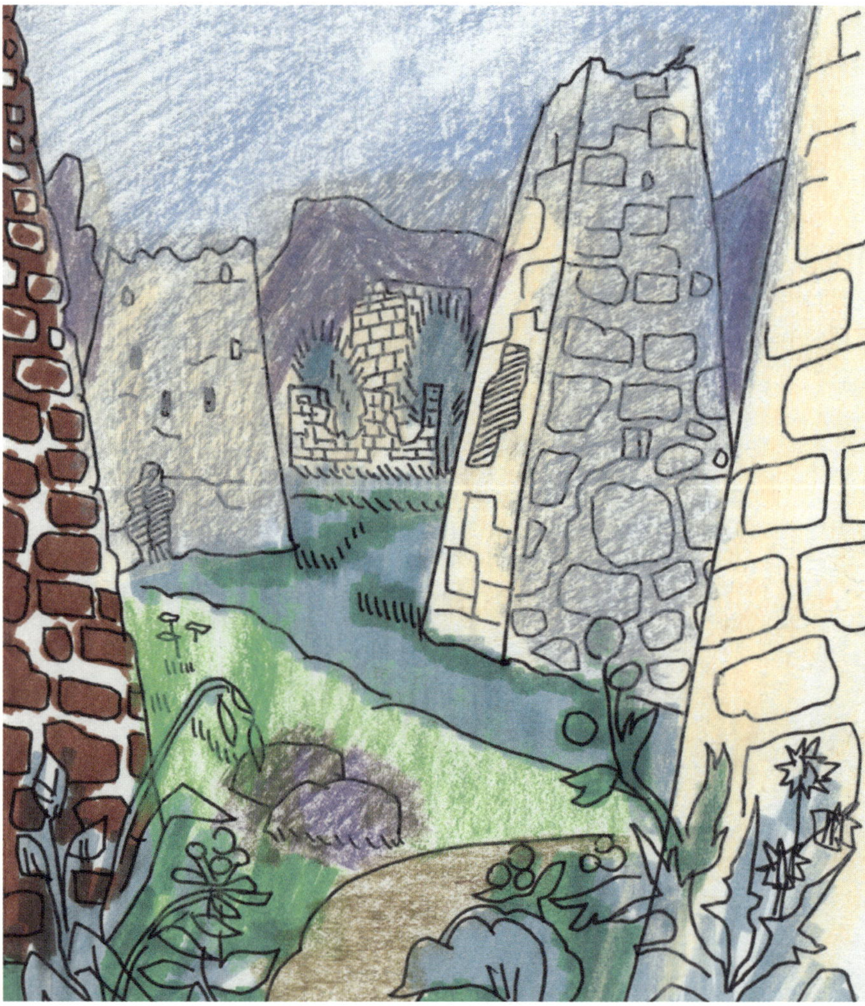

Nous avons d'abord traversé Magas et son ennuyeuse architecture en carton-pâte, puis des villages semblables les uns aux autres avec leurs maisons de briques rouges. Ensuite, sont venues les collines et enfin les montagnes. Des tours ancestrales se dressaient sur le flanc des montagnes, comme des lances enfoncées dans la terre, pointe en l'air. Autrefois, chaque famille devait construire sa tour.

Nous sommes sorti·e·s de la voiture et avons gravi la montagne. Même la fille du propriétaire avait mis un pantalon pour cette randonnée : on ne grimpe pas en jupe dans les montagnes envahies d'herbes sauvages. Un ami du propriétaire, un réalisateur de films documentaires, m'a parlé des édifices que nous photographiions : « Voici les habitations médiévales et les tours de guerre. Et voilà les anciennes tombes solaires[114] et les sanctuaires païens. » Sur la façade d'un sanctuaire, nous avons même trouvé les vestiges d'un bas-relief avec des personnages mythologiques.

Le réalisateur a attiré notre attention sur les fissures dans les murs de certaines tours et nous a dit que c'était des traces d'obus. Lors de la déportation des Ingouches, leurs tours ancestrales ont été partiellement détruites par les soldats soviétiques. « Enfin ! La Russie détruit, mais ne répare jamais », a noté le père de famille.

Ensuite, nous nous sommes arrêté·e·s sur les berges d'une rivière de montagne et les hommes nous ont préparé des brochettes. Le petit groupe a repris des forces au milieu de ses bourgs ancestraux et le temps s'est arrêté.

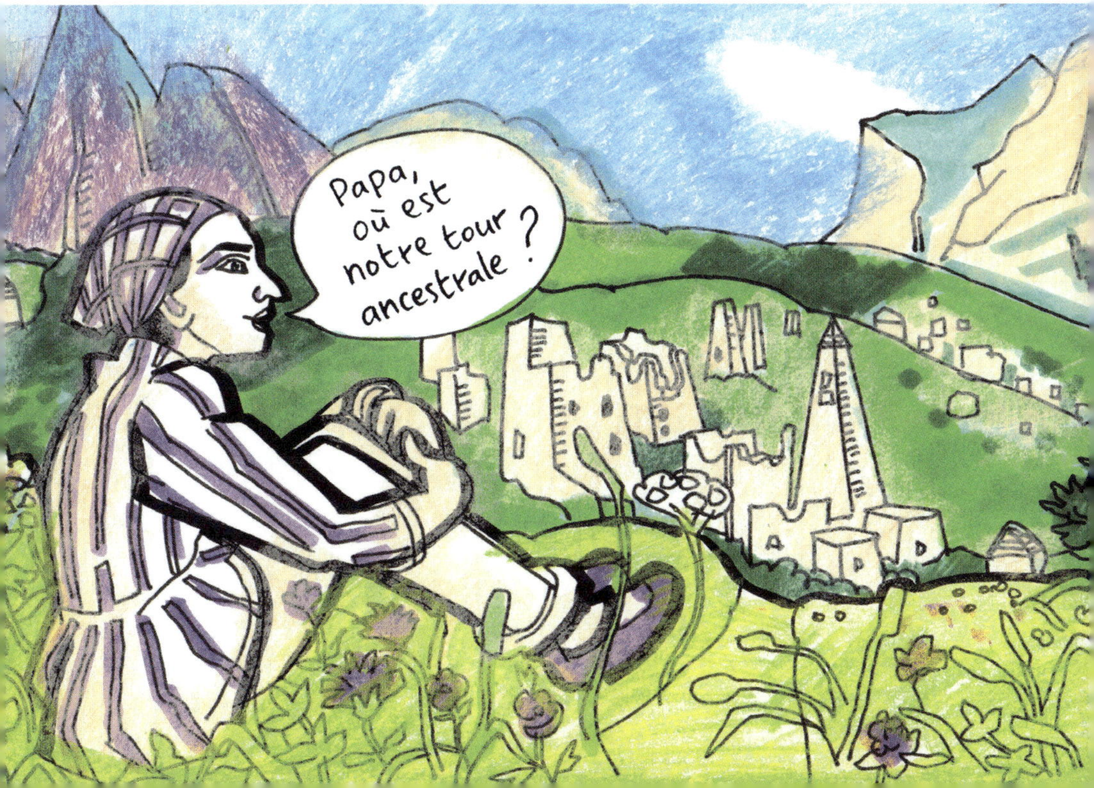

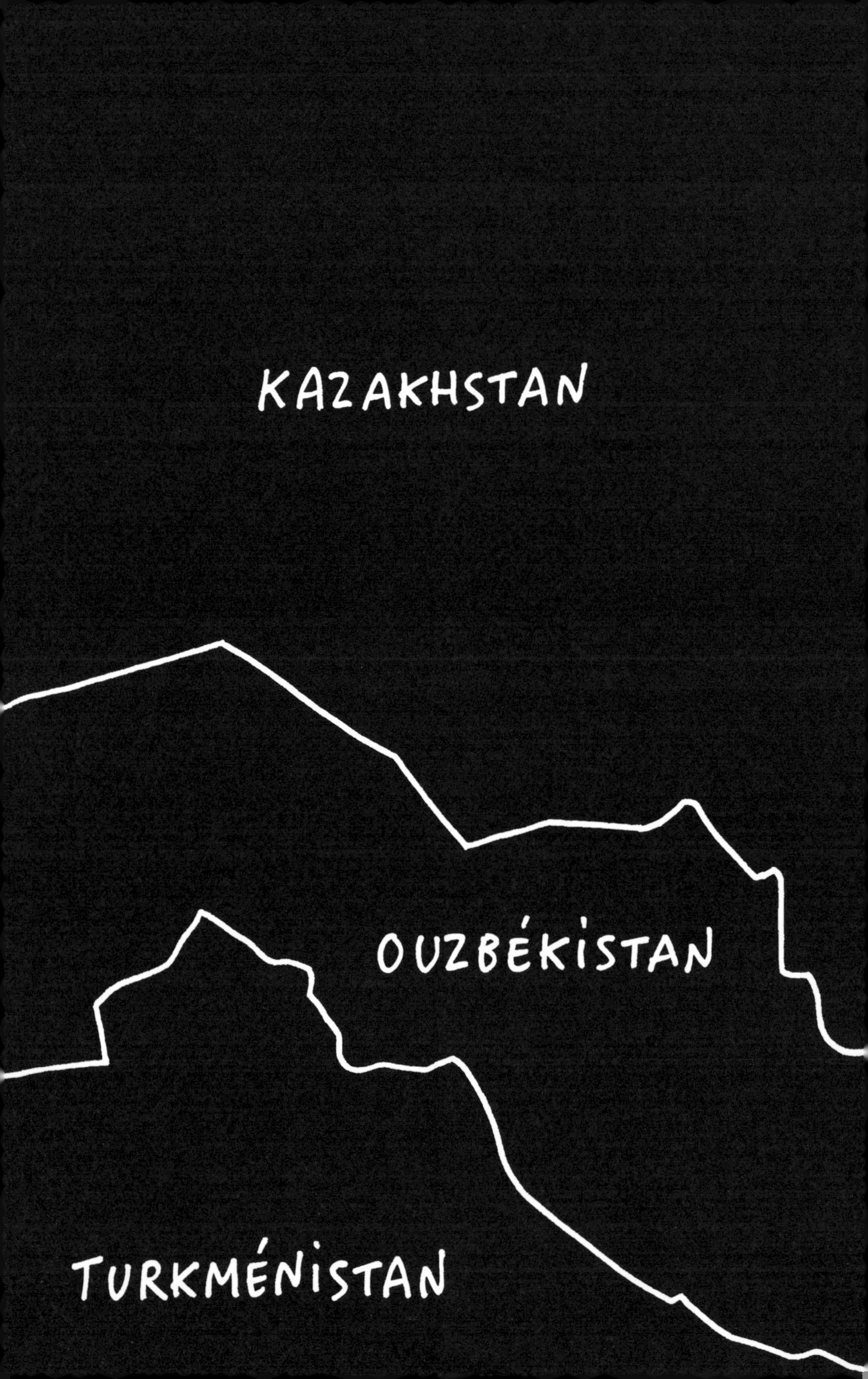
KAZAKHSTAN
OUZBÉKISTAN
TURKMÉNISTAN

Voyages à
OCH
2016-2017

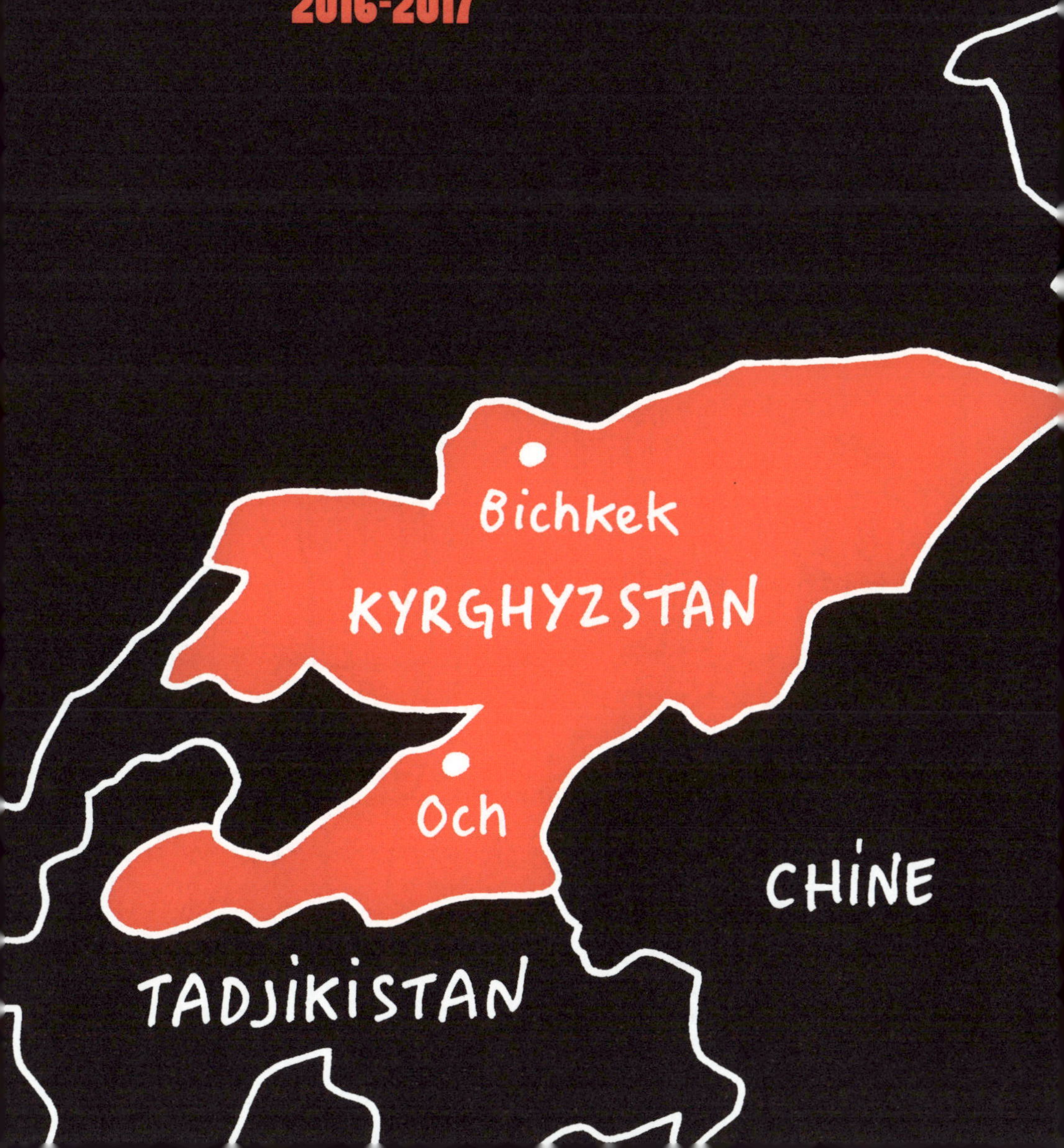

Le village

« C'est drôle ! Qu'est-ce qu'une artiste célèbre comme toi fait dans cette petite ville apolitique qui n'intéresse personne ? », m'a demandé un copain de Bichkek, en apprenant que j'étais à Och pour un mois. En réalité, Och[115] est la deuxième plus grande ville du Kyrghyzstan après Bichkek, la capitale, mais elle est effectivement minuscule.

Si jamais quelqu'un, en dehors du Kyrghyzstan, a entendu parler d'Och, c'est forcément à propos du conflit sanguinaire qui a opposé les Kyrghyzes aux Ouzbek·e·s en 2010[116]. Och se trouve à la frontière ouzbèke et beaucoup d'Ouzbek·e·s vivent dans la région. Tou·te·s les habitant·e·s d'Och que j'ai interrogé·e·s sur cet événement, se rappellent de détails terrifiants, mais la ville semble désormais paisible et ses habitant·e·s calmes et détendu·e·s. Un monument commémore le conflit et la réconciliation. Il représente deux mères enlacées – une Kyrghyze et une Ouzbèke – au-dessus d'un berceau gravé du nom des mort·e·s.

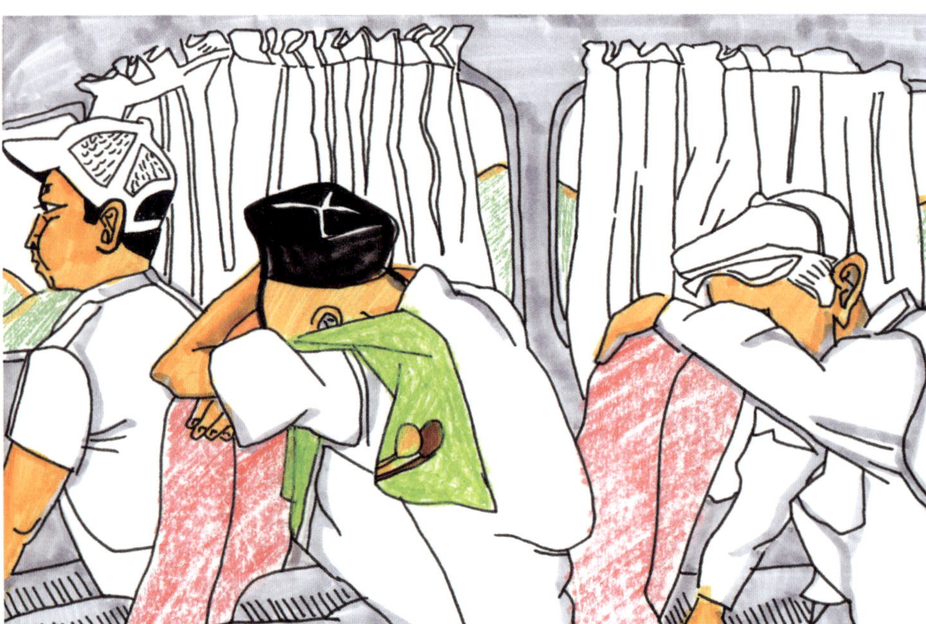

Les Kyrghyzes avec qui j'ai discuté, m'ont dit que leur société était laïque et ouverte aux influences étrangères. Les Ouzbek·e·s, au contraire, étaient fier·e·s que la leur soit religieuse, fermée et traditionnelle. « Il me semble qu'Och ne vit que grâce aux Ouzbeks. Ils se lèvent à cinq heures du matin, balayent les rues et travaillent au marché. Les Kyrghyzes, quant à eux, se lèvent à neuf heures et vont au bureau pour toucher leurs pots-de-vin », m'a confié mon ami kyrghyze.

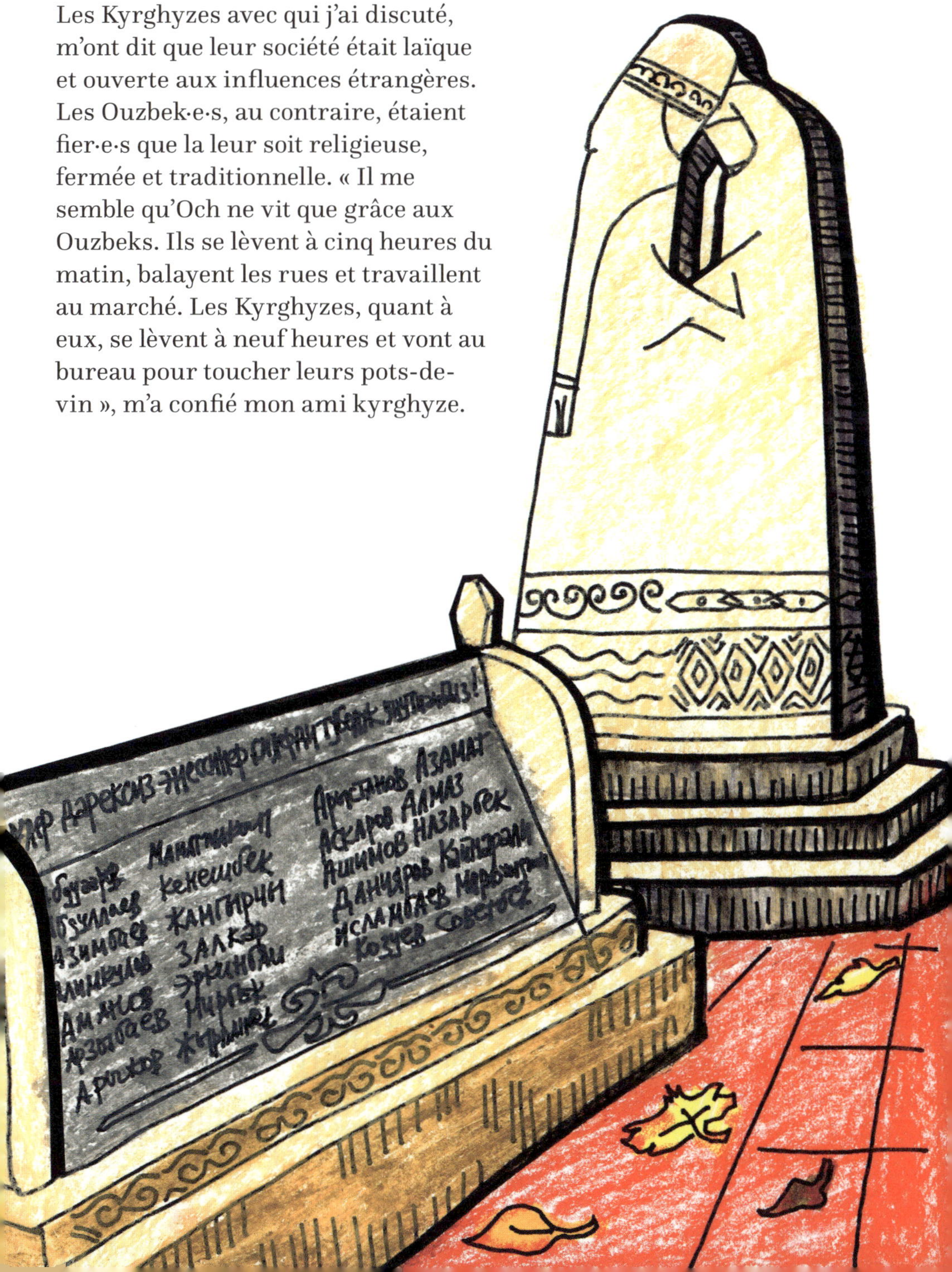

À Nouveau Rythme

Je suis allée à Och pour donner des ateliers de pochoir féministe, à l'organisation de jeunesse Nouveau Rythme. De très jeunes filles sont venues aux cours. Une seule d'entre elles était ouzbèke. Elle s'appelait Madina. Elle a réalisé un pochoir sur les mariages précoces dans les familles ouzbèkes et m'a raconté que ses parents lui serinaient qu'il était temps pour elle de se marier. « Seules mes grands-mères veulent que j'étudie », m'a dit Madina. « Et elles sont contentes quand je porte des robes courtes. » D'autres participantes m'ont confirmé que les grands-mères soviétiques – qui sont souvent les membres les plus modernes de la famille – conseillent à leurs petites-filles d'étudier les langues et de voyager à l'étranger.

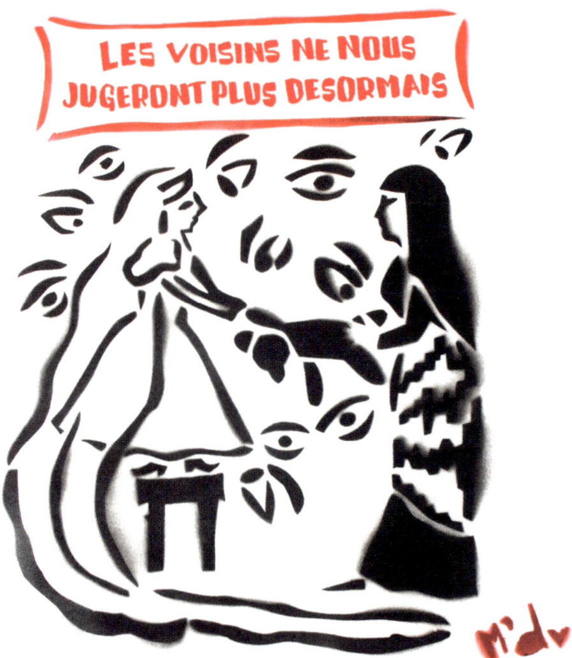

Dans la cour de récréation, les enfants kyrghyzes et ouzbek·e·s jouent ensemble. Mais aucune des participantes à mes ateliers n'a d'amies ouzbèkes. Elles ont des styles de vie trop différents. Beaucoup de filles ouzbèkes sont enfermées à la maison dès qu'elles ont leurs règles, vers douze ou treize ans. Quand on croise à Och des filles en short et aux cheveux courts, on peut être certain qu'elles sont kyrghyzes. Et les filles et femmes en robe et en hijab s'avèrent la plupart du temps être ouzbèkes.

D'autres bénévoles, en dehors de moi, donnaient des cours à Nouveau Rythme. C'étaient des Européen·ne·s d'organisations occidentales la soutenant. La plupart des ONG kyrghyzes travaillant dans l'éducation, la culture et la défense des droits humains, n'existent que grâce aux subventions occidentales. Mes hôtesses de Nouveau Rythme ont dénombré pas moins de quinze organisations de défense des droits humains à Och. En 2014, un projet de loi, copié sur la loi russe de 2012 sur les « agents de l'étranger », a été débattu au Kyrghyzstan. En vertu de cette loi, les ONG recevant des financements étrangers doivent s'enregistrer en tant qu'« agents étrangers ». En Russie, les organisations figurant sur cette liste sont constamment contrôlées et verbalisées. Il est devenu trop compliqué pour les donateur·rice·s étranger·e·s de travailler avec elles, et les citoyens ordinaires, éloignés de la politique, voient les « agents de l'étranger » comme des espion·ne·s dangereux·se·s. Au Kyrghyzstan, cette loi n'a pas été adoptée.

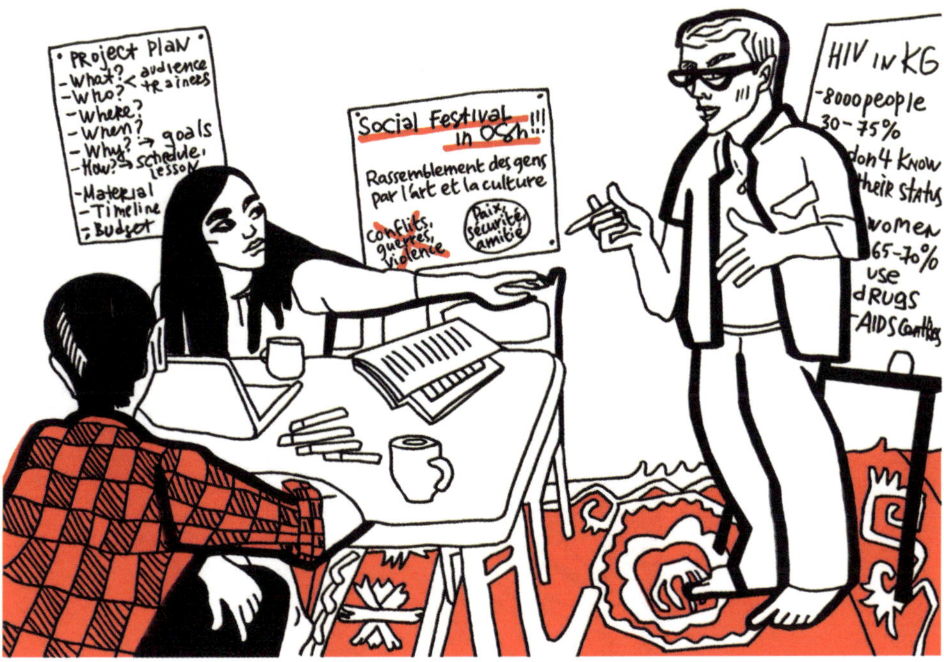

J'ai assisté à des conférences de bénévoles européen·ne·s parlant du VIH au Kyrghyzstan, du militantisme et d'éducation sexuelle. Les conférences étaient en anglais. La jeunesse kyrghyze progressiste apprend activement cette langue.

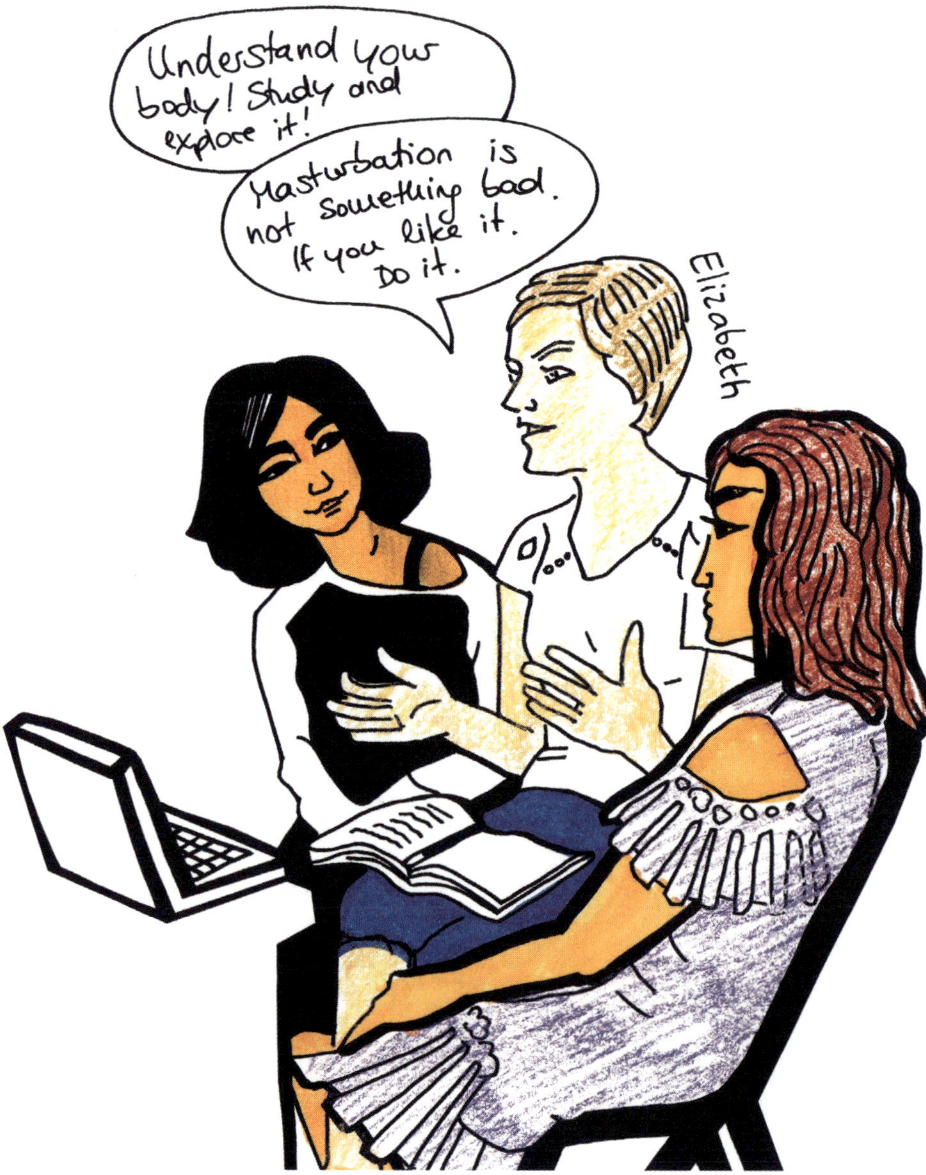

La Russie ne finance pas le développement de la société civile au Kyrghyzstan. Mon voyage était payé par une fondation européenne.

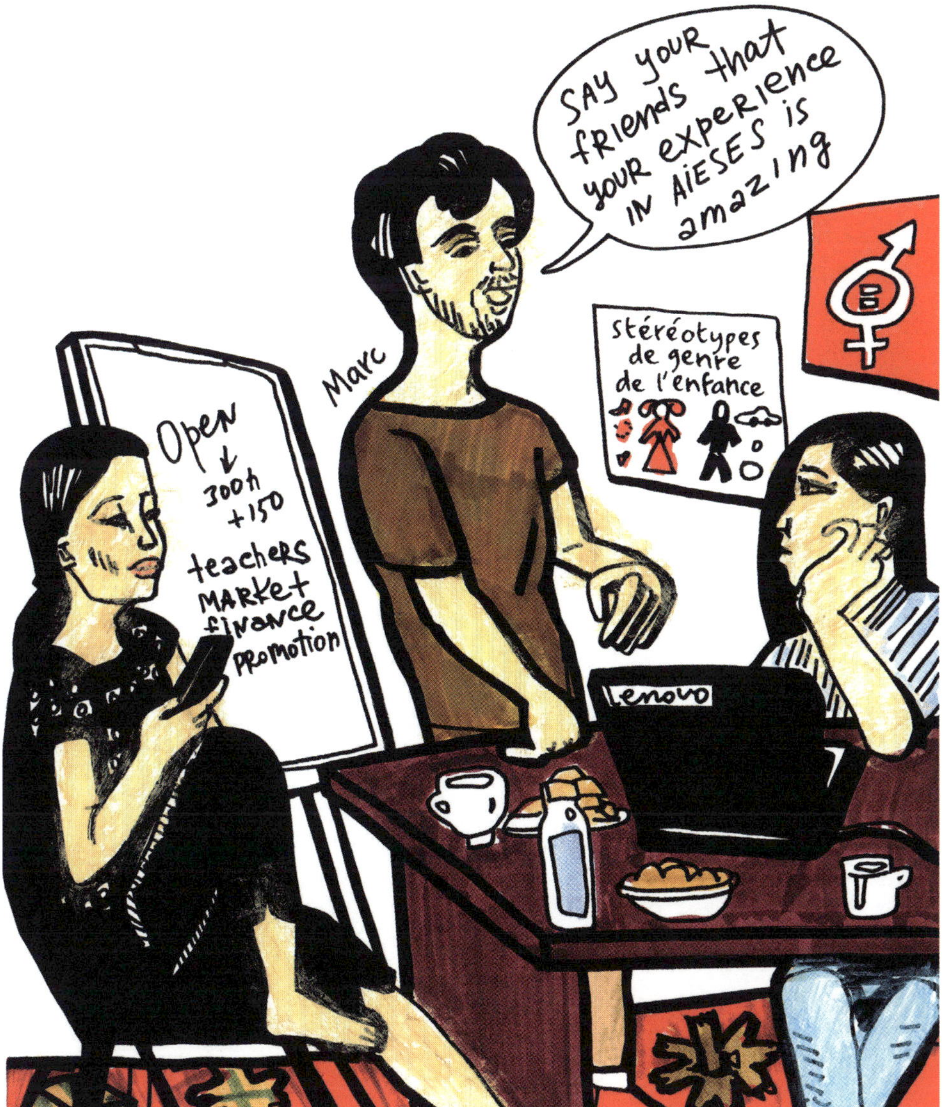

Les Traces de l'Empire

Och, une des plus anciennes villes d'Asie centrale, faisait partie du khanat de Kokand[117]. En 1876, après des années de guerres coloniales, le khanat a été annexé par l'Empire russe. Les Kyrghyzes de l'Alaï[118] ont encore résisté quelque temps au « tsar blanc » sous le commandement de leur reine Kourmanjan Datka[119], mais les forces étaient inégales et Kourmanjan Datka a été forcée d'accepter le rattachement du *kraï* d'Alaï à la Russie. Une statue de la reine légendaire se dresse dans la rue principale d'Och.

L'artiste Vassili Verechtchaguine[120], qu'on peut qualifier de premier peintre orientaliste russe, accompagnait alors l'armée russe. Verechtchaguine a peint des batailles, des monuments locaux et des scènes de la vie des indigènes. Mais durant les révoltes des autochtones, l'artiste a pris les armes et a participé à l'écrasement de la rébellion. « Je me rappelle avoir alors abattu méthodiquement deux des assaillants, de façon scientifique, si je puis m'exprimer ainsi », se souvient-il dans son livre *À la guerre en Europe et en Asie*. Verechtchaguine m'attirait par sa bravoure et son talent, et me repoussait en même temps par sa participation à la guerre. Espérant trouver quelque chose lié au travail de Verechtchaguine, je me suis rendue au Musée d'histoire et d'archéologie[121] d'Och, mais n'y ai rien trouvé.

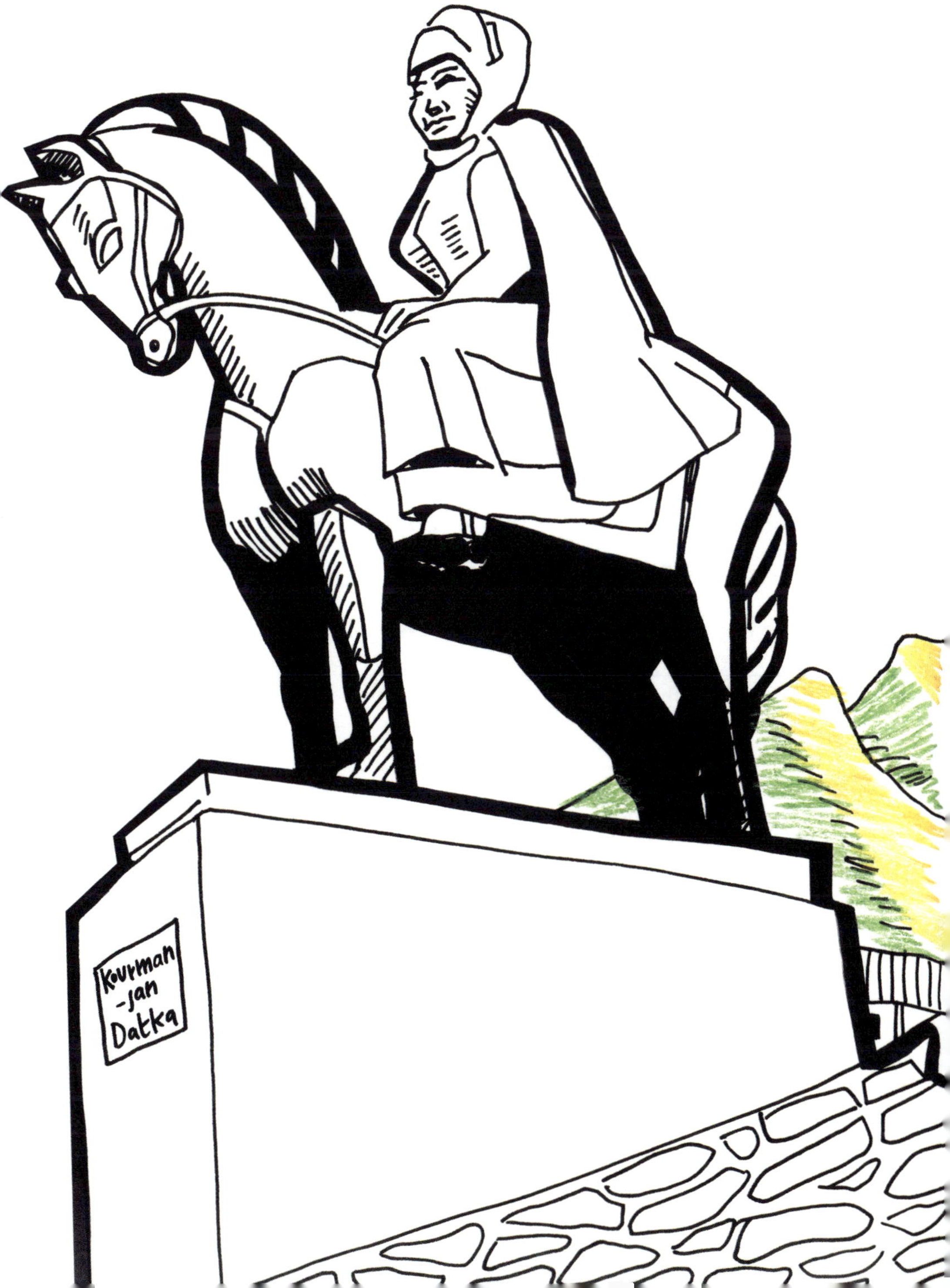
Kourman
-jan
Datka

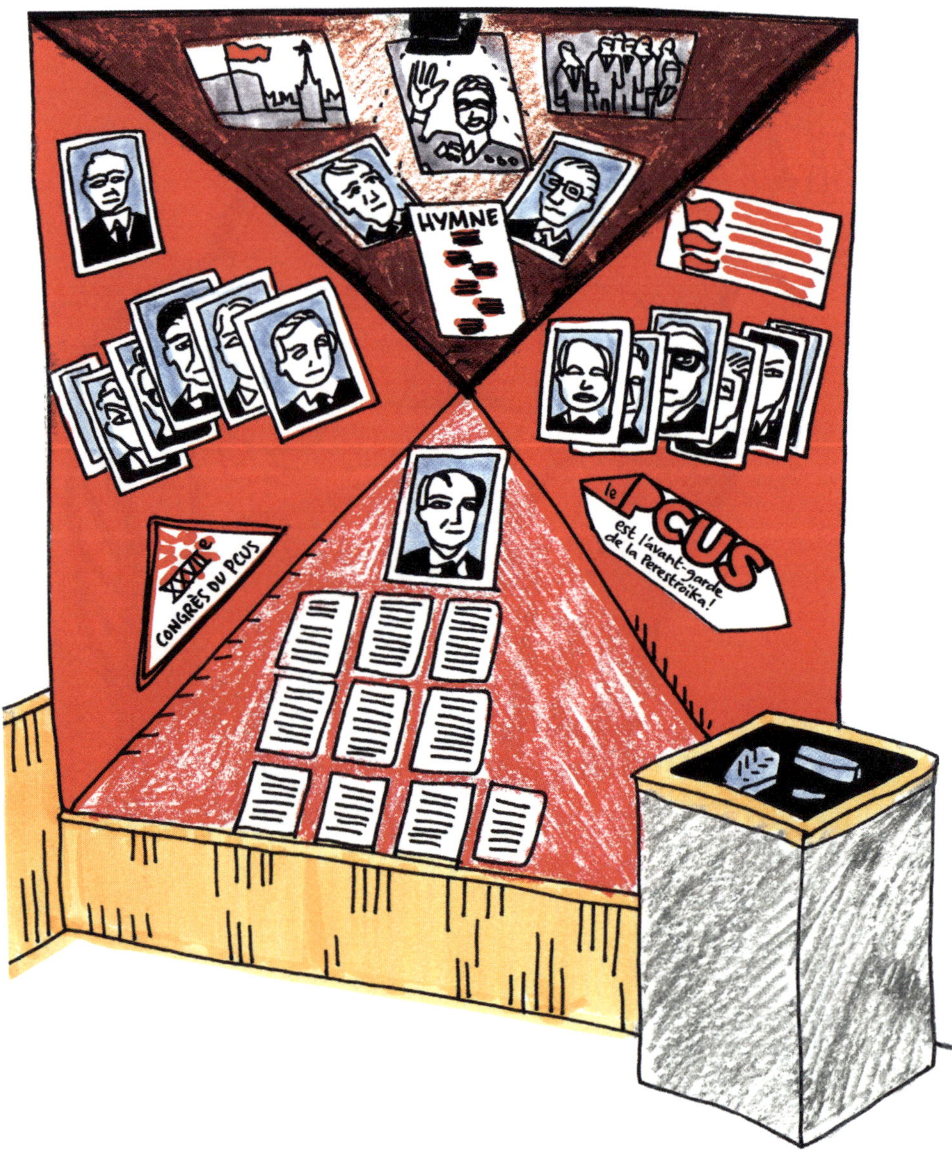
HYMNE
XXVIIe
CONGRÈS DU PCUS
le PCUS
est l'avant-garde
de la Perestroïka!

« Toutes les routes commerciales nous contournaient, parce que nous n'avions rien à échanger. Avec l'arrivée des Russes, nous avons découvert le samovar et la porcelaine. Avec l'arrivée des Russes, nous avons découvert le fer à repasser. Avec l'arrivée des Russes, la machine à coudre est apparue chez nous. Avec l'arrivée des Russes, nous avons découvert le calendrier. Mes arrière-grands-parents ne connaissaient pas la date de leur anniversaire. Avec l'arrivée des Russes, nous avons découvert ce qu'étaient des médicaments et qu'on pouvait survivre à la grippe. Mon arrière-grand-mère a eu treize enfants, mais trois seulement ont survécu. Avec l'arrivée des Russes, nous avons finalement fondé notre propre État indépendant », a déclaré la guide à son unique visiteuse.

En dehors d'animaux empaillés, d'artefacts archéologiques et d'objets du quotidien, j'ai trouvé dans le musée un véritable « coin rouge[122] », dans le style de la fin des années 1970. À côté de l'appel de Lénine aux communistes du Turkestan[123], étaient accrochées des photos de « participants actifs à la collectivisation », de chefs de la milice[124], de dirigeants du Komsomol et de sections du Parti, de secrétaires de comité du Komsomol. Sur un autre mur, une liste des victimes de la répression stalinienne était accrochée. L'exposition du musée s'achevait par un panneau avec une photo de Mikhaïl Gorbatchev.

En 1991, quand l'Union soviétique s'est effondrée, la république soviétique du Kyrghyzstan est devenue l'État indépendant du Kyrghyzstan. À la différence de beaucoup d'autres anciennes républiques soviétiques, le Kyrghyzstan ne s'est pas débarrassé des symboles et monuments soviétiques.

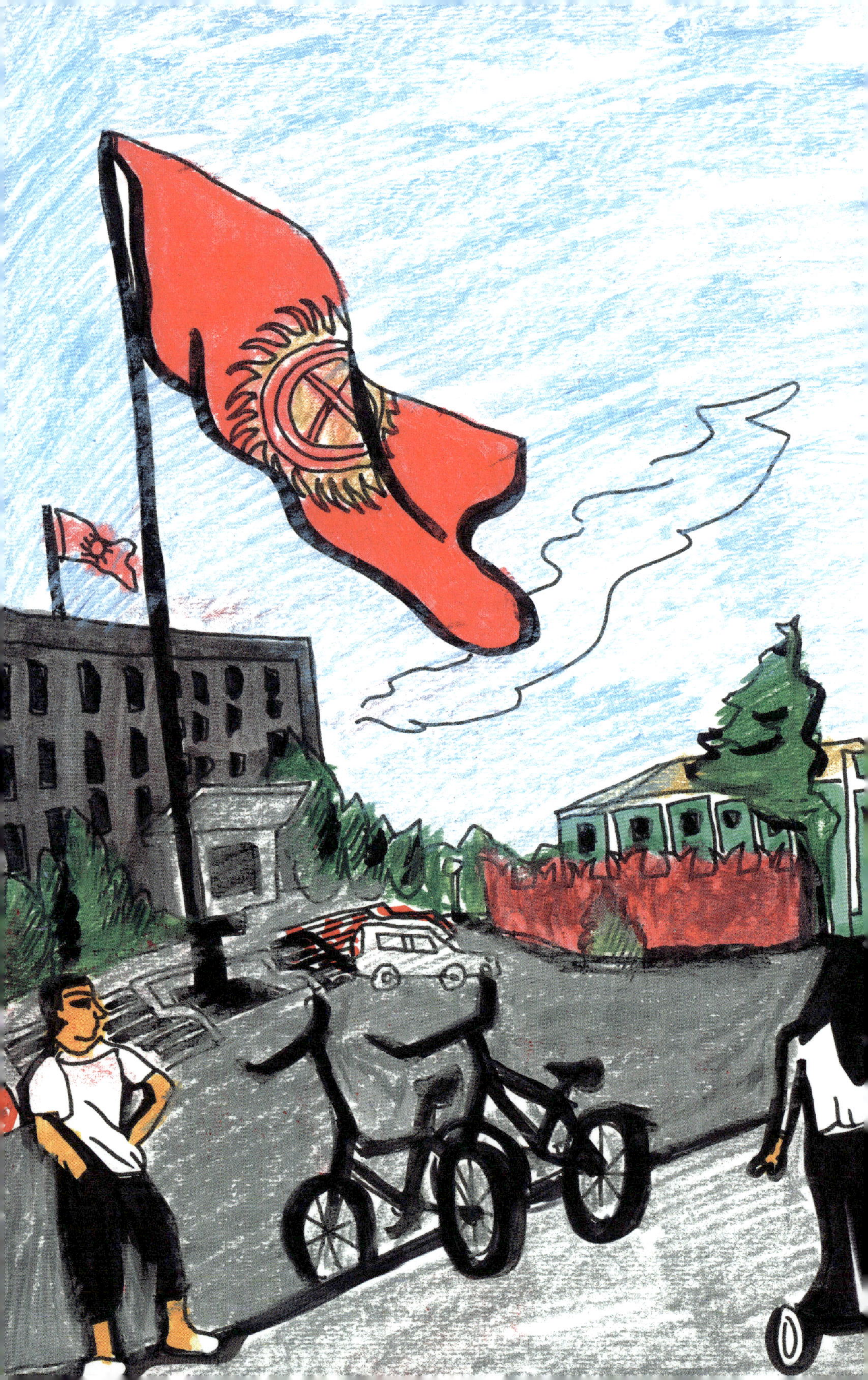

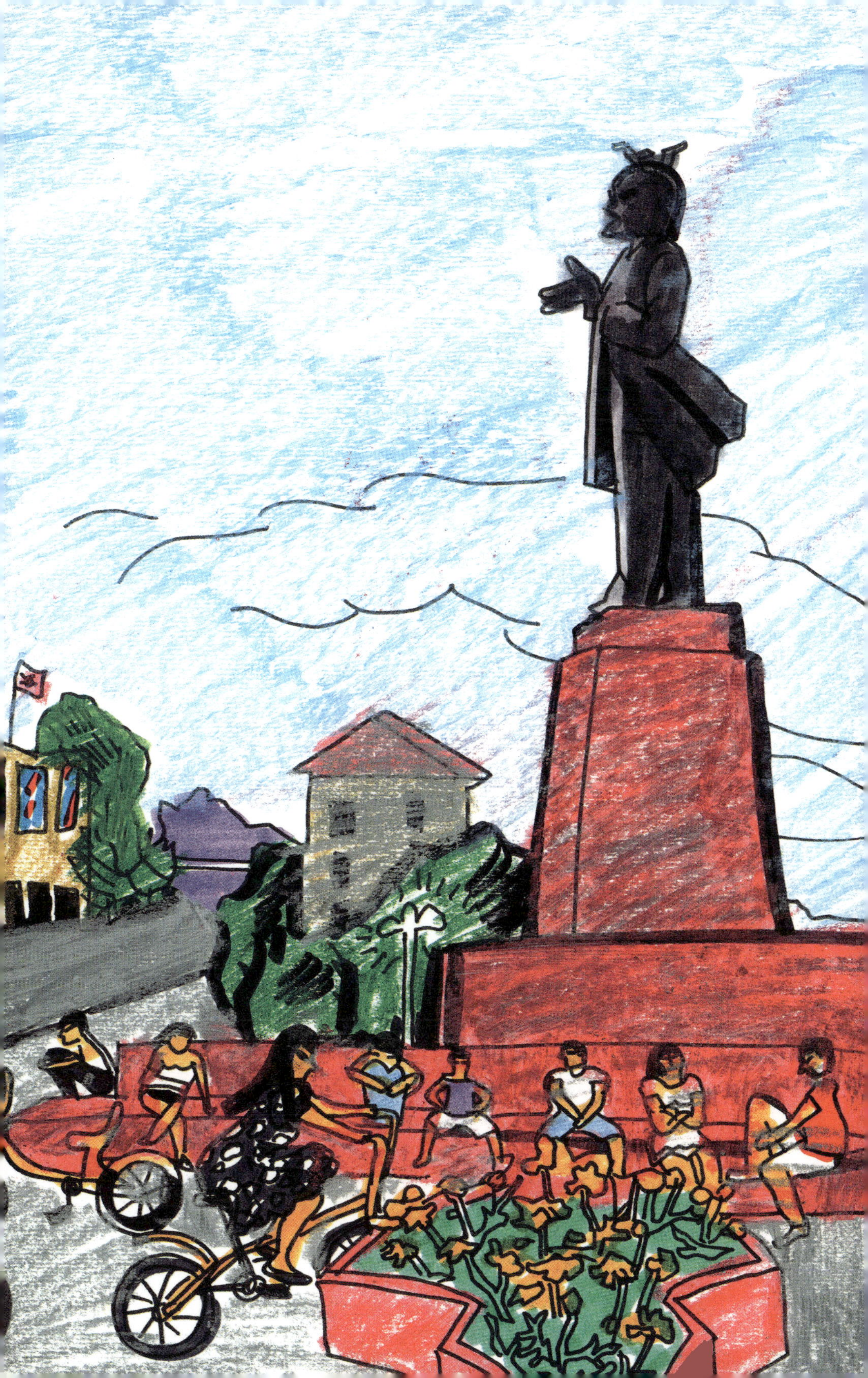

Une grande statue de Lénine se dresse sur la place principale, devant la mairie. On ne l'a pas démolie, mais la nuit, Lénine disparaît dans l'obscurité. Les lampadaires sont placés de telle façon qu'ils n'éclairent que la mairie et le gigantesque drapeau national. Les habitant·e·s d'Och expliquent de diverses façons pourquoi on a conservé Lénine. « Parce que Lénine est notre père. Il nous a donné l'éducation », m'ont dit certain·e·s. « Ce n'est pas un arbre à abattre. Il faut beaucoup d'argent pour démolir », pensent d'autres. Le pauvre État n'a pas d'argent en trop pour démolir méthodiquement les symboles soviétiques, comme cela s'est fait dans les pays baltes, en Géorgie et en Ukraine. D'autre part, la majorité des Kyrghyzes sont fidèles à l'héritage soviétique.

Les enfants qui jouaient sur la place, savaient que la statue représentait Lénine. « C'est Lénine. C'est un héros russe », m'ont-iels dit.

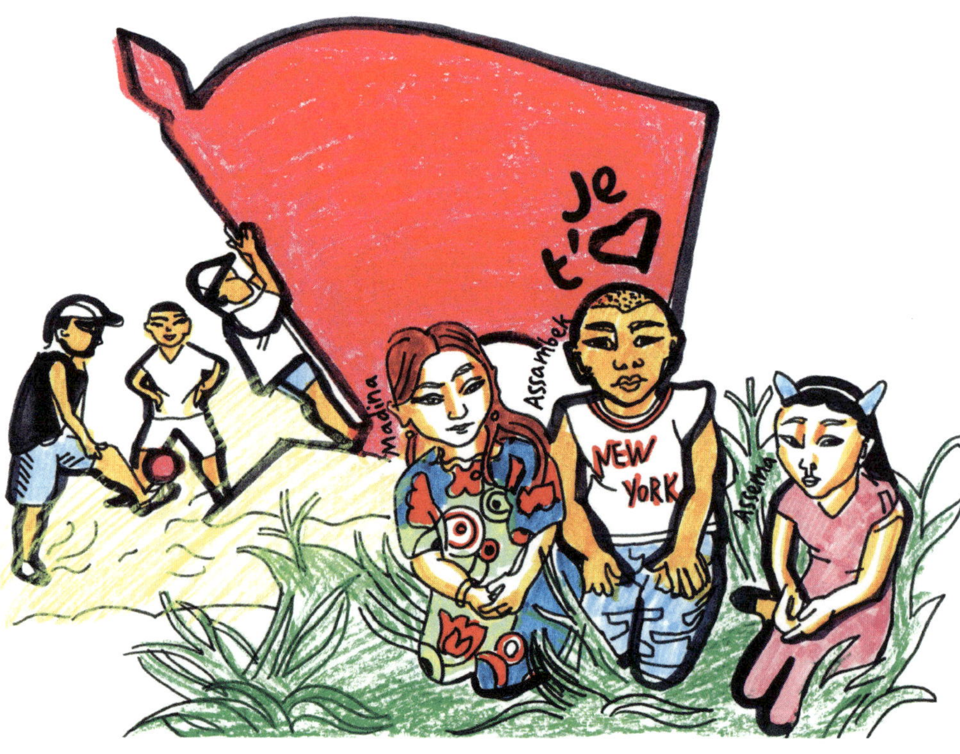

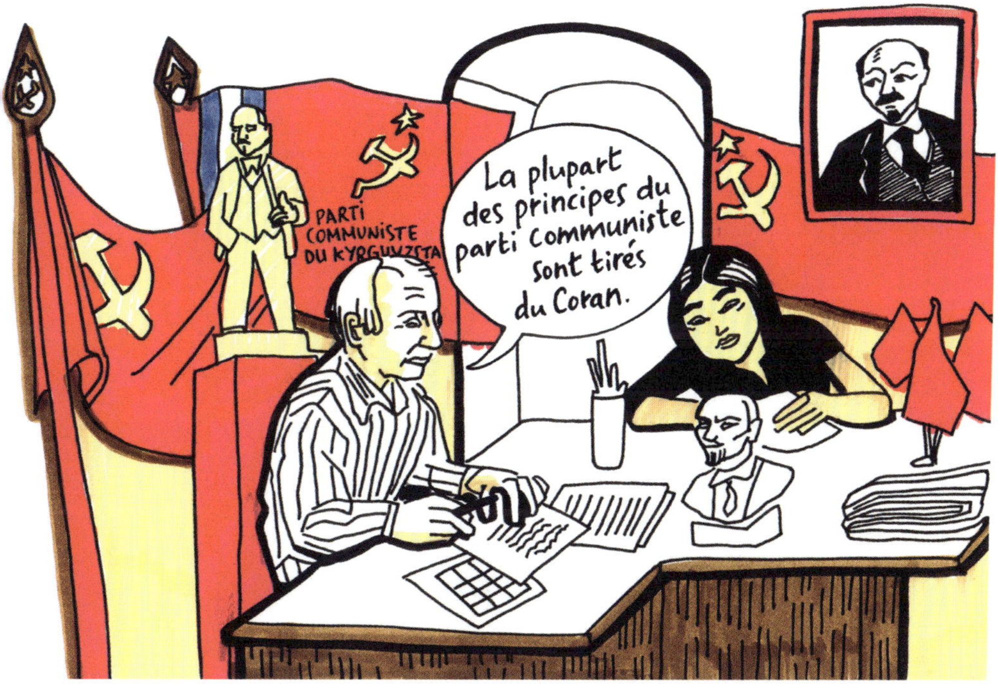

Le quartier général des communistes d'Och se trouve rue Lénine. Les vieux·eilles communistes locaux·ales étaient content·e·s de discuter avec moi. « La plupart des Kyrghyzes ont voté pour le maintien de l'Union soviétique », m'ont-iels raconté. « Les Russes croyaient en Lénine comme en Dieu, mais nous, nous n'avons pris du Parti communiste que le meilleur et nous ne l'oublierons pas. »

L’émigration

À l’époque soviétique, des architectes, des ouvrier·e·s du bâtiment, des ingénieur·se·s, des agronomes, des enseignant·e·s, des médecins et des artistes sont venu·e·s vivre en Asie centrale. Certain·e·s ont été envoyé·e·s de force pour travailler ici. D’autres sont venu·e·s volontairement pour des raisons idéologiques. Après l’effondrement de l’URSS, les Russes ont commencé à rentrer en Russie, et il ne reste à Och que quelques familles russes. Je suis allée voir l’une d’elles. Le mari, un géologue, ne voudrait partir pour rien au monde. La femme, une ancienne enseignante, rêve de s’en aller et leurs enfants sont déjà parti·e·s depuis longtemps.

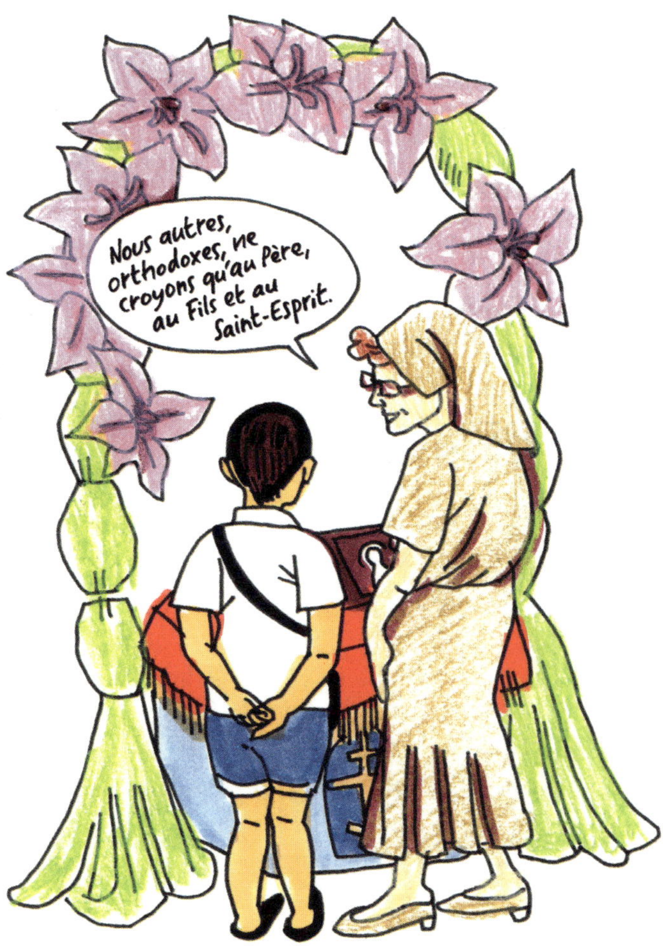

Aucun·e des Russes avec qui j'ai parlé ne s'est plaint·e de persécutions dues à leur nationalité. Bien qu'ayant vécu la majeure partie de leur vie au Kyrghyzstan, iels ne connaissent pas un mot de kyrghyze. Mais ce n'est pas un problème pour elleux, car le russe est la deuxième langue officielle du pays et ce statut est inscrit dans la constitution. À Och, la principale cause d'émigration est le chômage.

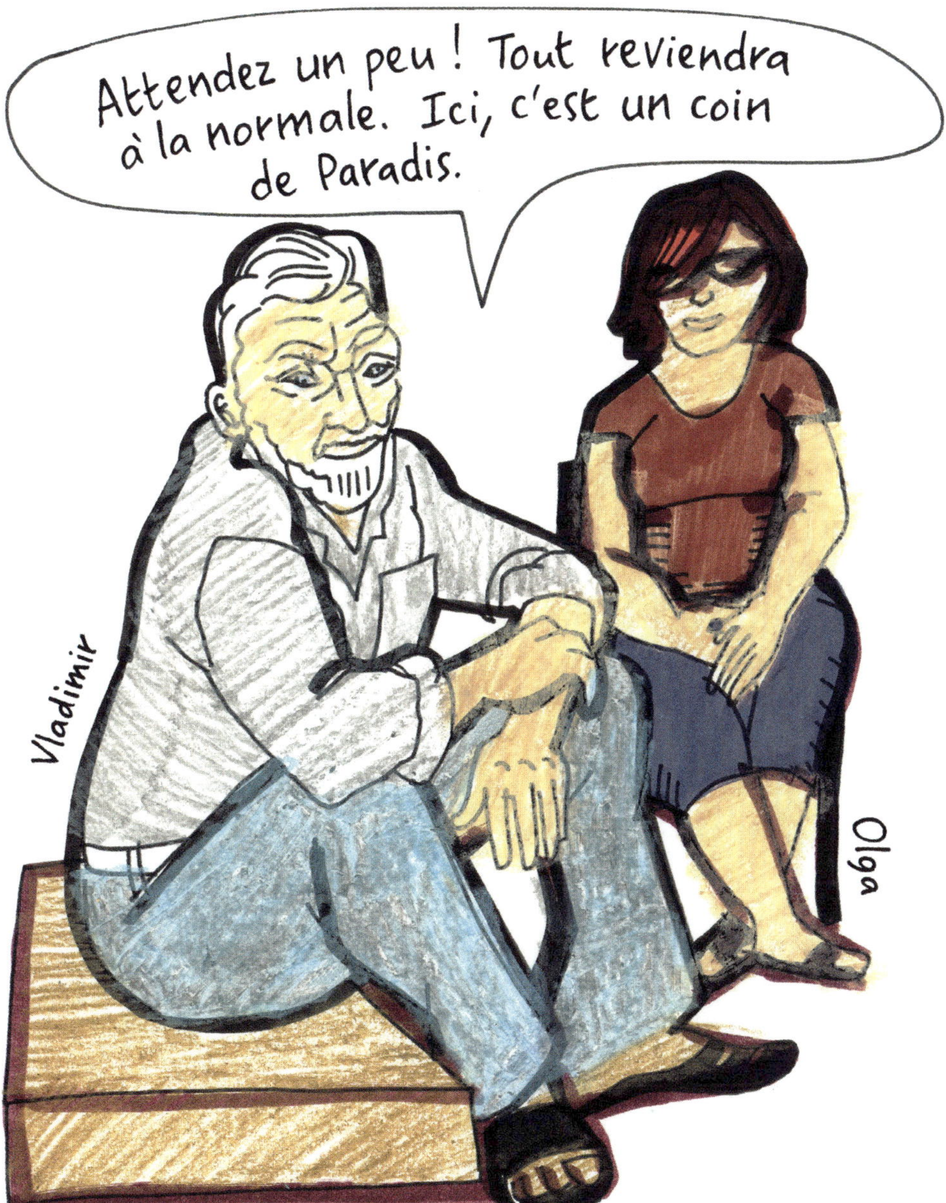

Avant de me rendre visite, mon ami Vania, qui est PDG à Kostroma, était certain que tout le monde ici se promenait à cheval et à chameau.

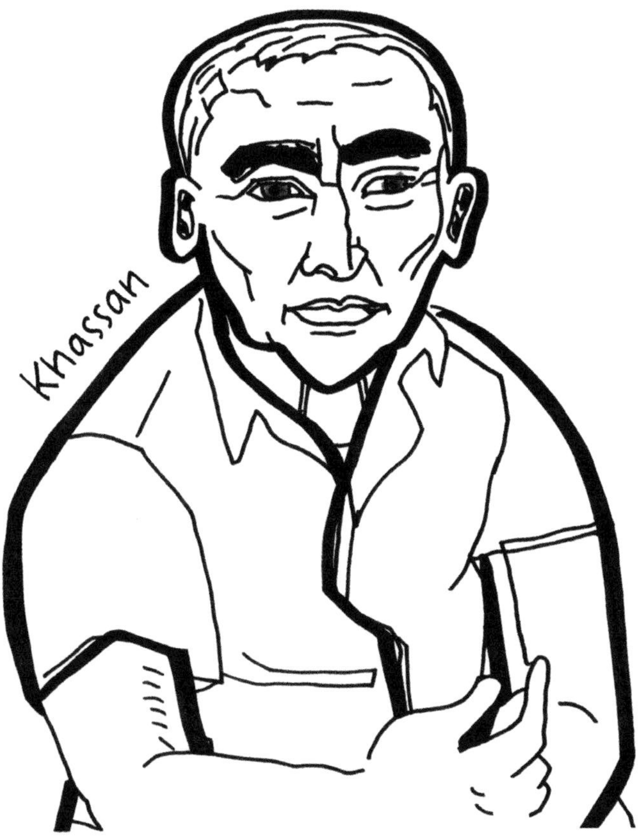

Dans presque toutes les familles d'Och, quelqu'un est parti·e travailler en Russie. À Moscou, la plupart des immigré·e·s qui travaillent comme balayeur·se·s, chauffeurs de taxi ou ouvrier·e·s du bâtiment, sont des Kyrghyzes ou des Ouzbek·e·s. Les Moscovites les traitent le plus souvent avec mépris. Même lors des rares contacts, il est peu probable qu'un·e Moscovite cherche à découvrir quoi que ce soit sur la culture d'Asie centrale. Iel préfère s'imaginer le Kyrghyzstan comme une contrée sauvage.

Un de mes nouveaux amis d'Och m'a raconté qu'il avait longtemps travaillé à Moscou dans une supérette de la chaîne Magnolia : « Quand je suis rentré au pays, un des employés du magasin a suggéré : "Ramène du Coca-Cola chez toi pour que les gens y goûtent." Je lui ai parlé du Kyrghyzstan, mais il a visiblement continué à penser pendant ce temps-là : "Et vous avez des routes goudronnées ?" "Et vous avez des lois ou bien vous vous tirez dessus directement ?" »

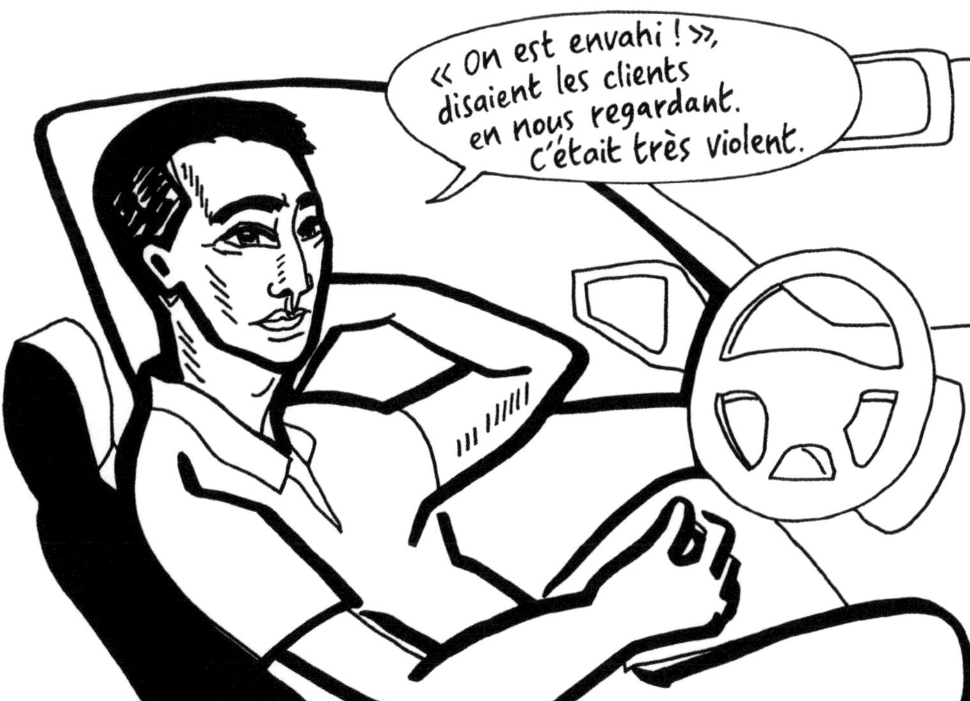

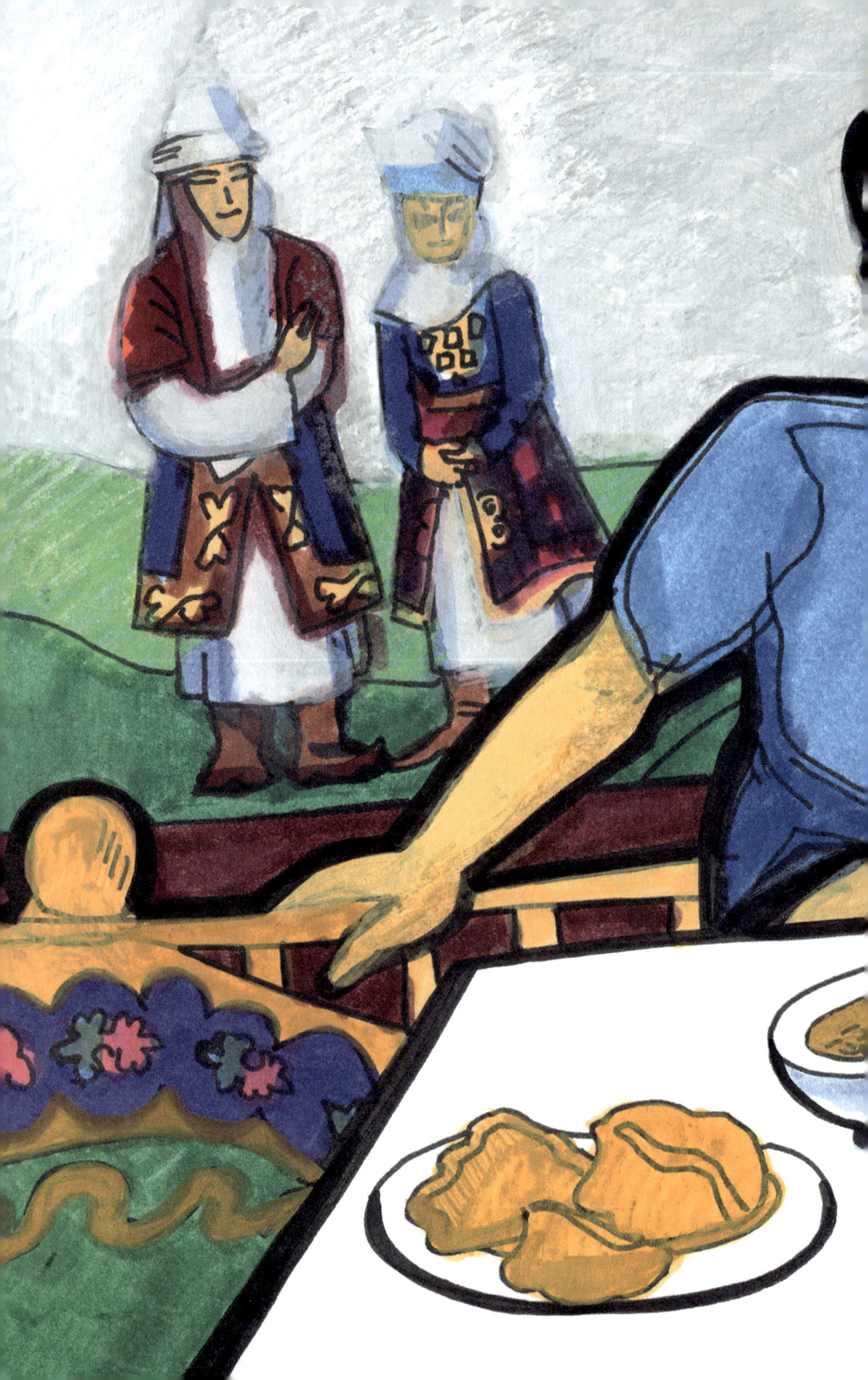

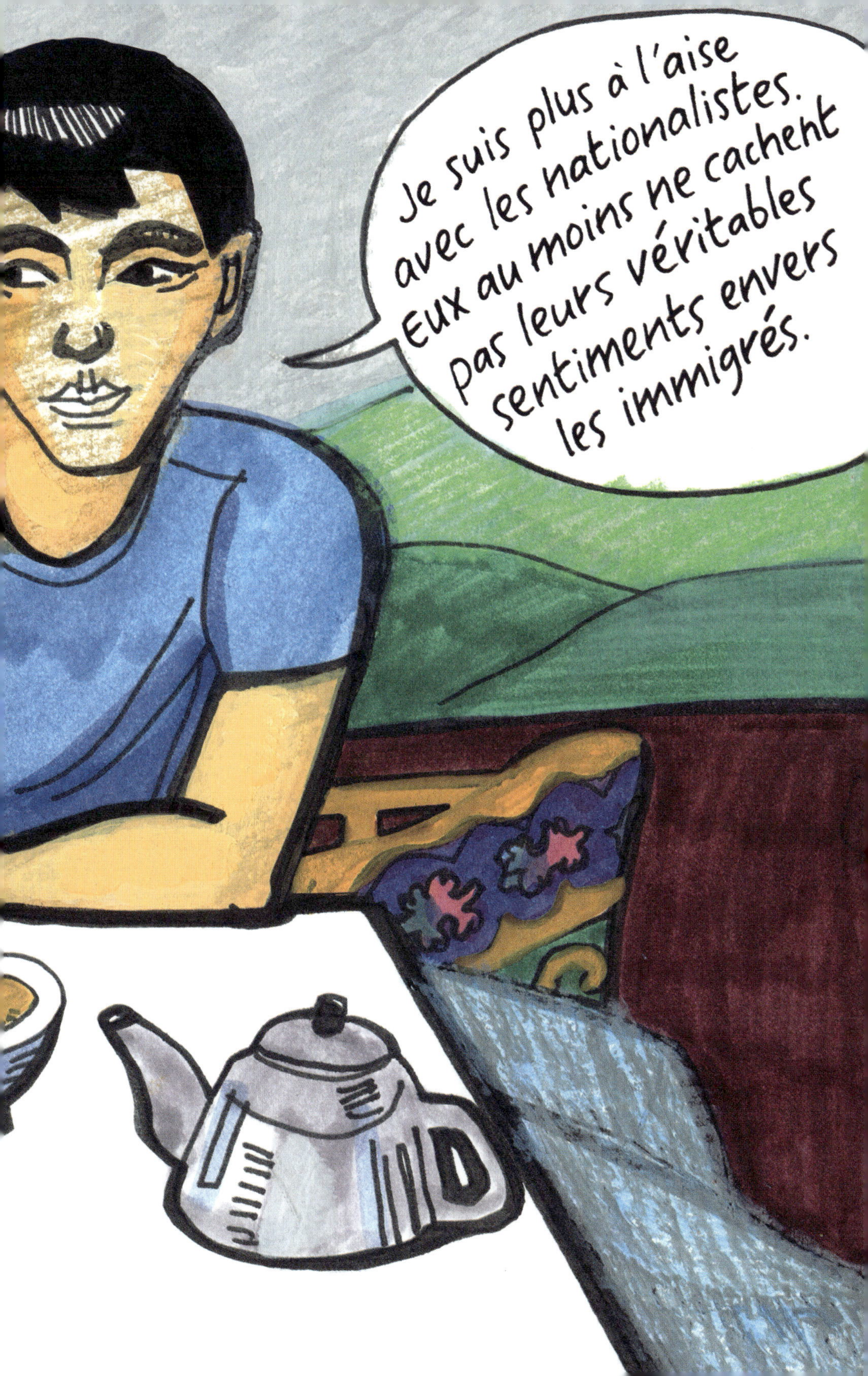
Je suis plus à l'aise avec les nationalistes. Eux au moins ne cachent pas leurs véritables sentiments envers les immigrés.

En Russie, non seulement le mépris n'est pas rare envers les personnes de type asiatique, mais les agressions sont courantes. Un autre ami d'Och, un Ouzbek du nom d'Anvar, m'a raconté qu'il avait été témoin d'une telle agression dans le métro de Moscou : « À la station, alors que la police était là, des skinheads sont entrés dans un wagon dans lequel voyageaient beaucoup de non-Russes. Une bagarre a éclaté, mais la police est restée les bras croisés. » « Nous faisons partie du monde russe. Je pense en russe. J'en ai parlé avec des amis : "La Crimée est à nous ![125] Et bientôt le Donbass[126] !" Tout comme les Français, vous devez assumer les conséquences de vos actions coloniales », m'a dit Anvar.

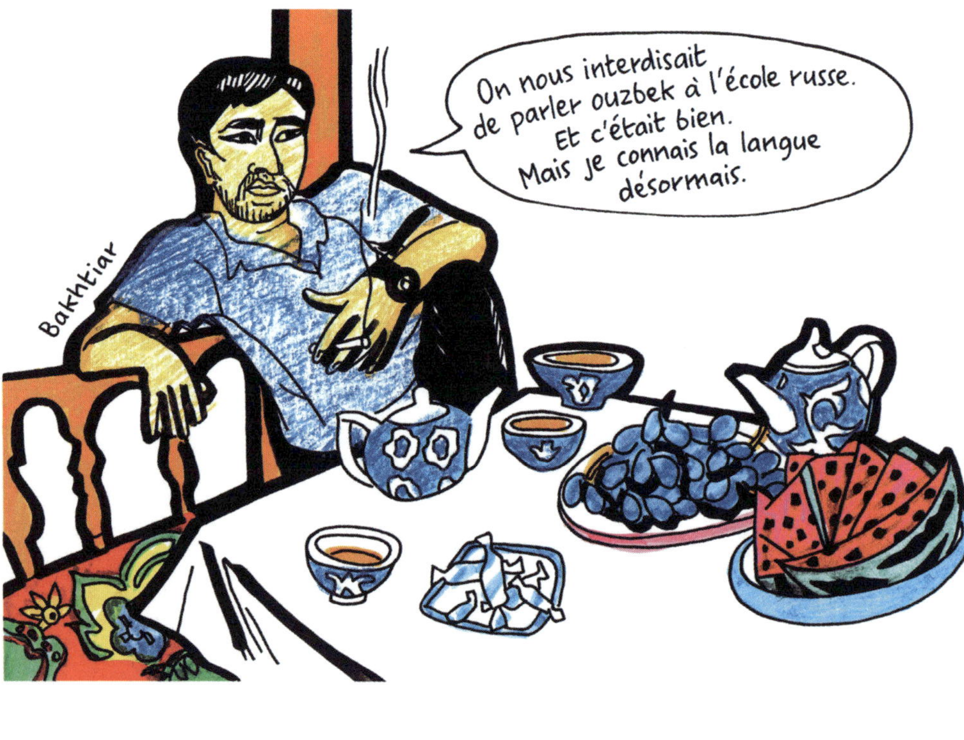

Les habitant·e·s que j'ai rencontré·e·s par hasard en ville, m'ont plusieurs fois régalée généreusement. Le propriétaire d'un salon de thé, par exemple, ayant appris que j'étais une Russe de Moscou, a ordonné qu'on m'apporte un plat de fête : un plov[127], et des sucreries au frais de la maison. Pendant que je dessinais son portrait, Bakhtiar comblait la Russie d'éloges, et je me sentais comme une artiste orientaliste.

Sur la montagne de Sulaiman-Too

J’ai visité Och à deux reprises. J’y ai habité un mois et durant tout ce temps, il ne s’est pas passé le moindre événement en ville. Je me suis simplement promenée dans les rues dont les inscriptions commencent en russe, se poursuivent en kyrghyze et se terminent en anglais. J’ai discuté avec de jeunes féministes de Nouveau Rythme. J’ai dessiné sur les marchés, des femmes en hijab sous des parasols Pepsi Cola. En ville, les gens se sont mis à me saluer : « Nous vous avons vue dessiner dans le parc. D’où venez-vous ? Venez nous voir ! »

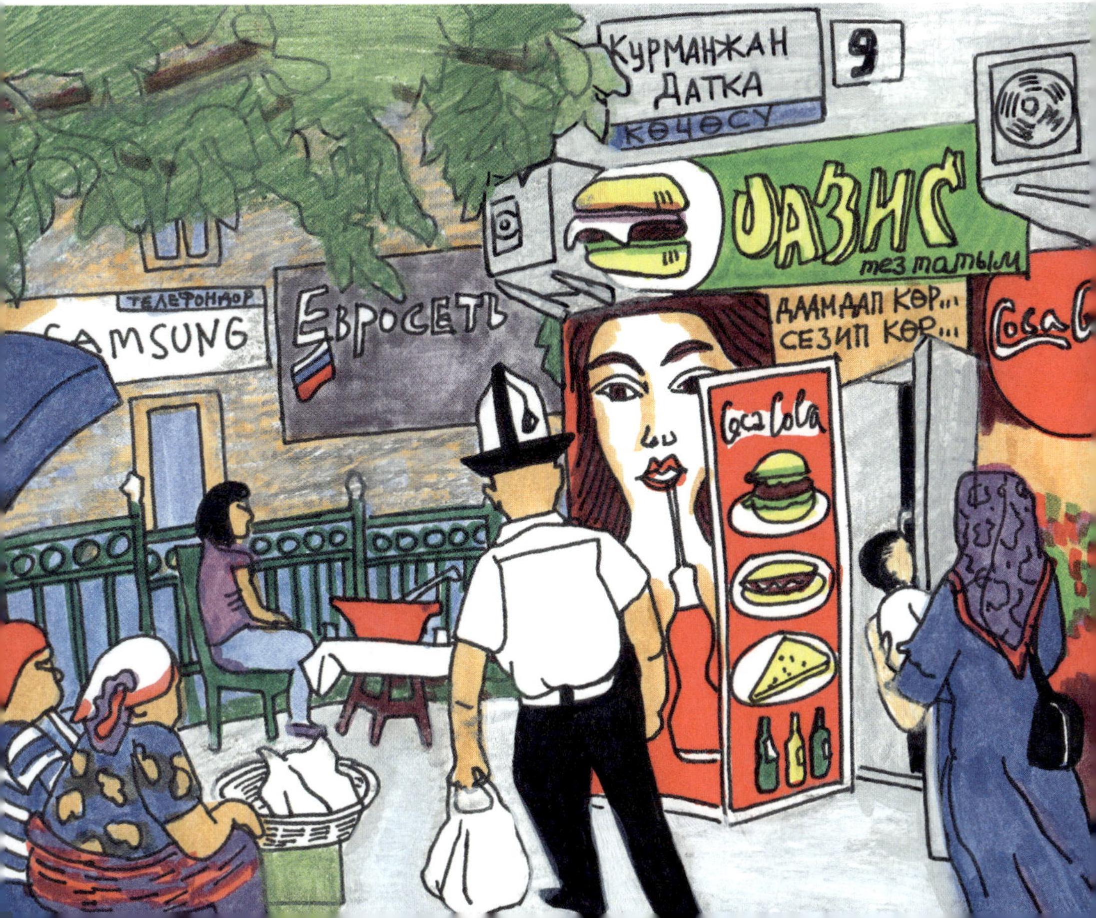

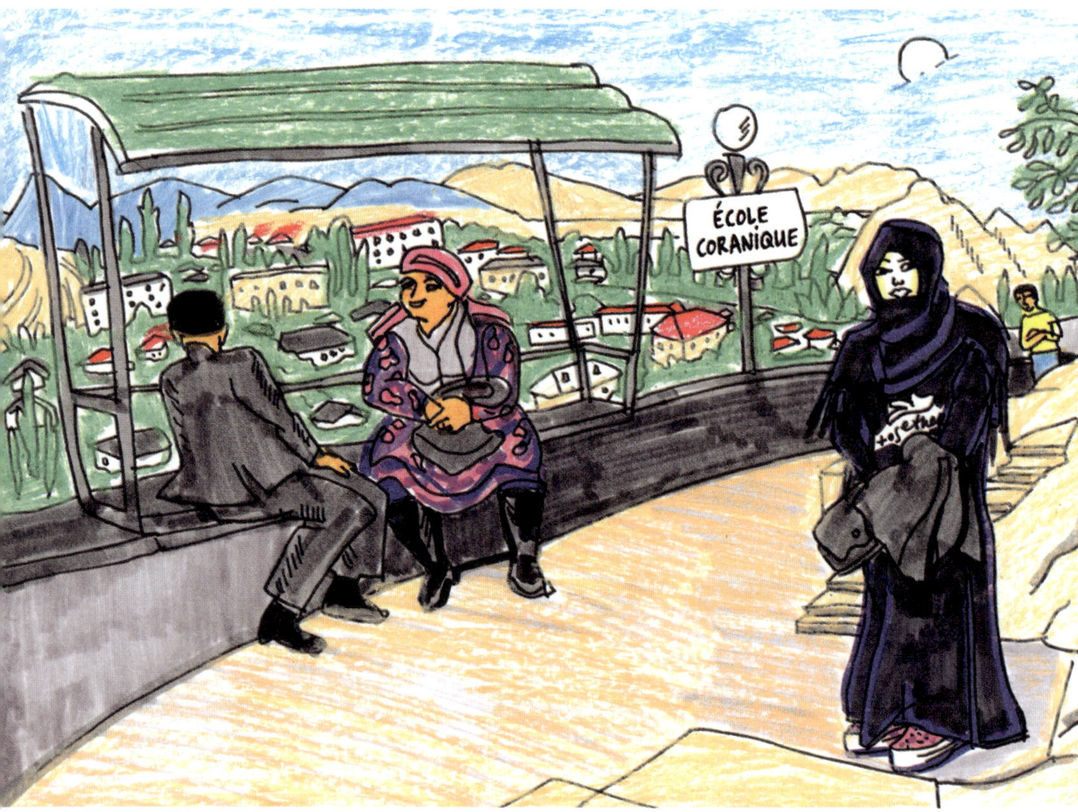
ÉCOLE
CORANIQUE

Le dernier jour, les féministes de Nouveau Rythme ont décidé de m'emmener sur la montagne sacrée de Sulaiman-Too[128] (le trône du roi Salomon) qui se dresse au centre-ville. Selon la légende locale, Zoroastre[129] a élaboré sa doctrine dans une grotte de cette montagne.

Il est impossible de gravir la montagne brûlante de Sulaiman dans la journée. Nous y sommes donc allées de bon matin. Des pèlerins s'amassaient déjà au pied de la montagne. Je me suis mise à dessiner leur groupe, quand une fille, enveloppée dans un habit long et noir, s'est approchée de moi et m'a dit qu'elle voulait prendre mon dessin. « Une Ouzbèke d'une famille religieuse », ai-je pensé. Soudain, le vent a soulevé sa robe et j'ai vu des baskets à plates-formes constellées de paillettes roses. Derrière elle, se profilait un type l'attendant de toute évidence. « Nous nous sommes promenés ici toute la nuit », m'a dit la fille. « C'est votre mari ? » « C'est mon chéri », m'a-t-elle répondu en riant.

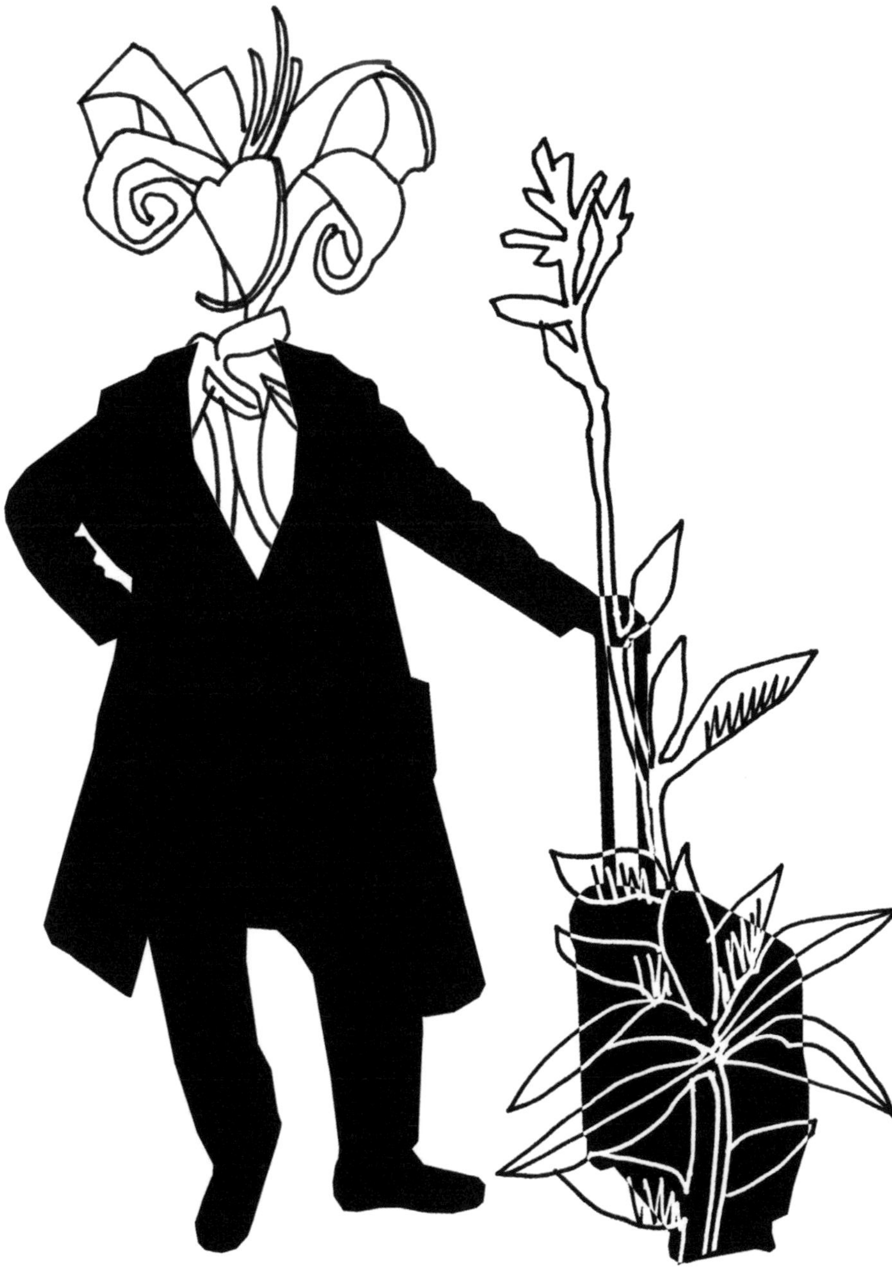

LA DERNIÈRE ARTISTE SOVIÉTIQUE DEVIENT QUELQU'UN D'AUTRE

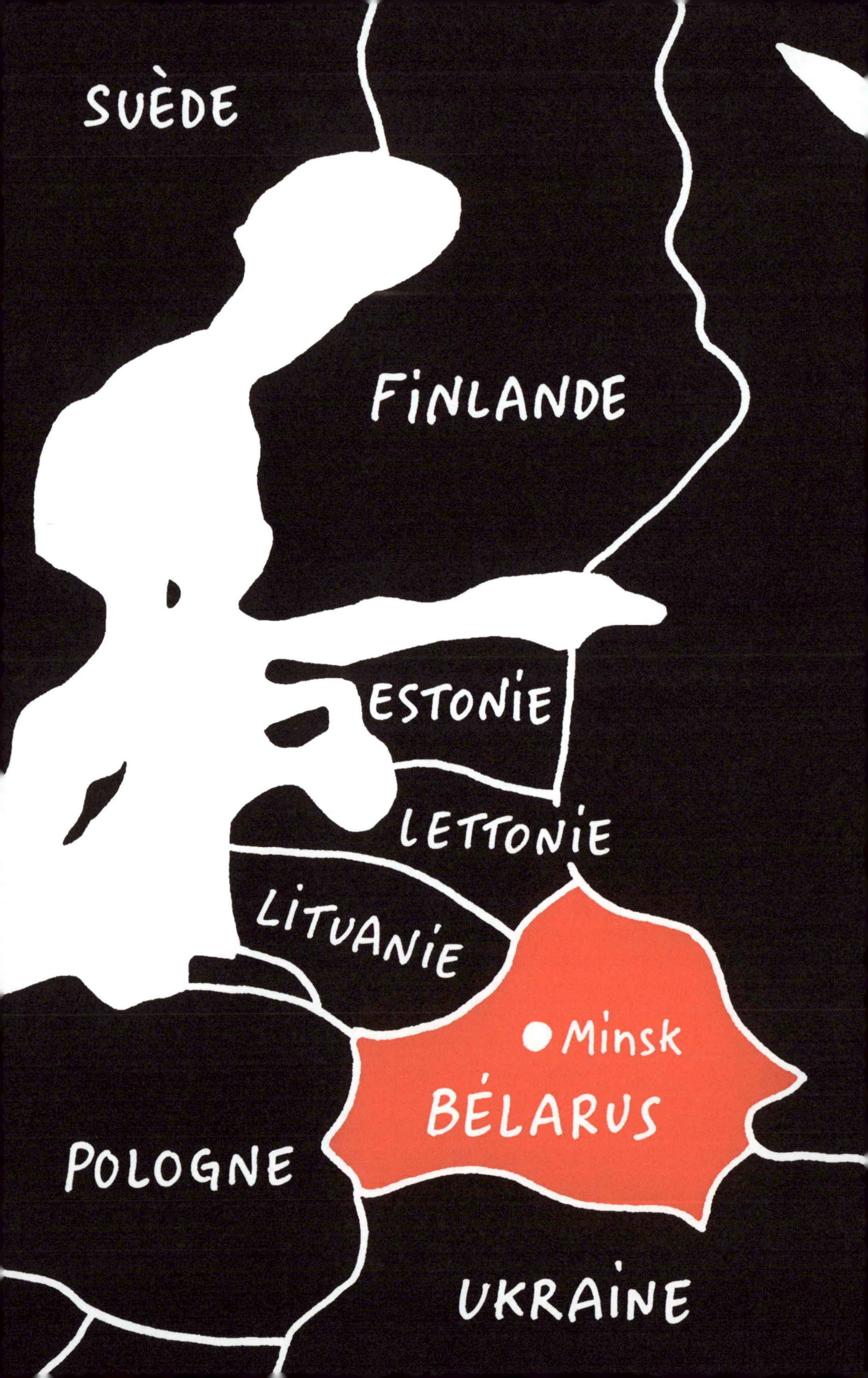
SUÈDE
FINLANDE
ESTONIE
LETTONIE
LITUANIE
Minsk
BÉLARUS
POLOGNE
UKRAINE

Voyage à MINSK 2020

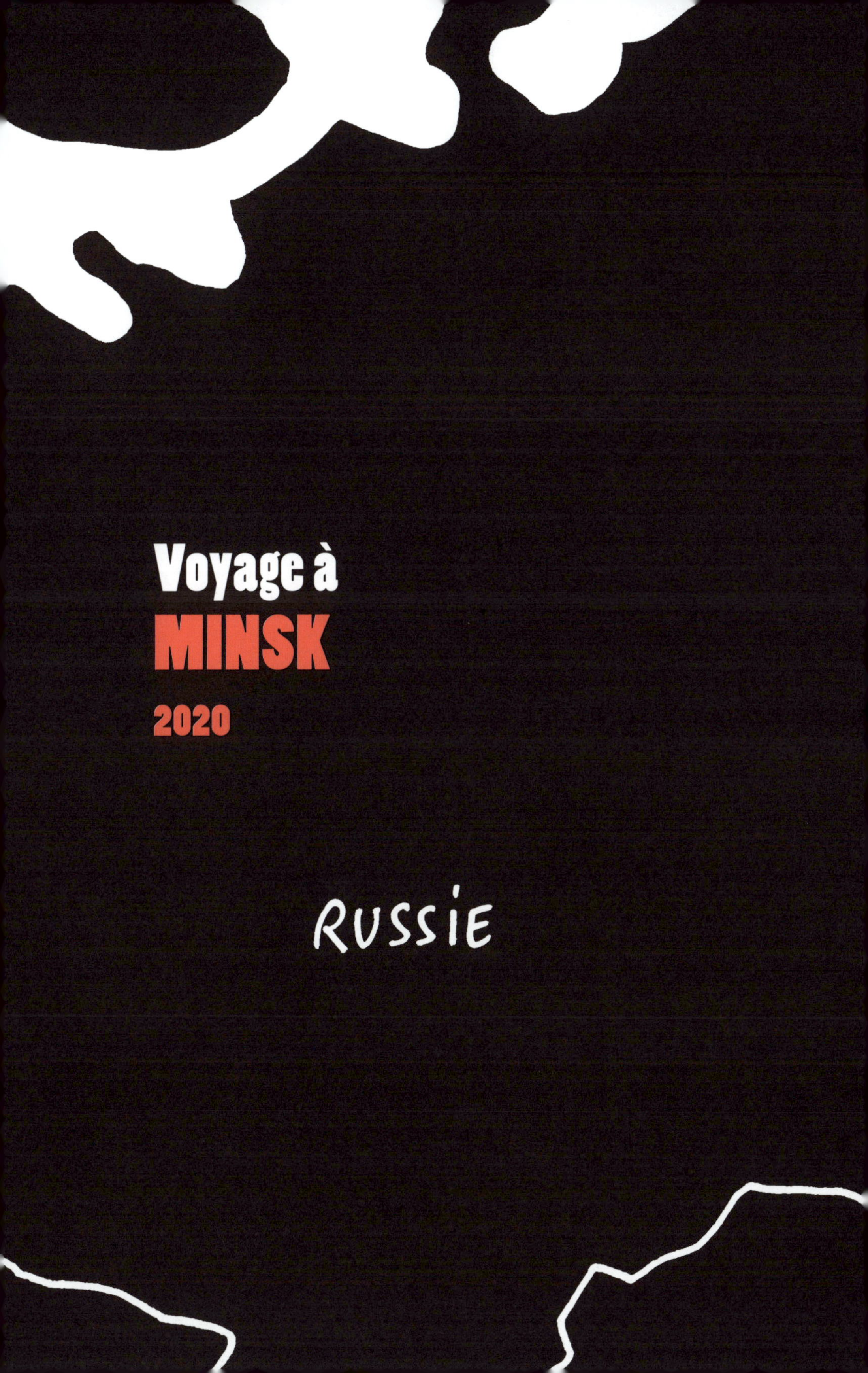

Si l'on veut voir la fin de l'époque post-soviétique de ses propres yeux, le risque en vaut la peine de traverser la frontière dans le coffre d'une voiture, au fond d'un sac en toile.

Le 9 août, des rassemblements de masse et d'autres formes de protestation ont commencé au Bélarus[130], après que les élections présidentielles ont été remportées, selon les sources officielles, par Alexandre Loukachenko[131]. Il était au pouvoir depuis déjà vingt-sept ans, c'est-à-dire quasiment depuis l'effondrement de l'Union soviétique. Alors qu'en Russie, nous débattions sur les réseaux sociaux de la futilité de la lutte contre les régimes politiques, les Bélarusses descendaient dans la rue, sous les balles en caoutchouc, les grenades assourdissantes et les canons à eau. Certain·e·s en Russie voulaient se rendre dans le pays voisin, mais la frontière avec le Bélarus était fermée depuis la mi-mars, « en raison du risque de propagation de la pandémie ».

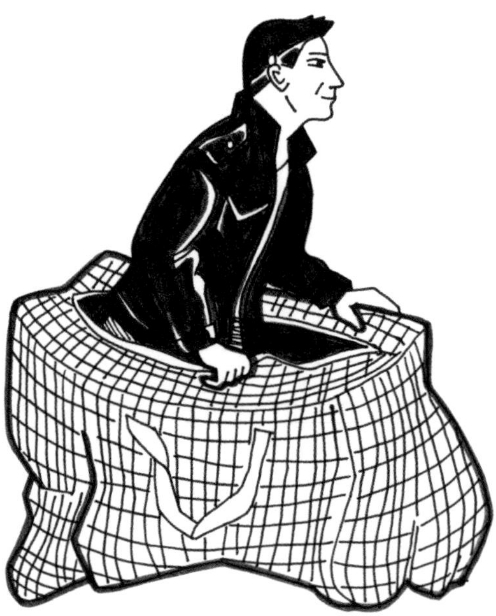

Le lundi est un mauvais jour

À Minsk, le samedi est le jour des marches de femmes, le dimanche celui des rassemblements de masse, et le lundi celui des arrestations et des procès des manifestant·e·s du week-end.

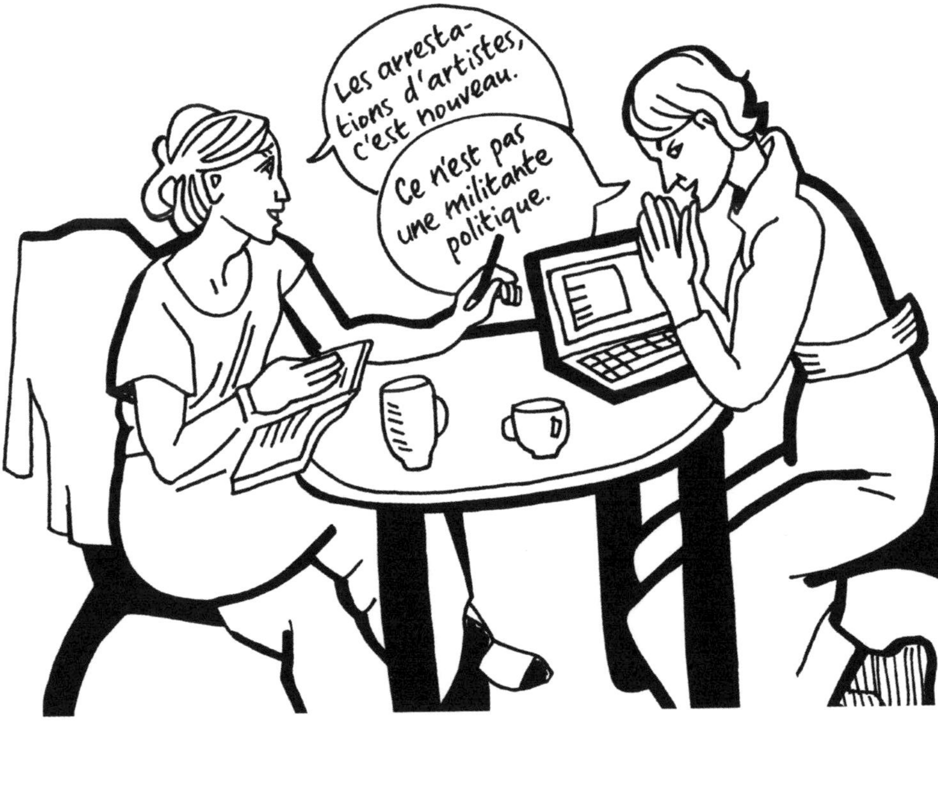

Je suis arrivée à Minsk le lundi 7 septembre. Ce jour-là, la première arrestation d'artistes militant·e·s a eu lieu. L'artiste Nadia Saïapina[132] a été arrêtée chez elle pour sa participation à une performance politique.

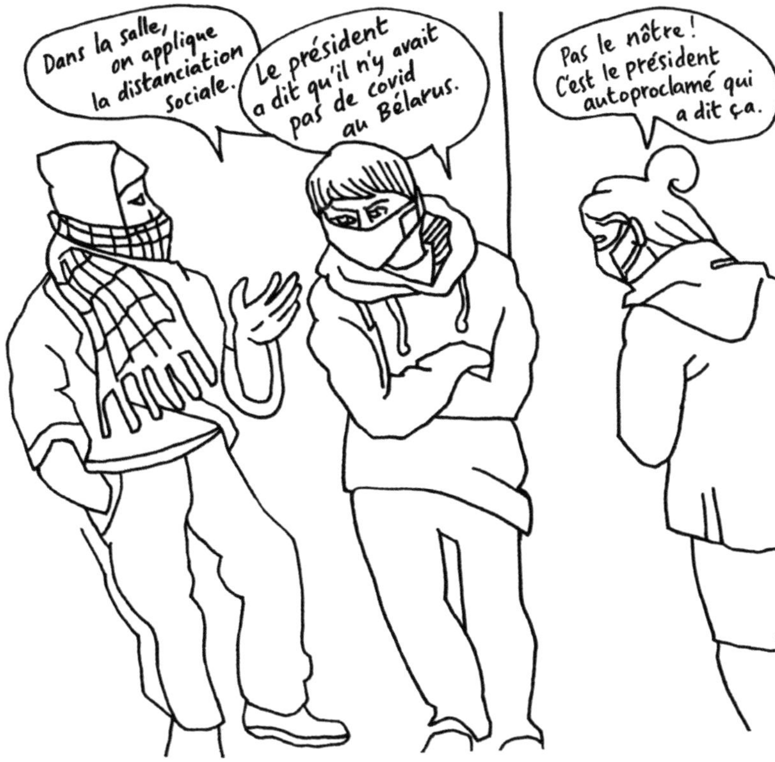

Le même jour, la célèbre militante écologiste Irina Soukhy[133] était jugée pour sa participation à un rassemblement non autorisé. Des militant·e·s étaient venu·e·s la soutenir. Beaucoup portaient un masque, non pas tant pour éviter la contamination que pour dissimuler leur visage aux nervis du gouvernement sans lesquels aucune manifestation politique n'a lieu à Minsk. Les Bélarusses disent, pour plaisanter, qu'iels ont vaincu la pandémie parce qu'iels avaient d'autres chats à fouetter[134].

J'ai réussi à pénétrer dans la minuscule salle d'audience, où l'on s'asseyait un siège sur deux, mais il n'y avait rien à dessiner. L'accusée et le policier témoignant à charge déposaient sur Skype. Seul le juge les voyait sur son ordinateur portable.

« Nous, les agents du ministère de l'intérieur, nous parcourons les *streams* sur Telegram et les réseaux sociaux. Nous avons regardé des photos de la marche des femmes, et nous y avons identifié la citoyenne Soukhy. J'ai vu un drapeau non étatique blanc et rouge[135] et j'ai entendu le slogan antigouvernemental "Honte à vous !" », a témoigné le policier.

Irina Soukhy a pris cinq jours de détention administrative. Le lendemain, Nadia Saïapina a écopé de quinze jours de détention.

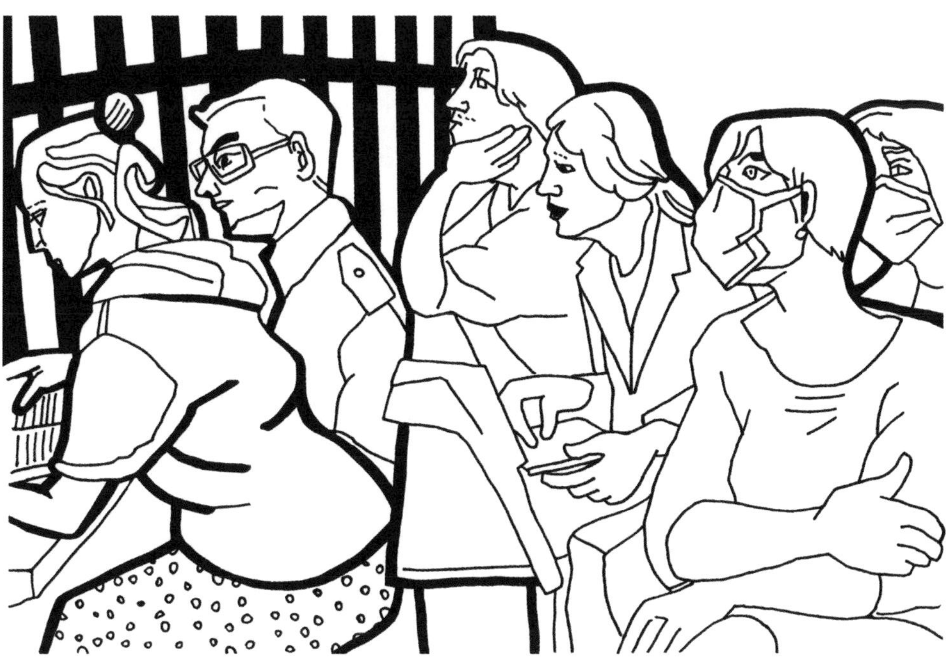

Les femmes à l'avant-garde de la protestation

Après s'être débarrassé des candidats masculins à la présidence, Loukachenko a sans crainte laissé l'épouse de l'un d'eux concourir aux élections. « Elle a préparé de bonnes boulettes de viande. Elle a nourri les enfants. Il y a cette bonne odeur de boulettes, mais il faut débattre de vilaines questions », a-t-il dit de Svetlana Tikhanovskaïa[136] dans une interview. Les Bélarusses sont certain·e·s que Svetlana Tikhanovskaïa a remporté les élections présidentielles. Elle est devenue le symbole de la protestation.

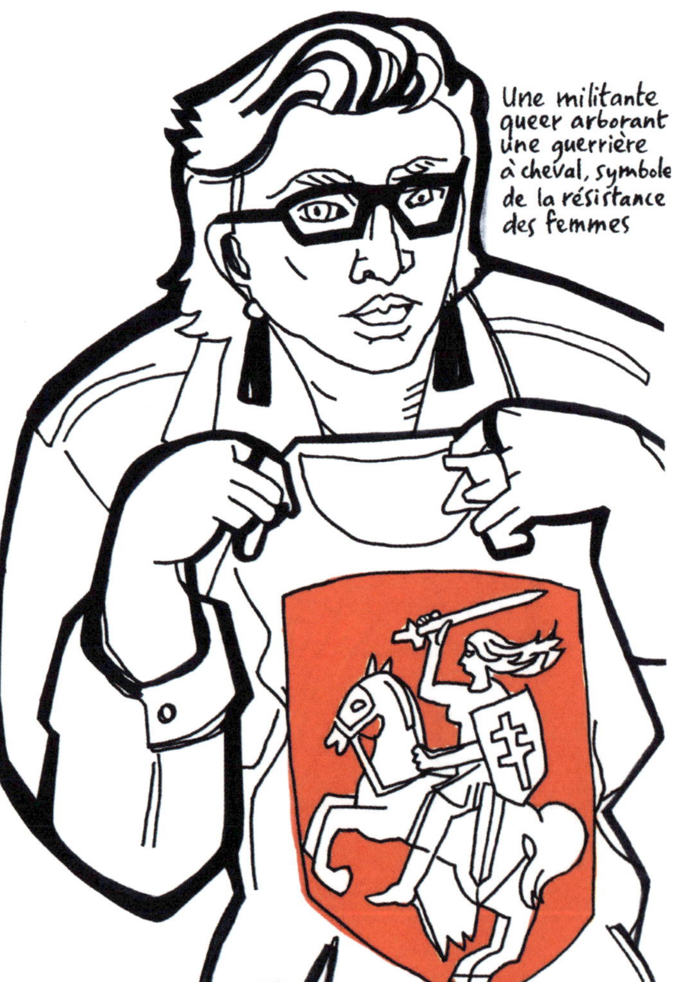

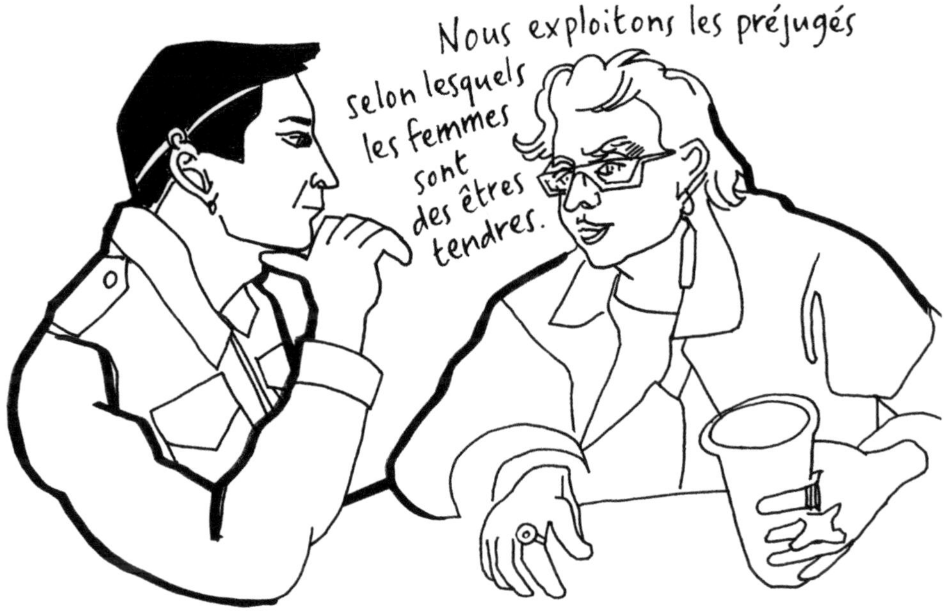

« Hier, une femme s'est couchée sur un homme que les flics battaient afin de le protéger », m'a raconté N., une manifestante. Au début, ils n'interpellaient pas les femmes aussi brutalement que les hommes. Les chaînes humaines de femmes ont plusieurs fois permis d'éviter les arrestations et certaines femmes venaient avec leurs enfants.

Au Bélarus comme en Russie, les jeunes d'une vingtaine d'années sont particulièrement actif·ves dans les manifestations. Personne n'attendait ça de la génération ayant grandi sous Poutine et Loukachenko. Mais être né·e dans un monde sans rideau de fer et pouvoir comparer le niveau de vie entre l'espace post-soviétique et les pays occidentaux se sont avérés suffisants.

« Quand j'étais petite, je voyais la Russie comme un pays intéressant et évolué », m'a dit Diana, « mais après 2012, j'ai clairement compris quel genre de régime vous avez. »

Vika se souvient des événements du 10 août, auxquels elle a pris part : « ce jour-là, ils ont tué un homme au métro Pouchkinskaïa[137]. C'était un truc de fou. Ils l'ont flingué ! Nous n'étions pas encore au carrefour qu'ils se sont mis à nous jeter des grenades assourdissantes. Les flics ont serré des gens et tiré des balles en caoutchouc dans la cour. Jusqu'à trois heures du matin, ça pétait tout autour, comme un feu d'artifice. On avait l'impression d'être à la guerre. »

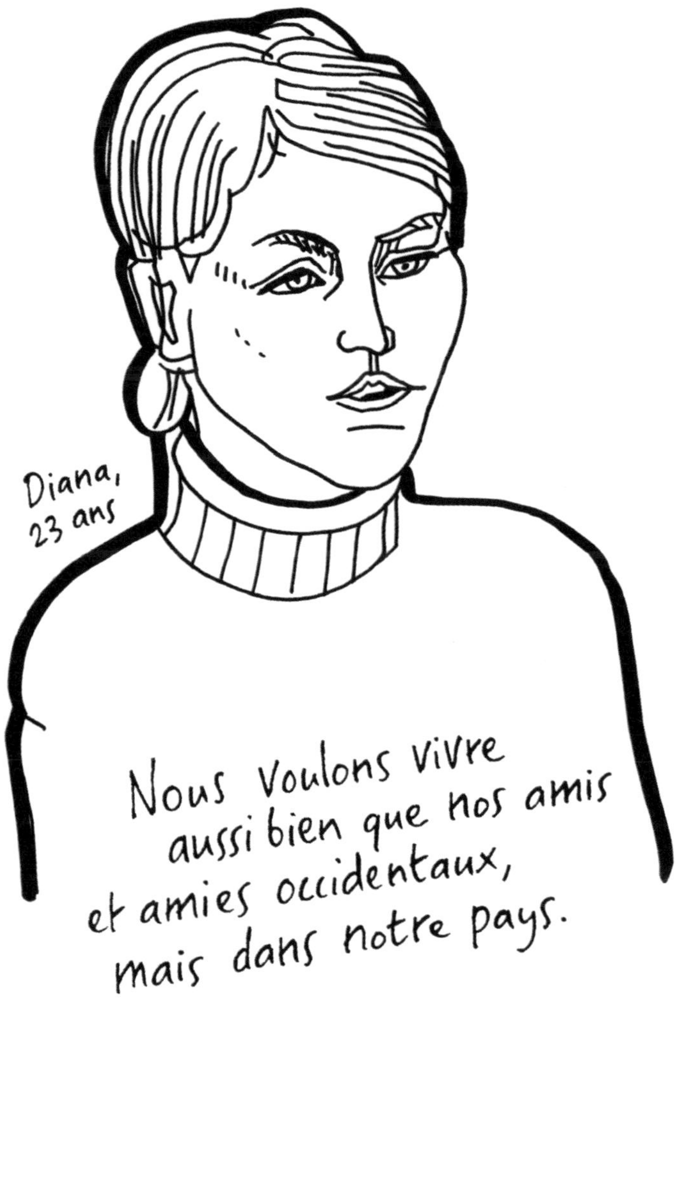
Diana, 23 ans
Nous voulons vivre aussi bien que nos amis et amies occidentaux, mais dans notre pays.

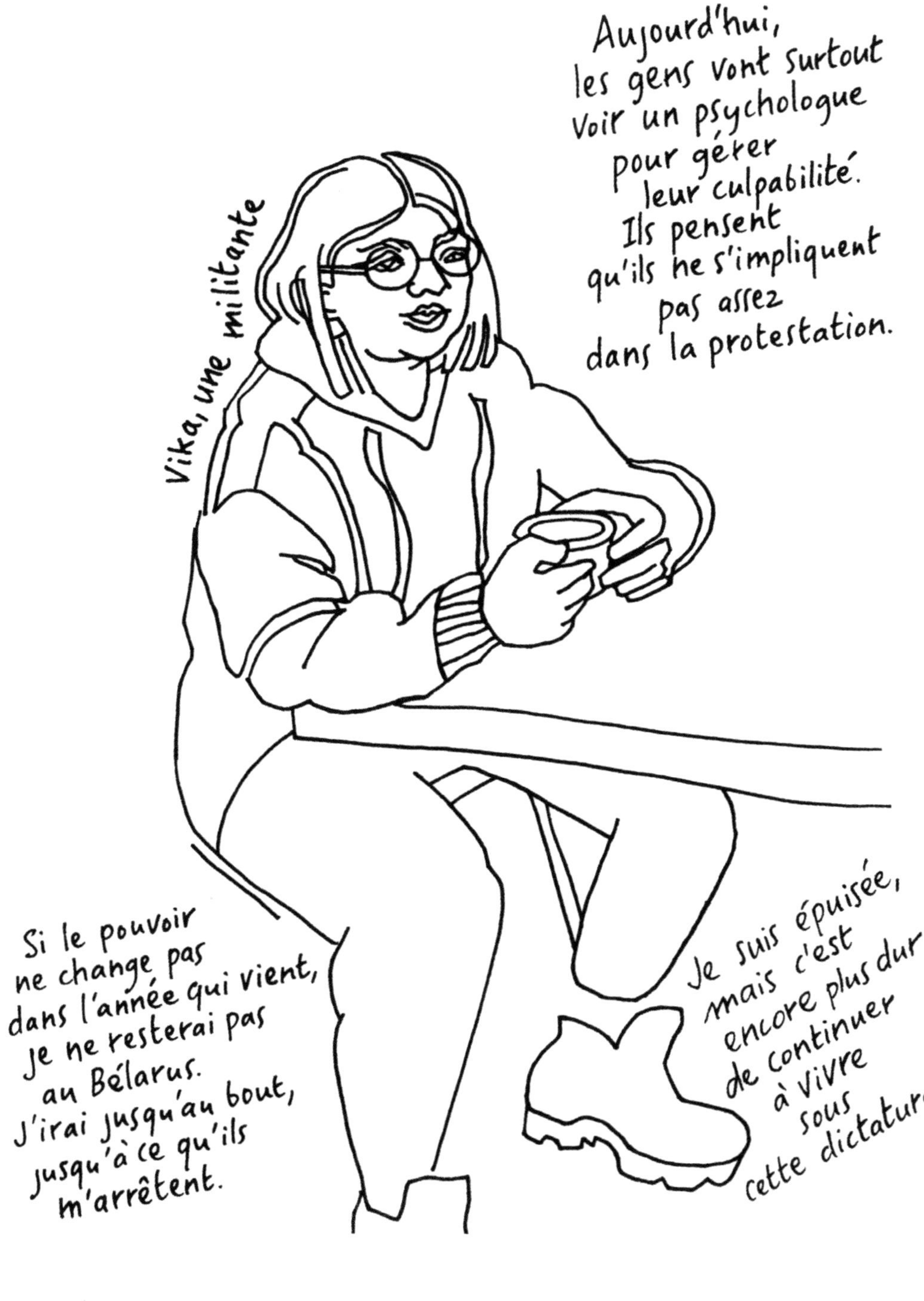
Aujourd'hui, les gens vont surtout voir un psychologue pour gérer leur culpabilité. Ils pensent qu'ils ne s'impliquent pas assez dans la protestation.
Vika, une militante
Si le pouvoir ne change pas dans l'année qui vient, je ne resterai pas au Bélarus. J'irai jusqu'au bout, jusqu'à ce qu'ils m'arrêtent.
Je suis épuisée, mais c'est encore plus dur de continuer à vivre sous cette dictature.

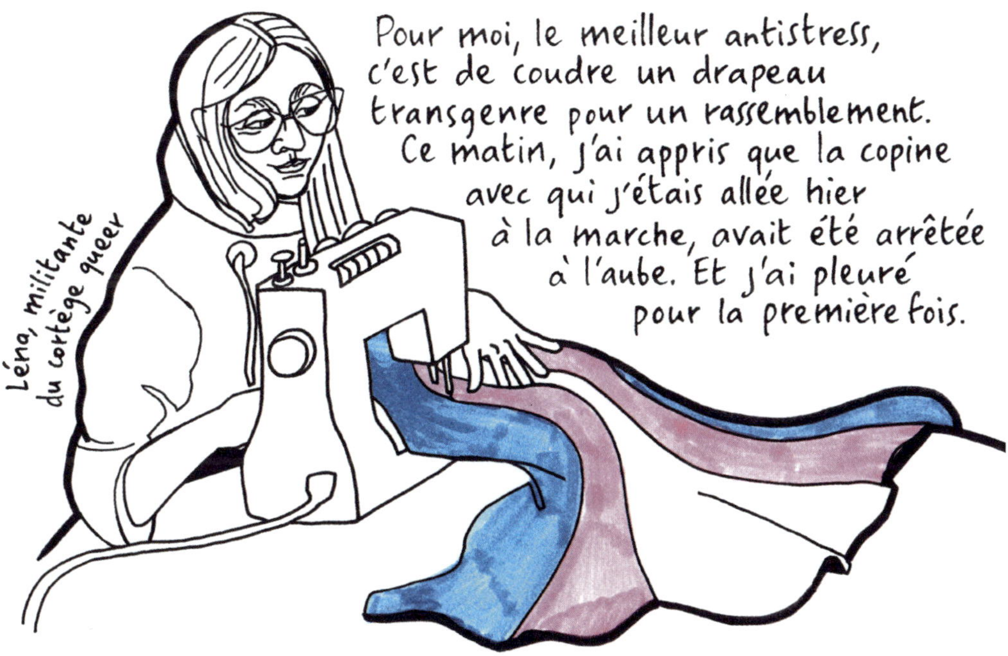
Pour moi, le meilleur antistress, c'est de coudre un drapeau transgenre pour un rassemblement. Ce matin, j'ai appris que la copine avec qui j'étais allée hier à la marche, avait été arrêtée à l'aube. Et j'ai pleuré pour la première fois.
Léna, militante du cortège queer

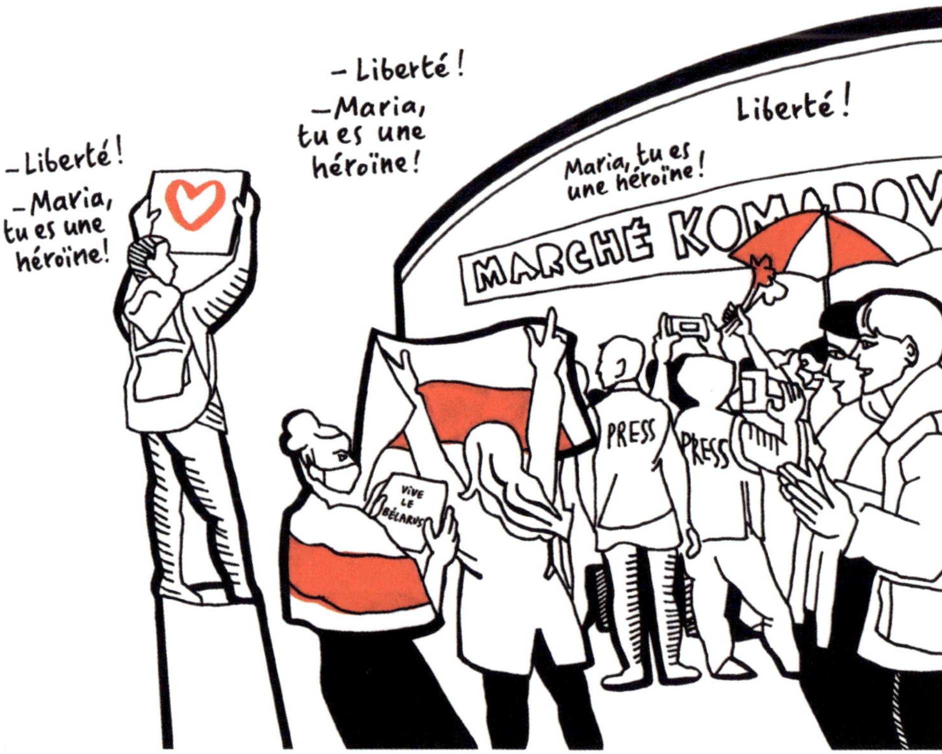

Mardi 8 septembre, un appel a été lancé sur la chaîne Telegram Nexta[138] pour organiser une action de femmes en soutien à Maria Kolesnikovaïa[139], une des meneuses de l'opposition, que les flics avaient enlevée la veille. La plupart des actions à Minsk sont organisées spontanément, grâce aux chaînes Telegram. Une foule de femmes s'est alors rassemblée près du marché Komarovski et s'est dirigée vers le centre. Pendant que le cortège passait, des gens se penchaient aux fenêtres des maisons, en agitant des drapeaux rouges et blancs.

Un des slogans scandés par les manifestantes avait été créé en 2012 par le leader de l'opposition russe Alexeï Navalny, durant les rassemblements de masse contre le gouvernement à Moscou. Le pouvoir avait étouffé notre protestation pacifique par la force, l'adoption de nouvelles lois et le renforcement de la censure.

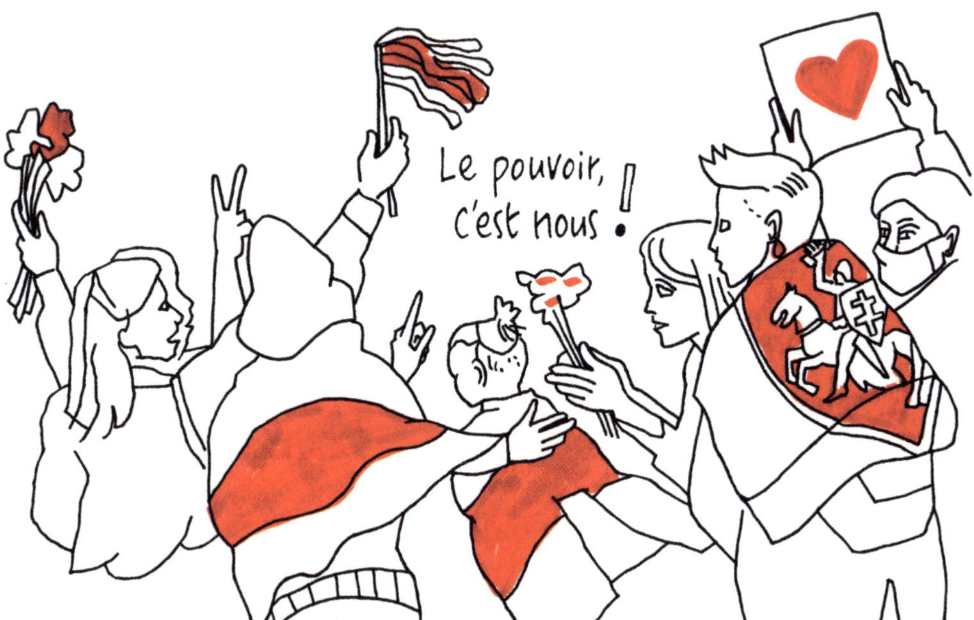

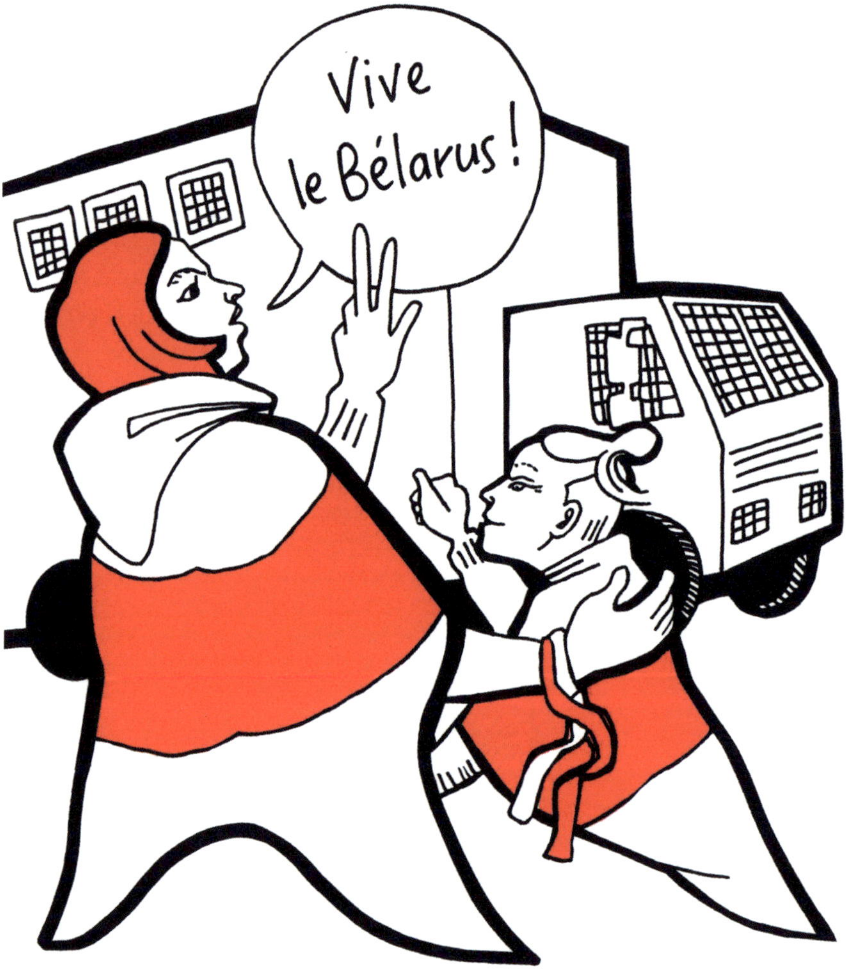

Soudain, d'énormes fourgons cellulaires vert sombre ont déboulé et se sont arrêtés près des femmes. Des hommes en cagoules noires et en vêtements kaki dépourvus d'insignes en sont sortis. Les flics se sont mis à balancer des femmes dans les fourgons. Je vis et manifeste dans la Russie de Poutine. Il est donc rare que la violence me surprenne, mais cette fois-ci j'ai eu peur. J'ai traversé la rue au feu rouge et je me suis enfuie. Plus tard, j'ai vu dans des vidéos et sur des photos que les femmes bélarusses n'avaient pas tenté de fuir, mais qu'elles avaient fait une chaîne humaine, qu'elles avaient arraché leurs cagoules aux flics et qu'elles avaient même essayé de délivrer leurs amies.

Les signes de la résistance

En semaine, Minsk peut sembler une ville calme où rien ne se passe, mais si on y regarde de plus près, elle est pleine de signes de résistance. Ici, chacun est son propre leader et chaque bout de quartier peut devenir un lieu de protestation.

Dans une rue aux boutiques vides pour moitié, une longue, longue file d'attente s'étend devant un café minuscule. Quelques jours plus tôt, des manifestant·e·s se sont caché·e·s dans le café O'Petit pour fuir la milice. Un policier a brisé la porte en verre du café pour se venger. Les gens sont depuis lors prêts à poireauter ici une heure et demie pour boire une tasse de café et y laissent de généreux pourboires. « Hier, dans la queue, un homme a proposé d'apporter une vitre. On lui a répondu : “Merci, mais vous êtes déjà le cinquième à le proposer” », se racontent les clients. Le livre d'or est plein de petits cœurs, de symboles rouges et blancs et d'avis élogieux : « Puisse le nouveau Bélarus libre être fait de gens tels que ceux qui travaillent dans ce café et tels que ceux qui font la queue toute la journée ! »

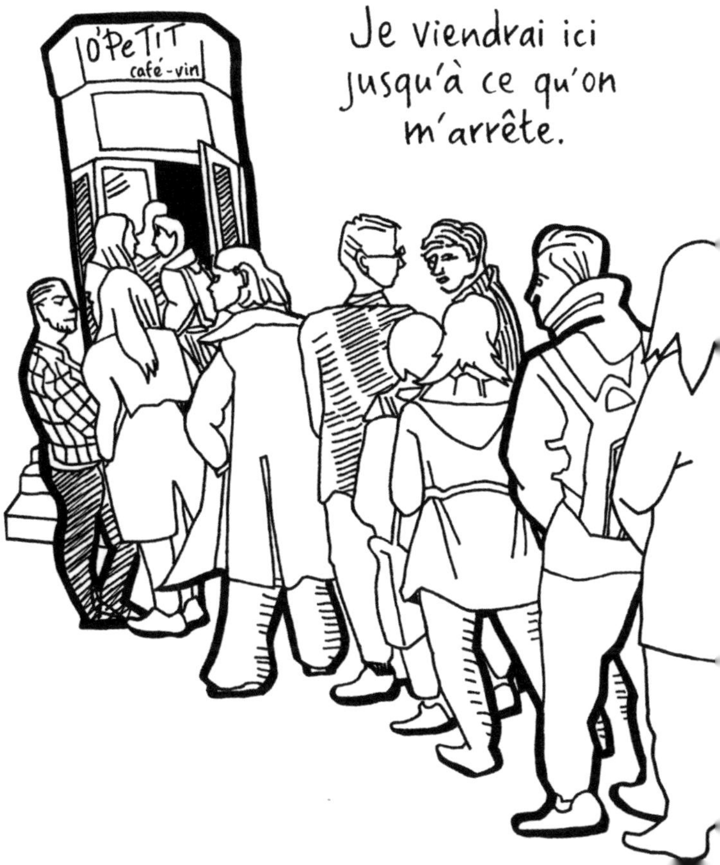

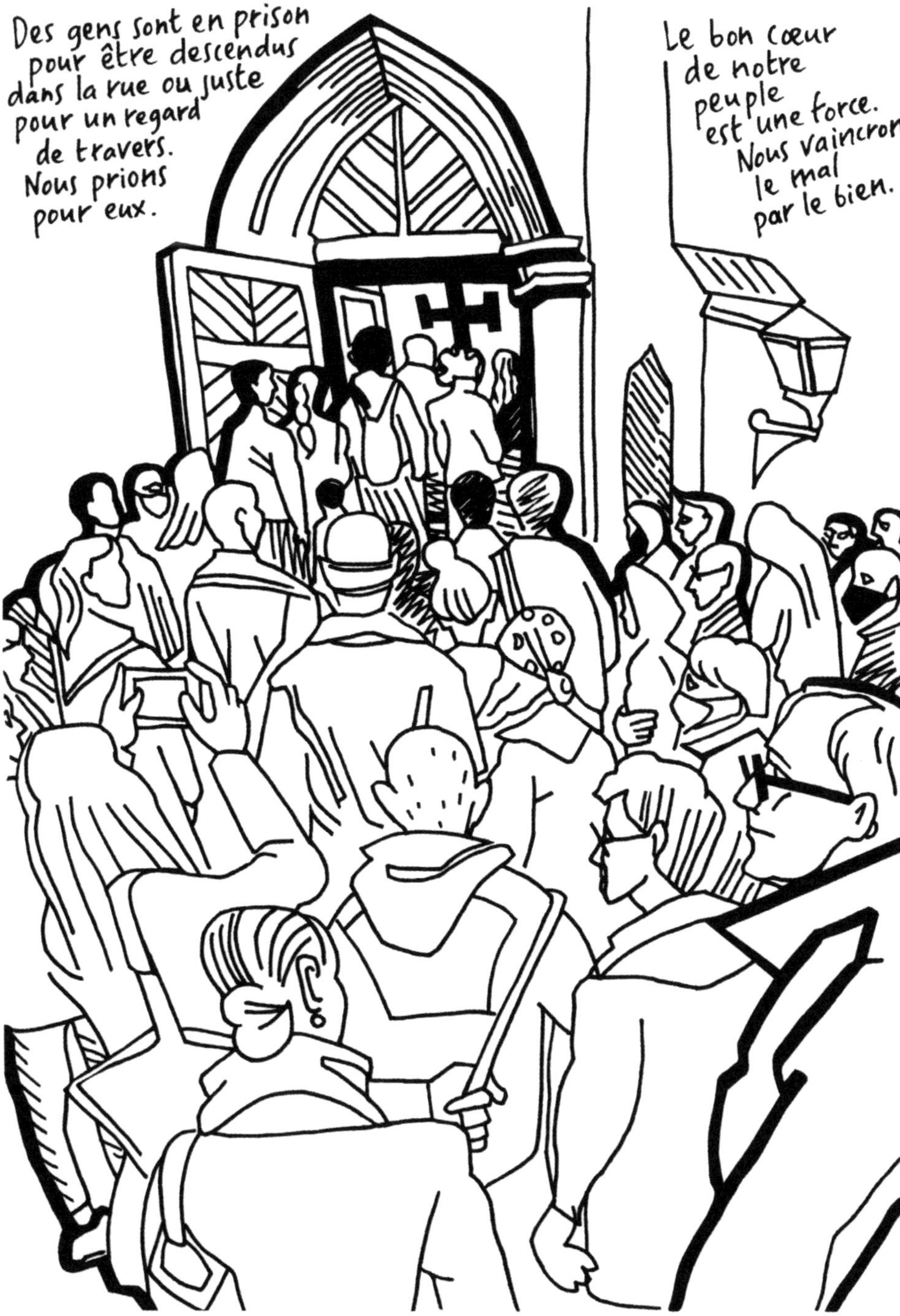

À l'église, on peut écouter un sermon sur la protestation pacifique.

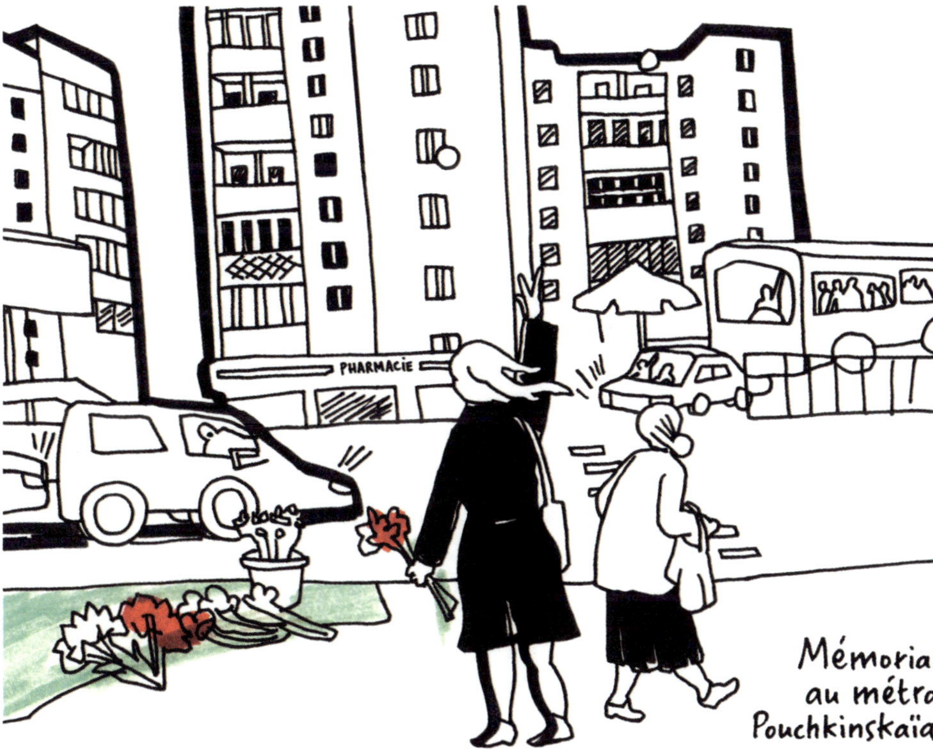

Des bouquets rouges et blancs ont été déposés à la sortie du métro Pouchkinskaïa. Un manifestant pacifique y est mort en août, durant une action de protestation. Les gens y ont installé un mémorial. La milice le retire constamment. Durant les dix minutes lors desquelles j'ai dessiné, cinq personnes ont apporté de nouveaux bouquets. Les automobilistes les klaxonnaient en passant devant elles, et les passagers des bus les saluaient de la main.

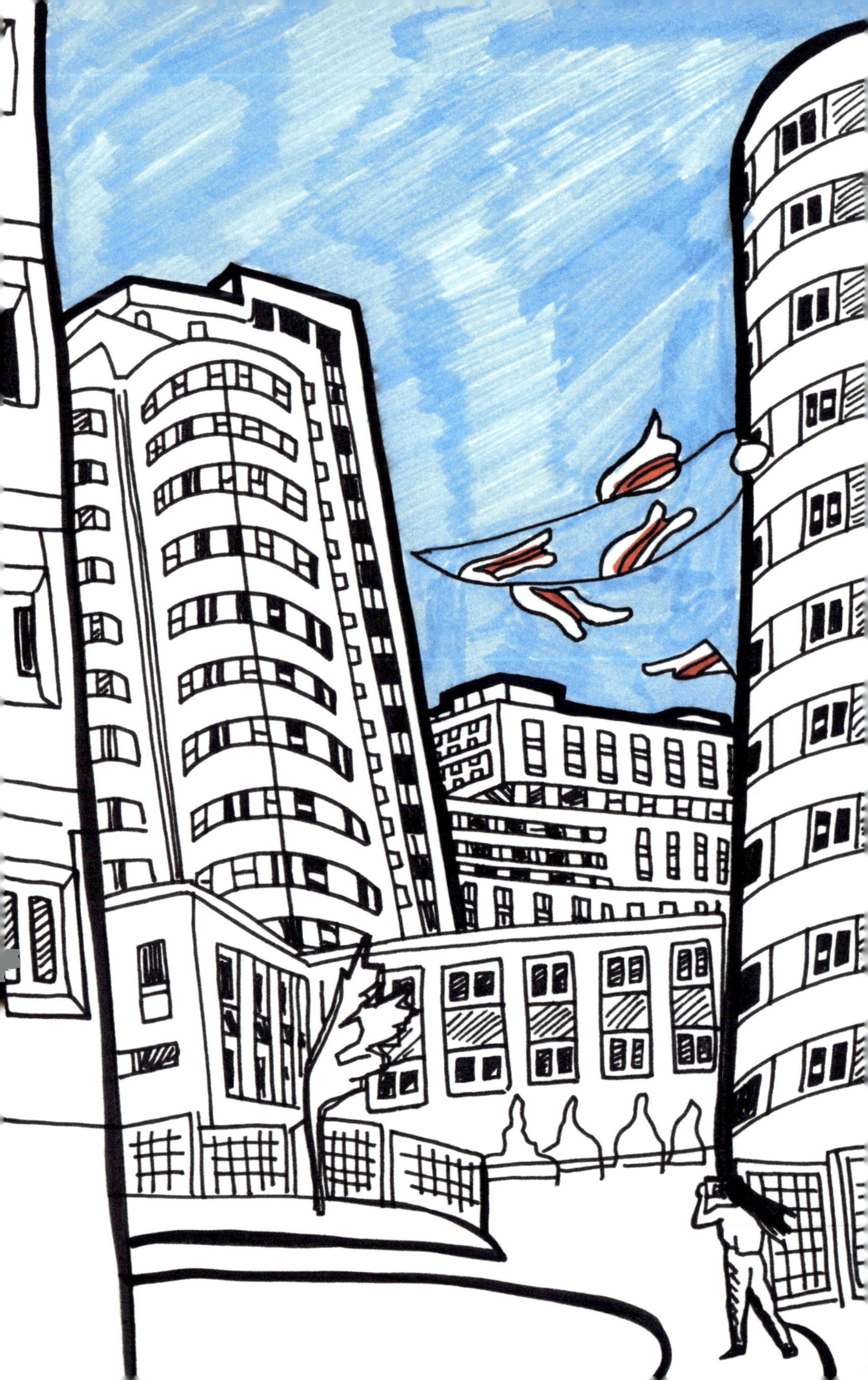

En haut du complexe résidentiel Cascade, des drapeaux flottent comme des cerfs-volants.

« Ce sont surtout les jeunes progressistes vivant ici qui accrochent des drapeaux entre les immeubles », m'a expliqué un habitant de la résidence. « Quand la milice les retire, nos veilleurs les raccrochent aussitôt. »

À Minsk, même quand on fait sécher ses sous-vêtements, on les étend selon les couleurs du drapeau de l'opposition : blanc, rouge, blanc. « La principale mission de la milice se résume désormais à enlever pendant la moitié de la journée les rubans rouges et blancs que les gens tressent sur tous les grillages », rigolent les habitants de Minsk.

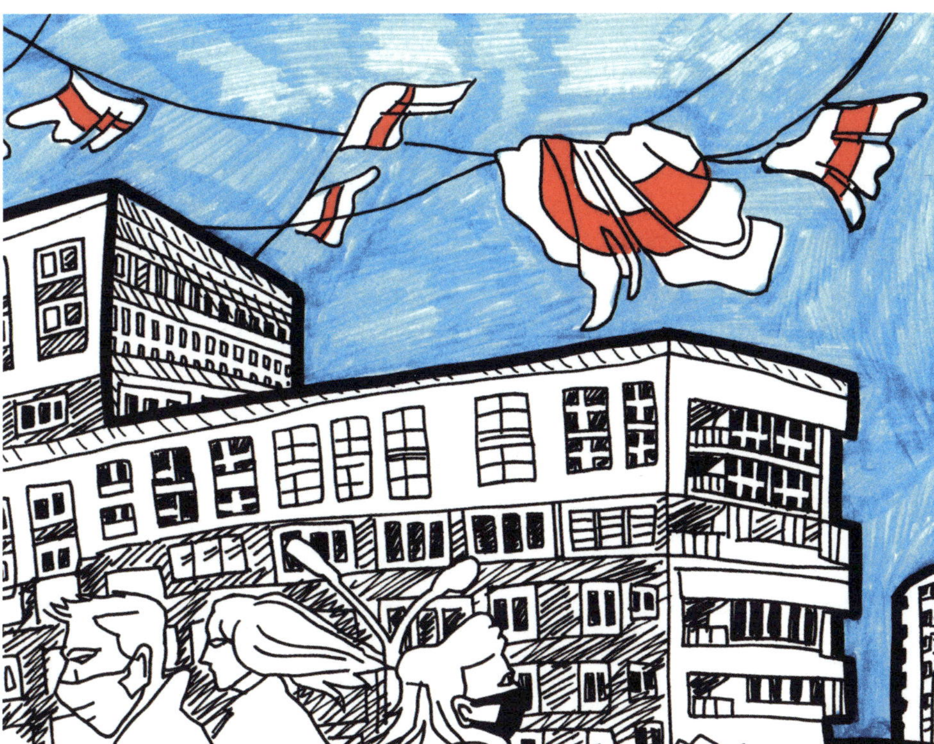

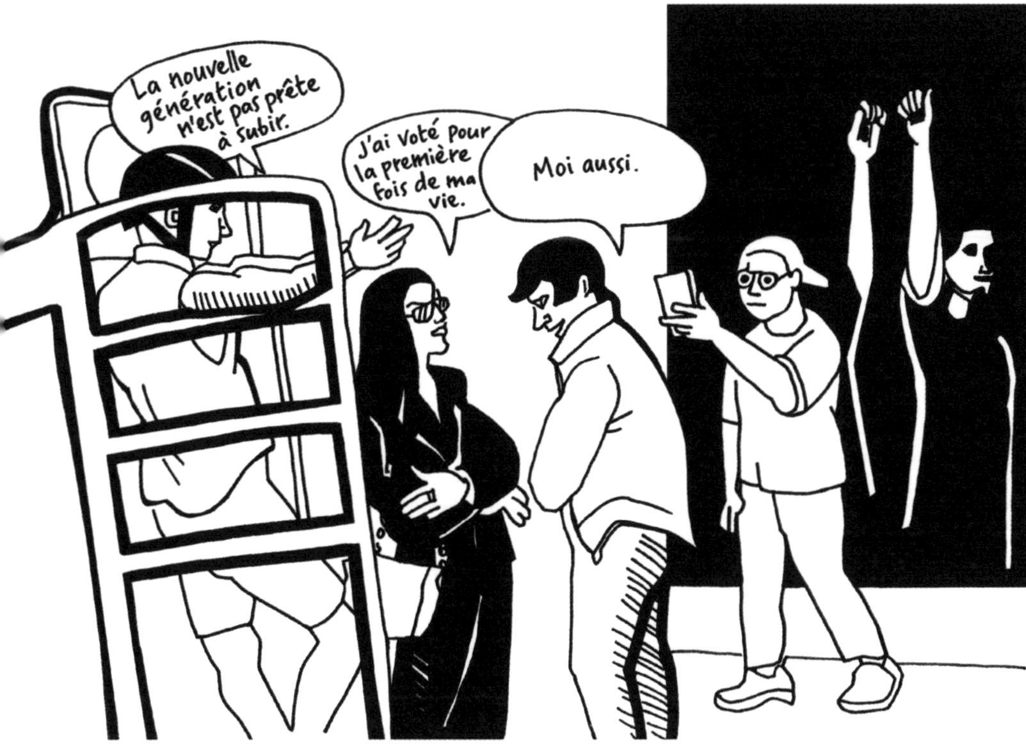

Une nouvelle forme de résistance est apparue : les « cours protestataires ». Les habitant·e·s de ces cours se rencontrent pour discuter des événements, organisent des concerts et des *flash mobs*[140], peignent des graffitis protestataires et font des projections vidéo. La cour protestataire la plus célèbre est la « Cour du changement ».

Le graf sur le poste électrique de la Cour du changement représente des DJ de Minsk, qui ont passé la chanson culte de Victor Tsoï « Nous attendons le changement »[141], lors d'une fête pro-gouvernementale. Cela leur a valu dix jours de détention. « Nous attendons le changement » est une chanson emblématique de ma jeunesse, alors que l'Union soviétique tombait en décrépitude. Que cette chanson déclenche toujours l'hystérie du pouvoir montre que l'adieu final au passé soviétique n'a pas encore été fait.

Alors que je prenais un taxi pour la Cour du changement, des ami·e·s m'ont écrit que la milice venait de recouvrir le graf. Quand je suis arrivée, les habitant·e·s l'avaient déjà presque repeint. « C'est la sixième fois qu'ils le recouvrent et nous l'avons encore repeint aussitôt », se sont-iels réjoui·e·s.

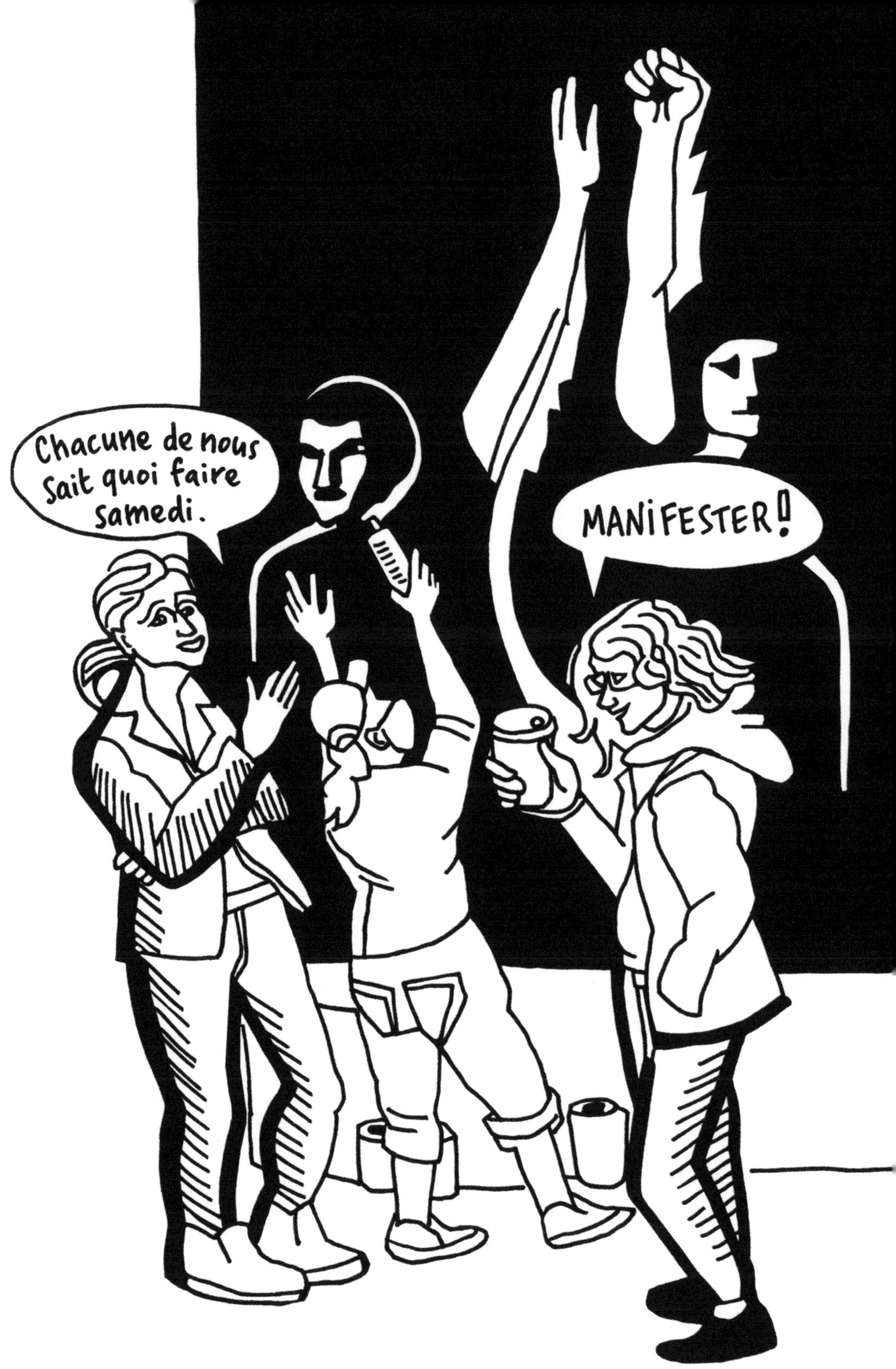
Chacune de nous sait quoi faire samedi.
MANIFESTER !

L’affaire de la grève illégale

Le lundi 11 septembre, j’ai dessiné au tribunal de l’*oblast* de Minsk. Ce jour-là, on examinait l’affaire de la grève illégale des travailleur·se·s de la plus grande usine du pays : Bélarouskali[142]. Il n’y avait pas de précédent judiciaire au Bélarus.

Comme beaucoup d’autres grandes usines du pays, Bélaruskali appartient à l’État qui considère que les grèves sont plus dangereuses que les rassemblements.

Pendant que nous attendions le début de l’audience, des hommes en cagoules noires sont entrés dans le hall et ont arrêté plusieurs femmes venues soutenir les grévistes. Les huissiers de justice se tenant à côté n’ont pas réagi. Les femmes ont été poussées dans un minibus non immatriculé et ont été emmenées vers une destination inconnue.

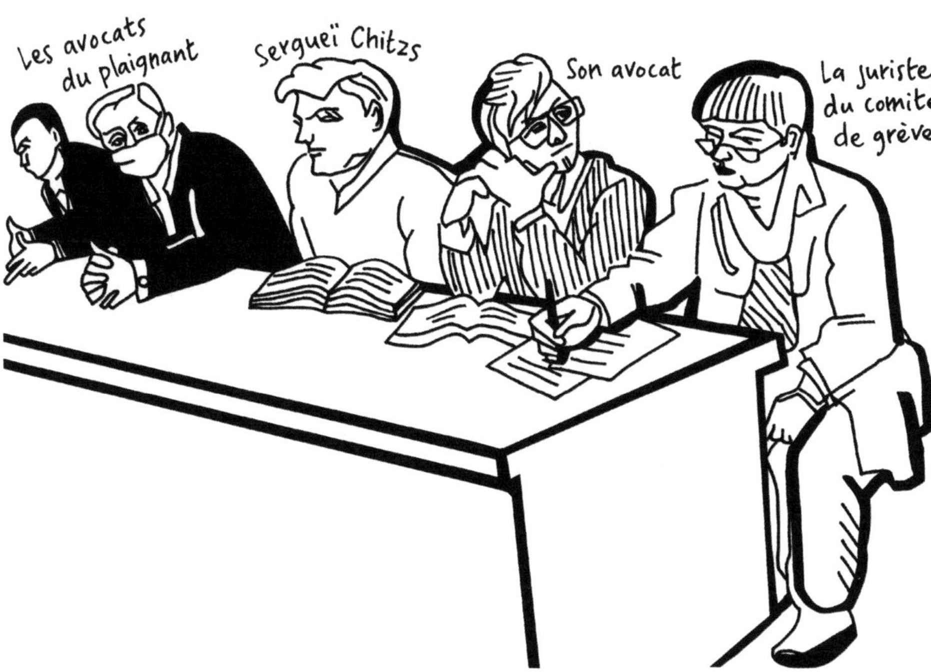

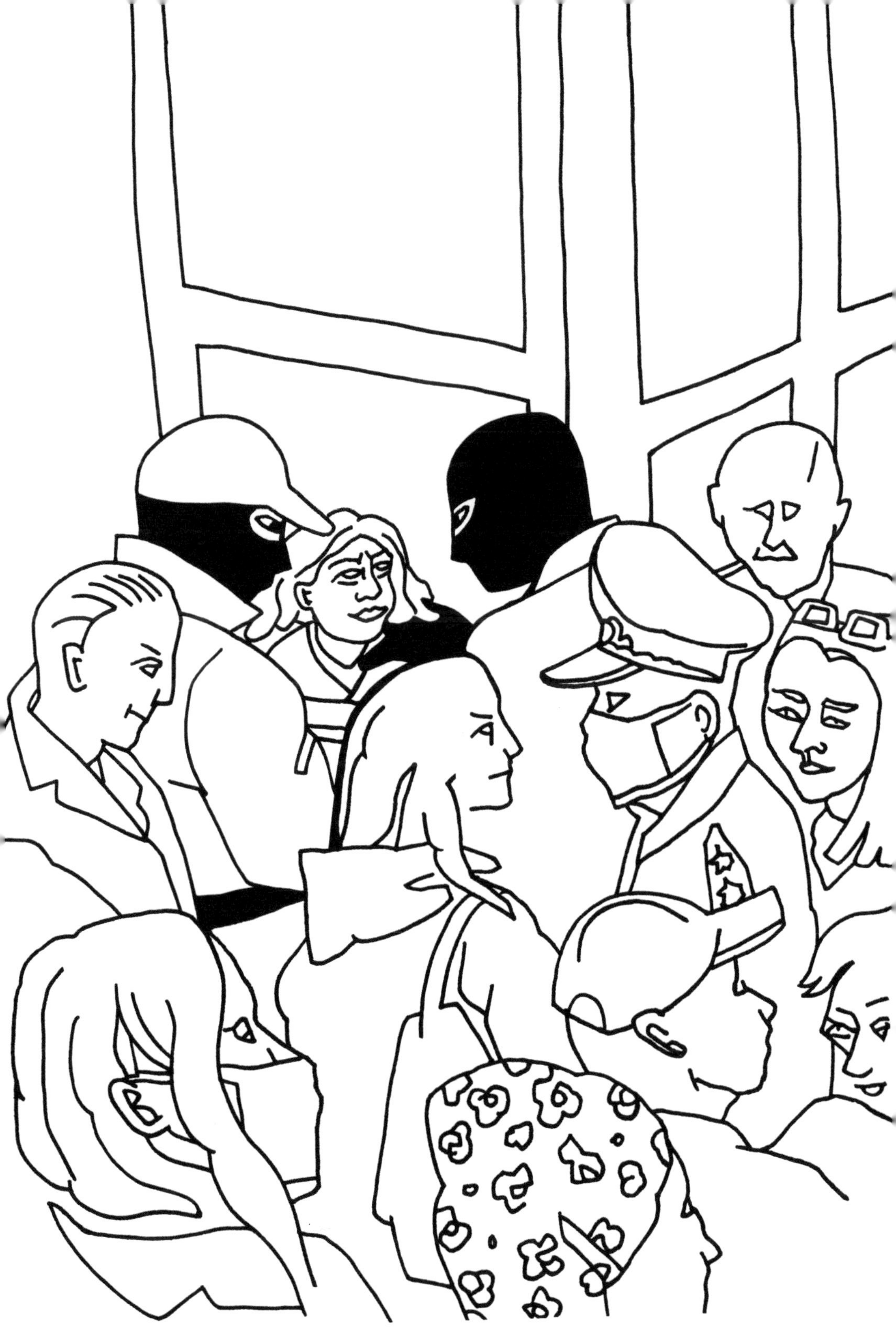

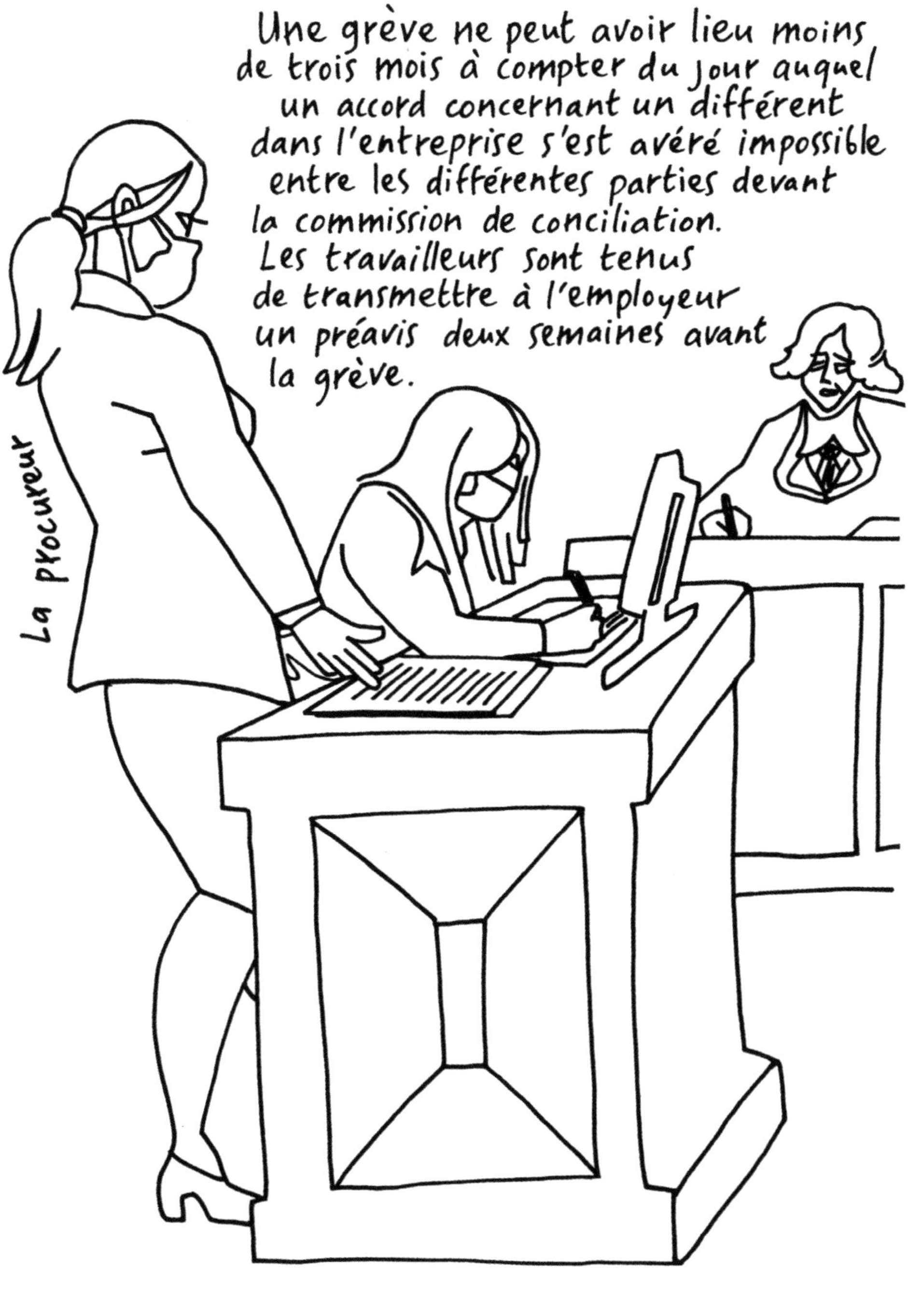
Une grève ne peut avoir lieu moins de trois mois à compter du jour auquel un accord concernant un différent dans l'entreprise s'est avéré impossible entre les différentes parties devant la commission de conciliation. Les travailleurs sont tenus de transmettre à l'employeur un préavis deux semaines avant la grève.
La procureur

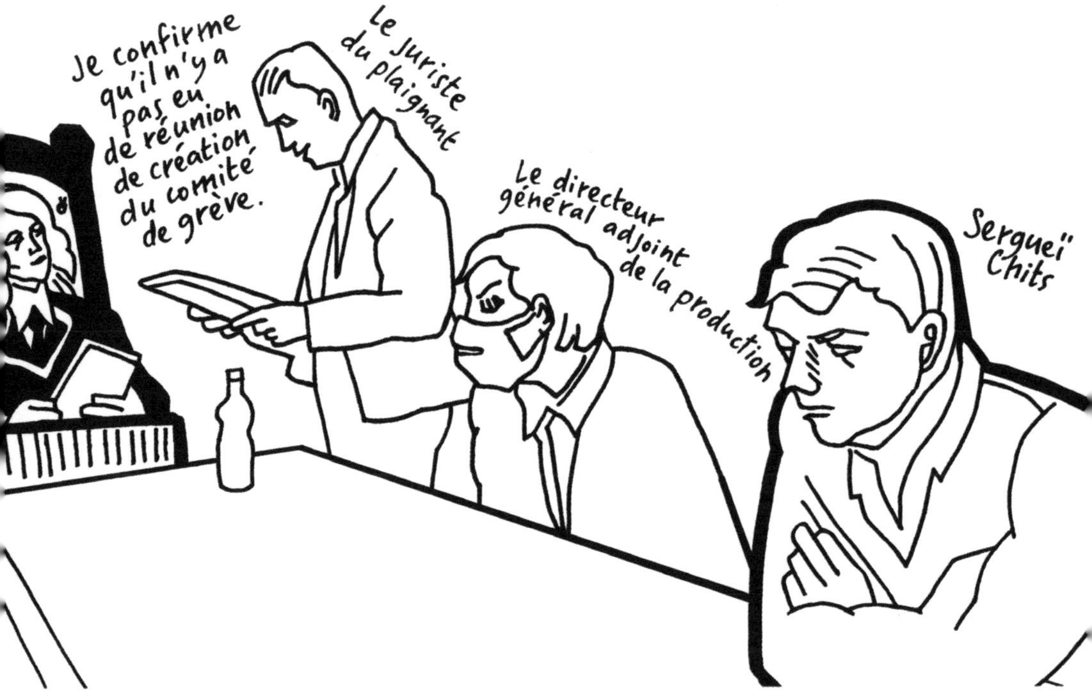
Je confirme qu'il n'y a pas eu de réunion de création du comité de grève.
Le juriste du plaignant
Le directeur général adjoint de la production
Sergueï Chits

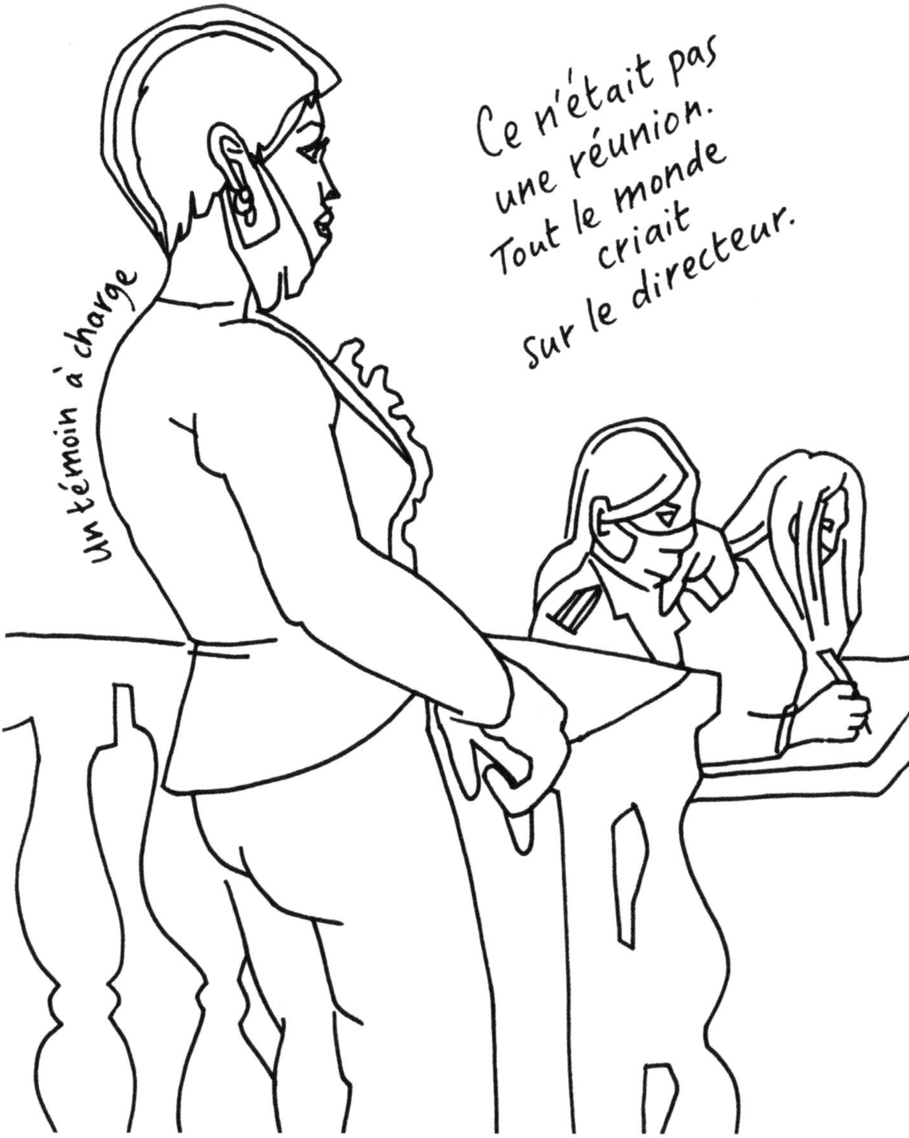
Un témoin à charge
Ce n'était pas une réunion. Tout le monde criait sur le directeur.

Le comité de grève de Bélaruskali, avait mandaté son représentant Sergueï Chits, l'ancien codirecteur du comité, comme défendeur au tribunal. « La ville a été drastiquement nettoyée. Des ouvriers ont été passés à tabac », a-t-il raconté à propos des événements ayant eu lieu après les élections présidentielles, à Soligorsk où se trouve Bélaruskali.

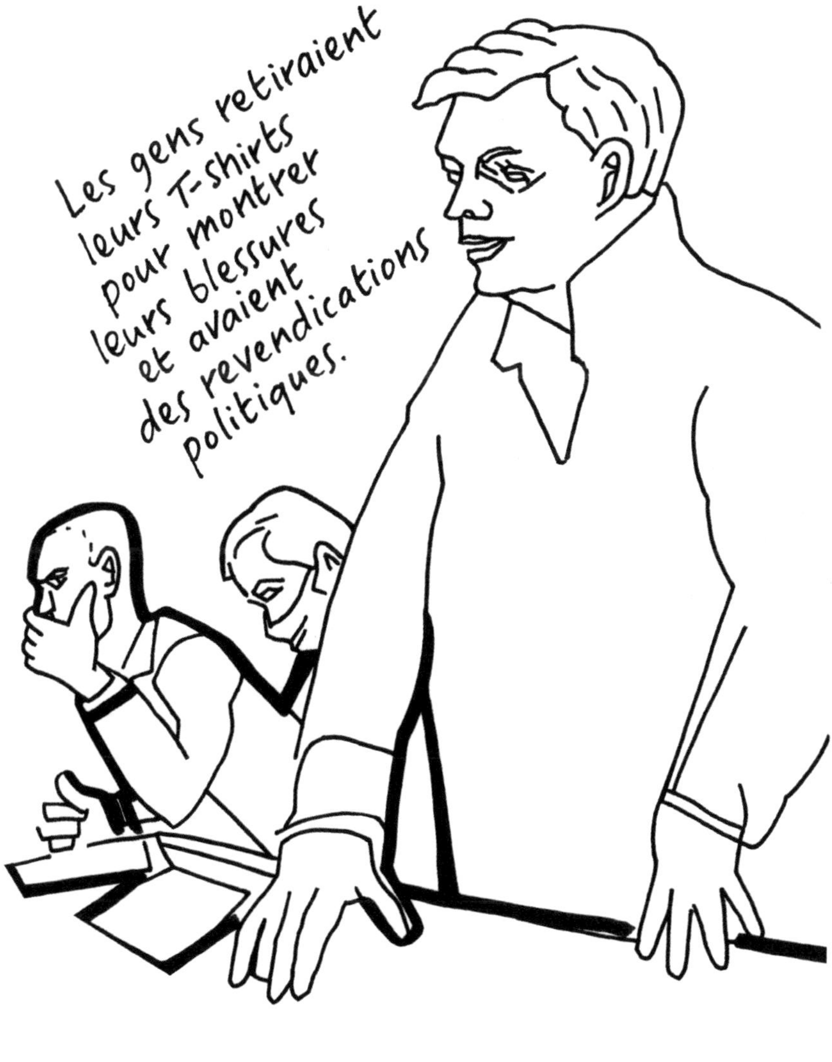

Les principales revendications des ouvrier·e·s étaient la reconnaissance de l'invalidité des élections présidentielles, la mise en accusation d'Alexandre Loukachenko et la libération de tous les prisonnier·e·s politiques.

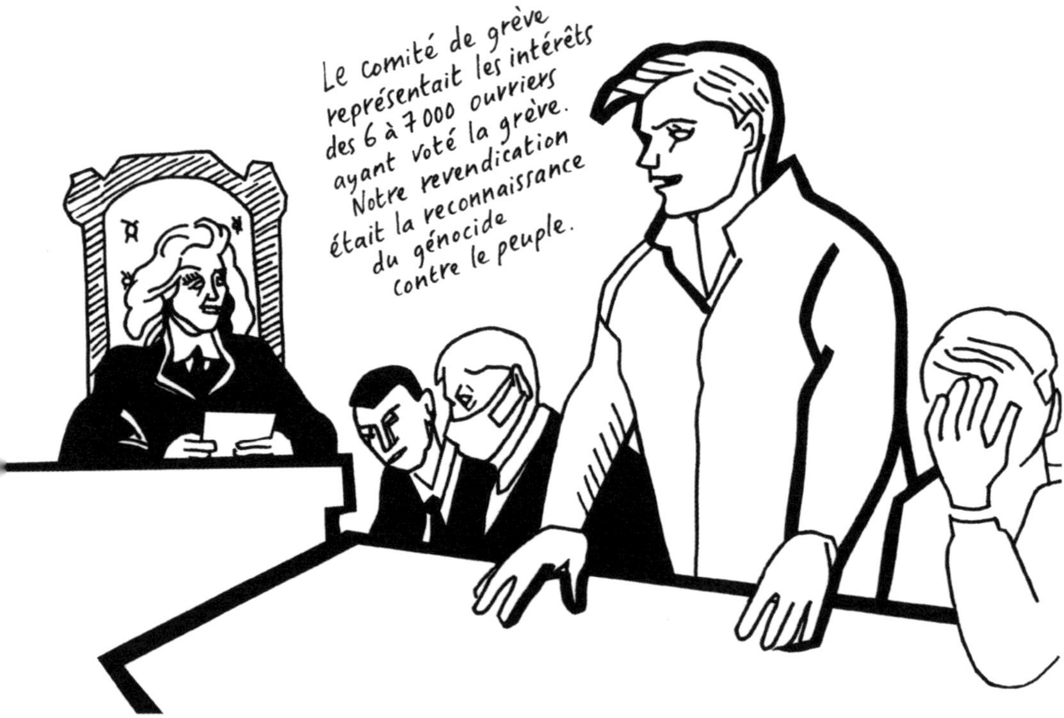

Les ouvrier·e·s avaient voté la grève illimitée, mais la plupart étaient retourné·e·s au travail au bout de deux jours. Sergueï Chits considérait cela comme une trahison.

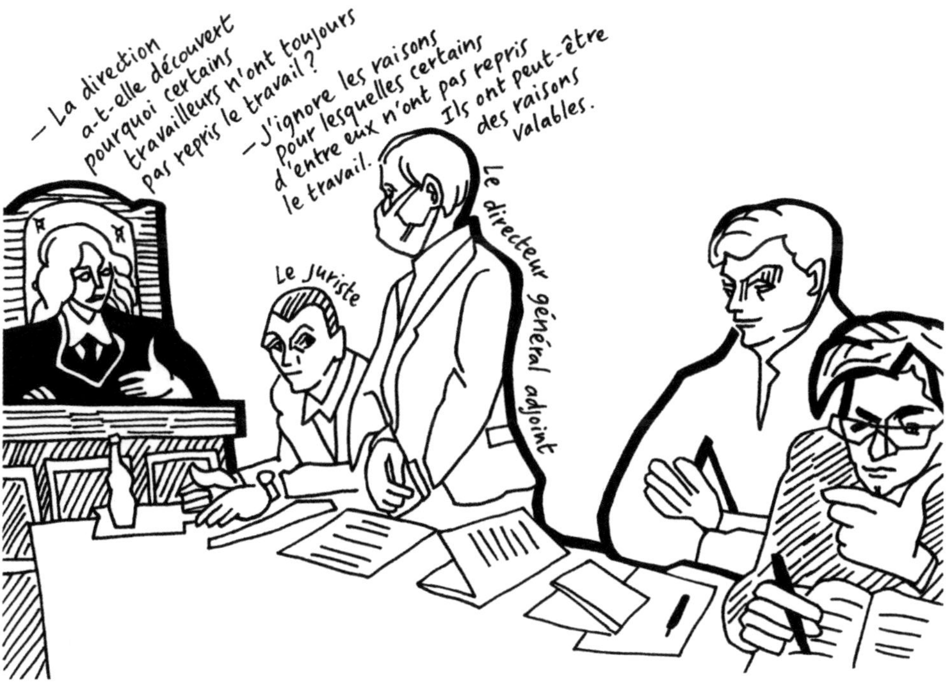

Durant ce procès, les accusés étaient non seulement les meneurs de la grève, mais aussi leurs supérieur·e·s qui n'avaient pas su écraser la contestation sur-le-champ. Au cours de l'interrogatoire, la juge a établi la liste des travailleur·se·s ayant activement soutenu la grève et n'étant toujours pas retourné·e·s à leur poste. Le tribunal a jugé la grève illégale.

Un week-end fort attendu

À l'approche du week-end, une information a été diffusée sur Telegram. « La plus retentissante marche de femmes » aurait lieu le samedi sur la place de la liberté. Ayant plus envie de dessiner que de manifester, je suis arrivée en avance et me suis assise à la terrasse d'un café sur la place. Des petits groupes de filles vêtues de rouge et de blanc s'y promenaient tranquillement. À l'heure convenue, elles se sont regroupées. Des bus non immatriculés ont déboulé aussitôt. Des hommes en cagoules en ont surgi et se sont mis à embarquer les filles.

À la table voisine, une mère et son enfant regardaient ce qu'il se passait :

– Ces bandits sont encore venus !

– Maman, je croyais que c'était la milice...

– Ce sont des bandits maintenant.

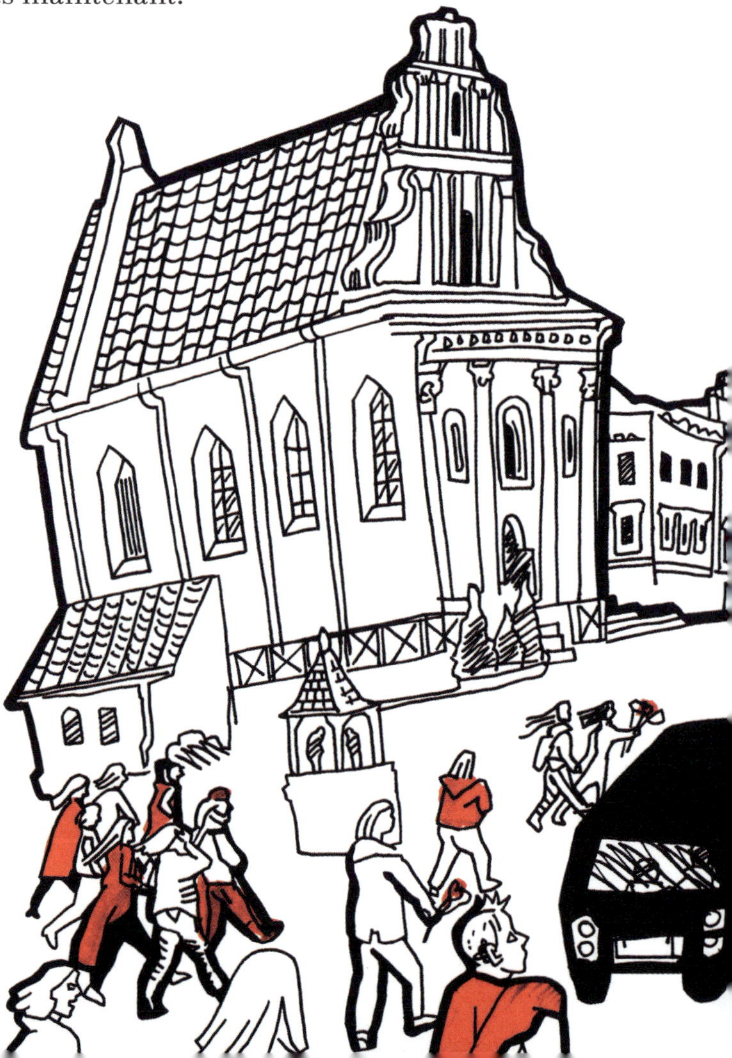

J'ai tenté de prévenir des filles accourant vers la place :

– Les filles, attendez ! Ils arrêtent tout le monde là-bas ! Faites le tour !

– S'ils embarquent les copines, alors c'est là qu'il faut aller.

La place s'est peu à peu remplie de fourgons cellulaires, comme si un décor de film de guerre se déployait devant moi. Les filles et les femmes ont formé un cortège et ont simplement emprunté un autre itinéraire.

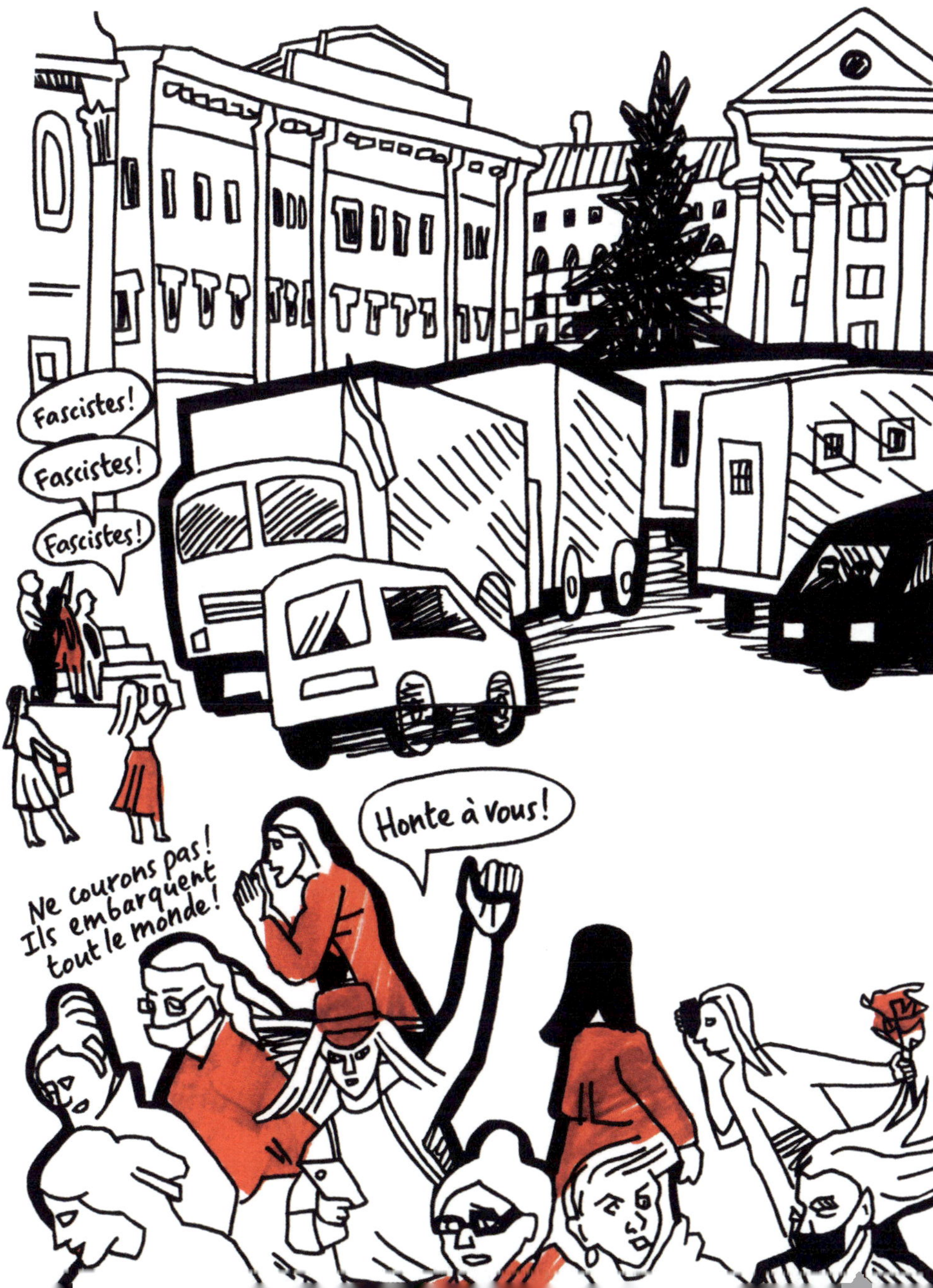

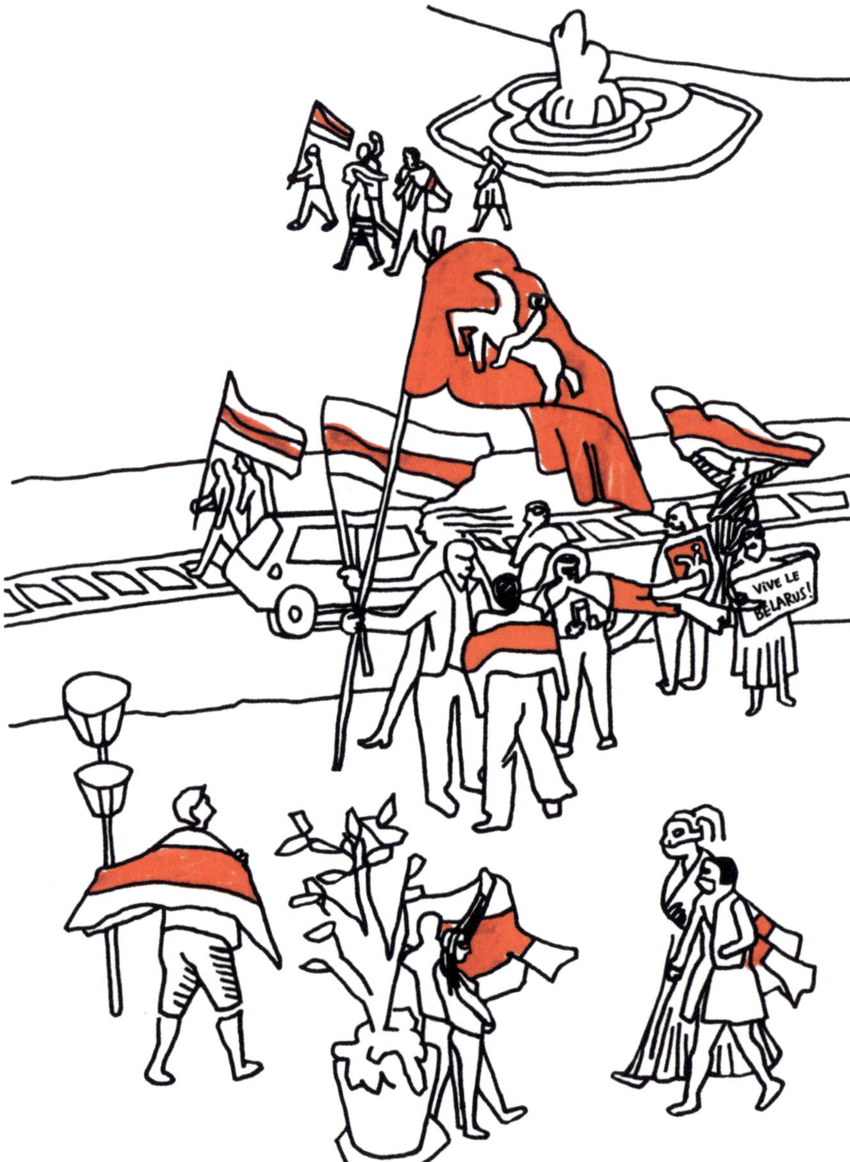

La « marche des héros » était annoncée le lendemain. C'était un de ces rassemblements de masse du dimanche dont je regardais les photos avec envie quand j'étais encore dans la déprimante ville de Moscou. Je voulais tant me retrouver à l'intérieur de ces images.

Le dimanche de bon matin, j'ai vu, des fenêtres de la maison où je logeais, des fourgons cellulaires et des bus non immatriculés arriver pour boucler le centre-ville. Quand j'ai sauté dans un taxi quinze minutes plus tard, les militaires étaient déjà dans la cour.

En milieu d'après-midi, je suis allée au métro Némiga où affluaient les manifestant·e·s.

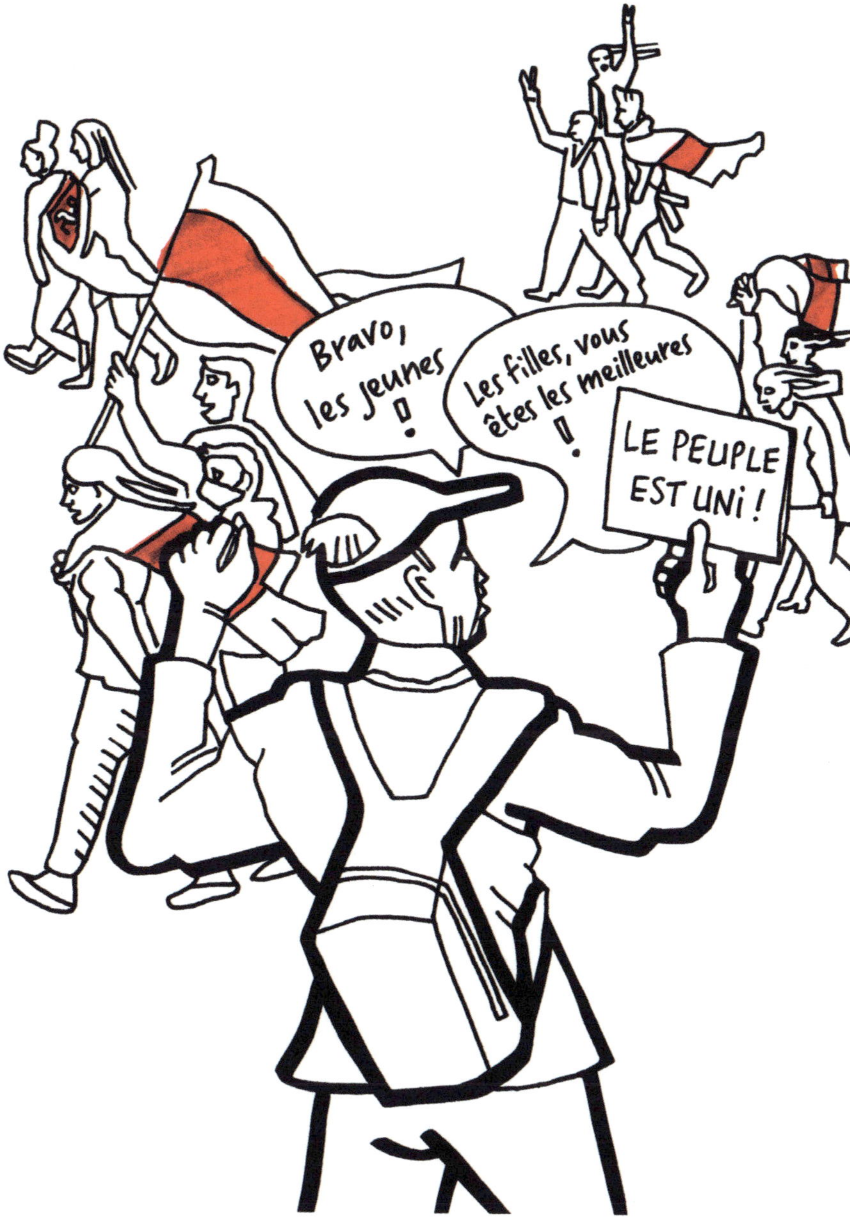

Les arrestations brutales ont commencé dès que les gens ont déployé des drapeaux. Les uns ont couru dans les cafés, les autres dans les magasins, mais les flics en ont extrait certains d'entre eux. Beaucoup de boutiques avaient prudemment fermé leurs portes à l'avance.

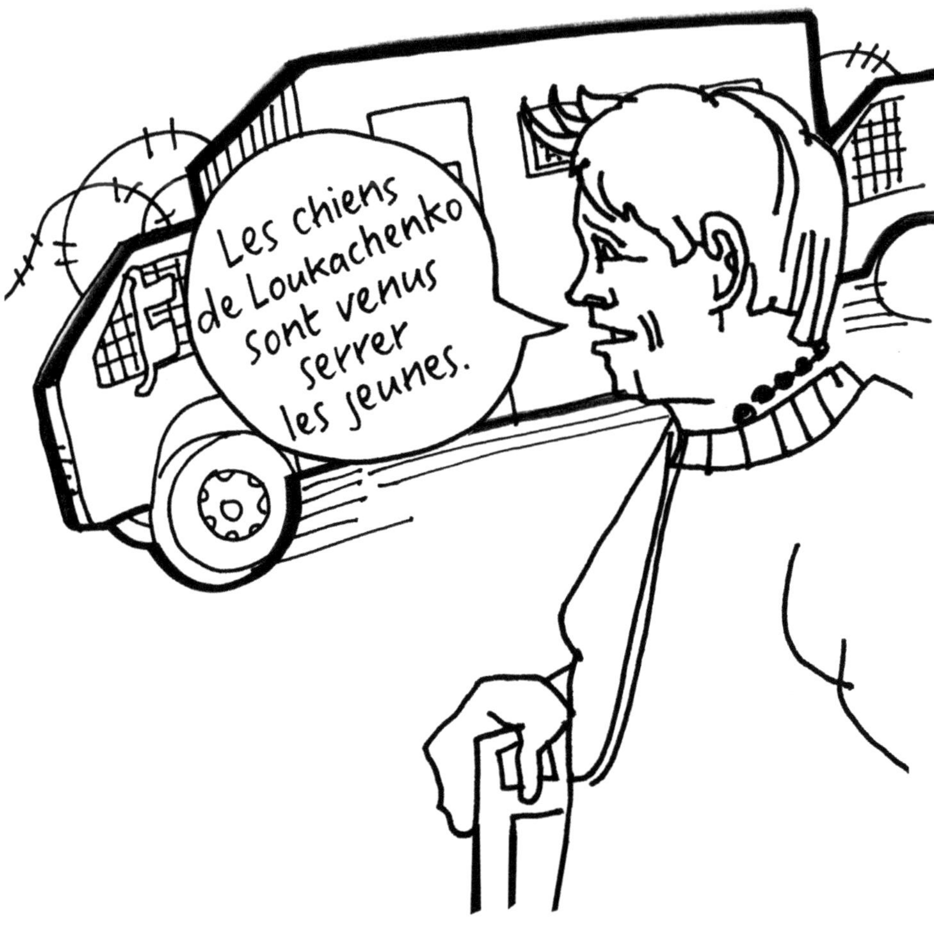

Avec une centaine d'autres personnes, je me suis retrouvée coupée du cortège principal qui entrait déjà dans le quartier de la Cascade. Les autorités avaient fermé le métro et coupé l'internet mobile. Nous avons tenté de rejoindre la foule. La partie la plus déplaisante du trajet était la traversée du long pont surplombant la voie ferrée. Je me suis rappelé des histoires du week-end précédent, durant lequel des gens avaient sauté dans la rivière froide pour échapper à la police.

Ce jour-là, les manifestant·e·s sont arrivé·e·s à Drazdy[143], un village pour l'élite où se trouvent l'une des résidences de Loukachenko et les datchas de ses proches. Mais à nouveau je n'ai pas pu supporter le stress et j'ai quitté la manifestation à mi-chemin.

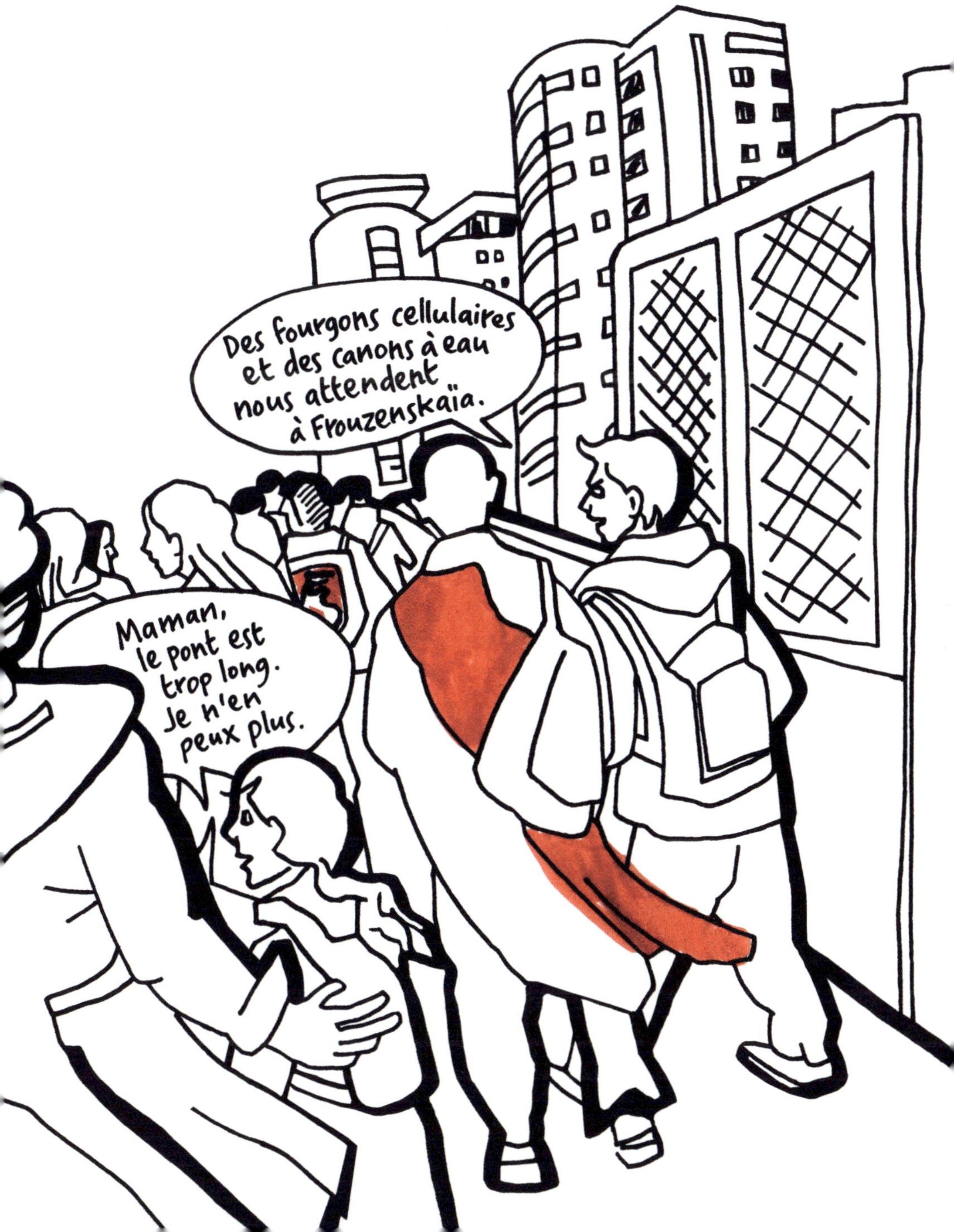
Des fourgons cellulaires et des canons à eau nous attendent à Frouzenskaïa.
Maman, le pont est trop long. Je n'en peux plus.

J'avais prévu de rester deux semaines à Minsk, mais une seule m'a suffi. J'espérais rentrer à Moscou sans incident, car on pouvait passer la frontière avec un passeport russe. Mais certain·e·s passager·e·s du bus privé me ramenant à Moscou, étaient bélarusses et n'avaient pas le droit d'entrer à cause de la pandémie. Le conducteur tournait donc le long de la frontière, dans l'espoir de la traverser par une route de campagne. Les passager·e·s parcouraient les chaînes Telegram et discutaient du rassemblement du dimanche. Un homme certifiait aux autres qu'il venait d'apprendre au téléphone par des personnes bien informées que la Russie enverrait l'armée le lendemain pour mater les manifestant·e·s bélarusses. J'ai regardé le ciel noir par la fenêtre et j'ai pensé que, dans une perspective historique, l'important n'est pas ce que feront Poutine ou Loukachenko. Le fleuve du Temps avance. Il avance lentement, mais en emportant avec lui les traces de l'Union soviétique, tels des déchets.

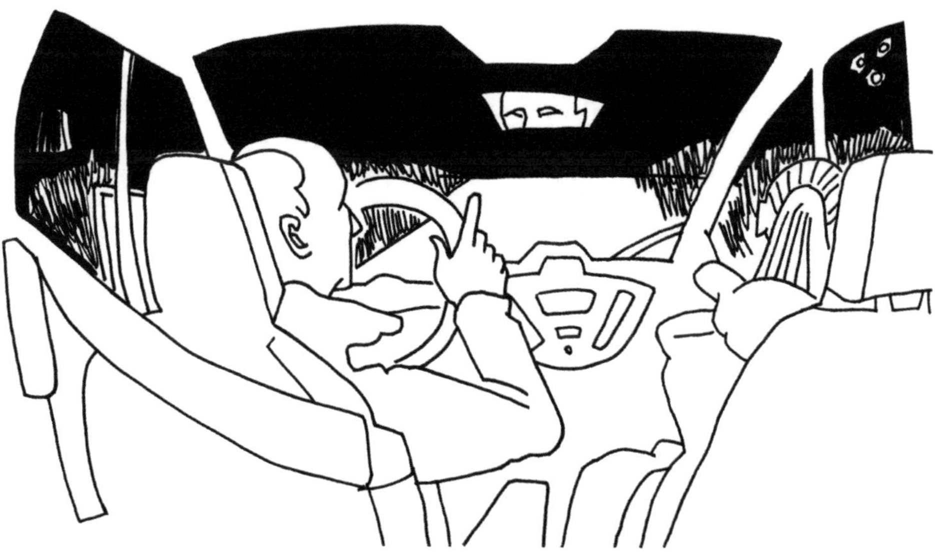

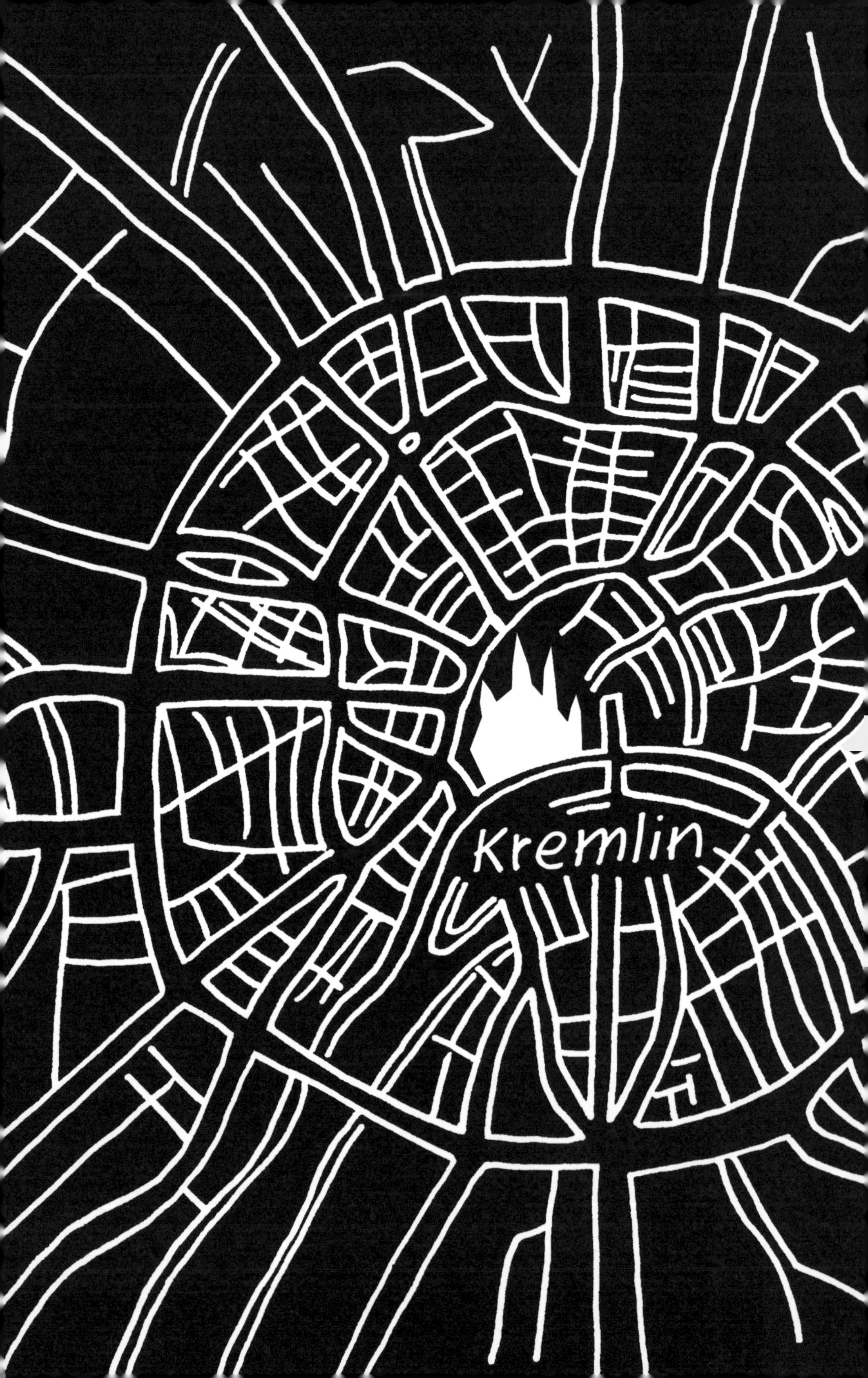
Kremlin

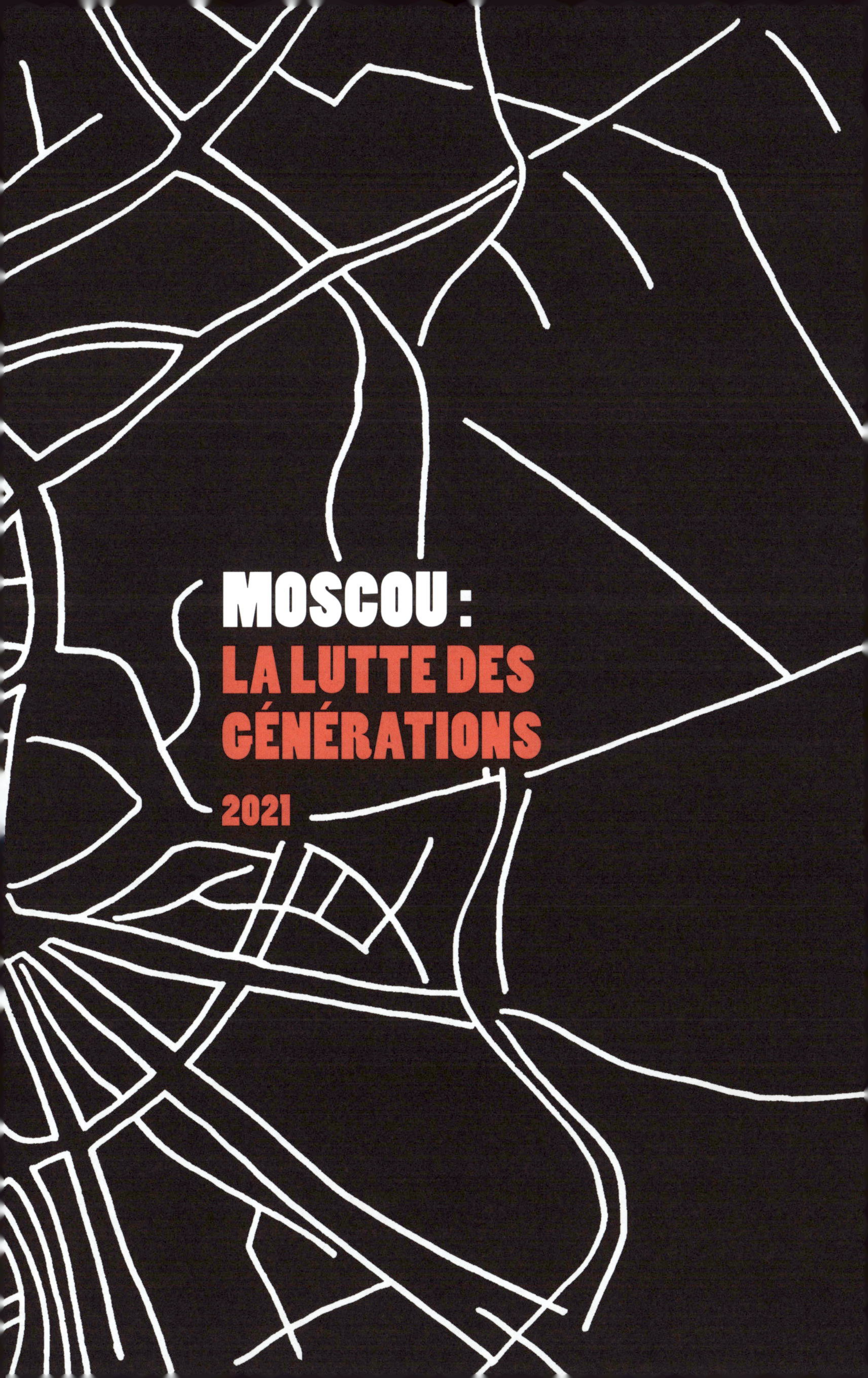

MOSCOU :
LA LUTTE DES GÉNÉRATIONS

2021

L'hiver 2020 covidé était enneigé. Il gelait en janvier et la vie sociale était elle aussi complètement gelée, comme si elle imitait les froides congères.

Alexeï Navalny[144], le leader de l'opposition, empoisonné au mois d'août précédent par le poison militaire *novitchok*[145], suivait une réadaptation à Berlin. Au Bélarus voisin, Loukachenko écrasait la révolution grâce au soutien de Poutine. En Russie, une nouvelle loi était adoptée. Toute personne ayant écrit quoi que ce soit de politique, que ce soit dans les médias ou sur les réseaux sociaux, et ayant un jour reçu un financement étranger, pouvait désormais être désignée « agent de l'étranger » et fichée. L'étiquetage coercitif « agent de l'étranger », les amendes et le contrôle total des finances gelaient dorénavant les activités professionnelles de ces citoyen·ne·s.

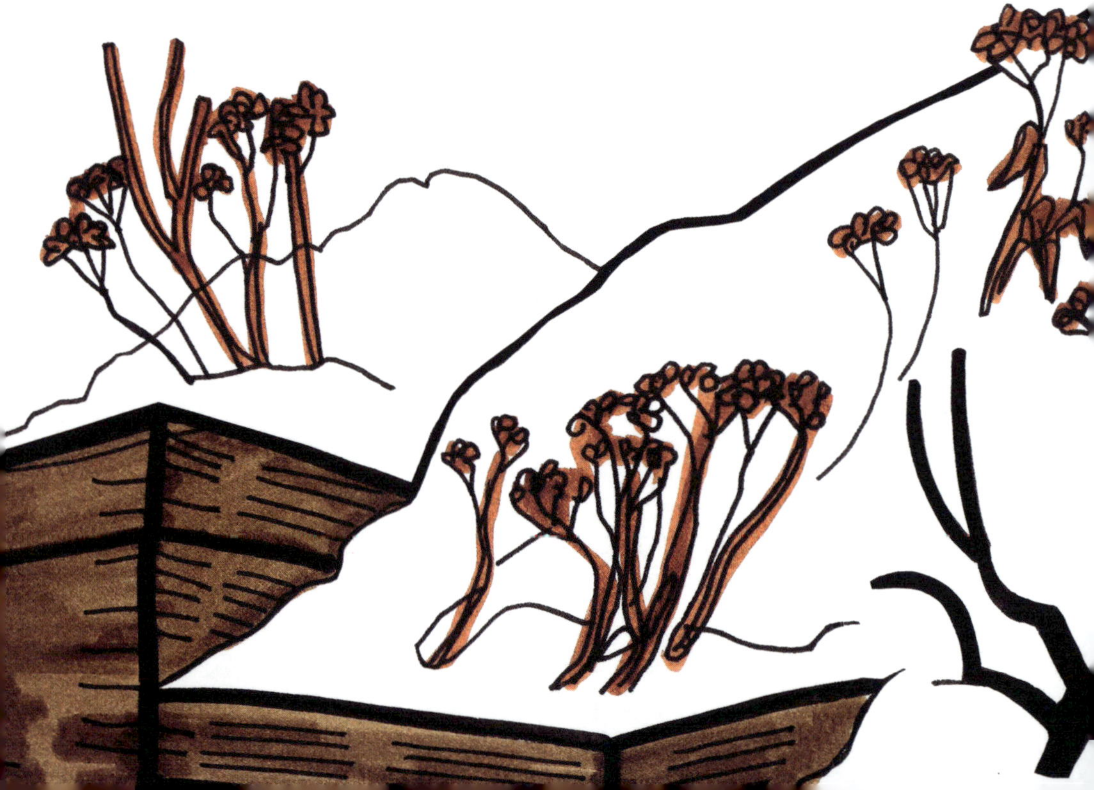

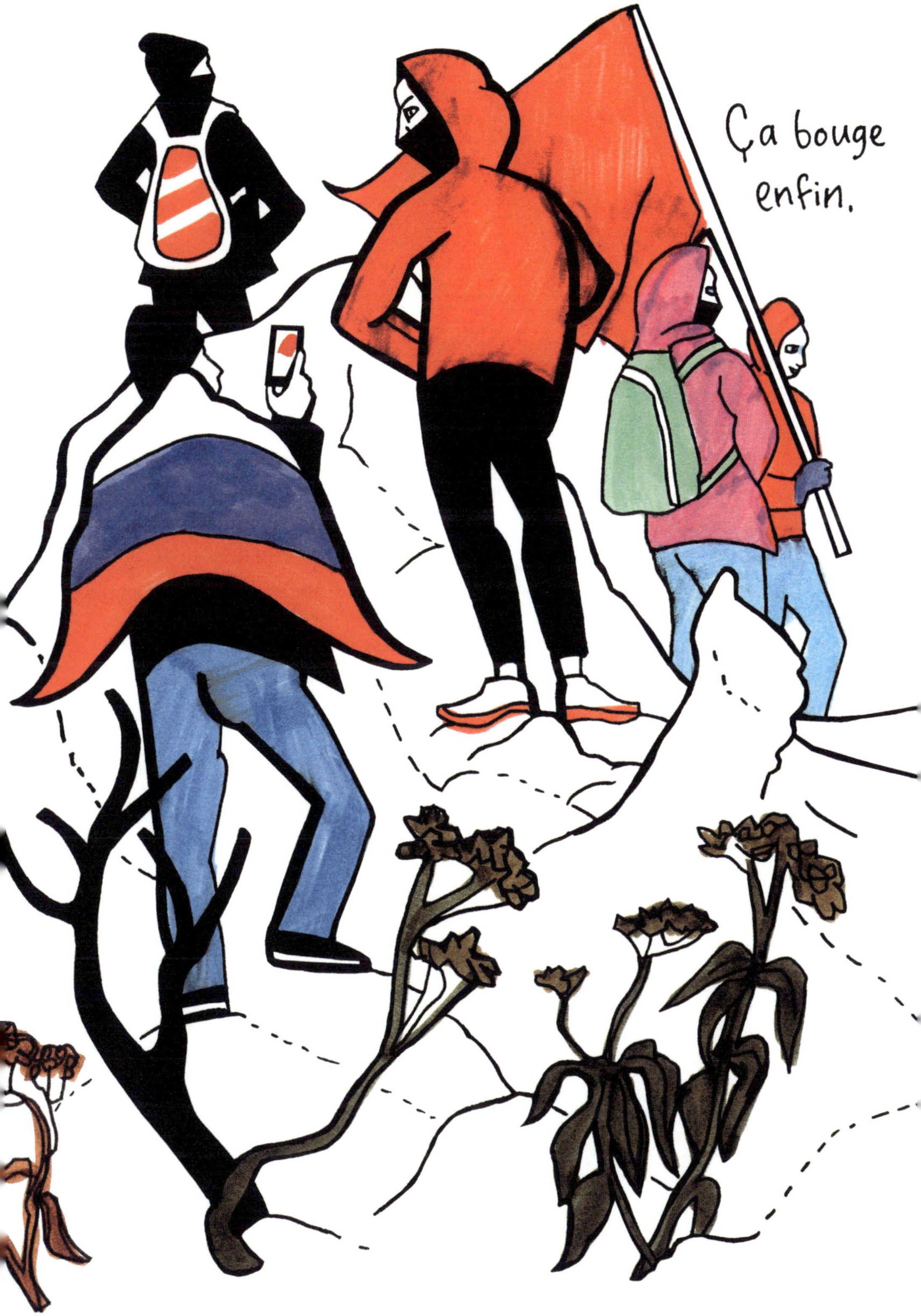
Ça bouge
enfin.

L'année 2021 a commencé brutalement par la nouvelle du retour de Navalny en Russie. Peu avant, l'homme politique avait appelé ses assassins présumés au téléphone et l'un d'eux, croyant parler à un commandant du FSB, avait divulgué les détails de l'empoisonnement. Le 17 janvier, l'aéroport Vnoukovo, où l'avion de Navalny devait atterrir, a fermé soudainement ses pistes d'atterrissage. L'avion de Navalny a été détourné sur Chérémétiévo[146] où le politicien a aussitôt été arrêté pour l'affaire Yves Rocher engagée contre lui en 2013. Alors que Navalny était déjà aux mains de Poutine, il a publié sur sa chaîne YouTube son enquête sur le palais présidentiel secret qui avait coûté 100 milliards de roubles (plus d'un milliard d'euros)[147].

Médusé·e·s, nous suivions, tel·le·s des spectateur·rice·s de cinéma, les incroyables aventures de Navalny, qui étaient plus palpitantes qu'une série Netflix. La lumière de ses actes audacieux nous retombait aussi dessus. On se ré-intéressait à la Russie. L'appel de Navalny à défiler le 23 janvier contre le régime poutinien nous plaçait devant un choix : serions-nous seulement des spectateur·rice·s ou les héro·ïne·s de cette série ?

Le 23 janvier

Un voisin est venu me voir une ou deux fois avant le 23 janvier. C'était un gars plutôt apolitique ayant manifesté pour la dernière fois en 2012[148]. Nous avons décidé d'aller au rassemblement, en nous rappelant qu'il pouvait se terminer pour beaucoup par un licenciement, par une exclusion de l'université, par une amende, par une blessure, par une détention de quelques jours, ou même par la prison.

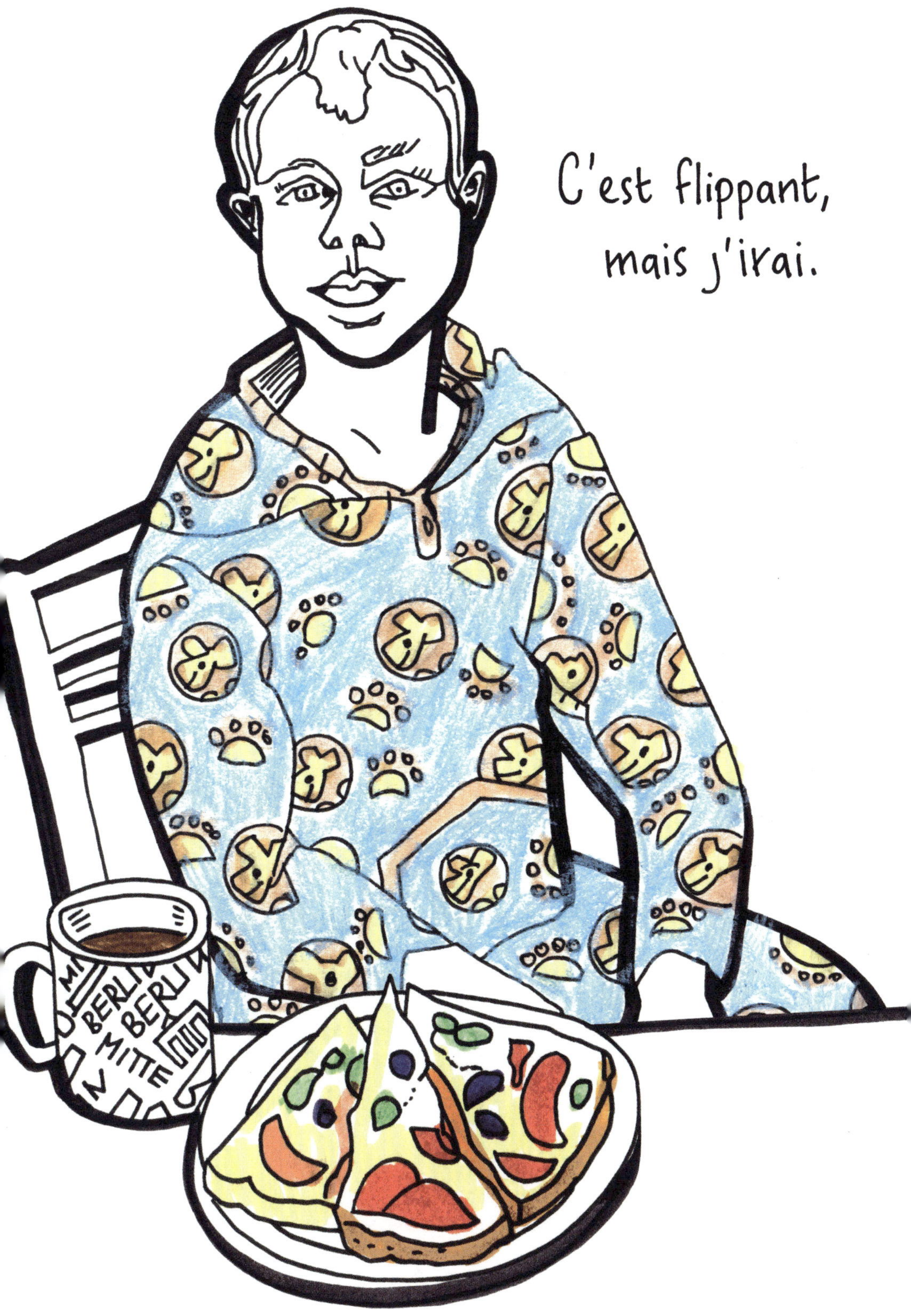
C'est flippant, mais j'irai.

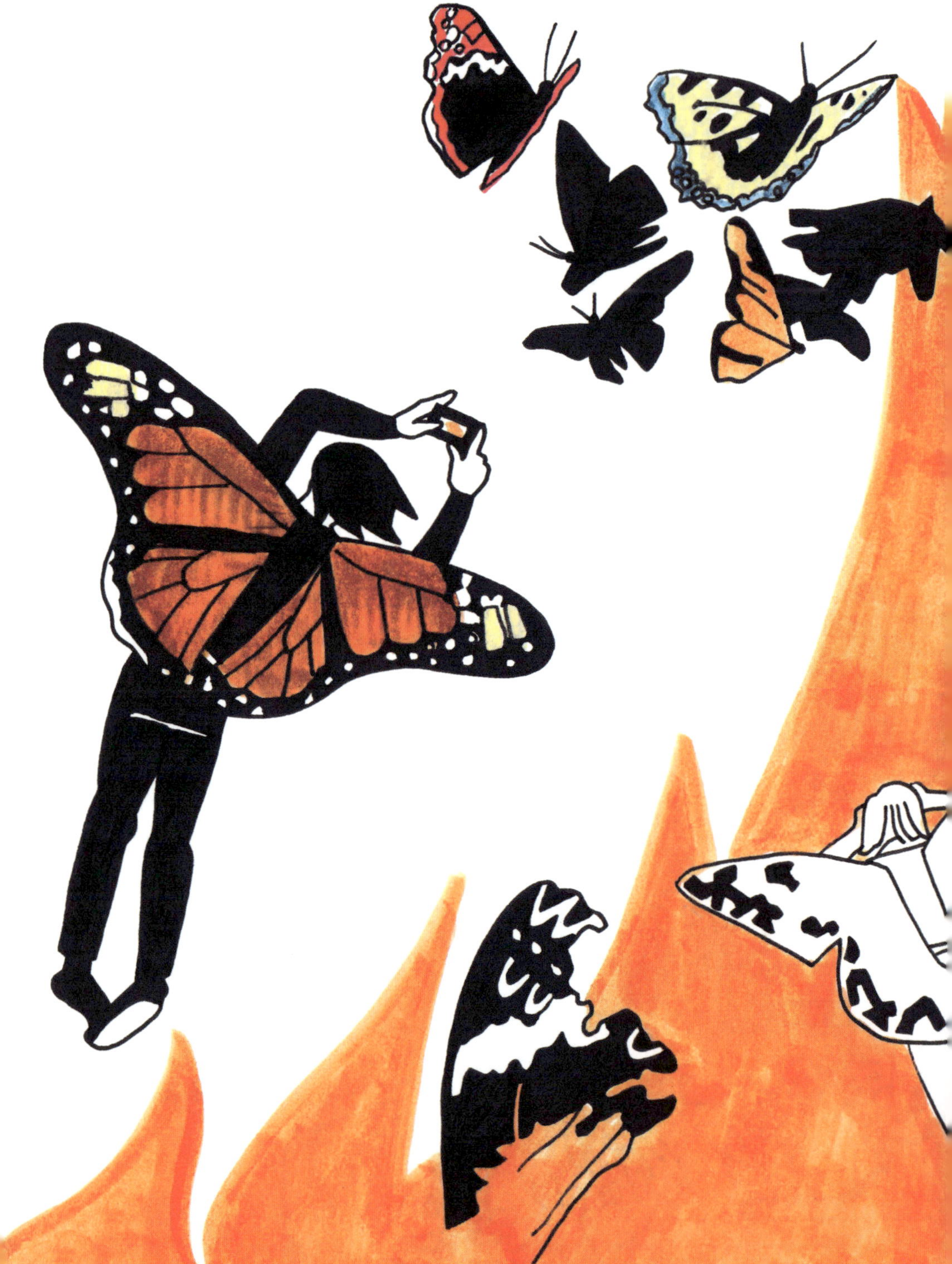

J'ai appelé mes ami·e·s. Tout le monde ressentait l'énergie des grands événements balbutiants et cette énergie nous attirait, comme la flamme attire les papillons.

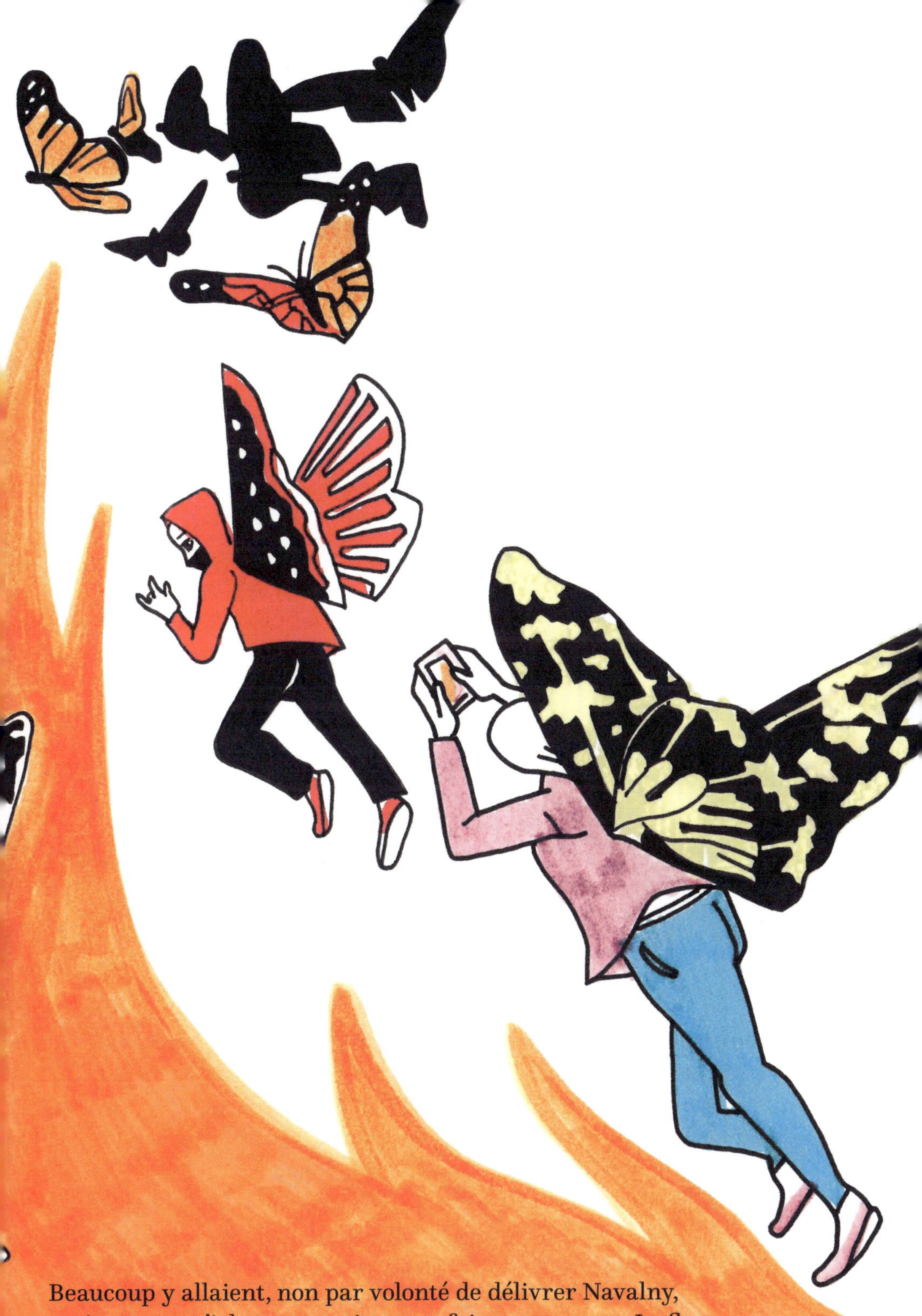

Beaucoup y allaient, non par volonté de délivrer Navalny, mais parce qu'iels ne pouvaient pas faire autrement. Le flux de l'Histoire commençait à emporter les gens avec lui.

Les analystes avaient prédit qu'il s'agirait d'un rassemblement d'ados inondant TikTok de vidéos contre Poutine et pour Navalny. Mais les premières personnes que nous avons vues en arrivant au rassemblement n'étaient même pas des ados. C'était des enfants fabriquant un bonhomme de neige.

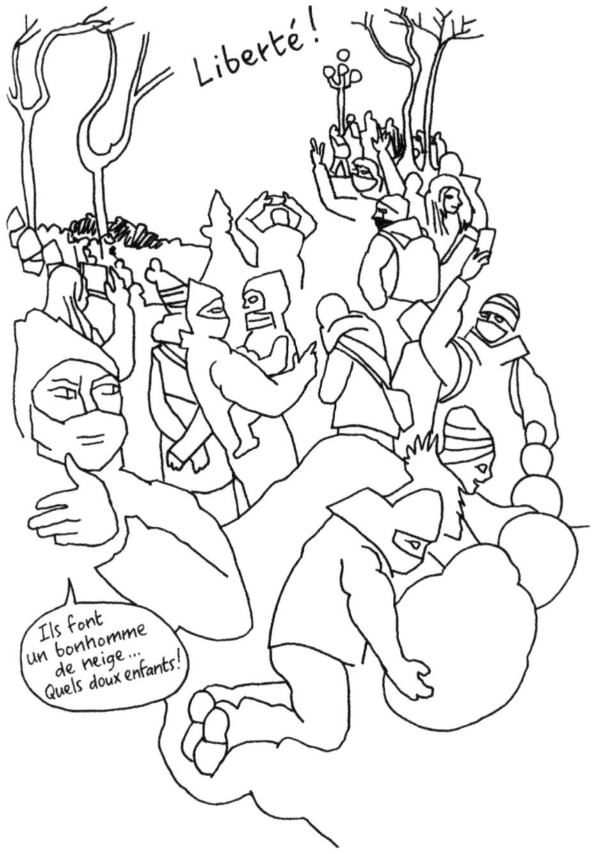

Mon attention s'est ensuite portée sur un gars et une fille arborant des affiches. Sur celle de la fille était écrit : « À quoi rêvons-nous, moi et les autres filles ? À l'argent, à l'amour et à une voiture. Poutine est mort ce soir. » Et sur celle du gars : « Je n'ai pas peur du papy bunkerisé. » Il avait quelque chose d'étrange sur le front. En regardant de plus près, j'ai vu que c'était un bandeau avec un hiéroglyphe. C'était un *cosplay* du manga culte *Naruto* dans lequel des héro·ïne·s, des ados doué·e·s de pouvoirs magiques, doivent parfois combattre des démons adultes. Il y avait plein de symboles évoquant la lutte des générations autour de moi : la jeune génération, nouvelle et mobile, contre la vieille génération, soviétique et sclérosée.

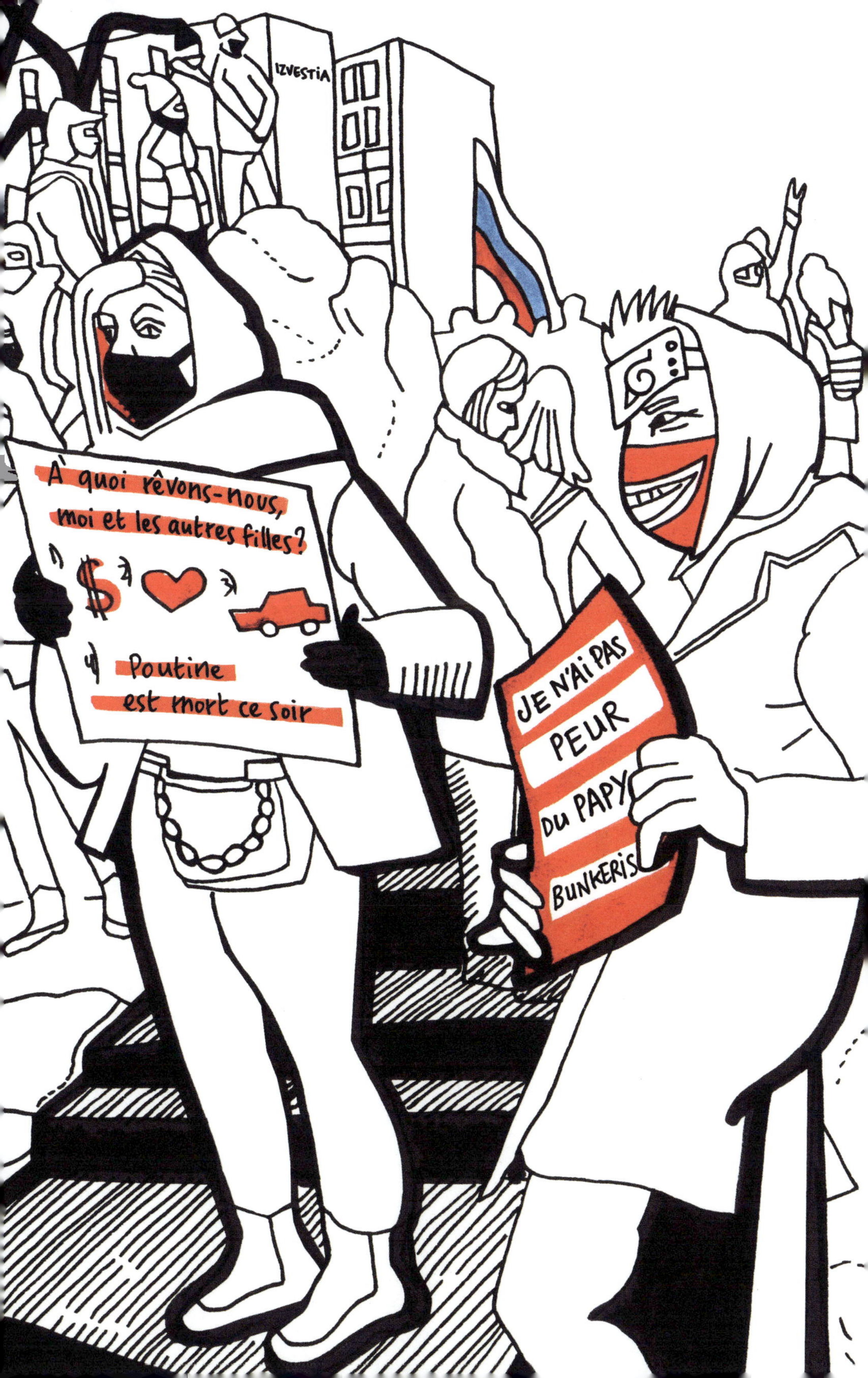
IZVESTIA
À quoi rêvons-nous, moi et les autres filles?
1) $ 2) ♥ 3)
4) Poutine est mort ce soir
JE N'AI PAS PEUR DU PAPY BUNKERISÉ

Je suis restée deux heures au rassemblement. Je n'ai pas tenté de me faufiler vers la statue de Pouchkine où des arrestations brutales avaient lieu. Debout au milieu de la foule, je contemplais ces beaux et sympathiques jeunes gens. Il me semblait qu'une volée d'oiseaux multicolores s'abattait sur la neige et qu'il n'y avait rien de commun entre elleux et les compagnies noires et menaçantes d'OMON[149].

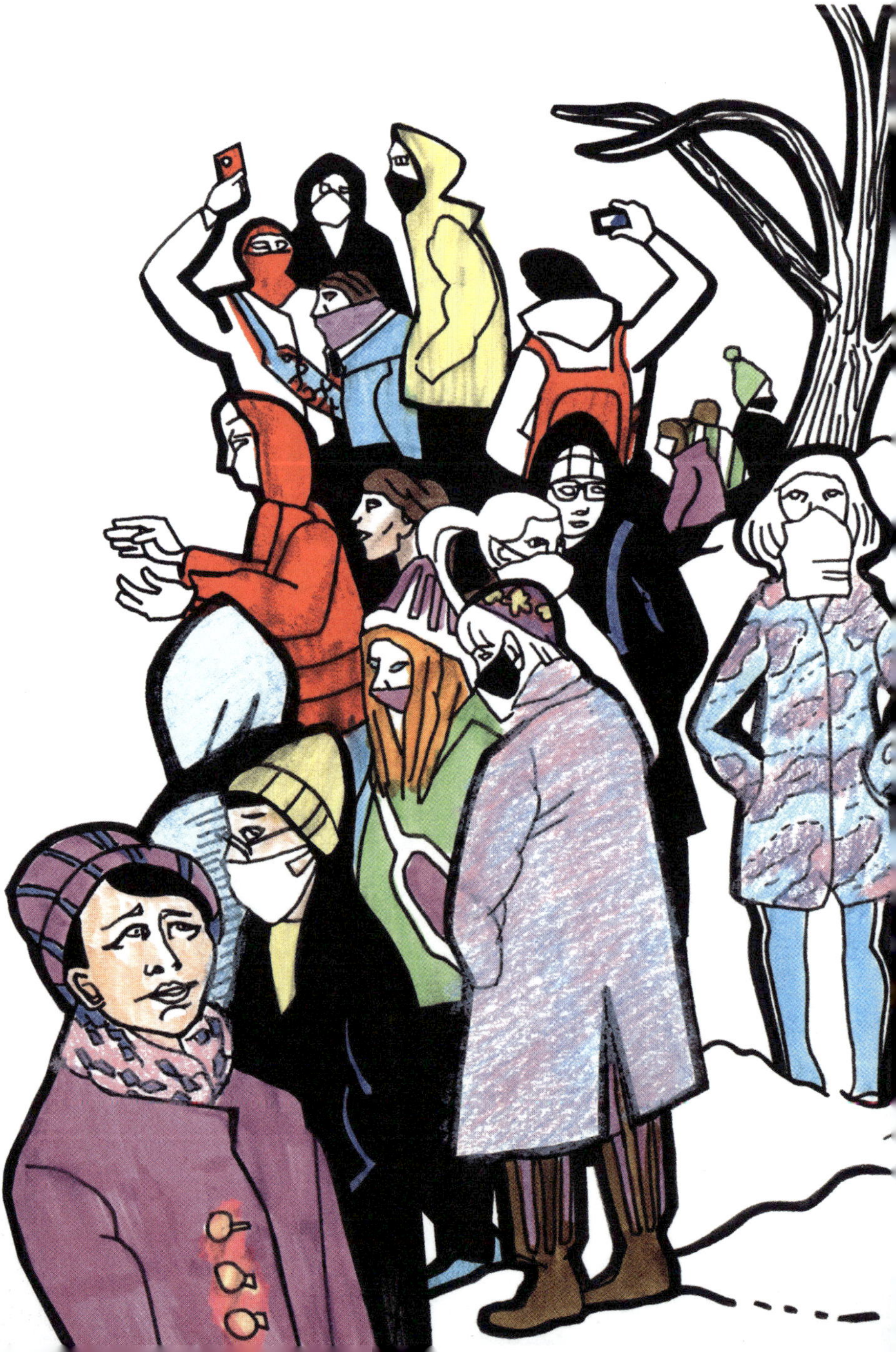

Pourvu qu'il n'y ait pas de guerre !

L'état-major de Navalny a appelé à un nouveau rassemblement le 31 janvier. La police a complètement bouclé le centre-ville en avance et le 31, toutes les stations de métro du centre étaient fermées. J'ai décidé de ne pas sortir sous les matraques.

Ce jour-là, la police a fait preuve d'une singulière brutalité. Les manifestant·e·s ont reçu des coups de matraque, mais en plus, tasers et gaz lacrymogènes ont été utilisés à leur encontre. Un policier a pointé son pistolet sur les manifestant·e·s.

Dans la soirée, j'ai reçu un SMS d'un ami émigré à Berlin :

– Salut Vika ! On ne t'a pas arrêtée ?

– Non. Je n'y suis pas allée aujourd'hui.

– Oh, je te comprends !

Désolée, mon ami, mais tu n'auras pas aujourd'hui de compte rendu de première main de cette série.

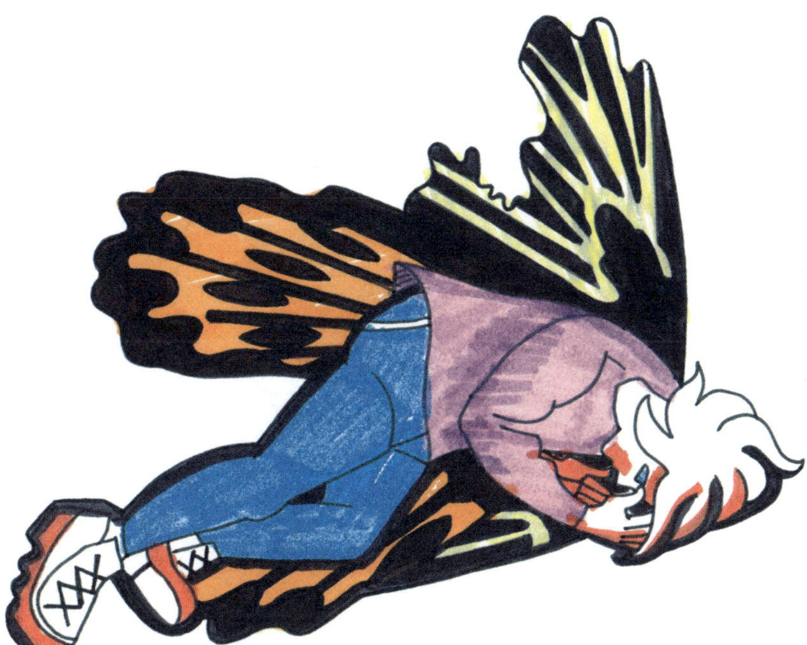

Le lendemain, en traversant une cour, je suis passée à côté de retraité·e·s assi·se·s sur un banc. J'ai surpris un bout de leur conversation. Un vieillard expliquait à sa voisine que « dans les autres pays, les rassemblements sont autorisés », mais elle lui a raconté qu'elle avait vu à la télévision qu'au rassemblement d'hier, « la police offrait du thé et des gâteaux aux gens. » J'ai entendu tant de fois ce genre de discussions au cours de ma vie. Quand il y a eu un référendum pour modifier la constitution, à l'été 2020, j'ai fait des croquis dans des bureaux de vote. Les personnes âgées se confiaient volontiers à moi : « On ne peut pas survivre avec la retraite [...*mais*...] nous avons voté pour Poutine [...*pour*...] qu'il n'y ait pas de guerre. »

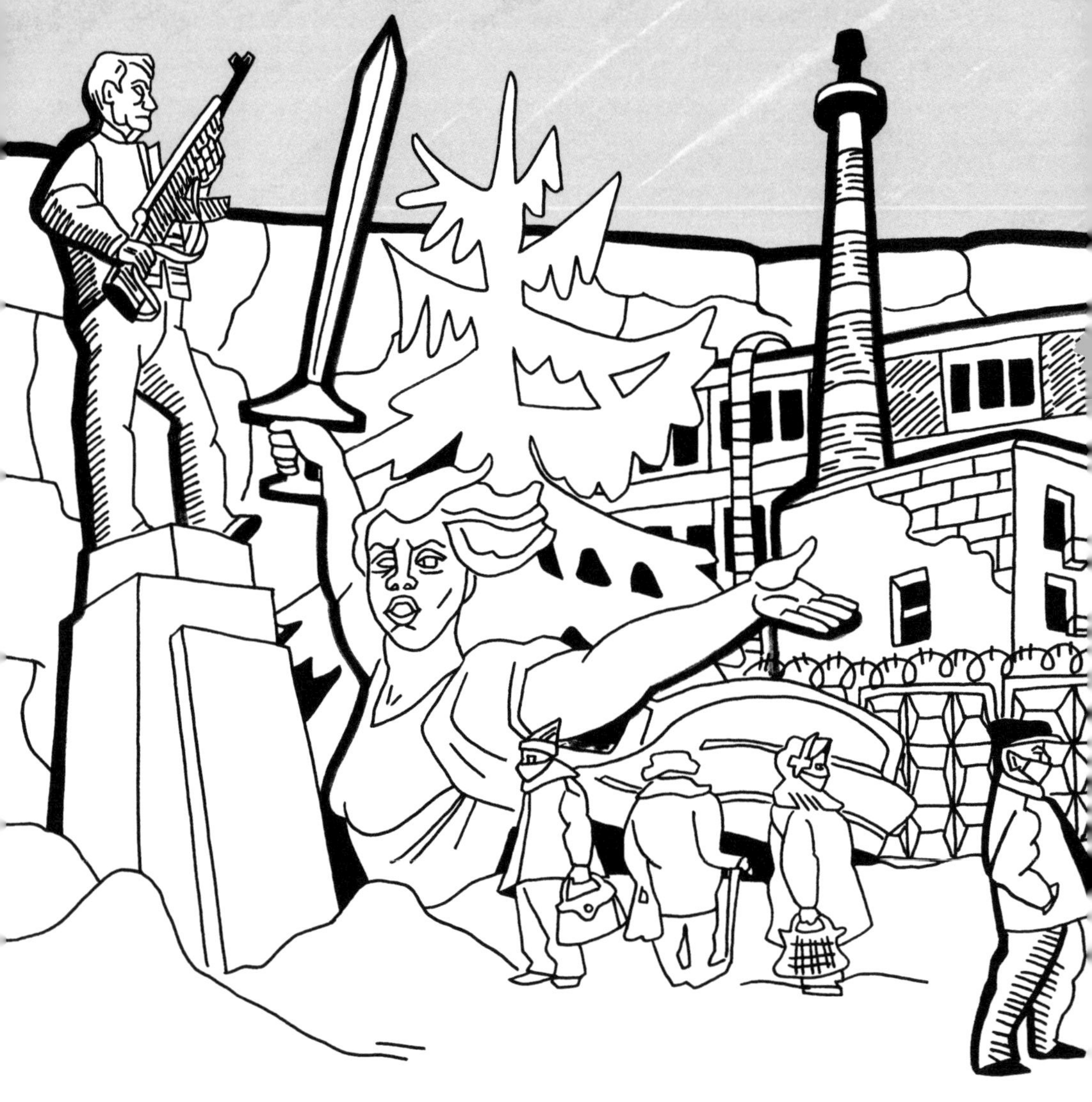

Les gens nés après la Grande Guerre patriotique et à jamais traumatisés par la famine et les destructions, sont rassurés par les idées du vieillard président, selon lesquelles il faut se barricader derrière un épais mur contre ce monde hostile. Si nous nous permettons de penser le monde comme un lieu ouvert et amical, cela devient terrifiant. L'insoutenable poids de leur vie s'est avéré un sacrifice inutile. Je crois que le régime soviétique ne tenait pas sur la foi en le communisme, mais sur la peur de l'ennemi extérieur.

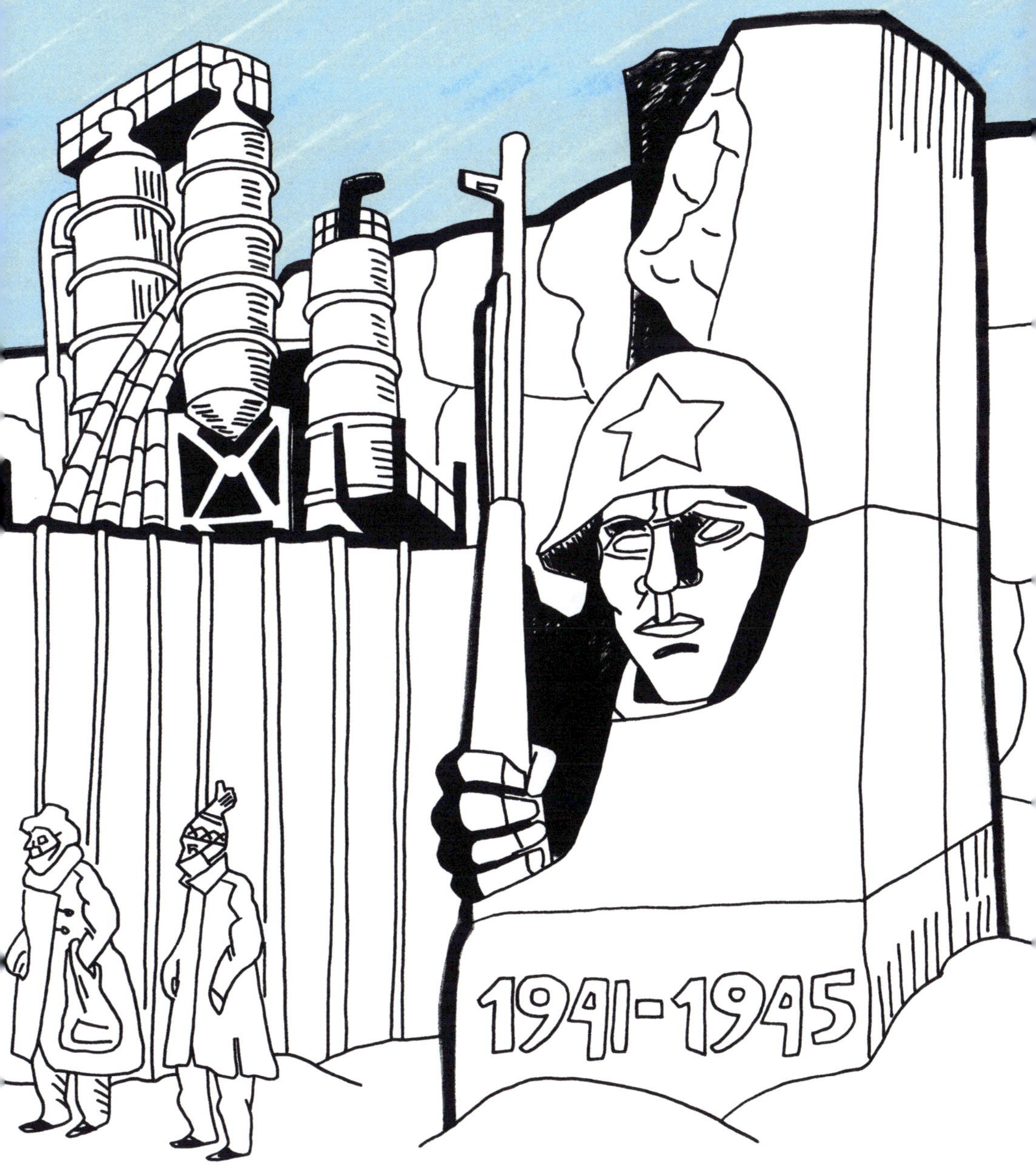

Le jugement d'Alexeï Navalny

Le jugement d'Alexeï Navalny était prévu le 2 février. Tant de journalistes des grands médias voulaient entrer dans la salle d'audience que ça ne valait même pas le coup d'essayer pour moi, l'artiste journaliste indépendante.

La police avait bloqué par avance les rues autour du tribunal municipal de Moscou où l'audience avait lieu, et la circulation des bus avait été modifiée dans le quartier. Le tribunal n'est pas très loin de chez moi et j'ai donc décidé d'aller là où je pourrais voir la vie ordinaire se transformer en scènes de film étrange.

J'ai marché le long de la rue Bolchaïa Tcherkizovskaïa, pleine de gens pressés par leurs occupations, en pensant : « Comment est-ce arrivé ? Un homme a mis sa vie en jeu pour essayer de changer une situation politique insupportable. Près de cent cinquante mille personnes dans tout le pays sont descendues dans la rue, au risque d'être blessées, de prendre une amende ou une peine de prison. Que peuvent bien éprouver au même instant les 146 millions de gens vivant en Russie ? »

Il semblait y avoir eu un attentat près de la station de métro Préobrajenskaïa Plochtchad. Une longue file de fourgons cellulaires et de voitures de police en tous genres s'étendait à perte de vue. Des groupes de policiers marchaient çà et là. Entièrement recouverts de protections, ils ressemblaient à des pangolins aux écailles noires. Leurs casques, tout aussi noirs, masquaient leurs visages.

Les passager·e·s sortant des bus et les gens assis à l'arrêt feignaient de ne pas remarquer cette image apocalyptique. Les premier·e·s essayaient de s'en aller le plus vite possible et les second·e·s étaient plongé·e·s dans leurs téléphones. Au bout d'un moment, les bus ont cessé de circuler et les gens se sont mis à discuter :

– Je ne regarde pas les infos. Bon, c'est politique, mais pourquoi est-ce à nous de morfler ?

– Comment vais-je rentrer à la maison ? J'ai faim !

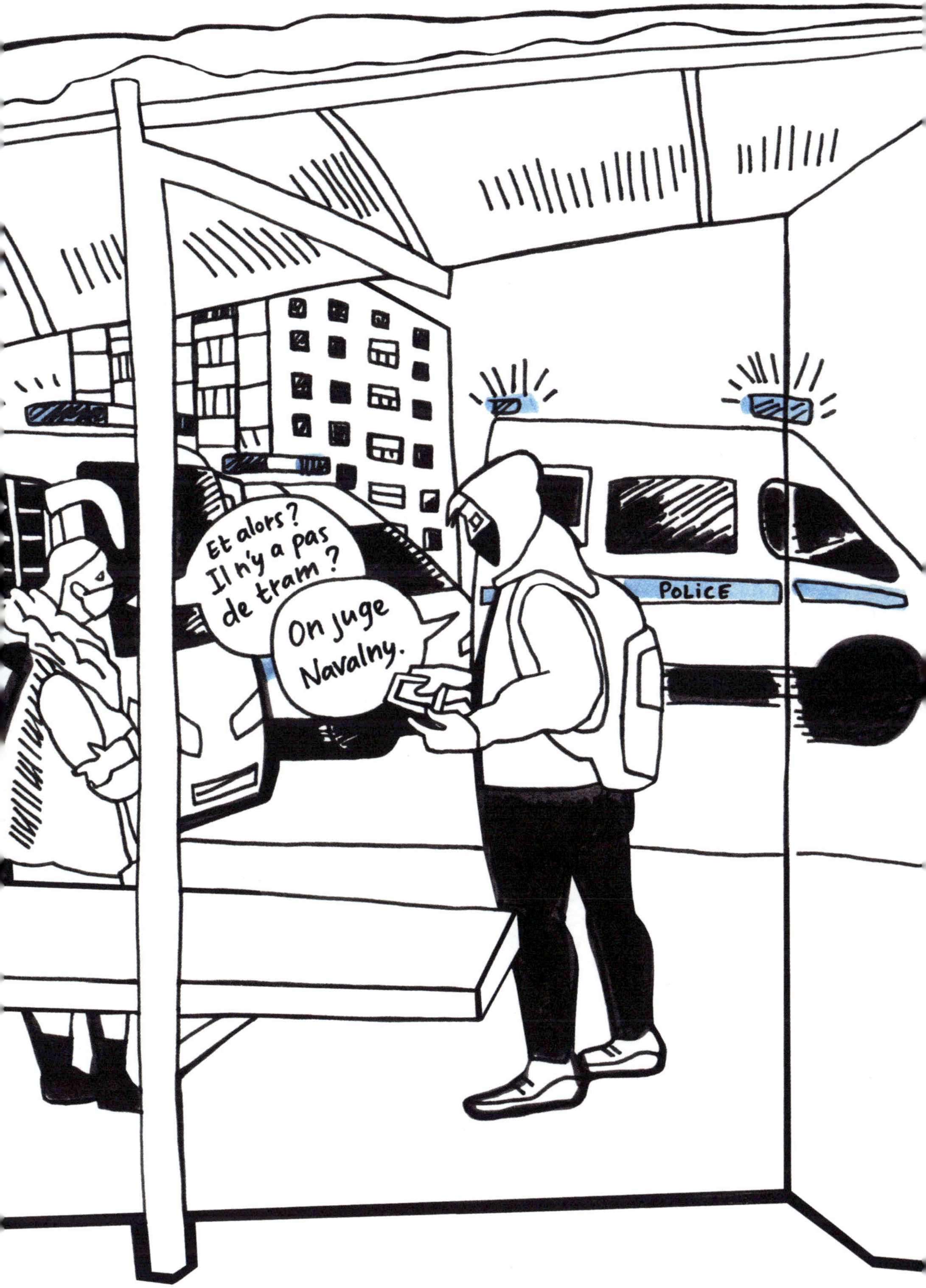
Et alors ? Il n'y a pas de tram ?
On juge Navalny.
POLICE

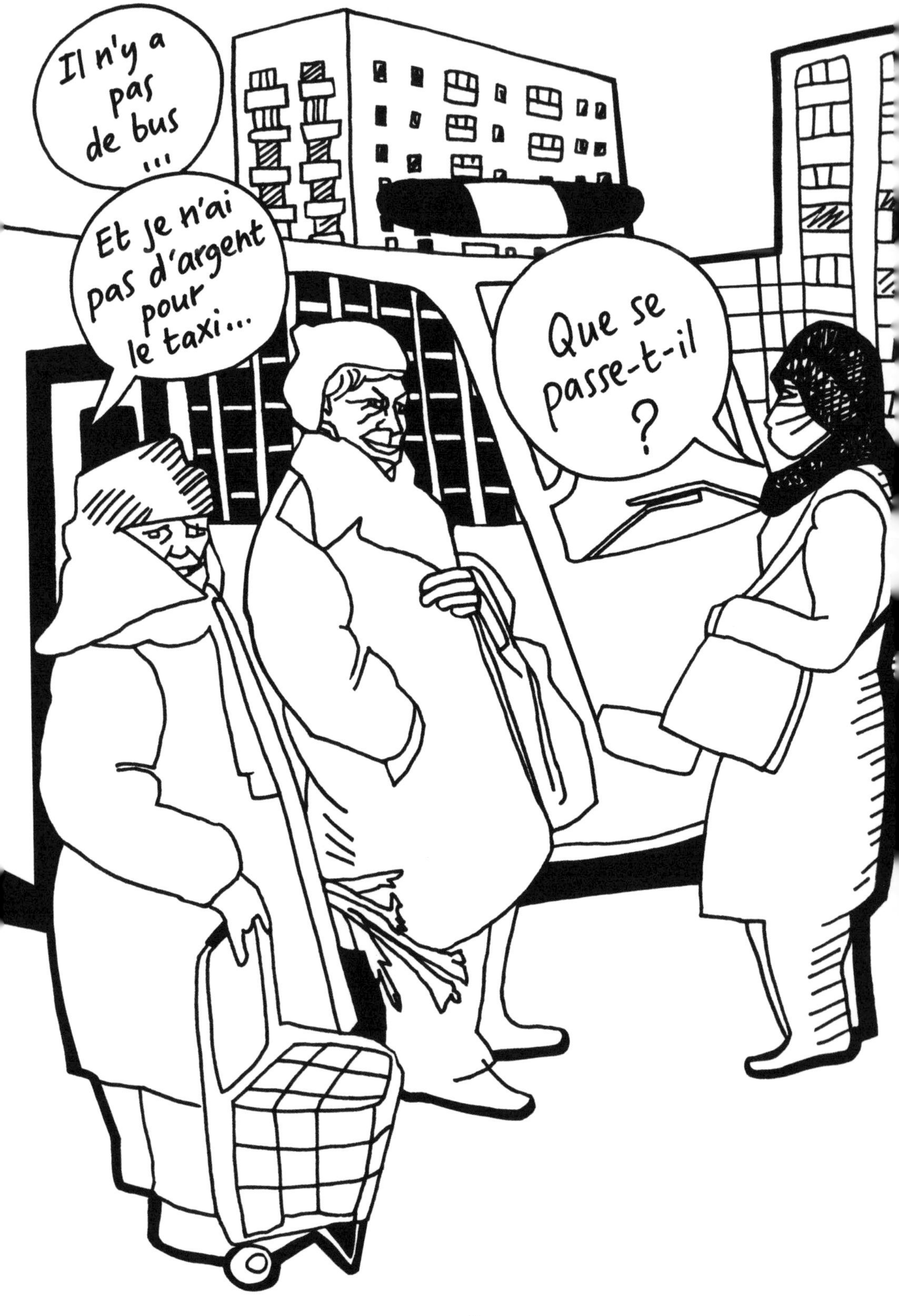
Il n'y a pas de bus ...
Et je n'ai pas d'argent pour le taxi...
Que se passe-t-il ?

Des vieilles en colère piétinaient depuis longtemps à l'arrêt de bus. Une femme s'est approchée d'elles pour savoir pourquoi les bus ne circulaient pas. « Qu'est-ce que vous ne pigez pas ? Ils ont fait venir des blancs-becs », a répondu la vieille la plus énervée.

Les policier·e·s passant à côté me semblaient tout à fait correspondre à ce qualificatif de « blancs-becs ». J'étais contente que les vieux·eilles ne soutiennent pas tou·te·s le régime de Poutine, mais la vieille a poursuivi : « Tout ça, c'est à cause des jeunes chiots qui défendent Navalny au tribunal. »

Quand les vieilles acariâtres sont parties, il n'est plus resté qu'une petite grand-mère qui se lamentait : « Tout ça juste pour un crétin ! Comment vais-je rentrer à la maison maintenant ? » Je me suis énervée et me suis moquée d'elle :

– Que le président vous vienne en aide !

– Mais oui, il va m'aider bien sûr...S'ils dégageaient ça au moins (a-t-elle dit, en désignant le fourgon cellulaire garé sur l'arrêt de bus).

– Alors les jeunes ont peut-être raison de ne pas vouloir retomber en URSS ?

– Vous ne connaissez pas l'URSS. Oui, nous travaillions dur... Nous acceptions n'importe quel travail, mais il y avait des hôpitaux gratuits, la sécurité...

– Et maintenant il y en a ?

– Aujourd'hui, non. J'ai quatre-vingt-deux ans et je dois me taper vingt arrêts à pied. Personne n'a besoin de nous, les vieux. Personne ne prend soin de nous. Et pourtant nous avons gagné la guerre...

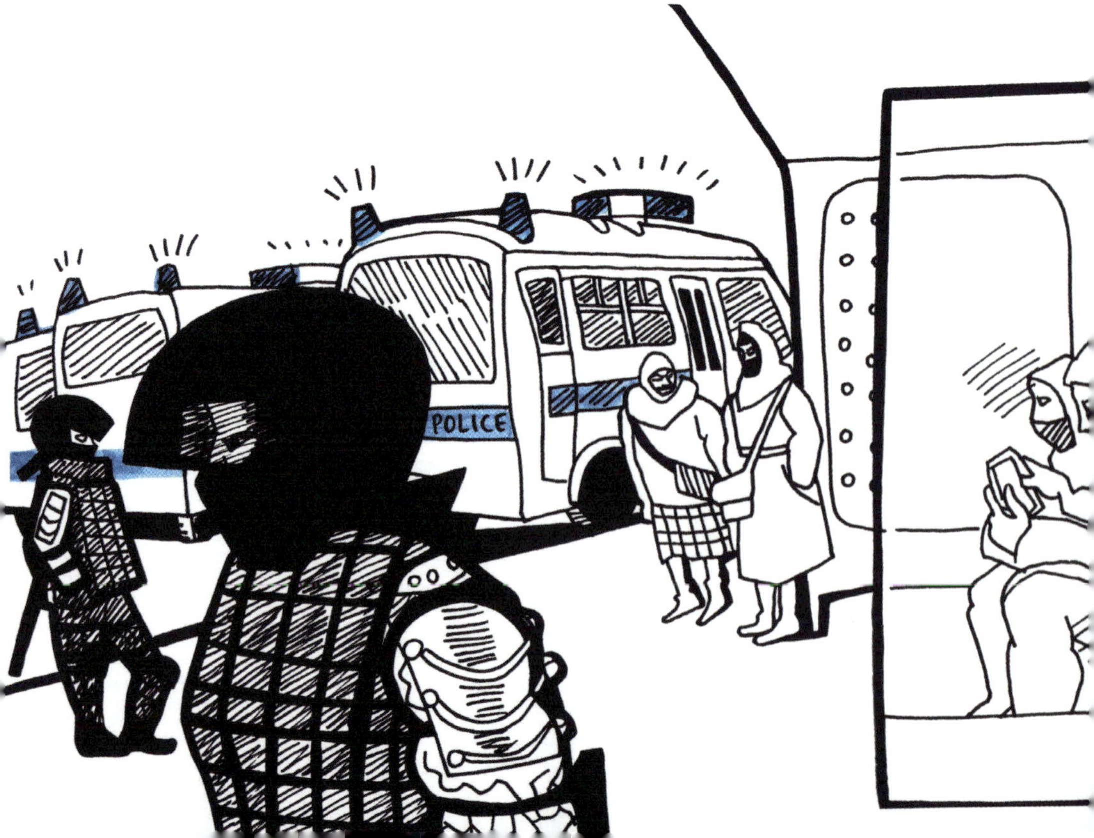

Je voulais lui commander un taxi, mais mon téléphone était à plat et je n'avais pas de liquide sur moi. De toute façon, aucun taxi n'aurait pu rouler dans les rues bloquées. La grand-mère s'est éloignée, en traînant son caddie et en soupirant.

Ce jour-là, le tribunal a condamné Navalny à deux ans et huit mois de prison.

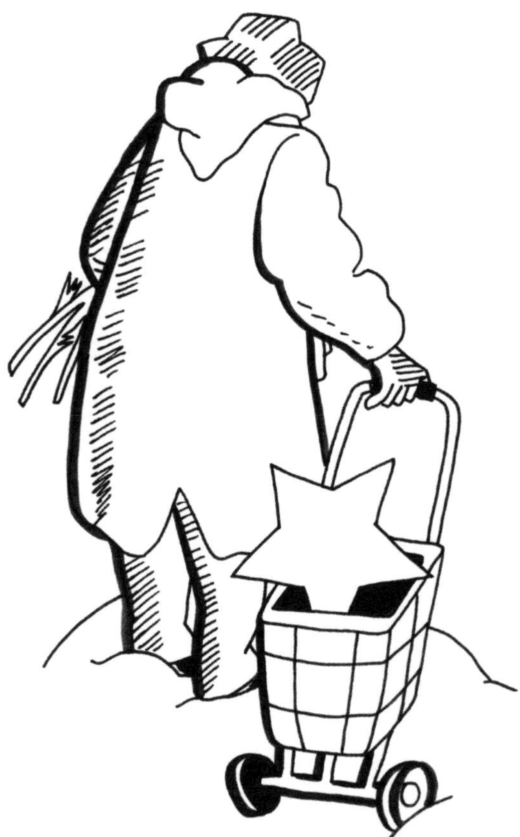

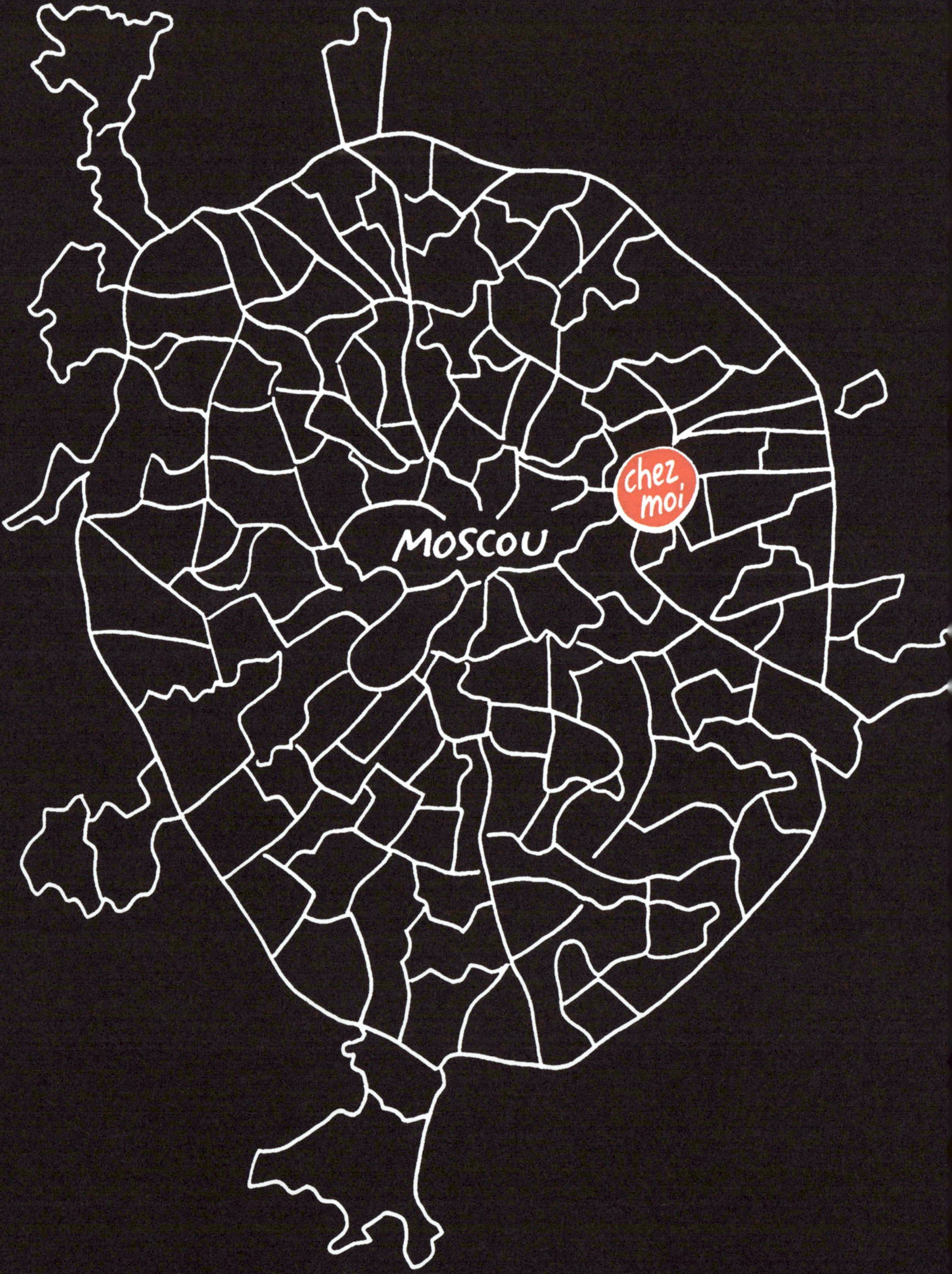
chez moi
MOSCOU

MOSCOU :
LA VIE SUR UNE ÎLE

2021-2022

Après les manifestations de fin janvier 2021, qui se sont achevées par l'habituelle défaite de l'opposition, la vie moscovite s'est figée de nouveau. Et elle l'était tellement qu'au printemps je me suis mise à planter des fleurs dans les plates-bandes de mon immeuble, puis à peindre des plantes pendant des heures, comme durant mon enfance. À l'autre bout de Moscou, j'ai découvert d'ordinaires plates-bandes qu'un habitant de l'immeuble avait transformé en véritable jardin. Le jardinier amateur, un jeune homme nommé Sergueï, avait planté des fleurs de façon que le jardin change de couleurs et de forme chaque mois. Pendant la pandémie, j'avais peur d'emprunter le métro, car les passager·e·s portaient le masque sur le menton. Je me suis donc rendue là-bas en taxi, afin de dessiner un événement majeur : la métamorphose ordinaire du jardin.

Je me suis assise devant les plates-bandes sur ma chaise pliante et j'ai dessiné les jonquilles et les tulipes aux pétales serrées. Puis, au plus fort de l'été, j'ai dessiné les rosiers en fleurs et, vers la fin du mois d'août, les phlox et les lys baroques et pittoresques. J'avais compris que les rassemblements ne m'avaient pas appris la sensualité. Je l'étudiais donc désormais avec application auprès des fleurs. Les passant·e·s s'arrêtaient constamment et soupiraient dans mon dos : « Mon Dieu, que c'est beau ! » Iels ne parlaient pas de mes dessins, mais du jardin de Sergueï.

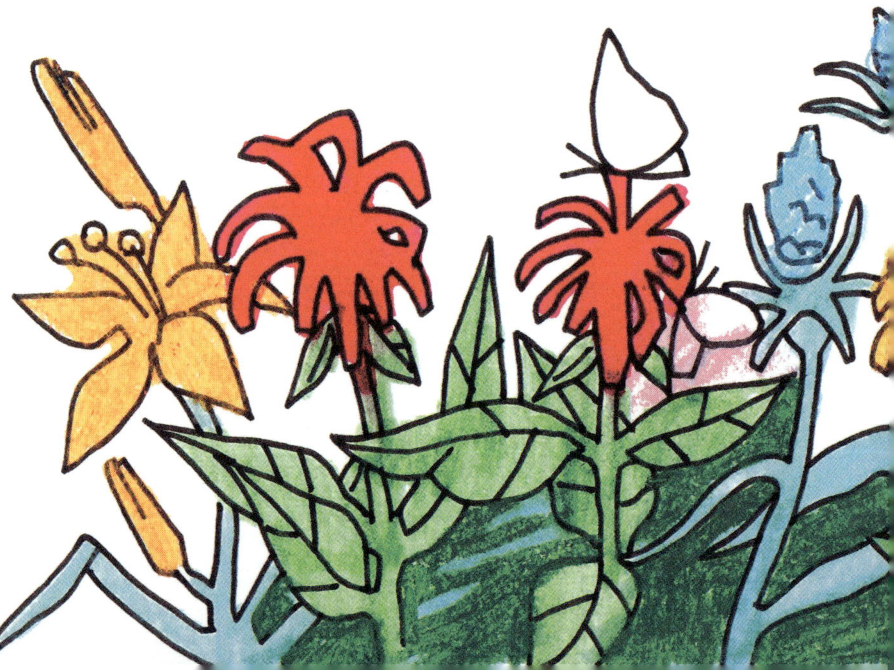

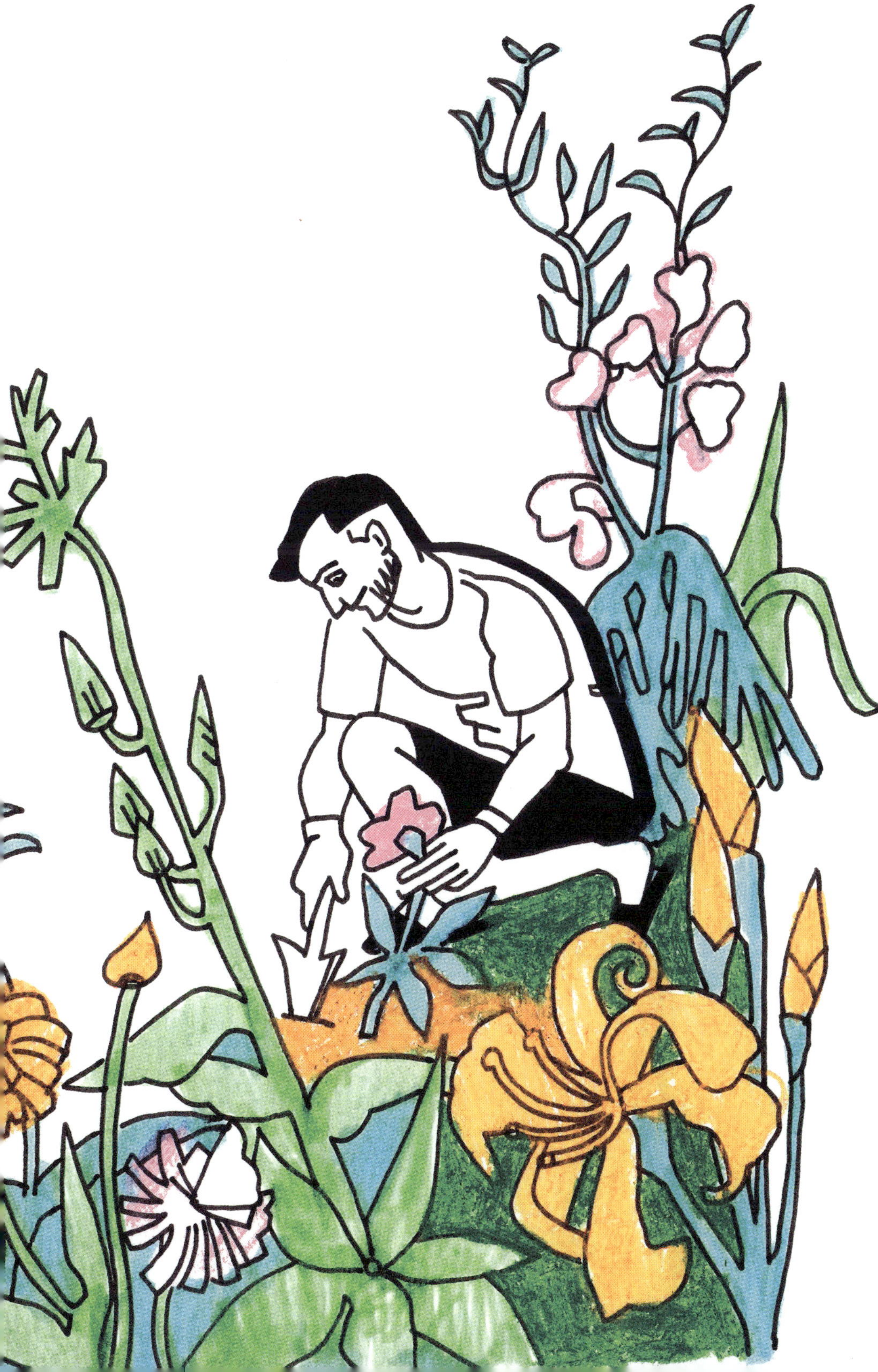

Les militant·e·s

En septembre, les élections des député·e·s à la Douma[150] devaient avoir lieu. Dix ans auparavant, après des élections similaires, des rassemblements de masse avaient débuté à Moscou et s'étaient poursuivis pendant un an. J'avais dessiné à chacun d'eux. Au fil des ans, la plupart des ami·e·s qui avaient participé à ces manifestations avaient émigré à l'Ouest, et celleux qui étaient resté·e·s en Russie et qui militaient encore, attendaient avec impatience les événements de septembre.

Parmi les candidat·e·s moscovites, deux étaient progressistes : la féministe médiatique Aliona Popova[151] et le militant de gauche Mikhaïl Lobanov[152].

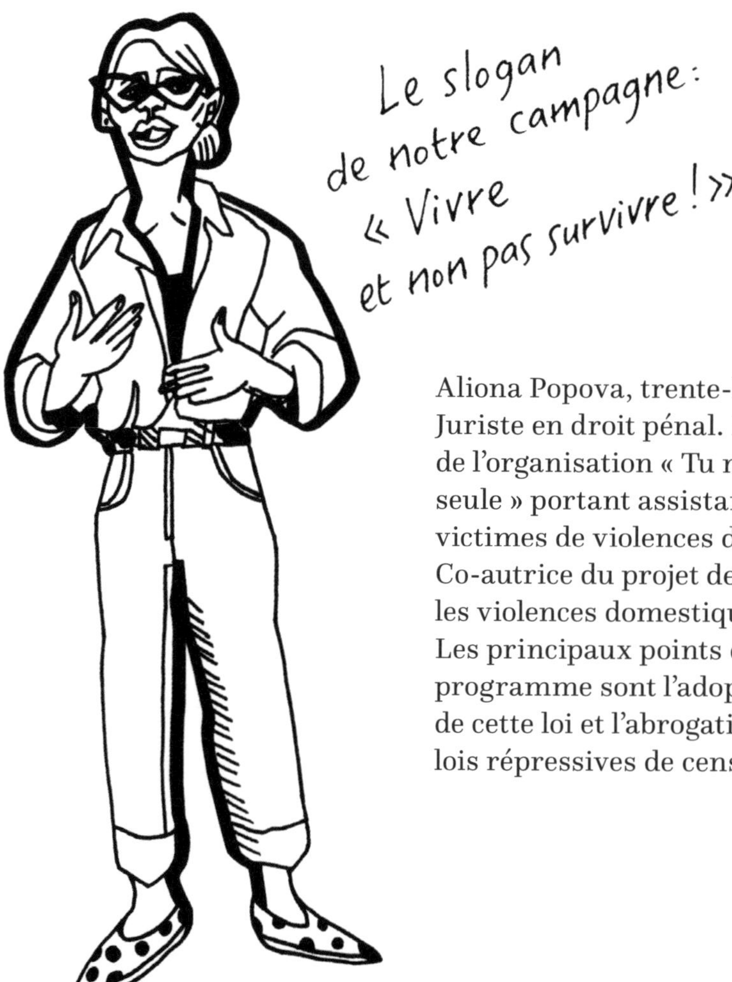

Aliona Popova, trente-huit ans. Juriste en droit pénal. Fondatrice de l'organisation « Tu n'es pas seule » portant assistance aux victimes de violences domestiques. Co-autrice du projet de loi contre les violences domestiques. Les principaux points de son programme sont l'adoption de cette loi et l'abrogation des lois répressives de censure.

Mikhaïl Lobanov, trente-sept ans. Enseignant à l'université d'État de Moscou (MGU), docteur ès sciences physiques et mathématiques. Défend les droits des étudiant·e·s et des enseignant·e·s. Un des fondateurs du syndicat Solidarité universitaire[153]. A participé à plusieurs campagnes écologistes. A été désigné candidat aux élections par le Parti communiste.

Le programme de Mikhaïl Lobanov comprend une fiscalité progressive, un financement public pour l'éducation et la médecine gratuites, la protection de l'environnement naturel et urbain, la baisse de l'âge de la retraite et l'augmentation des pensions.

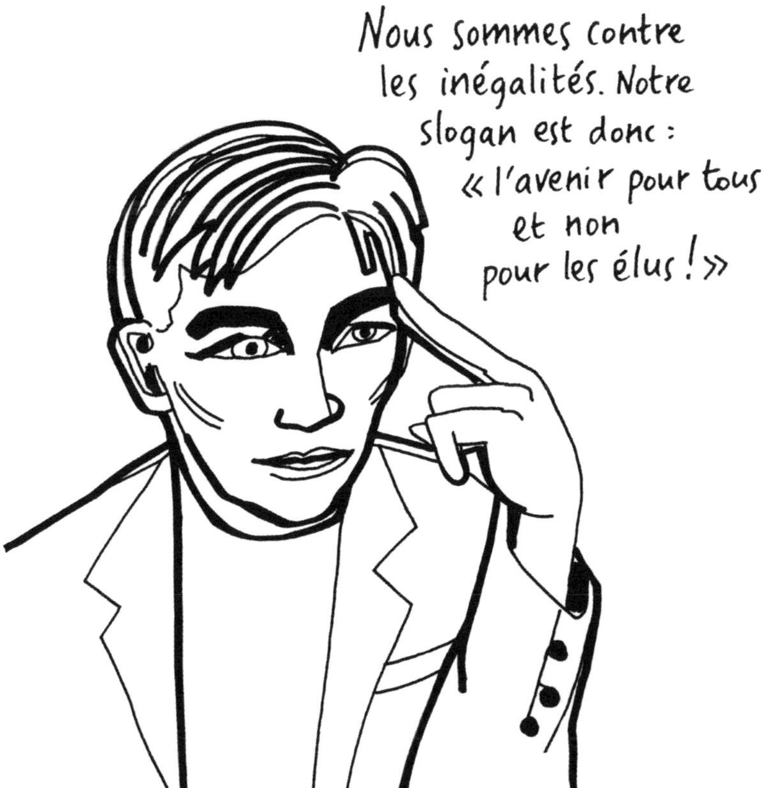

Lobanov ressemble à une des statues soviétiques qui décorent l'entrée principale de la MGU, comme si le jeune savant de bronze avait laissé tomber son livre, avait sauté de son piédestal et était parti combattre le régime de Poutine.

Aliona Popova était candidate dans ma circonscription de Préobrajenskoié[154]. Je me suis rendue plusieurs fois à sa permanence à deux pas de chez moi. Des jeunes filles y travaillent pour l'essentiel. J'ai déambulé dans les rues avec l'une d'elles, pour faire signer aux passant·e·s une pétition en faveur de la loi contre les violences domestiques et pour les inciter à voter aux élections législatives.

Une jeune fille nous a raconté, après avoir signé la pétition, qu'elle avait récemment été victime de harcèlement sexuel et qu'elle ne savait que faire.

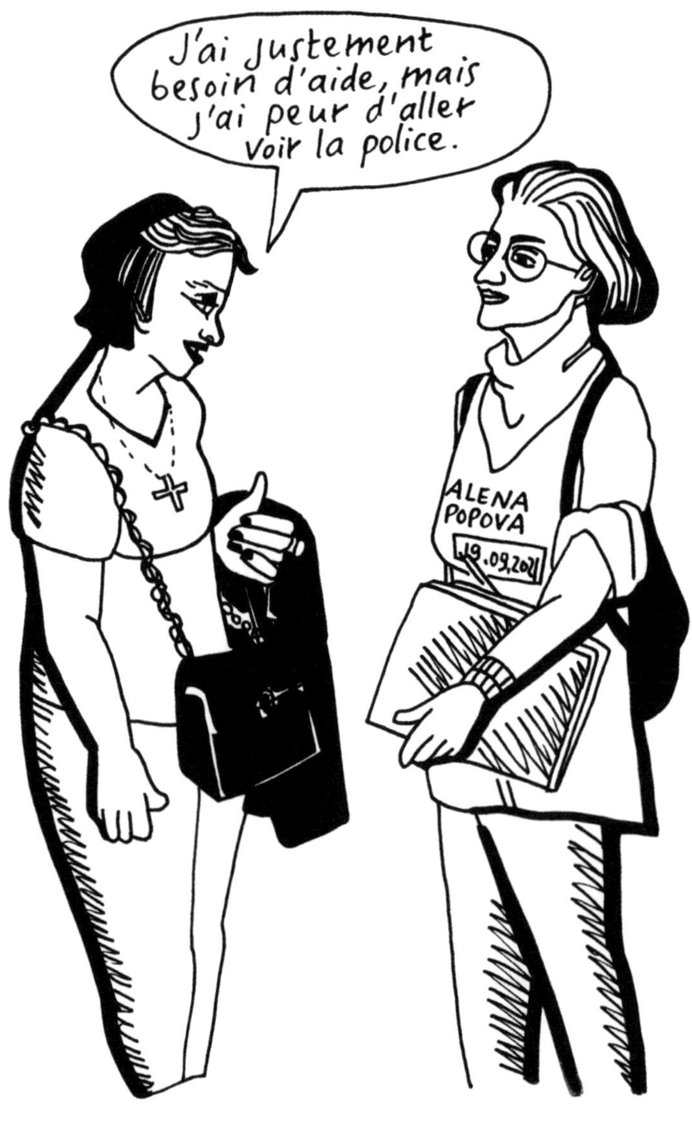

Une autre femme, après avoir fait de même, nous a parlé des autres problèmes qui l'inquiétaient.

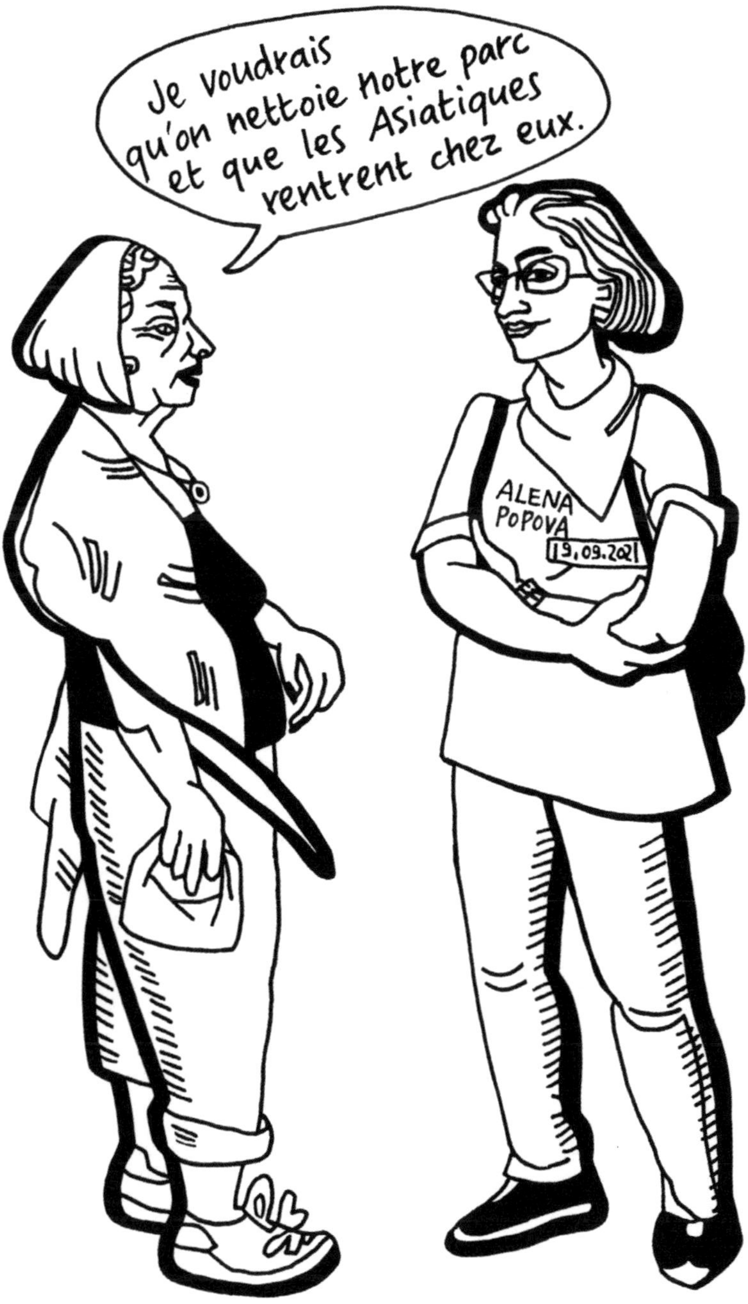

La permanence de Mikhaïl Lobanov se trouvait à Ramenki[155] à la périphérie de Moscou. Fin août, Lobanov a organisé un *soubbotnik*[156] pour nettoyer les berges de la rivière locale. La petite rivière coule au fond d'une profonde gorge dont les berges sont entièrement recouvertes d'ordures.

J'ai erré sur les berges envahies de broussailles touffues, sans trouver personne. J'ai finalement aperçu deux militant·e·s en bottes de caoutchouc au milieu d'un tas de chiffons, de sacs en plastique, de bouteilles, de vieilles chaussures, de bouts de fil, d'emballages et de détritus divers. « Ça me fait mal de voir ça. Nous ferions mieux de ramasser des pneus », a dit une militante. « Ramasser des pneus est aussi utile », lui a répondu un militant. Dans les hautes herbes, Mikhaïl Lobanov est apparu avec Kirill Medvedev[157], le célèbre poète, traducteur, militant et chanteur du groupe folk-punk Arkadi Kots[158]. Ils transportaient des pneus et un tapis à moitié pourri, et avaient l'air d'hommes préhistoriques chargés de défenses et de peaux.

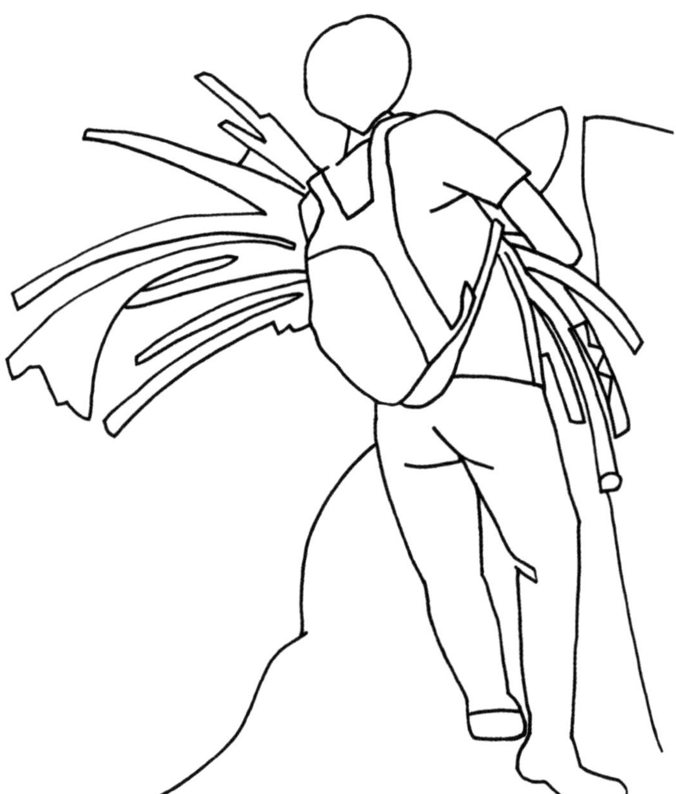

Les militant·e·s ont rempli vingt sacs-poubelles d'ordures. Munis de ceux-ci, iels ont gravi, tel un commando de Sisyphes, ces berges toujours aussi sales. Il semblait évident qu'il aurait fallu organiser une centaine de *soubbotniki* ou changer de système politique pour nettoyer entièrement cet endroit.

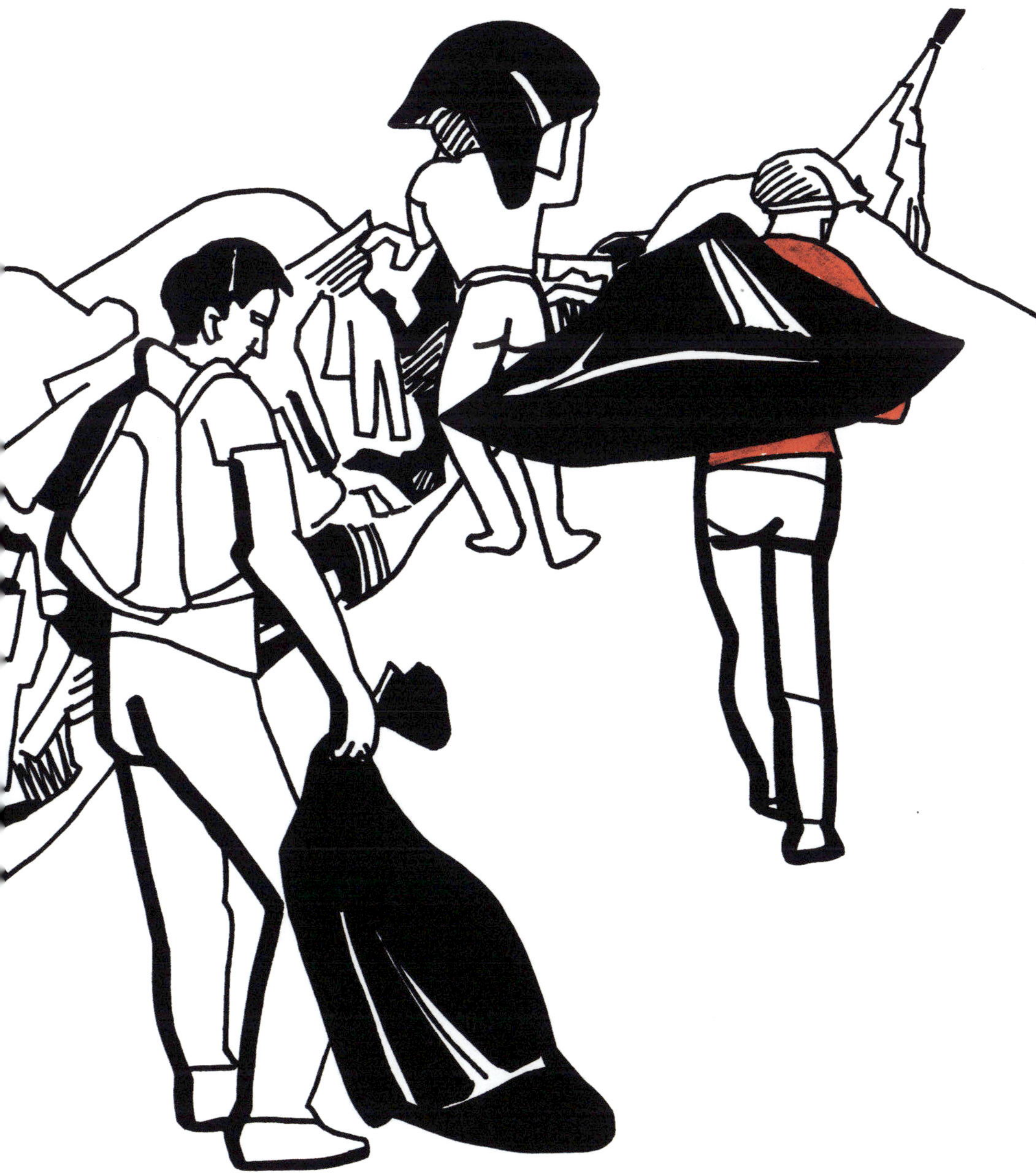

J'ai continué à chercher des événements qui donneraient une idée de la vie politique à Moscou en 2021. Des ami·e·s m'ont dit qu'un des coordinateurs de la campagne de Lobanov, un militant nommé Dima Morozov[159], façonnait désormais des personnages en pâte à modeler pour le tournage d'un clip protestataire du groupe Arkadi Kots. Et si j'allais dessiner ce jeune militant sculptant sa pâte à modeler ?

Dima vivait avec Sacha Talaver[160], une jeune chercheuse en études de genre. Les jeunes gens s'étaient récemment rencontrés au RSD[161], l'organisation politique de gauche dont iels étaient tou·te·s deux membres. Je suis allée leur rendre visite.

Dima modelait avec ferveur des personnages pour le clip : Poutine, ainsi que des policiers aux visages de chiens et de porcs. Le clip devait alterner des motifs d'*Heroic Fantasy* et des éléments absurdes de la réalité russe. « Qu'en penses-tu ? Tes personnages en pâte à modeler peuvent-ils t'attirer des ennuis ? », lui ai-je demandé. « Je ne sais pas. Dans la chanson, ils chantent "Nous pendrons le roi à une branche[162]", et j'ai modelé Poutine », m'a répondu Dima.

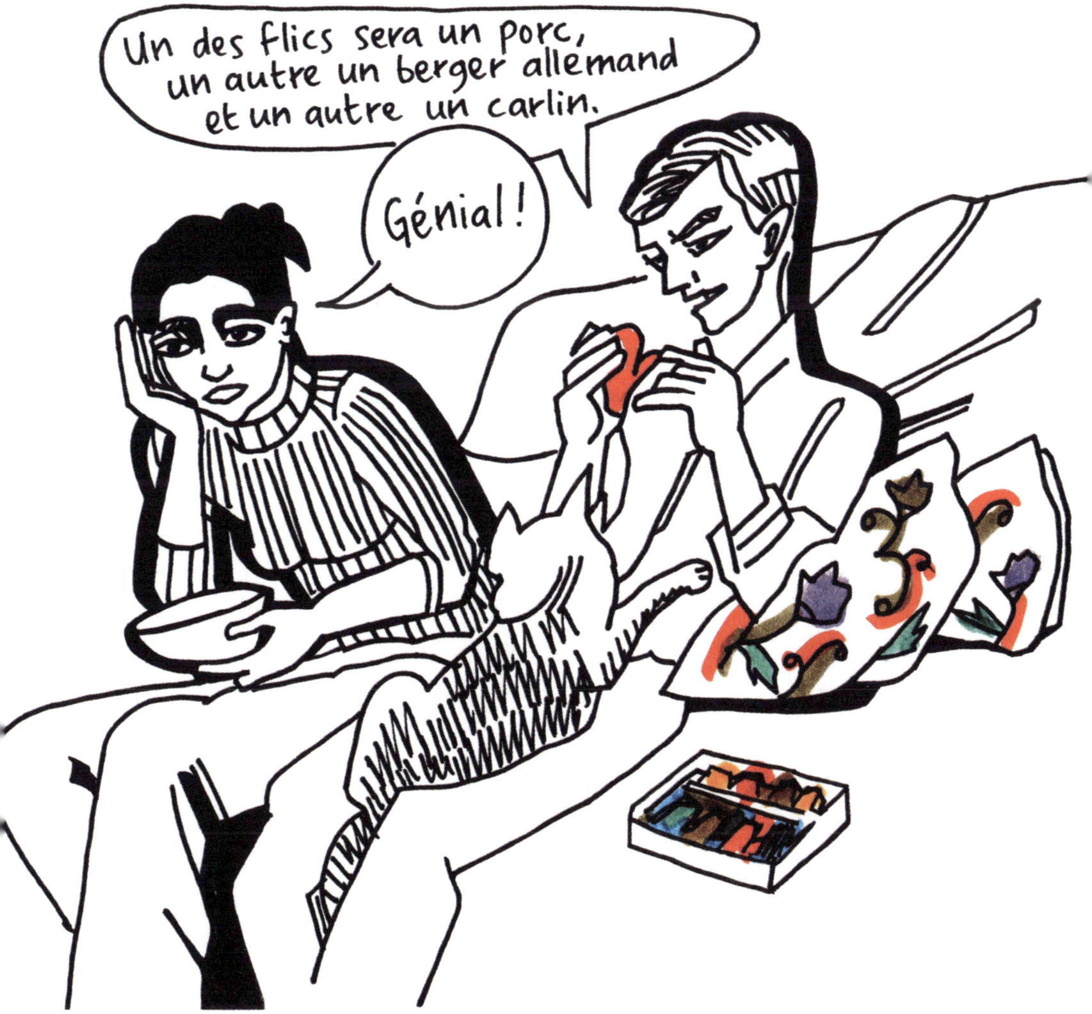
Un des flics sera un porc, un autre un berger allemand et un autre un carlin.
Génial !

Dima est né et a grandi à Ijevsk[163], la capitale de l'Oudmourtie, une des républiques les plus pauvres et les plus défavorisées de Russie. Il a été élevé par ses grands-parents, un ancien ingénieur et une ex-enseignante. Il n'a jamais aimé les riches, parce qu'il s'est heurté dès l'école au fait « qu'il y a d'un côté des riches trouducs et de l'autre des pauvres gars qui doivent s'excuser de ne pas avoir d'argent pour les sorties scolaires. » À seize ans, Dima a organisé, avec des ami·e·s de son âge, le mouvement socialiste Iskra qui a existé pendant trois ans. Un jour, il a vu, dans un vieux numéro du journal anarchiste *Volia*[164], mon reportage graphique « Chroniques de la résistance »[165] à propos des manifestations moscovites de 2012. Par la suite, tous les tracts et affiches d'Iskra ont été composés avec des dessins noirs et rouges du même genre. En janvier 2021, quand des actions en soutien à Navalny ont eu lieu dans le pays, Dima et d'autres militant·e·s d'Iskra ont rassemblé cinq mille personnes à la manifestation.

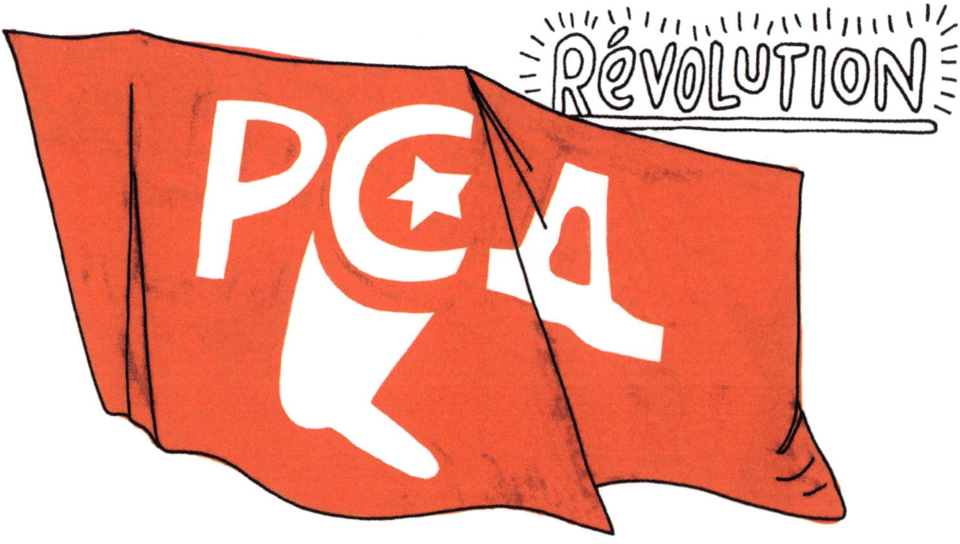

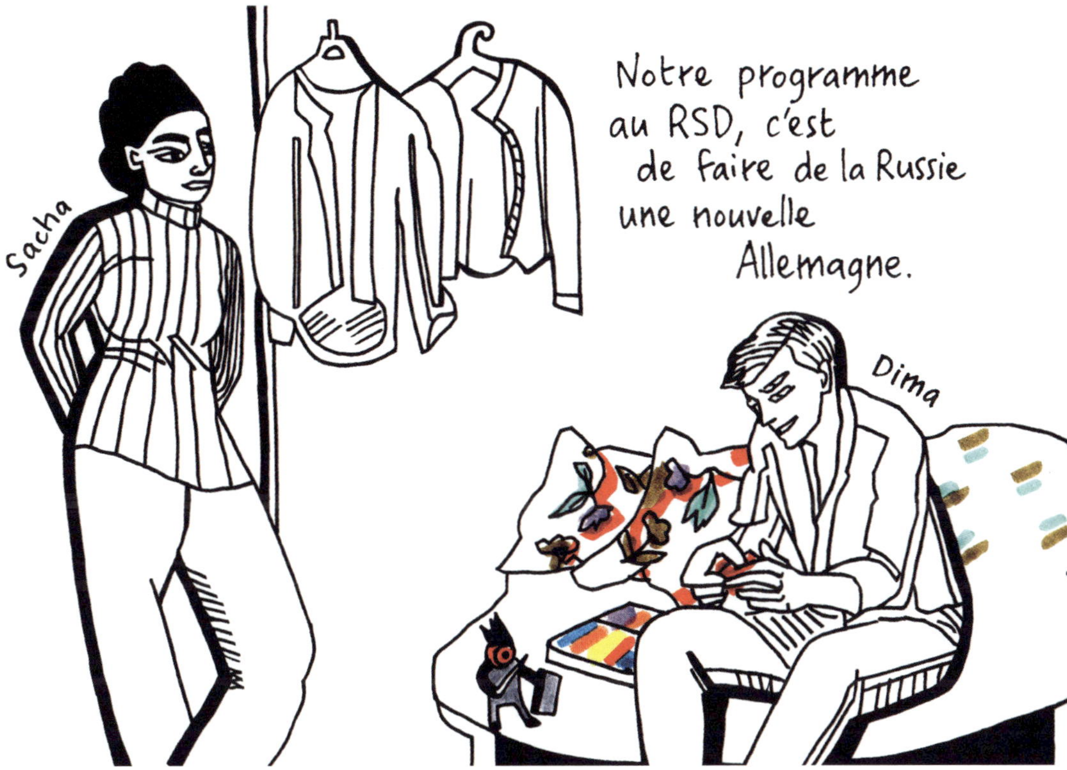

Comme beaucoup de jeunes, Dima idéalise une Union soviétique qu'il n'a jamais connue. Mais quand on lui demande de décrire l'avenir idéal pour la Russie, il dépeint la société européenne d'aujourd'hui. « L'idéologie de gauche ne vaut rien si elle n'apporte pas le bonheur et le confort matériel », m'a raconté Dima, « parce que cette vie sera la tienne et celle de tes enfants et de ta famille. » J'ai entendu le mot « confort » dans toutes mes interviews avec des jeunes dans la vingtaine. Et si le mot « confort » supplante définitivement dans leurs têtes les mots soviétiques « exploit », « héros » et « devoir », alors cette nouvelle mentalité transformera peut-être la réalité concrète.

J'avais noté depuis longtemps le 4 septembre dans mon agenda. Ce jour-là, l'opposition était autorisée à organiser deux événements !

L'action de protestation contre la loi sur les « agents de l'étranger » était déguisée en rencontre entre les électeur·rice·s et les candidat·e·s de l'opposition à la Douma. Une cinquantaine de personnes est venue au rassemblement.

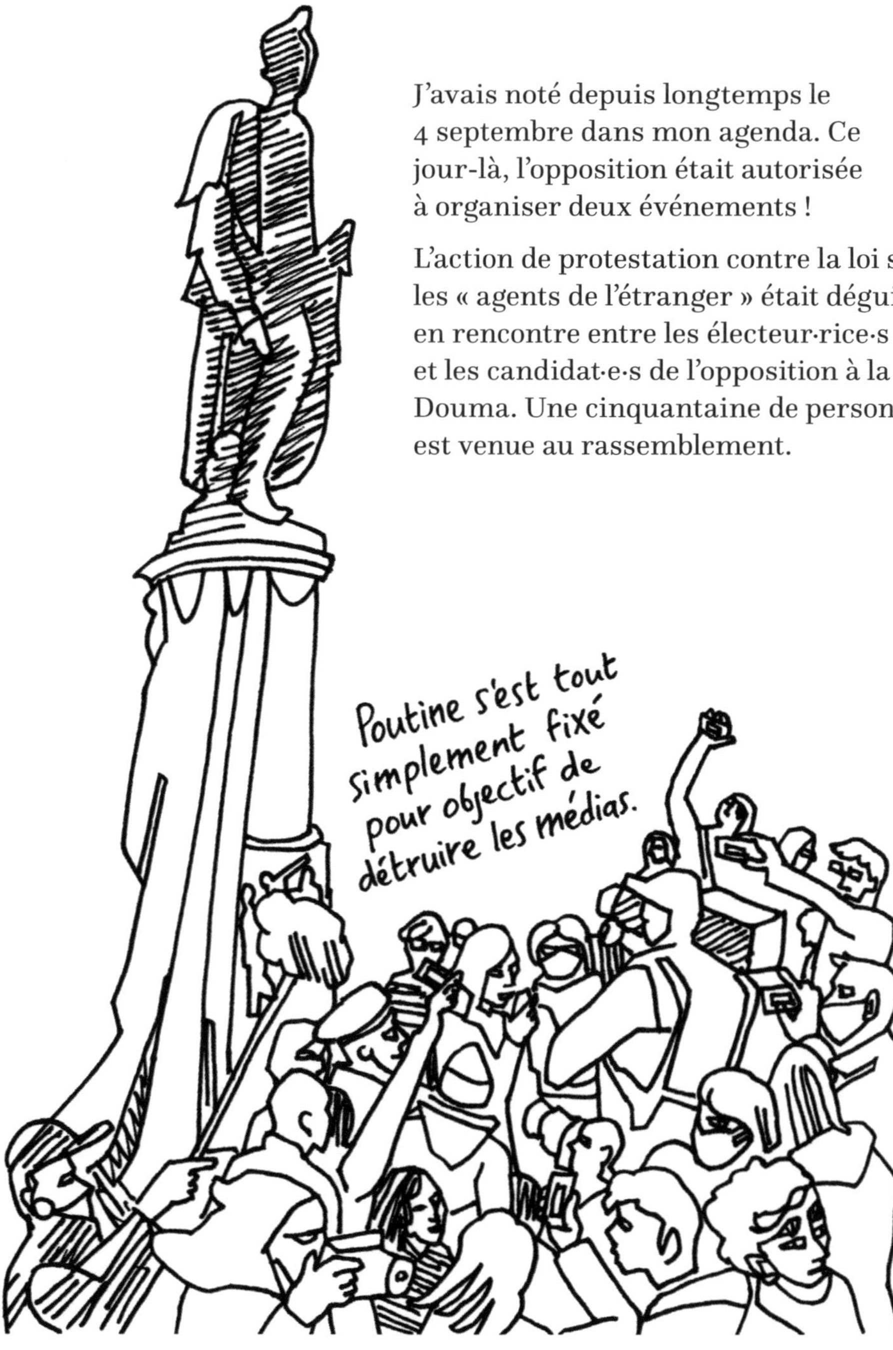

J'ai remarqué une fille qui traînait avec elle un personnage en carton représentant la célèbre opposante Ioulia Galiamina[166]. C'était sa fille. Le tribunal avait interdit à Galiamina d'aller aux rassemblements politiques et elle participait donc désormais partout sous la forme d'un personnage en carton.

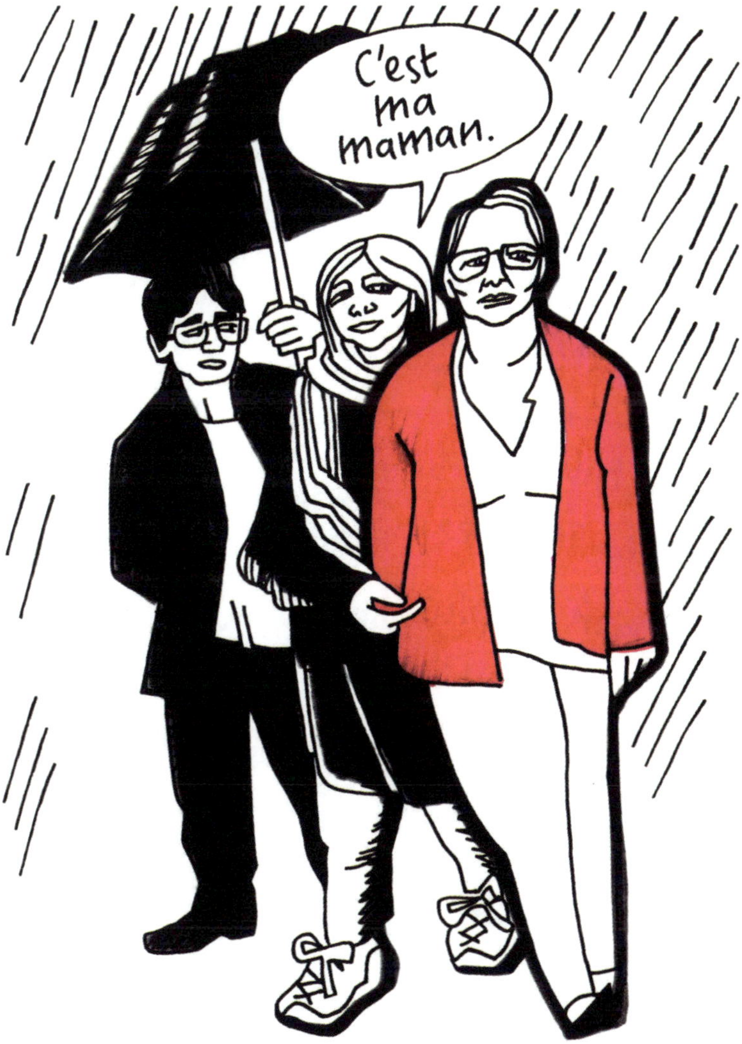

Quand le rassemblement s'est terminé et que tout le monde s'est dispersé, quelqu'un m'a interpellée. C'était une journaliste étrangère qui m'avait filmée avant la pandémie pour la télévision suisse. « Bonjour », s'est-elle écriée, « je pensais que tout le monde avait déjà fui la Russie. C'est bien que quelqu'un soit resté. »

Le même jour, sous couvert d'une rencontre avec les député·e·s, les communistes organisaient un rassemblement « pour des élections honnêtes et justes ». Alors que tout le monde attendait le début de l'événement, une vieille s'est mise à lire des vers politiques de son cru. Le public a apprécié.

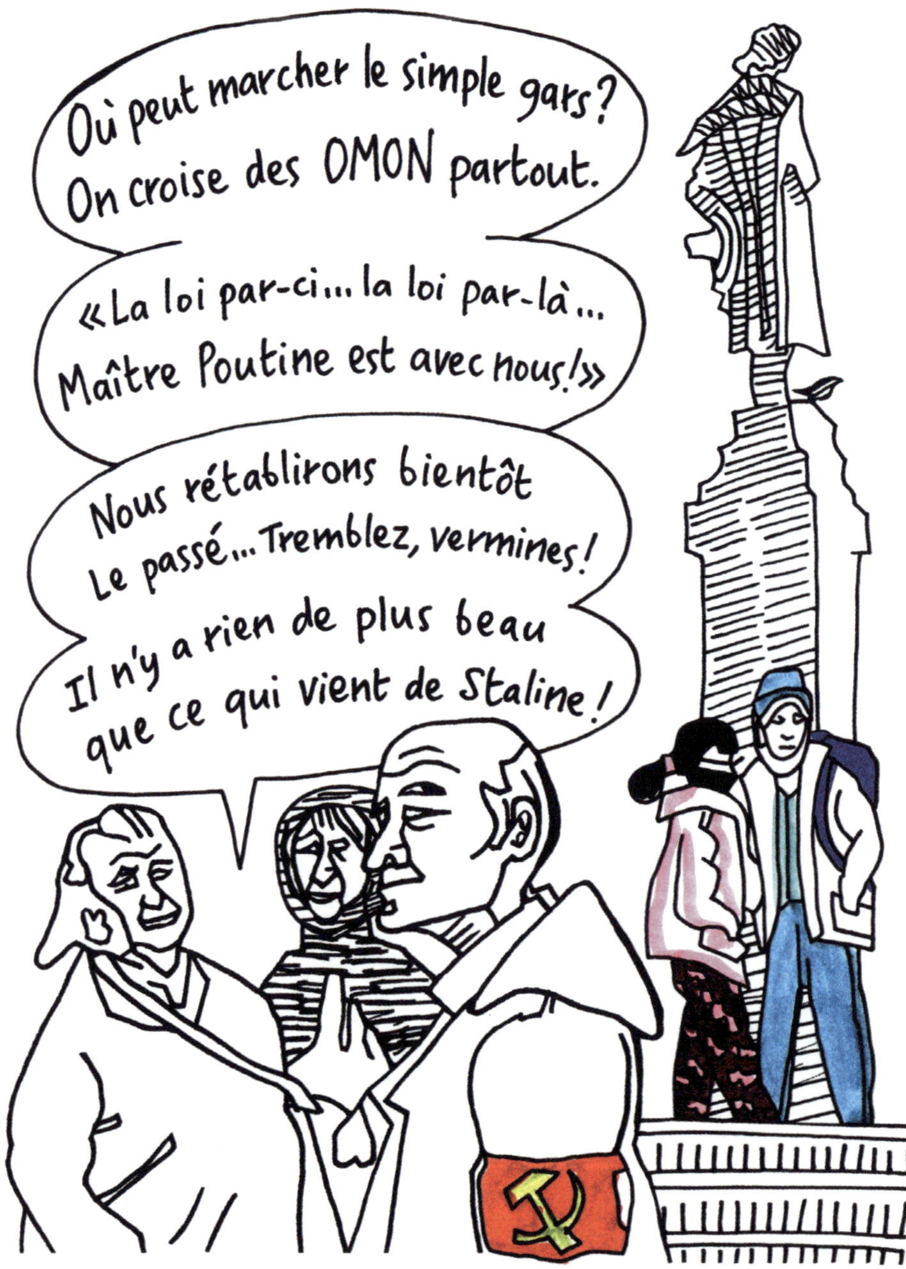

En dehors des vieux·eilles communistes, il y avait beaucoup de jeunes au rassemblement. Iels voulaient apparemment participer à une sorte d'action de protestation et étaient venu·e·s ici faute de mieux.

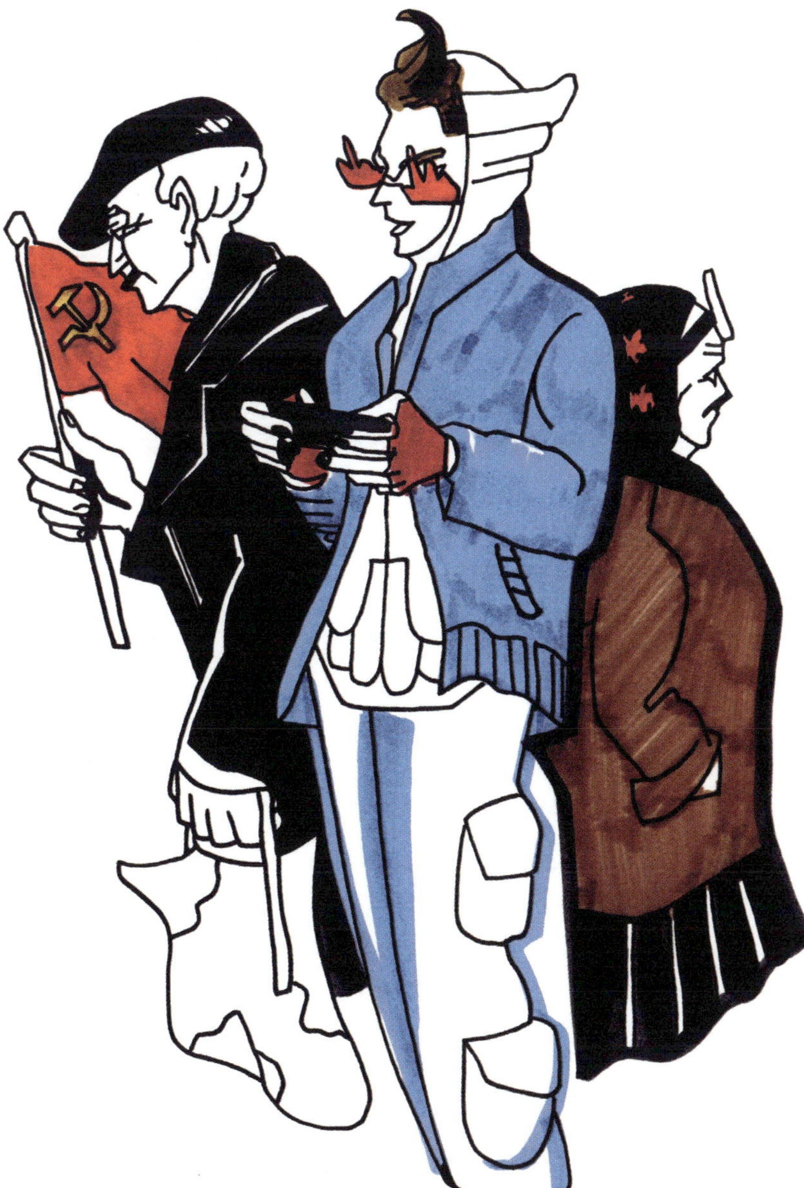

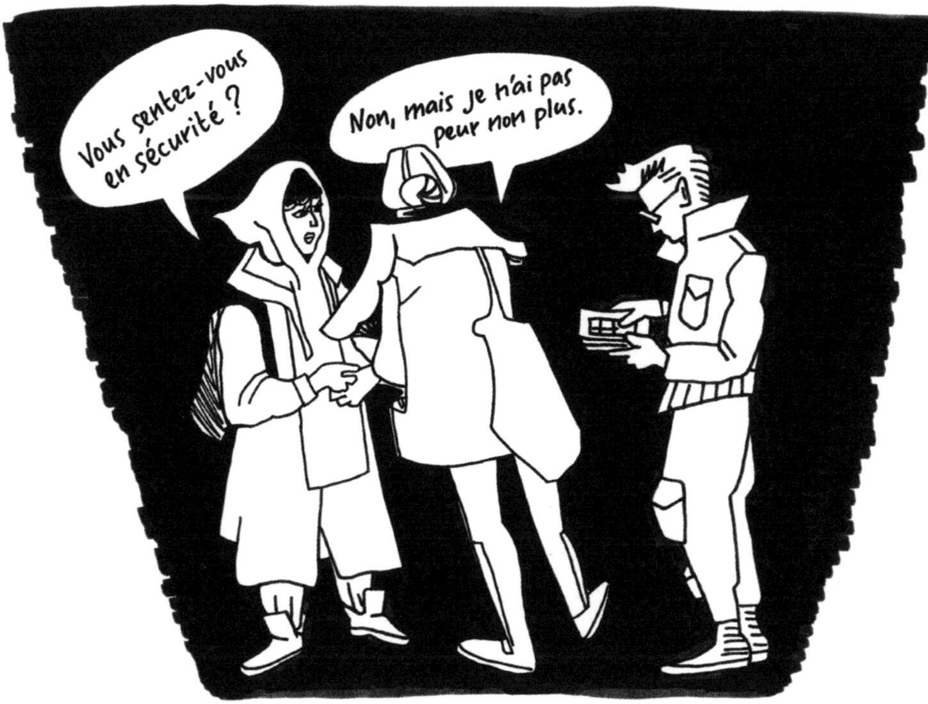

Avant les élections, j'ai assisté à une rencontre entre Aliona Popova et les habitant·e·s de mon quartier. Une dizaine de filles habillées à la mode y est venue. Il faisait noir et glacial. Les gens qui sortaient du métro refusaient de prendre les tracts que leur tendaient des militant·e·s et filaient chez elleux. Après avoir posé quelques questions, les filles à la mode sont parties à leur tour. Il ne restait, dans la rue vide et balayée par le vent, que Popova, les filles de la permanence, deux journalistes étranger·e·s et moi. Je n'avais pas l'impression d'être dans la capitale, aux côtés d'une des candidat·e·s les plus progressistes, mais dans une petite ville à l'autre bout du monde. Popova nous a proposé d'aller chercher des électeur·rice·s potentiel·le·s dans le parc le plus proche. Nous avons traversé le parc quasiment désert, dans lequel il n'y avait que quelques personnes ivres-mortes allongées sur les bancs de pierre. Nous avons finalement trouvé un homme tenant sur ses jambes avec difficulté. Il ne s'intéressait pas aux élections, mais était heureux de nous raconter sa vie ratée. Popova et les militantes l'ont réconforté et lui ont dit que les choses s'arrangeraient.

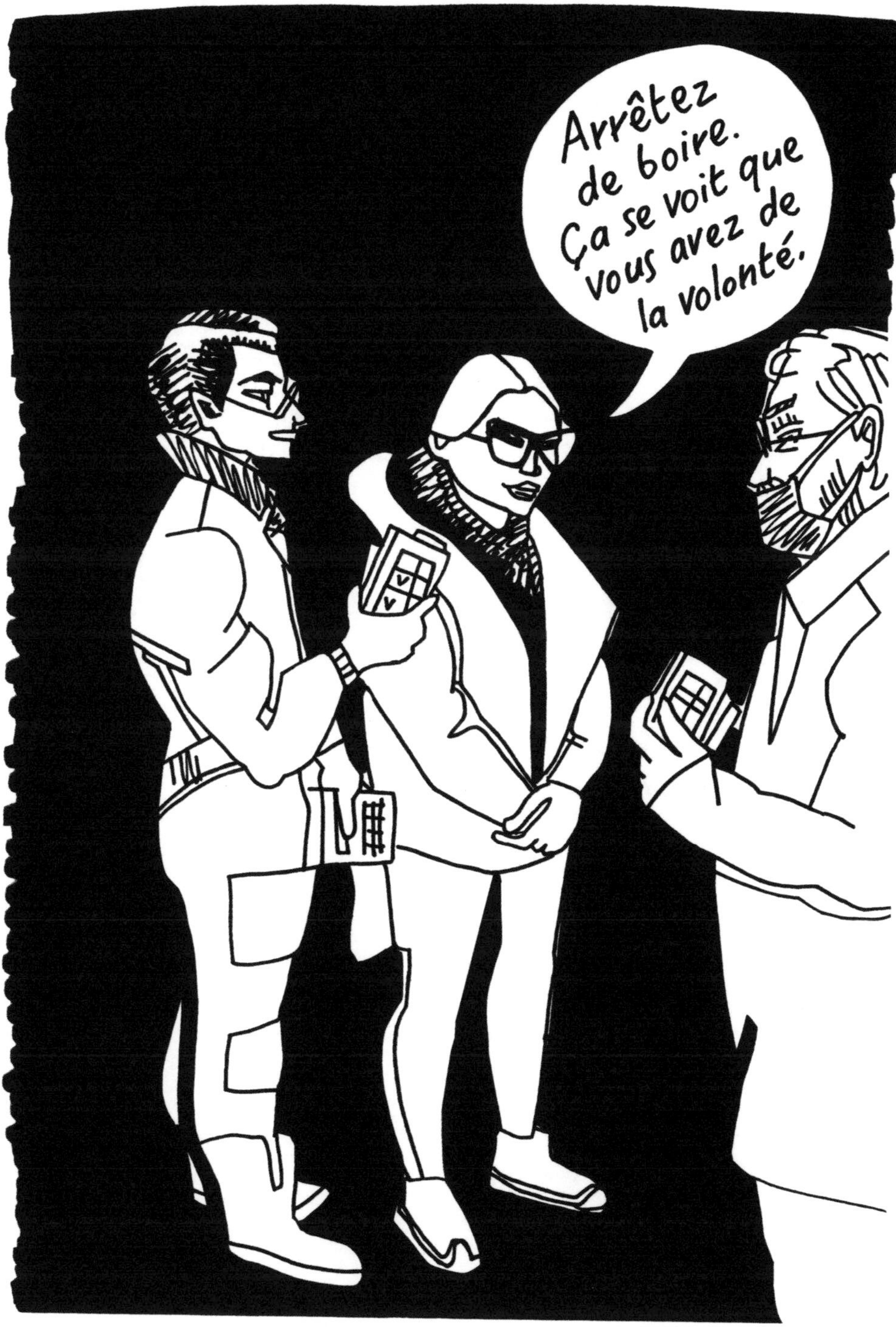
Arrêtez de boire. Ça se voit que vous avez de la volonté.

Les élections à la Douma ont eu lieu du 17 au 19 septembre. À Moscou et dans plusieurs *oblasts*, les électeur·rice·s pouvaient soit se rendre en personne au bureau de vote, soit voter en ligne. Les candidat·e·s de l'opposition exhortaient les électeur·rice·s à ne pas recourir au vote électronique qui était hébergé sur des sites de l'État.

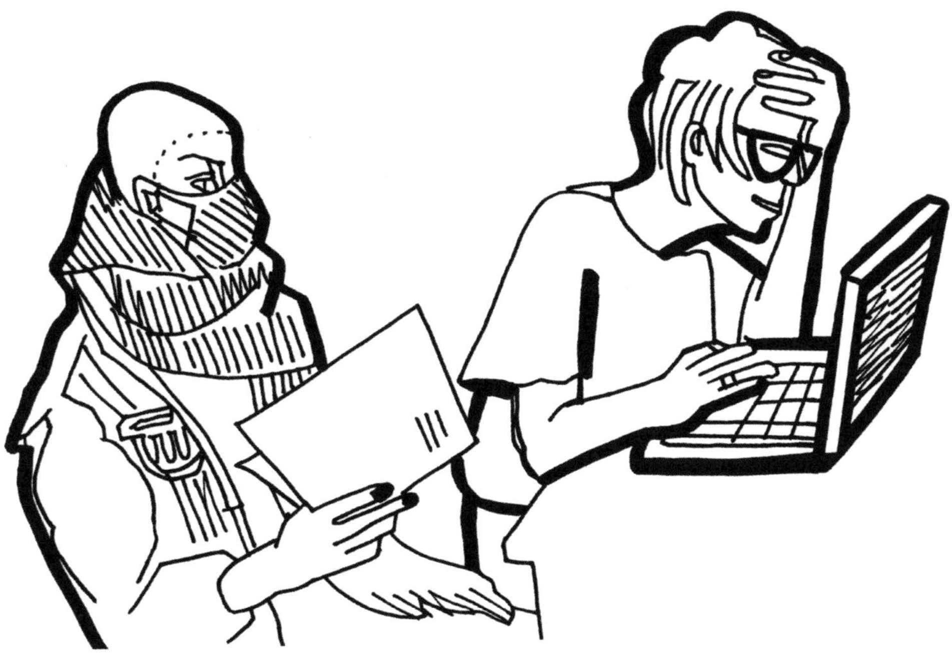

Le 19 septembre, je me suis rendue à la permanence de Lobanov pour dessiner ce qu'il s'y passait. Au téléphone, Dima rappelait aux électeur·rice·s que c'était le dernier jour pour voter. Les un·e·s après les autres, les militant·e·s venaient à la permanence récupérer les documents les autorisant à travailler comme observateur·rice dans les bureaux de vote. Le soir, je suis rentrée chez moi. Les militant·e·s et les observateur·rice·s ont travaillé jusqu'au matin, à la permanence et dans les bureaux de vote, dans l'espoir d'empêcher les fraudes.

Après le décompte des voix dans les bureaux de vote, on a su que Mikhaïl Lobanov battait le candidat du parti gouvernemental Russie unie[167] avec un écart de 12 000 voix. Les candidat·e·s pro-gouvernementaux·ales étaient battu·e·s dans la plupart des circonscriptions moscovites.

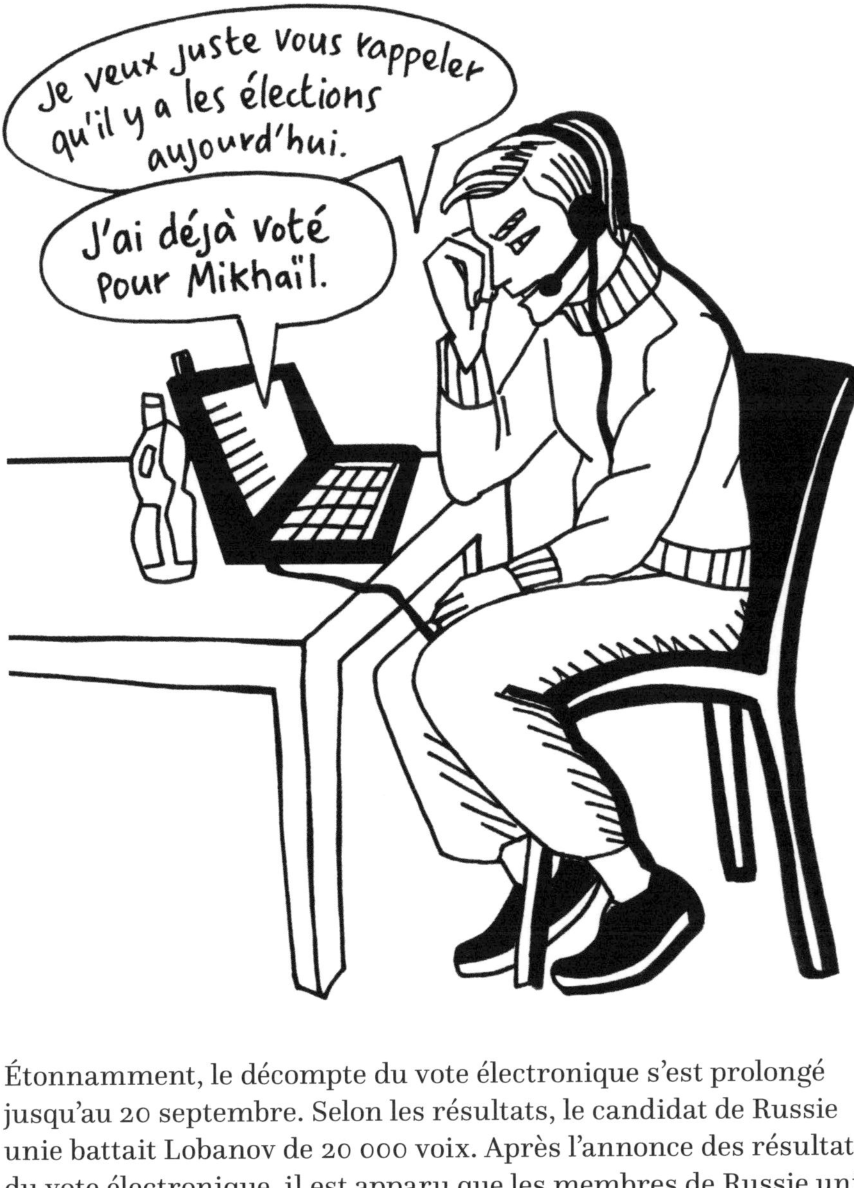

Étonnamment, le décompte du vote électronique s'est prolongé jusqu'au 20 septembre. Selon les résultats, le candidat de Russie unie battait Lobanov de 20 000 voix. Après l'annonce des résultats du vote électronique, il est apparu que les membres de Russie unie et les autres candidat·e·s pro-gouvernementaux·ales gagnaient largement dans toutes les circonscriptions de la ville.

Le 20 septembre, les communistes ont organisé un rassemblement non autorisé sur la place Pouchkine pour contester les résultats des élections. Plusieurs centaines de personnes sont venues protester. Dans la foule de jeunes, j'ai vu Dima et Sacha qui criaient « Lobanov ! »

« Regardez ! Le ciel pleure les résultats des élections en Russie », a lancé un communiste sur la scène.

Des descentes de police ont eu lieu à Moscou les jours suivants. Les policier·e·s, qui avaient identifié les manifestant·e·s sur les caméras de vidéosurveillance, sont venu·e·s les chercher à domicile. Beaucoup d'entre elleux ont écopé de plusieurs jours de détention.

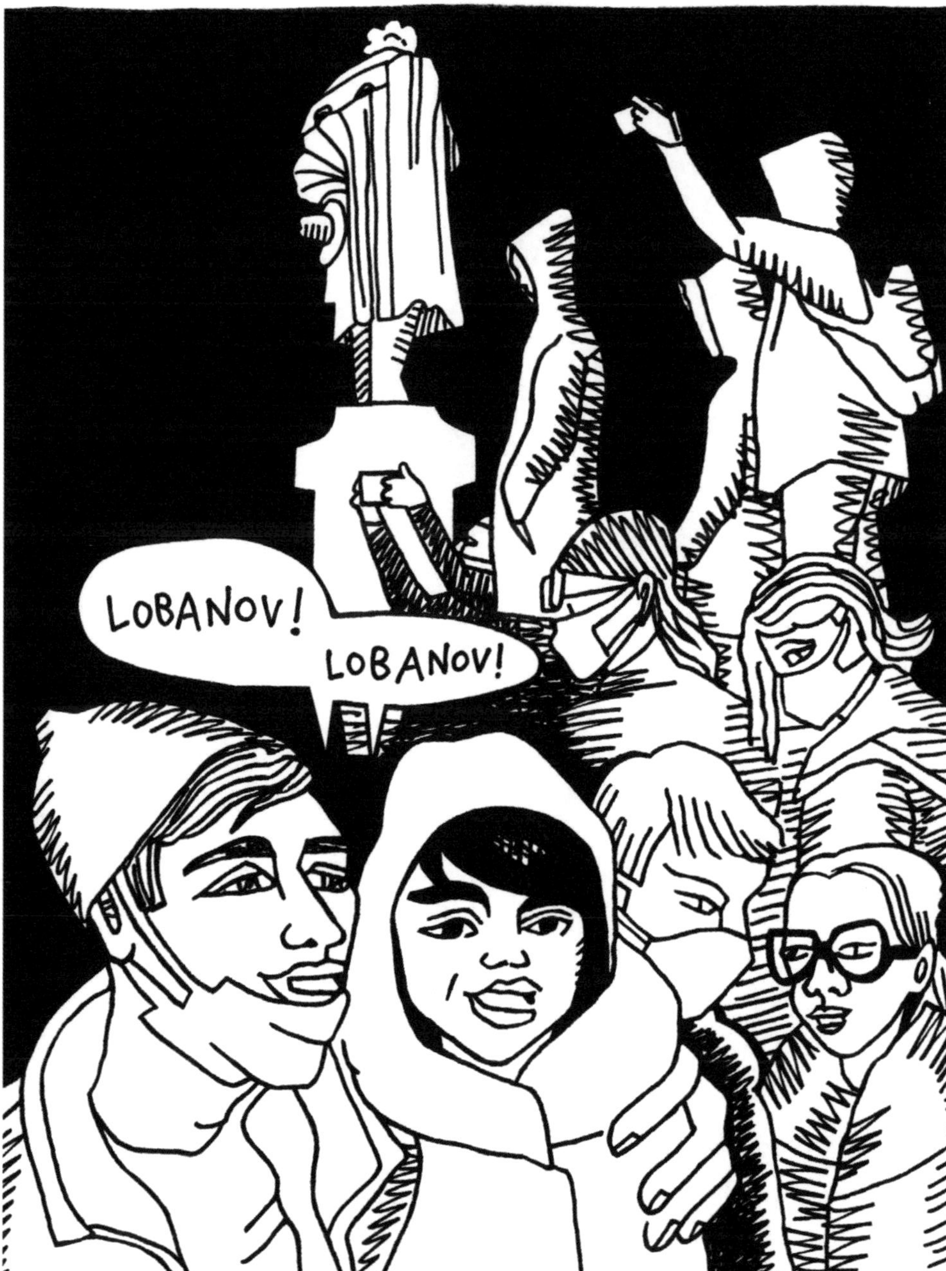
LOBANOV!
LOBANOV!

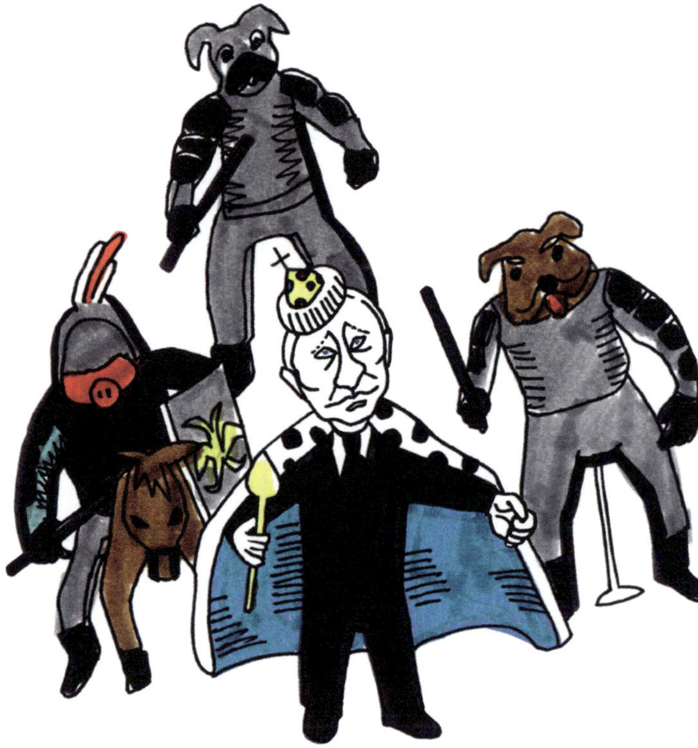

Octobre et novembre se sont passés sans le moindre incident, puis décembre est arrivé. Il neigeait sur Moscou, et la neige tomberait comme d'habitude jusqu'à la mi-mars. J'ai passé le plus clair de mon temps à la maison où j'ai dépouillé le matériel rassemblé durant la campagne électorale et les élections. Il n'y en avait pas beaucoup et j'ai donc décidé d'aller voir comment Dima avait modelé les porcs et les chiens.

Dima m'a montré un cochon sur un cheval, deux policiers-chiens et Poutine en couronne de Monomaque[168]. Il m'a dit que les musicien·ne·s d'Arkady Kots avaient décidé de ne laisser Poutine que dans le *teaser* et de le remplacer par un personnage abstrait dans le clip. J'étais heureuse que Dima n'allât pas en prison pour un film d'animation en pâte à modeler.

Entre nos deux dernières rencontres, Dima a été exclu du RSD. D'anciens camarades d'Ijevsk l'ont accusé d'autoritarisme et de harcèlement. « Je veux m'éloigner de la politique », m'a confié Dima. « C'était une source de colère et d'arrogance dans ma vie. Je veux faire de l'art, écrire du rap et réaliser des films d'animation en pâte à modeler. Je suis super excité ! Ça n'a jamais été aussi bon. »

Dima est avant tout heureux de sa relation avec Sacha. « Elle a changé ma vision du monde. Je traite beaucoup mieux les gens », m'a-t-il dit.

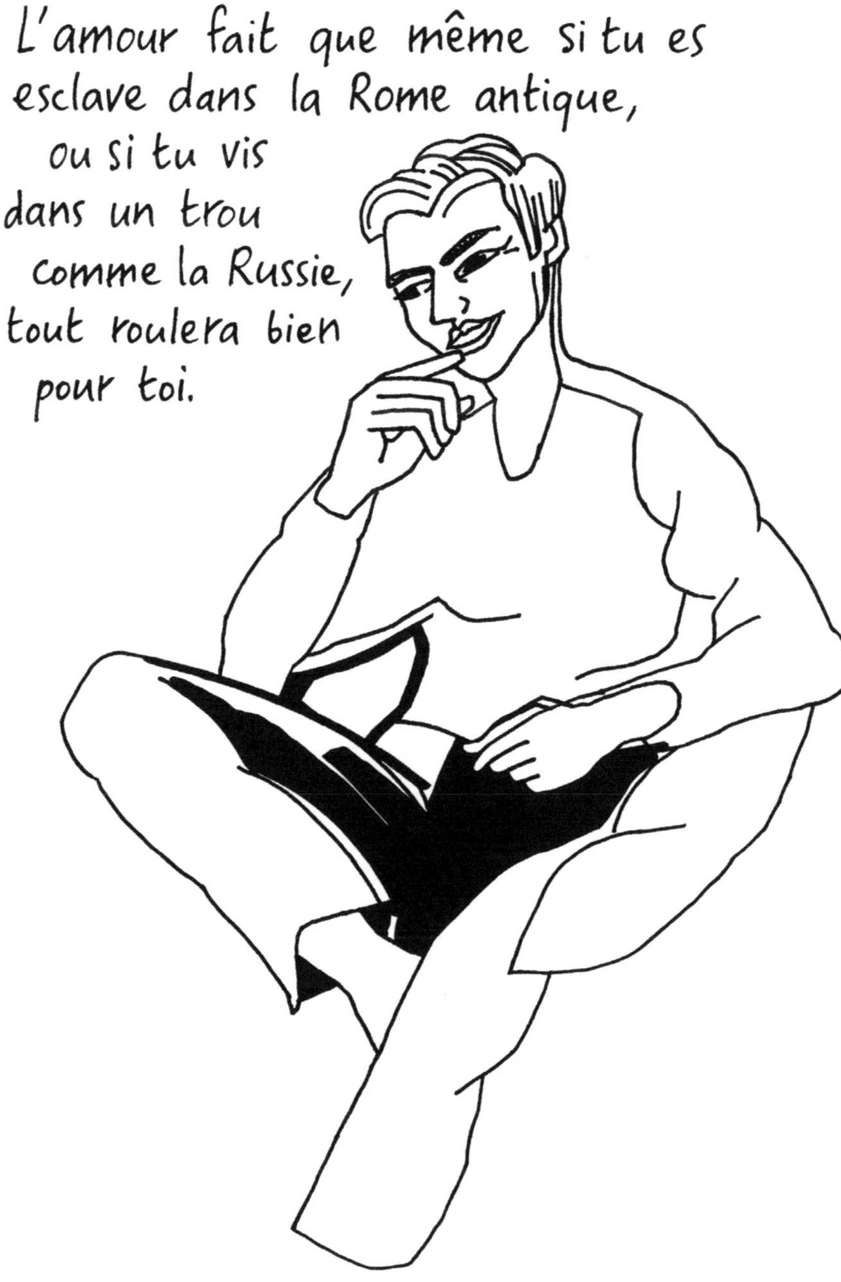

Quand nous nous sommes quitté·e·s, Dima m'a demandé ce qu'était un·e artiste véritable. Je lui ai répondu que l'artiste n'est pas cellui qui court après les événements du monde extérieur, mais cellui dont la perception intérieure constitue l'événement principal.

Si quelqu'un m'avait posé cette question un an auparavant, j'aurais répondu tout à fait autre chose. Je me définissais à cette époque-là comme une « artiste journaliste » et je courais après les événements politiques pour m'y connecter, comme à une énorme batterie. Entre 2012 et 2016, il y avait en Russie des procès politiques intéressants, et je les avais dépeints avec succès. Mais que devait faire « l'artiste journaliste » aujourd'hui, alors qu'il n'y avait pas eu d'événements importants depuis un an ?

Et si j'écrivais sur autre chose que sur les manifestations et les manifestant·e·s ? Sur l'art et ses artistes, par exemple. Je croyais auparavant que les auteur·rice·s du second monde[169] étaient censé·e·s faire de l'art politique sur l'injustice sociale, et que créer son propre univers était le privilège des artistes des pays prospères. Mais ce n'était qu'une conviction et je pouvais la remplacer par une autre.

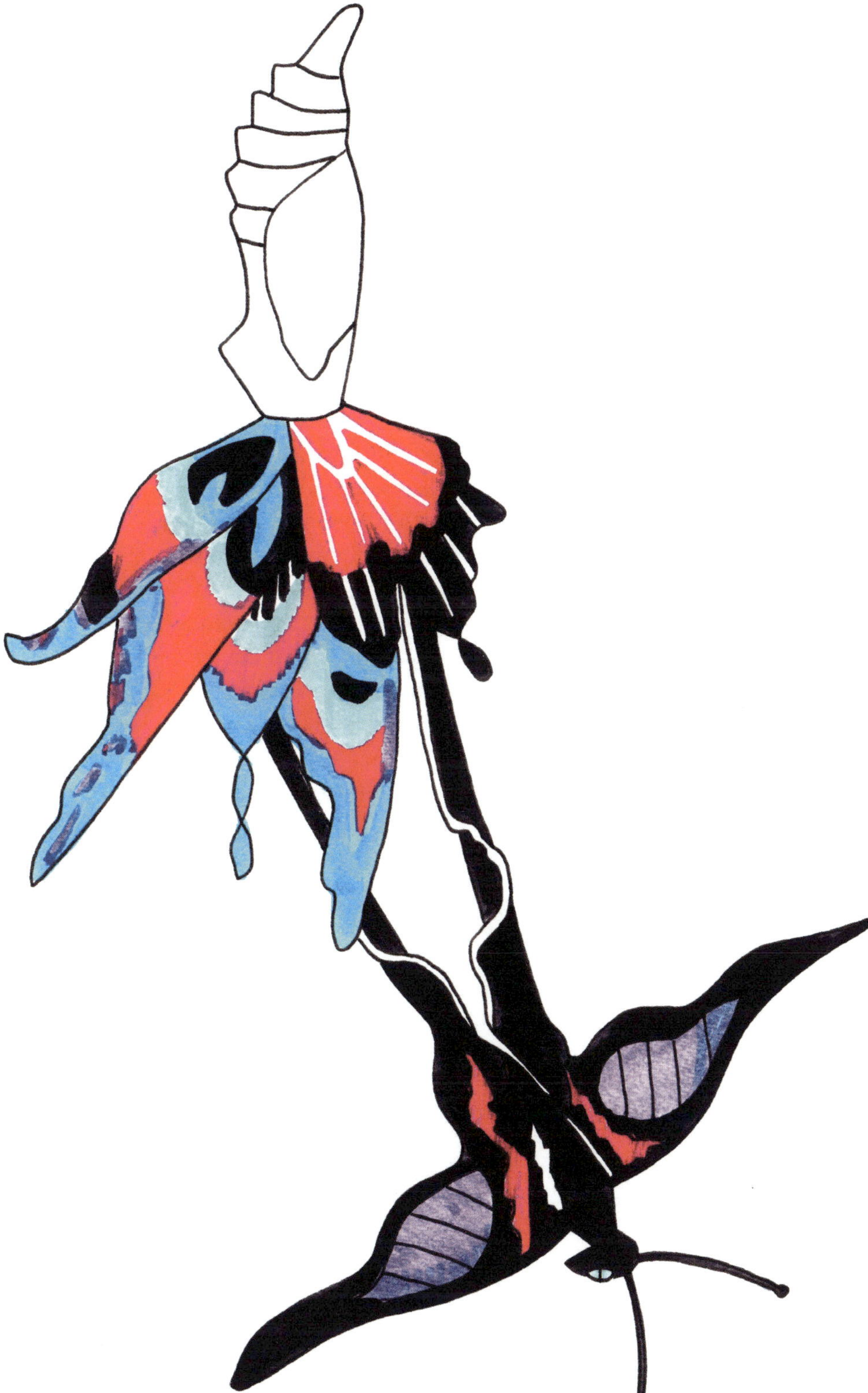

Les artistes

La première artiste à qui j'ai rendu visite est Marina Antonova[170] qui peint des lièvres rouges. Marina loue un appartement à la périphérie de la ville, dans un des grands immeubles gris situés le long des berges de la Moskova[171].

Allez savoir pourquoi, son appartement au quatrième étage sentait comme une maison en bois. L'étroit couloir était encombré de vieux meubles et recouvert d'un long tapis. Il me rappelait la maison de ma grand-mère. Dans la pièce que Marina avait transformée en atelier, une étrange spirale munie d'ampoules était fixée au plafond. Le propriétaire de l'appartement avait commandé ce design pour une raison mystérieuse. Les châssis de bois des fenêtres étaient vieux et un courant d'air traversait l'appartement. Il y avait des peintures de Marina accrochées partout, et celles-ci représentaient des bêtes et des oiseaux fantastiques, ainsi que des vues d'une forêt lugubre et féerique.

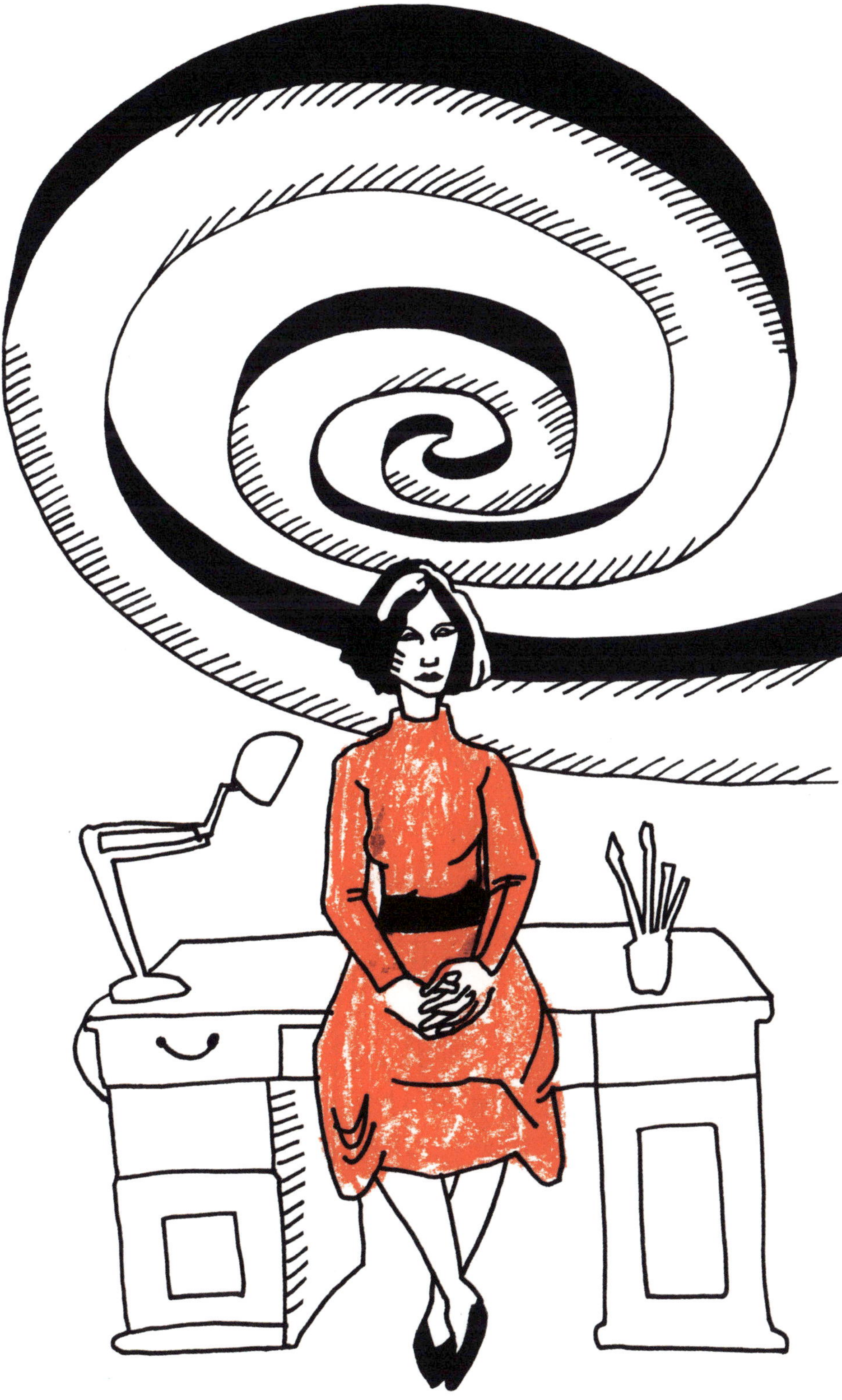

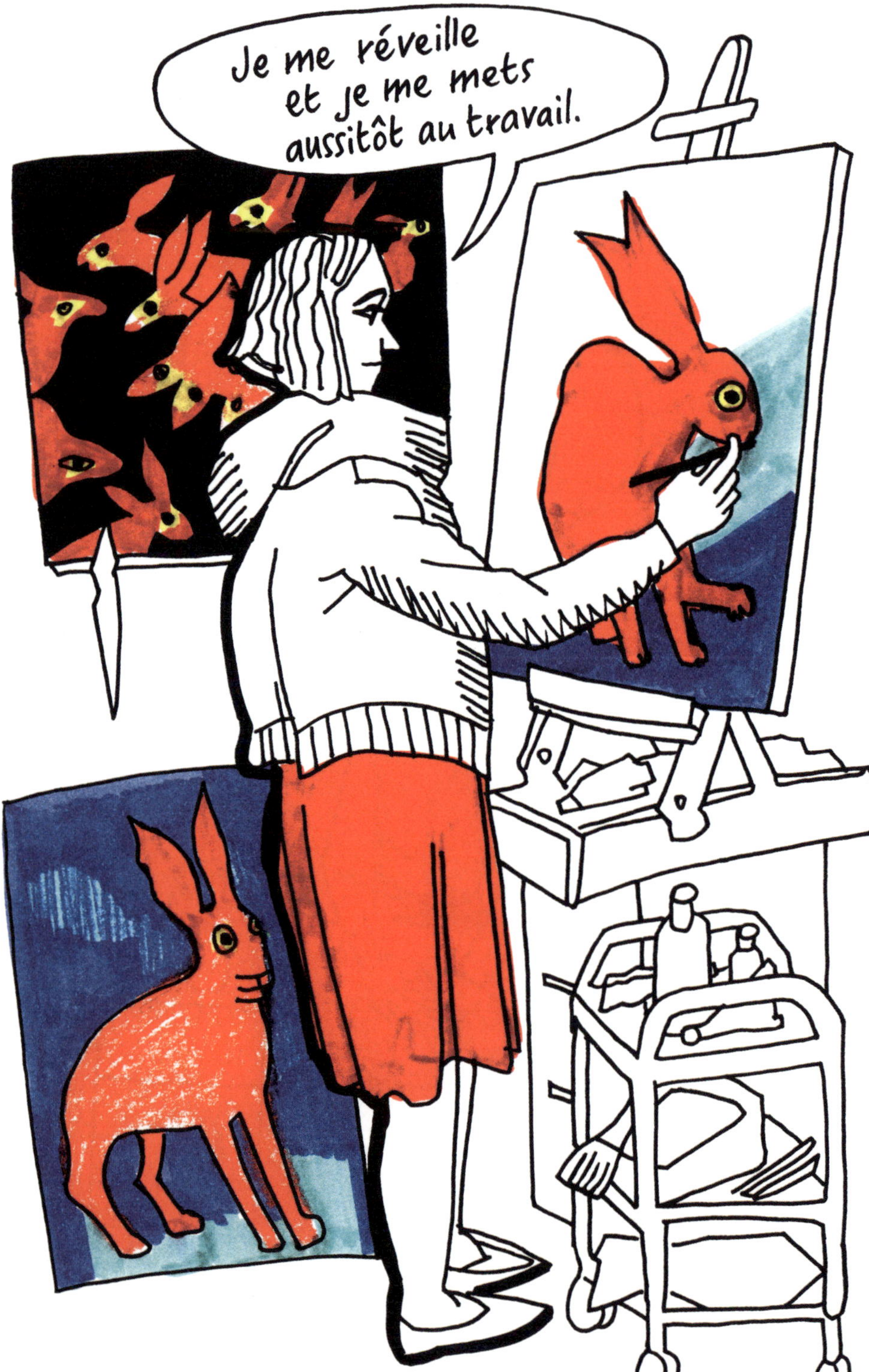
Je me réveille et je me mets aussitôt au travail.

J'ai demandé à Marina de me parler de ses peintures. « Mes lièvres ont des yeux de serpents, des pattes de chats et des griffes de lions », m'a raconté Marina. « Ils sont rouges parce que c'est la couleur la plus audacieuse et la plus agressive. Quand j'ai commencé à peindre des lièvres rouges, mes goûts vestimentaires ont changé. Les gens qui sont nés en province comme moi, pensent qu'il faut se fondre dans les grands immeubles, dans cette réalité grise. Avant, je ne portais que du gris, du brun et du noir. Mais quand j'ai commencé à peindre des lièvres, je me suis mise à porter du rouge, du jaune, de l'orange et du rose, et je me suis sentie en sécurité. »

Marina vend ses peintures sur Instagram où elle a plus de 60 000 abonné·e·s. Ses lièvres rouges et ses autres créatures voyagent dans le monde entier. La plupart de ses client·e·s achètent une peinture pour la première fois de leur vie. Iels ne se sont jamais intéressé·e·s à l'art, mais ont été hypnotisé·e·s par ces images étranges. « Une Américaine a acheté un lièvre rouge pour son copain, mais quand la peinture est arrivée chez elle, elle a compris qu'elle avait elle aussi besoin d'un lièvre rouge », m'a dit Marina. « Je reçois un très grand nombre de retours positifs. Je ne comprends même pas pourquoi les gens éprouvent un tel enthousiasme. »

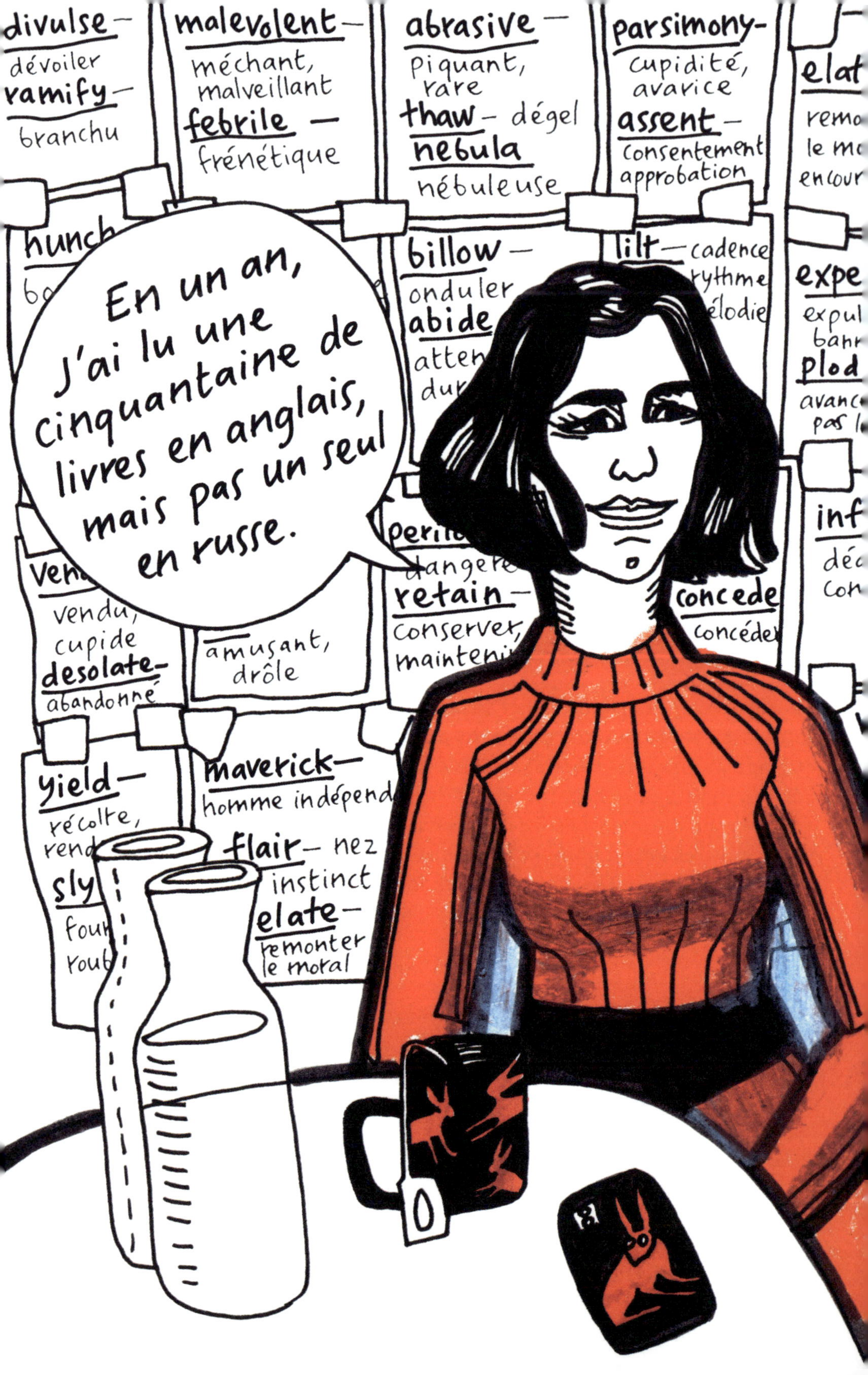

En un an, J'ai lu une cinquantaine de livres en anglais, mais pas un seul en russe.
divulse – dévoiler
ramify – branchu
malevolent – méchant, malveillant
febrile – frénétique
abrasive – piquant, rare
thaw – dégel
nebula – nébuleuse
parsimony – cupidité, avarice
assent – consentement approbation
billow – onduler
abide
retain – conserver, mainteni
concede – concéder
cadence rythme
vendu, cupide
desolate – abandonné
amusant, drôle
yield – récolte,
maverick – homme indépend
flair – nez instinct
elate – remonter le moral

Il y a bien des années, Marina militait, dessinait des affiches et allait aux rassemblements de masse. Elle s'émeut parfois de constater que tout ceci appartient au passé. L'activisme et les barricades sont utiles, selon elle, et l'art surréaliste n'apporte aucun bénéfice concret à la société.

« Je n'ai pas de problème avec ce régime », m'a dit Marina, « mais j'ai peur que d'autres en aient. Quand je vois la garde nationale[172] aux rassemblements, j'ai l'impression que ma ville est occupée par des troupes ennemies. C'est effrayant et épouvantable. Et puis j'ai peur de la police. Elle est censée nous aider, mais en Russie, elle est là en réalité pour nous pourrir la vie. »

J'ai écouté Marina et j'ai pensé que son art n'était pas si surréaliste que ça. Marina et moi semblions peindre une seule et même forêt lugubre : celle de l'arbitraire, de l'avilissement et de la peur qui nous entoure. Nous nous cachions, telles des petites bêtes fantastiques, dans la forêt, au fond de nos terriers, sous les racines des arbres branchus. Mais nous étions rouges.

Le deuxième artiste à qui j'ai rendu visité est Sergueï Skoutarou[173] qui vit dans la petite ville de Zélénograd[174], près de Moscou. Je m'intéressais à sa peinture depuis longtemps. Je l'avais vue sur internet, mais je n'avais jamais vu son travail en vrai, et nous ne nous connaissions pas personnellement. Je savais peu de choses de lui. Skoutarou est un artiste autodidacte. Il est né en 1979, en Moldavie[175] qui était alors une des républiques soviétiques. Il est venu en Russie il y a vingt ans comme travailleur migrant. Il y a eu le temps de se marier et de devenir veuf.

L'artiste vit dans un studio avec ses filles, deux adolescentes. « Ici, c'est mon refuge », a dit Sergueï, en me montrant la petite cuisine. « Je dors ici, je cuisine ici et je peins ici. » Dans la cuisine, au lieu d'une table pour déjeuner, il y a un petit lit. Il n'y a pas de place pour un chevalet et des châssis, et ses toiles sont donc épinglées au mur.

Je lui ai demandé de me montrer ses œuvres. Il m'a conduite dans la chambre et s'est mis à extraire des armoires plusieurs toiles enroulées. J'ai vu des autoportraits, des portraits de ses filles, des images d'un quotidien marginal et des vues ordinaires de Zélénograd. Ces sujets sans prétention étaient peints avec une telle énergie qu'une série d'explosions semblaient traverser ses peintures. Dans les portraits, les gens avaient l'air de personnages de *Twin Peaks* feignant d'être humains. Les objets prenaient vie dans les natures mortes. Un lit de camp avec un dessus-de-lit coloré se transformait en plates-bandes dans lesquelles poussaient des plantes sauvages. La vaisselle sale se transformait en créature grotesque se tortillant dans l'évier. Un sac à dos bleu et rouge semblait se préparer à bondir comme un lézard venimeux.

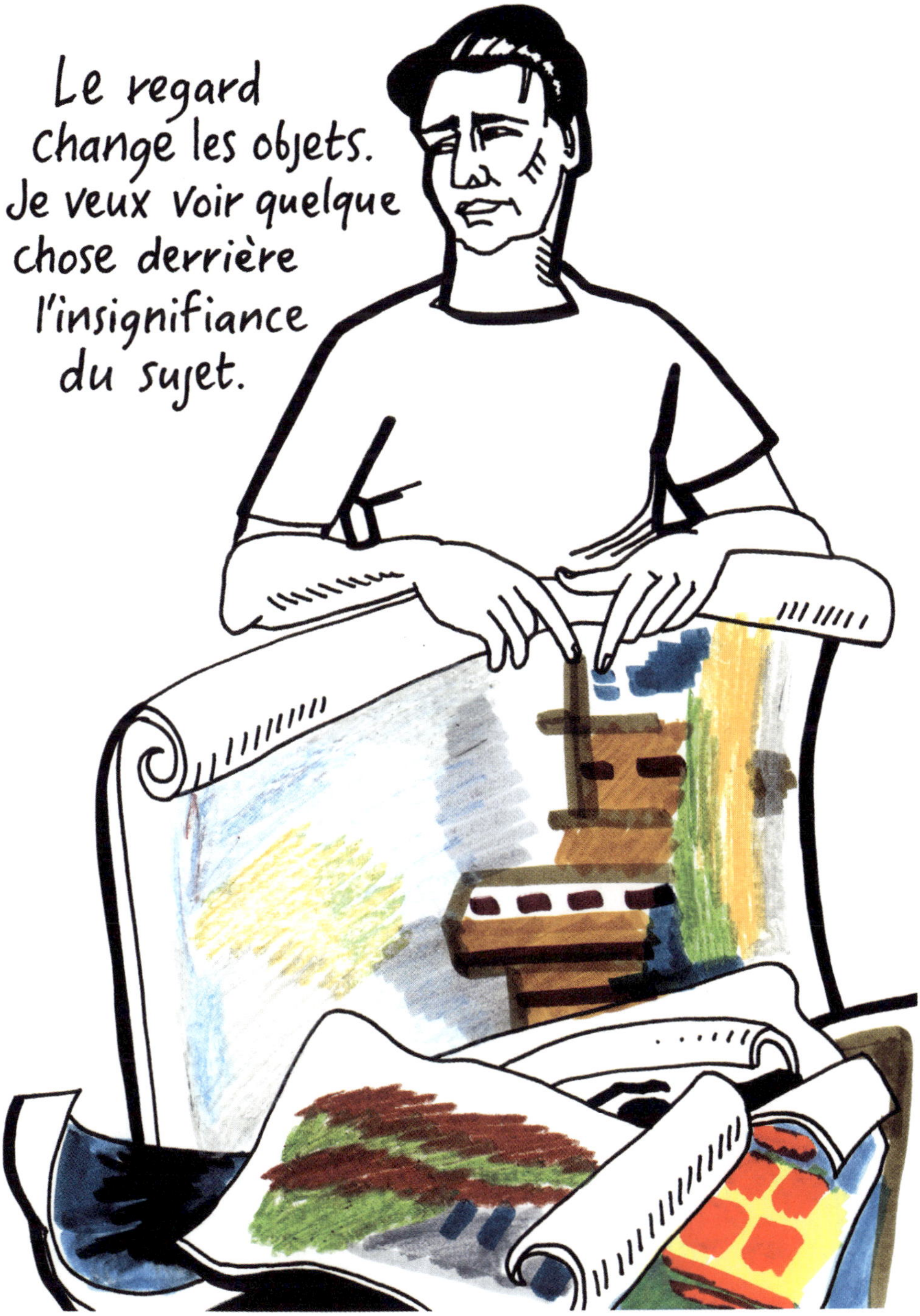
Le regard change les objets. Je veux voir quelque chose derrière l'insignifiance du sujet.

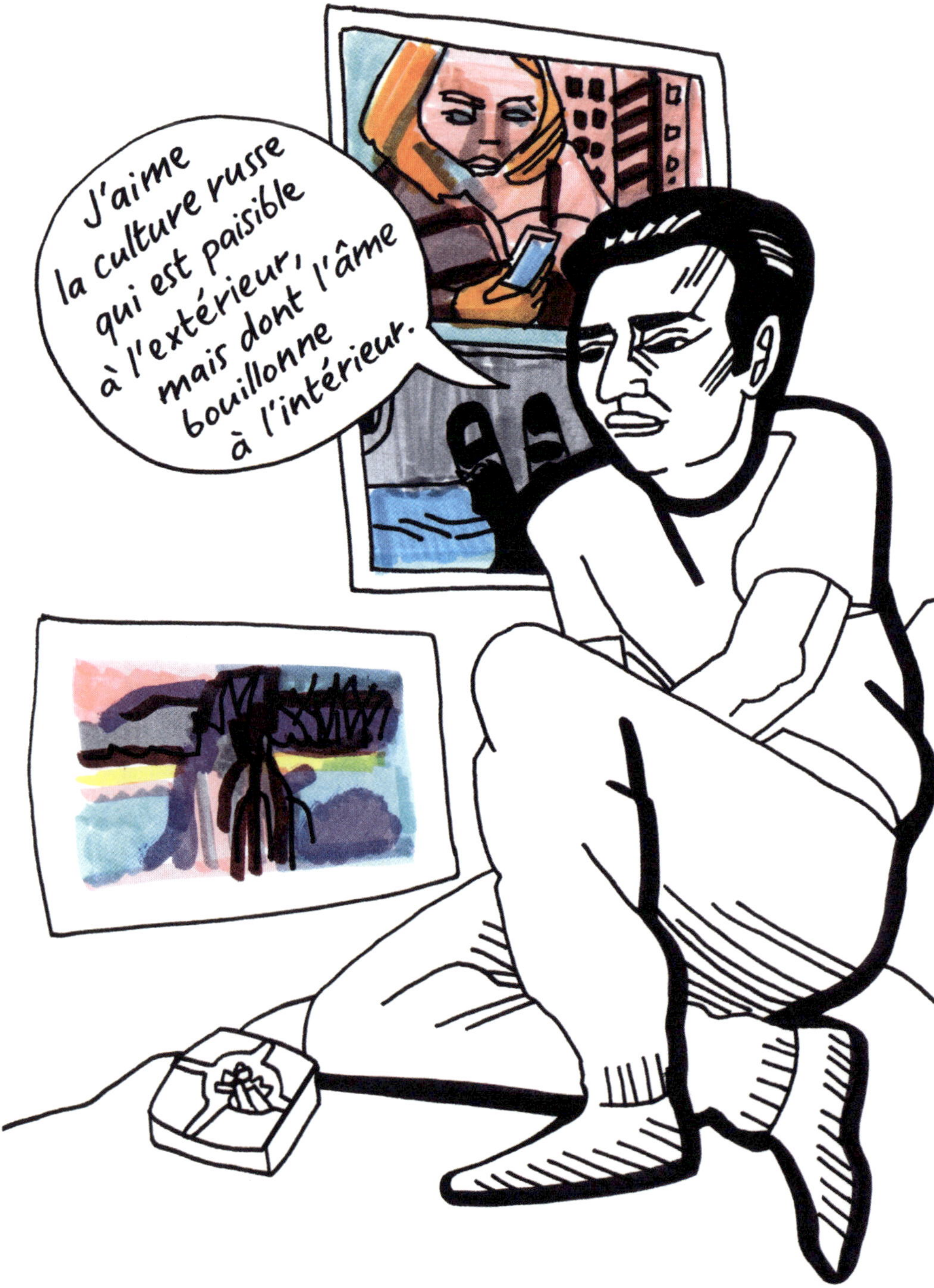
J'aime la culture russe qui est paisible à l'extérieur, mais dont l'âme bouillonne à l'intérieur.

Nous avons ensuite bu du vin dans la cuisine. Skoutarou était assis sur son lit et moi sur la seule chaise, le rebord de la fenêtre nous servant de table. L'artiste m'a dit qu'il était déprimé, car la Russie était de plus en plus isolée du reste du monde. Quelques jours plus tôt, il avait lu sur les réseaux sociaux qu'un ami en commun de plus avait été reconnu « agent de l'étranger », et ce genre de nouvelles l'effrayaient. « Nous devons vivre nos vies en ignorant le pouvoir », lui ai-je dit. « Rappelle-toi ! Tout le monde faisait ça dans les dernières années de l'Union soviétique et elle s'est effondrée d'un seul coup. »

La neige tombait à la fenêtre, mais il y avait des choses à regarder : le caniveau, de rares passant·e·s, les grands immeubles bruns. « Je regarde cet immeuble », m'a dit Sergueï. « Quelle masse ! Rouge-brun. On peut toucher cette couleur jaillissante et sentir sa peau. C'est du réalisme vivant… »

Il me semblait évident que cet artiste solitaire aimait en réalité l'énergie maussade de ces lieux, qu'il aimait le drame. Et moi, qu'aimais-je ? Je savais parfaitement que je ne voulais plus être la *Dernière Artiste soviétique*. J'allais achever ce livre et point final.

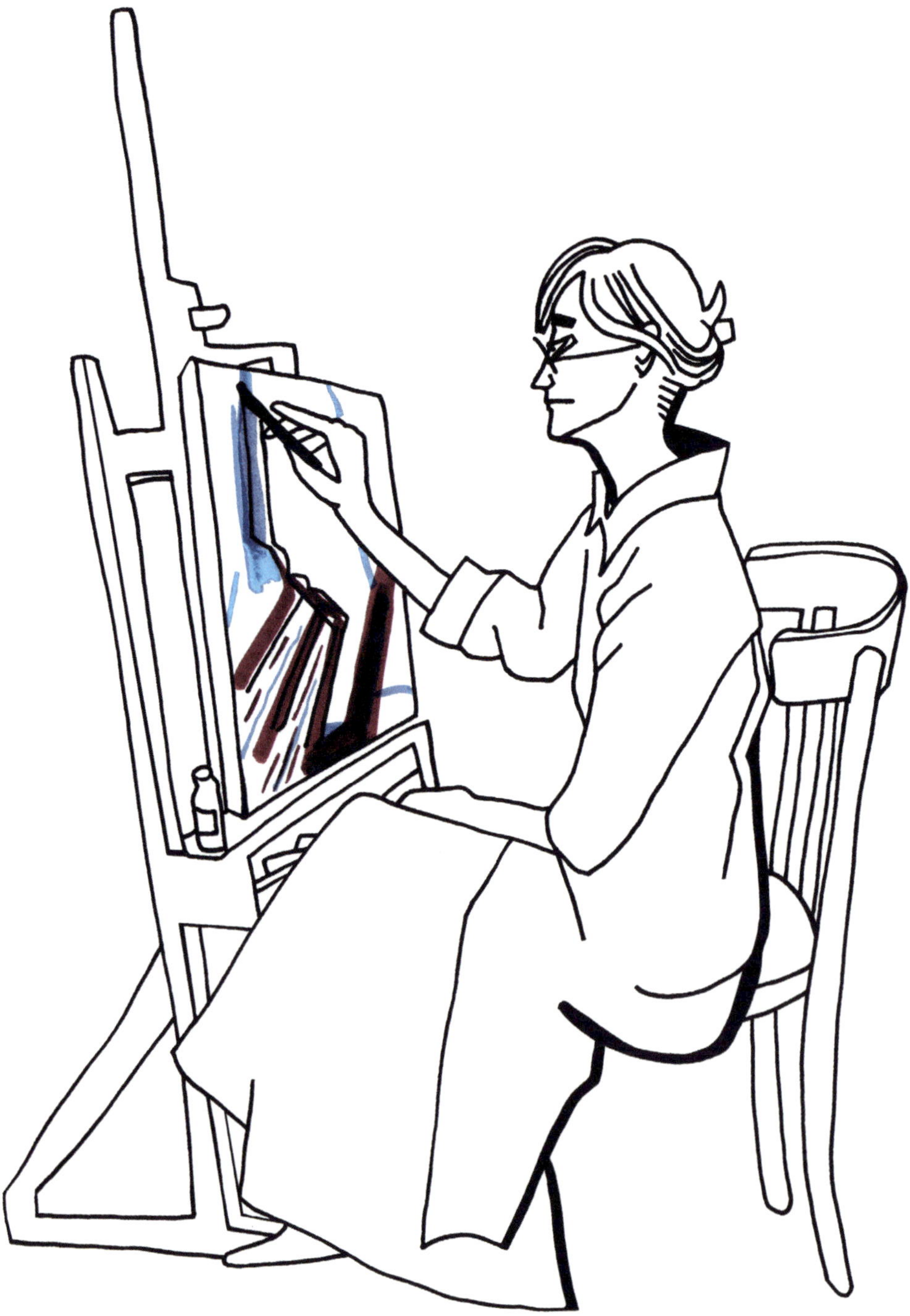

La troisième artiste à qui j'ai rendu visite est Nadia Plounguian[176], une amie proche vivant à Véchniaki[177]. Beaucoup de gens diront que Vechniaki n'est qu'un quartier insignifiant de la périphérie moscovite. Nadia pense au contraire que c'est un lieu magique et plein de poésie. « Ces immeubles me rappellent le constructivisme. C'est comme si je vivais dans une peinture suprématiste de Malévitch », m'a dit Nadia à propos de son banal immeuble construit dans les années 1970.

Pour le public, Plounguian est une des plus célèbres critiques d'art et commissaires d'expositions russes, et seul son cercle proche sait qu'elle se consacre sérieusement à la peinture. Elle faisait auparavant des peintures figuratives symbolistes représentant des événements cryptés de sa vie. Mais durant la pandémie, Nadia s'est soudainement mise à peindre des tableaux abstraits, évoquant des compositions musicales vues de l'intérieur. Et désormais, elle s'assied devant son chevalet et dépose sur la toile des signes énigmatiques.

Je pense parfois que Nadia est plus une véritable artiste que moi. J'ai été formée par mon père, un artiste provincial aux ambitions déçues. Depuis mon enfance, je perçois l'art pictural comme une profession qui me fera gagner ma vie. Quand j'étais enfant, je préférais en fait écrire des poèmes et des histoires, mais « artiste » semblait une profession plus solide que l'obscur métier « d'écrivain ».

Les parents de Nadia, des enseignant·e·s réputé·e·s de Moscou, étaient catégoriquement opposés à ce qu'elle étudiât l'art et se consacrât à la peinture. Nadia a surmonté, lentement et pas à pas, ses irrationnelles peurs d'enfant, qui l'empêchaient d'entrer dans le monde de l'art. Mais désormais pour elle, ce monde n'est plus assombri par le souci d'une carrière professionnelle, par l'épreuve de la vente des œuvres et par la rivalité avec les autres artistes.

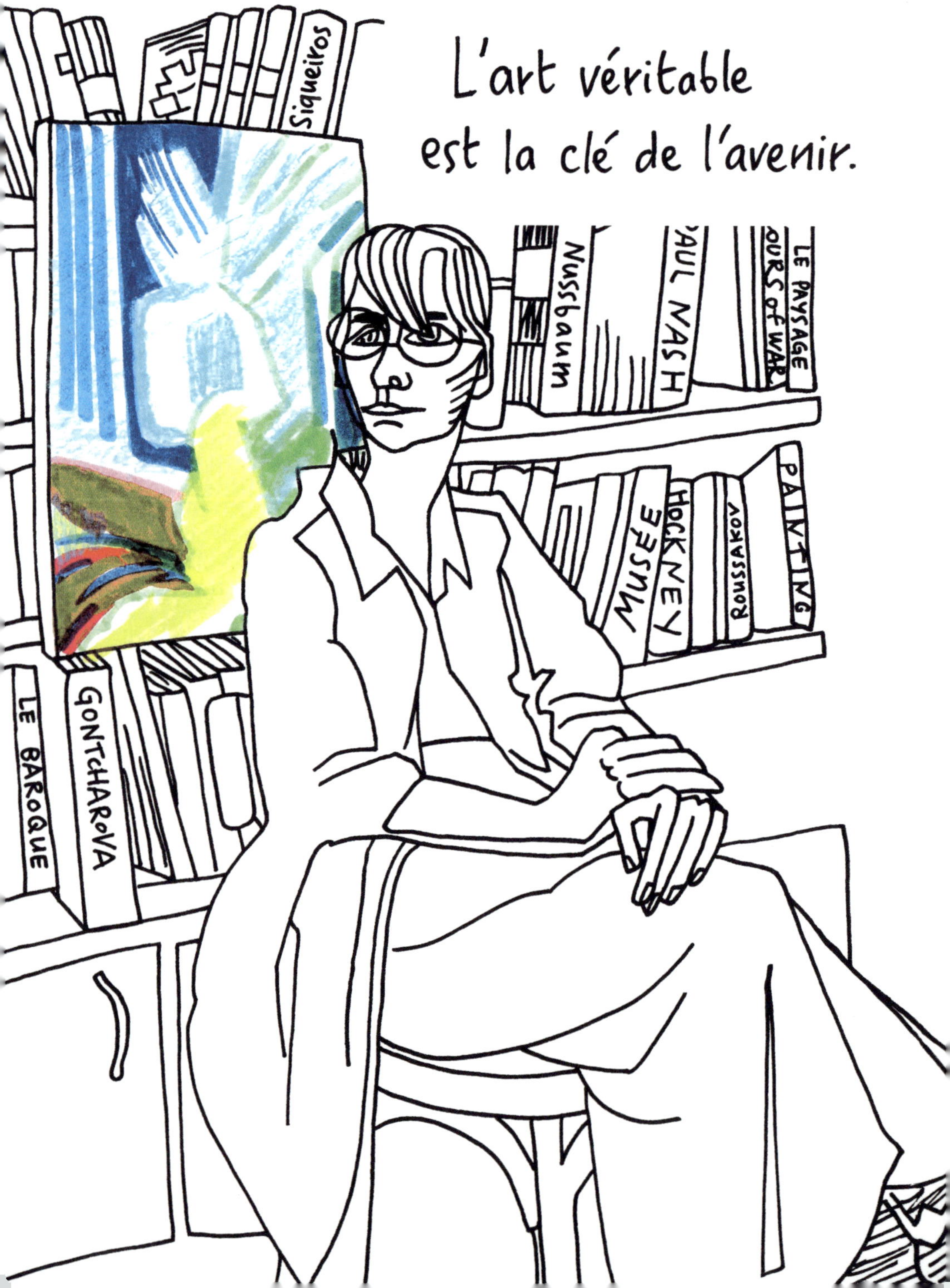
L'art véritable
est la clé de l'avenir.
Siqueiros
Nussbaum
PAUL NASH
LE PAYSAGE
MUSÉE
HOCKNEY
ROUSSAKOV
PAINTING
GONTCHAROVA
LE BAROQUE

Entre 2012 et 2014, nous avons supervisé ensemble un projet radical pour la Russie de l'époque, « le Crayon féministe »[178], qui présentait le dessin féminin socialement engagé. Lors de notre exposition et lors d'autres expositions féministes, Nadia a exposé, sous pseudonyme, des affiches et des bannières féministes queer et anti-guerre. Elle s'est peu à peu mise à approfondir l'art qui prédit l'avenir, au lieu de dépeindre des « faits » préexistants. Quant à moi, j'ai longtemps été assignée au rôle « d'artiste sociale » travaillant sur les sujets brûlants.

Avant la pandémie, j'enrageais que Nadia eût cessé d'aller aux rassemblements de l'opposition, mais je ne veux désormais plus y aller moi-même. Le travail de l'artiste, ce n'est pas de fuir la police, un carnet de croquis dans les mains. Le travail de l'artiste, c'est de peindre les formes de l'avenir souhaité pour l'aider à se réaliser. Nous sommes beaucoup plus utiles dans nos ateliers que dans une bagarre.

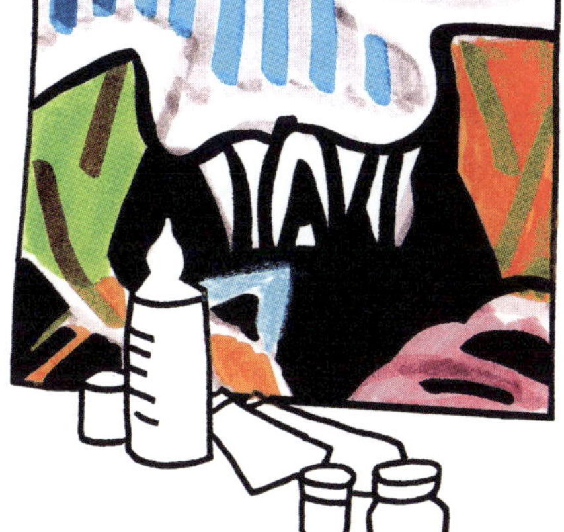

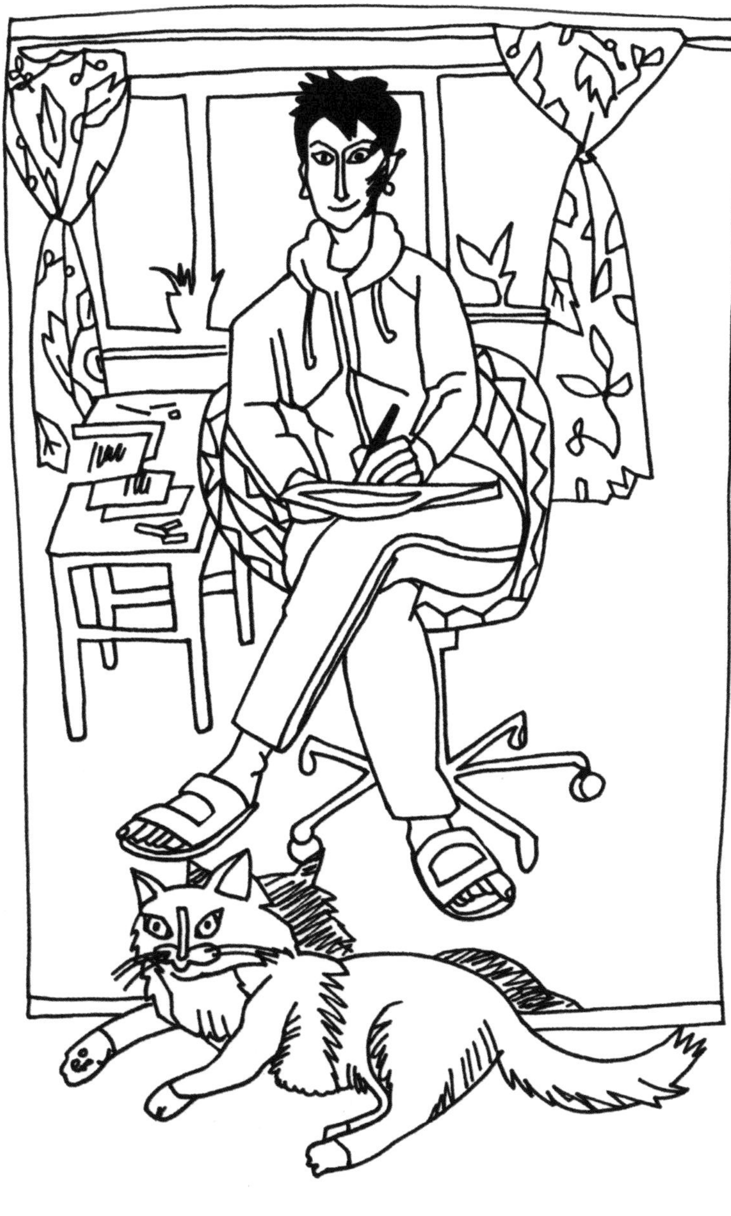

La dernière artiste dont je voudrais parler dans ce chapitre, c'est moi-même. Je suis née en Union soviétique et, bien qu'elle se soit effondrée quand j'étais encore adolescente, l'expérience de la vie sous le totalitarisme, isolée du reste du monde, reste gravée à jamais dans ma mémoire. Je ne voudrais revivre ça pour rien au monde.

Quand la pandémie a éclaté au printemps 2020, je revenais d'un projet en Occident. La première année, alors que toutes les frontières étaient fermées, ce n'était pas si dur psychologiquement. L'année suivante, la plupart des pays étaient encore fermés aux Russes, parce que le vaccin russe n'était pas reconnu par l'OMS et que les vaccins étrangers étaient interdits en Russie. Mes principales craintes étaient sur le point de se réaliser, et j'étais à nouveau l'otage des règlements de compte politiques des autres.

J'ai passé ces deux années de pandémie dans mon petit appartement. J'avais transformé une des pièces en « atelier ». J'ai réfléchi à l'art et j'ai changé de langage artistique. J'ai achevé de rédiger *La Dernière Artiste soviétique*. L'écriture de la première partie du livre a été difficile. Il semblait, dans ces chapitres, qu'une autre personne avait arrangé les éléments « appropriés » comme les pièces d'un puzzle : des militant·e·s et des féministes, des histoires d'inégalité sociale et des exemples d'initiatives citoyennes. Mon art utile, suivant une feuille de route sociale et pro-occidentale, n'était en fait pas si différent des images de propagande de mon père, un artiste décorateur contraint, pour gagner sa vie durant la période soviétique, de peindre Lénine, des ouvrier·e·s, des pionnier·e·s, l'avenir communiste radieux et les ennemi·e·s capitalistes. Mon père avait servi un régime qu'il détestait, et moi, j'essayais de combattre et de critiquer le régime, en m'appuyant sur les valeurs occidentales. C'était ma vie.

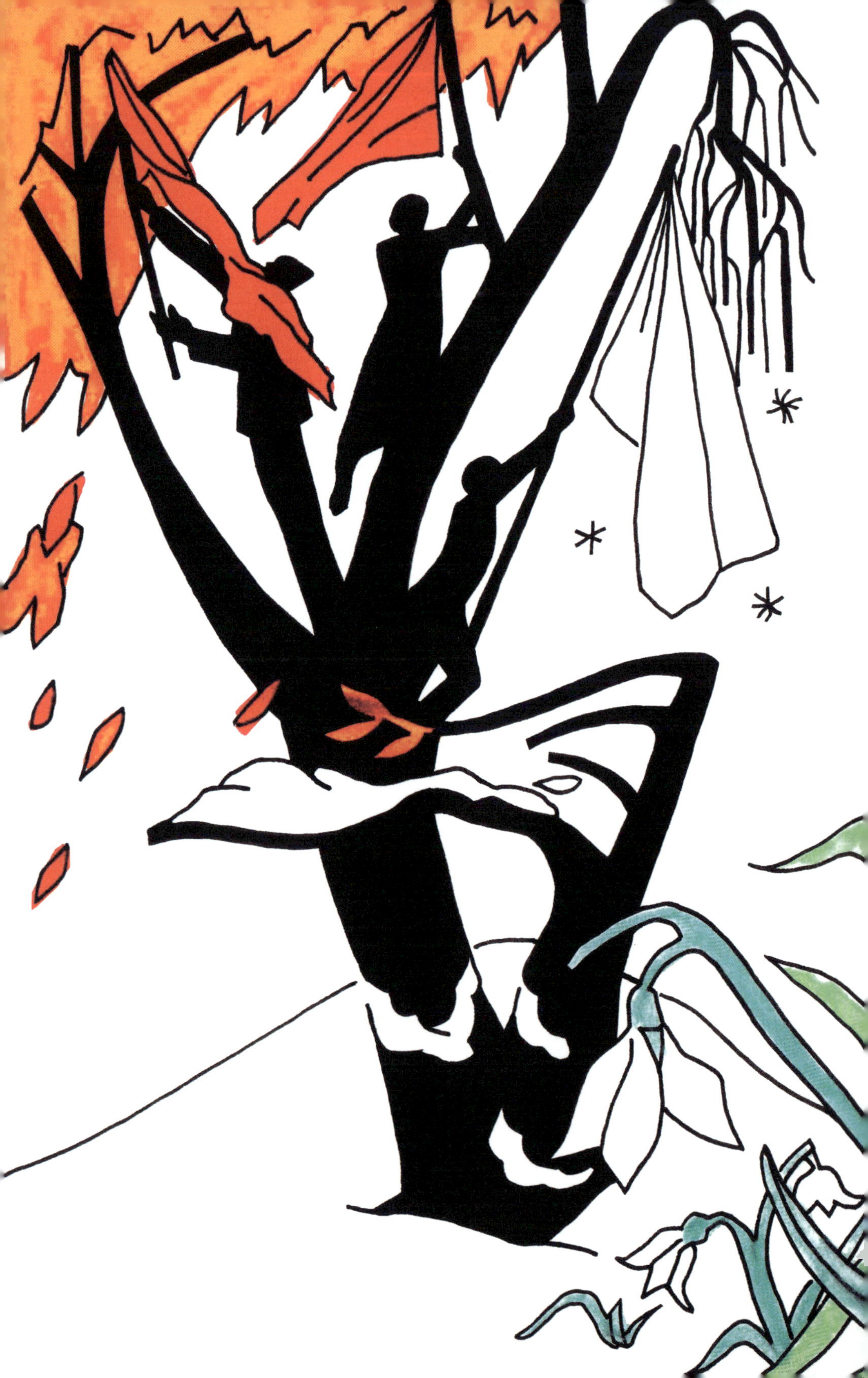

L'autrice achevant ce livre ne lutte pas, ni ne critique quoi que ce soit. Un changement d'époque se déroule sous mes yeux, et je ne fais que regarder, qu'observer ce phénomène qui est aussi naturel que le changement des saisons. Peu importe quels événements autour de moi se produisent – ou ne se produisent pas. Ce qui importe, c'est l'état dans lequel je me trouve et à quel point je peux pénétrer les choses en profondeur. Ça m'amuse de faire mes adieux à cette lugubre *Dernière Artiste soviétique*, pour laquelle l'actualité politique était plus importante que les premières fleurs du jardin. Les mondes indépendants, fantastiques et charnels de Victoria Lomasko sont en train d'éclore.

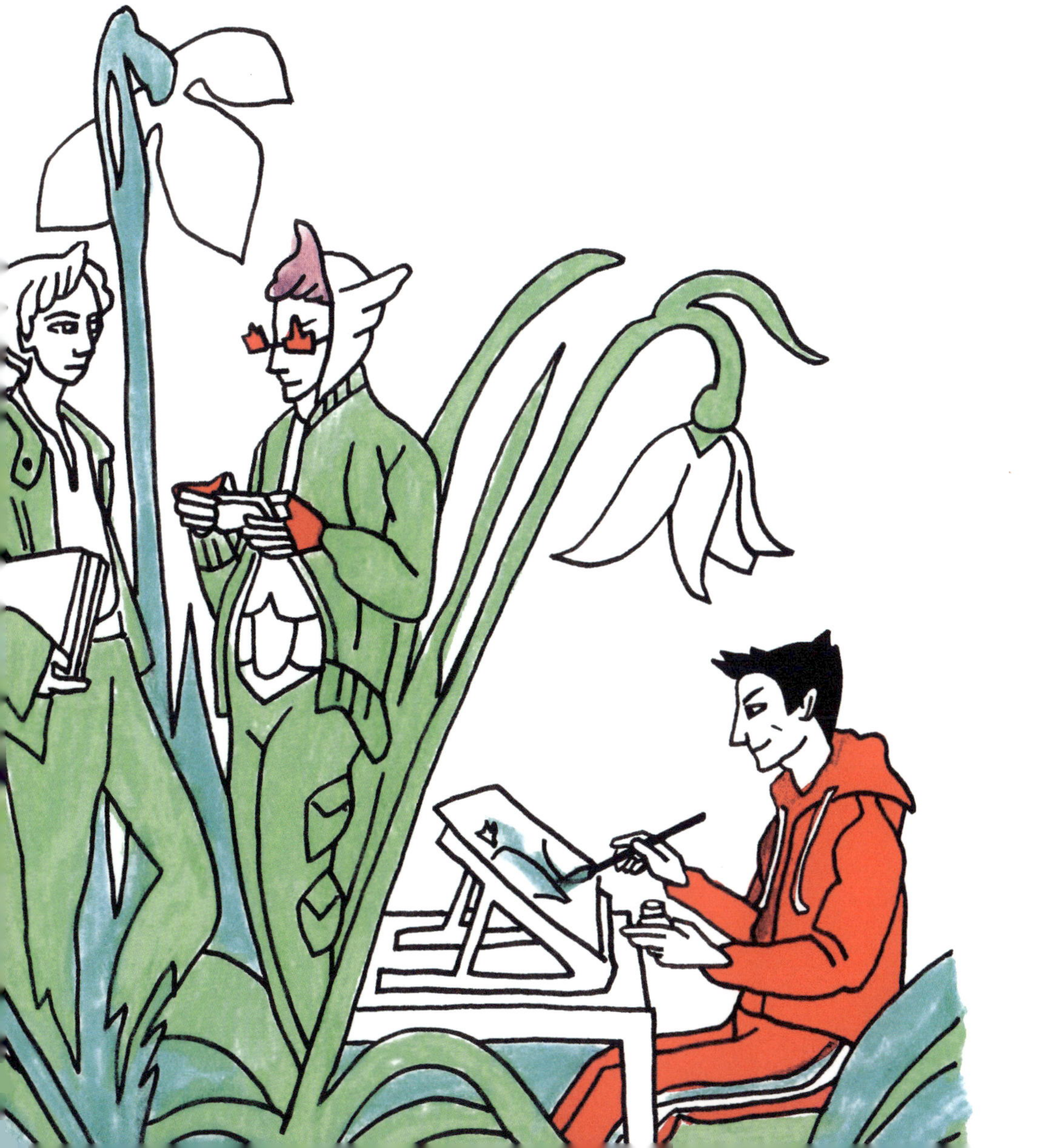

NOTES

LES TRACES DE L'EMPIRE

Voyage à Bichkek, 2014

1 Vladimir Poutine (né en 1952) est un homme d'État russe.

Ancien officier du KGB en poste en RDA dans les années 1980, il commence sa carrière politique auprès du maire de Saint-Pétersbourg, Anatoli Sobtchak, dans les années 1990. En 1998, Boris Eltsine le nomme directeur du FSB (ex-KGB) et Premier ministre l'année suivante. En octobre 1999, il lance une « opération antiterroriste » en Tchétchénie et écrase le mouvement indépendantiste dans le sang.

En 2000, il est élu président de la Fédération de Russie. Assumant la « verticalité du pouvoir », il reprend en main l'administration, renforce le poids des services de sécurité et de l'armée au sein de l'appareil d'État, et met au pas les oligarques rebelles. Une réforme fiscale et les cours élevés des produits pétroliers redressent l'économie et lui assurent une durable popularité.

Il est réélu en 2004. Cherchant d'abord à rapprocher la Russie des États-Unis d'Amérique, de l'Union européenne et de l'OTAN, il change de ton après l'adhésion de sept pays d'Europe de l'Est (dont les pays baltes) à l'OTAN en 2004 ; face au projet américain de bouclier anti-missiles en 2007 ; et après l'annonce par l'OTAN en 2008 de sa volonté d'intégrer à terme la Géorgie et l'Ukraine en son sein. De 2003 à 2005, des « révolutions de couleur » éclatent en Géorgie, en Ukraine, au Kirghizstan et en Bélarus. Les populations locales renversent leurs régimes corrompus. Poutine y voit une ingérence occidentale dans ce qu'il considère être son pré carré. Il cherche alors à reprendre la main dans les anciennes républiques soviétiques. En 2008, la Géorgie tente de reprendre le contrôle de l'Ossétie du Sud. La Russie intervient, occupe temporairement une partie du pays et rétablit le *statu quo* territorial.

À la même période, Poutine se rapproche des partis d'extrême-droite européens et fonde des médias pour diffuser le « point de vue de la Russie » à l'étranger. Russia Today (RT) est créé en 2005 et l'agence de presse Spoutnik en 2014.

En 2008, alors que la constitution lui interdit de briguer un troisième mandat consécutif à la présidence du pays, il y fait élire Dmitri Medvedev et devient derechef Premier ministre. La constitution est amendée et le mandat présidentiel passe de quatre à six ans. Les élections législatives de 2011, entachées de fraudes, donnent lieu à des manifestations dans les grandes villes du pays. Les protestataires dénoncent également la corruption de la cleptocratie russe. Le montant de la fortune personnelle de Poutine n'a jamais pu être établi, mais est probablement considérable.

La décennie 2010 est marquée par un retour croissant de l'impérialisme russe et, en raison de l'éloignement du pays avec l'Occident et sous l'influence de l'eurasisme, par un rapprochement avec la Chine.

Poutine est réélu à la présidence en 2012. Medvedev est nommé Premier ministre. En février 2014 en Ukraine, la révolution d'Euromaïdan chasse le président Viktor Ianoukovytch du pouvoir. Poutine annexe alors la Crimée. En mai, un mouvement séparatiste, soutenu par la Russie, commence dans le Donbass. Les républiques populaires de Donetsk et de Lougansk sont proclamées. En 2015, la Russie intervient dans la guerre civile syrienne et sauve le régime de Bachar el-Assad en bombardant massivement les quartiers rebelles.

En 2018, Poutine est réélu président. En 2020, il fait adopter une réforme constitutionnelle qui donne au président l'immunité judiciaire à vie et remet à zéro le compteur de ses mandats, ce qui lui permettrait de rester au pouvoir jusqu'en 2036.

En novembre de la même année, l'Azerbaïdjan reprend le contrôle d'une partie du Haut-

Karabagh. La Russie intervient tardivement et se pose en arbitre régional.

En novembre 2021, Poutine masse des troupes russes à la frontière ukrainienne. Le 21 février 2022, il reconnaît les républiques sécessionnistes de Donetsk et de Lougansk. Le 23, il annonce une « opération militaire spéciale » et envahit l'Ukraine, mais se heurte à une résistance obstinée. En Russie, il dénonce les « nationaux-traîtres », dissout les dernières ONG critiques du pouvoir et les derniers médias indépendants, fait voter des lois assimilant toute critique de la guerre (et la mention même du mot « guerre ») à de la haute trahison et achève d'entraîner la Russie dans la dictature.

2 Le mouvement de « l'art non-conformiste » regroupe une grande variété d'artistes soviétiques d'après-guerre, des disciples des avant-gardes des années 1920 aux conceptualistes moscovites. Leur caractéristique commune était de travailler dans l'*underground*, hors des réseaux de l'art officiel, exposant et réalisant leurs performances dans des appartements privés, ou réalisant des œuvres éphémères *in situ*.

3 Bichkek est la capitale du Kirghizstan, ancienne république soviétique d'Asie centrale, située entre le Kazakhstan, la Chine, le Tadjikistan et l'Ouzbékistan, indépendante depuis 1991. La ville est peuplée de 940 000 habitant·e·s et le pays de 6 millions d'habitant·e·s.

4 I (и) et Y (ы) sont deux sons différents en kirghize et en russe. Le son Y (ы) n'existe pas en français. Dans notre langue, on écrit « Kirghizstan » et « Kirghize ». L'orthographe de l'autrice a été conservée dans le texte, mais nous avons adopté l'orthographe française dans les notes.

5 La fondation Frida (Flexibilité, Ressources, Inclusivité, Diversité, Action) est une organisation féministe créée en 2011 qui collecte des dons afin d'attribuer des subventions à des groupes féministes du monde entier.

youngfeministfund.org/fr/accueil

6 L'Épopée de Manas est un récit monumental kirghize issu de la tradition orale. Elle raconte la lutte de Manas, de son fils Semetey et de son petit-fils Seitek, contre les Mongols.

La version la plus commune compte plus de 500 000 vers et il faut plusieurs jours pour la raconter. Les *manastchy* forment une caste qui la récite lors des fêtes et des grands événements.

7 L'*Ala katchouou* est la pratique de mariages forcés par enlèvement. Bien qu'illégale, la pratique subsiste au Khirghizstan. Son interdiction a été réaffirmée en 2013 par une loi qui condamne ses auteurs à cinq à sept ans de prison. La peine a été alourdie en 2019 et peut aller jusqu'à dix ans de prison.

8 Ligne ouverte est une organisation féministe kirghize fondée en 2009 pour lutter contre les mariages forcés.

openline.kg

9 Le Centre d'aide aux femmes est une organisation féministe kirghize luttant contre les violences et les discriminations liées au genre.

wsc.kg

10 Les Dounganes sont un peuple musulman originaire de l'ouest de la Chine. Iels vivent principalement en Chine, au Kirghizstan, au Kazakhstan et en Ouzbékistan.

11 L'Aïd el-Fitr est une fête musulmane qui célèbre la fin du jeûne du mois du Ramadan.

12 Rosa Otounbaïeva (née en 1950) est une femme d'État kirghize, ancienne ambassadrice (1992-1994), ministre des affaires étrangères (en 1992, 1994-1997 et 2005), présidente du gouvernement provisoire (2010) et présidente de la République du Kirghizstan (2010-2011).

Elle est une des principales figures de la révolution des Tulipes. En 2005, l'opposition dénonce les fraudes aux élections législatives. Des manifestations et des émeutes ont lieu. Le 24 mars, la foule prend le siège du gouvernement. Askar Akaïev, président depuis l'indépendance du pays en 1991, s'enfuit à Moscou et démissionne. Le parlement nomme Koumanbek Bakiev aux postes de président et de Premier ministre. Ce dernier est renversé en 2010 par ses ancien·ne·s allié·e·s qui placent Otounbaïeva à son poste. La même année, elle organise un référendum qui fait du pays une république parlementaire.

13 L'union douanière de l'Union eurasiatique est une zone de libre-échange – à l'image de l'Union européenne –composée de La Russie, du Bélarus, du Kazakhstan, de l'Arménie et du Kirghizstan qui a adhéré en 2015.

14 Supara est un complexe de salles de réception abritées sous des yourtes et dans des maisons enpierre s'inspirant du style traditionnel kyrghyze.

15 La loi contre la propagande homosexuelle a été votée par la Douma russe en juin 2013. Elle interdit « toute promotion de relation sexuelle non-traditionnelle auprès des mineurs » et entrave lourdement l'activité des associations LGBT (informations, expositions, débats, etc.).

Voyage à Erevan, 2015

16 L'Arménie est une ancienne république soviétique du Caucase, située entre la Géorgie, l'Azerbaïdjan, l'Iran et la Turquie, indépendante depuis 1991 et peuplée de 3 millions d'habitant·e·s. Sa capitale, Erevan, est peuplée d'un million d'habitant·e·s.

17 Les Yézidi·e·s sont une minorité ethnique parlant un dialecte kurde et originaire de Mésopotamie. Leur religion, le yézidisme, est un monothéisme trouvant sa source dans les religions mésopotamiennes antiques.

18 Les Assyrien·ne·s sont une minorité ethnique de religion chrétienne présente en Turquie, en Irak, en Syrie et dans le Caucase.

19 Les Molokanes sont une communauté religieuse née en Russie au XVIe siècle. Leur mouvement, centré sur l'étude de la Bible et notamment sur celle de l'Ancien Testament, rejette, entre autres choses, les fastes de l'Église orthodoxe russe, le culte des Saints et des icônes, la croyance en la Sainte-Trinité, et niait autrefois le caractère divin du pouvoir du tsar.

20 Il s'agit de fontaines illuminées « dansant » au rythme de musiques variées.

21 Électro-Erevan est un mouvement non-partisan ayant eu lieu en Arménie en juin 2015. Les manifestant·e·s protestaient contre l'annonce par le gouvernement d'une hausse du tarif de l'électricité de 17 %, la troisième en trois ans. Le gouvernement la justifiait par l'endettement (54 millions d'euros) de la société Réseaux électrique d'Arménie (REA), propriété de l'entreprise russe Inter-RAO. Les revendications se sont vite étendues à la dénonciation du pouvoir de l'oligarchie, de la corruption du pouvoir et des violences policières. Fin juin, le gouvernement a annoncé qu'il prendrait la hausse en charge. REA ont depuis été rachetés par le groupe arménien Tachir. Le Kremlin et la presse russe ont vu dans le mouvement une nouvelle « révolution de couleur », ce dont les participant·e·s se sont défendu·e·s.

22 Le génocide arménien a été perpétré par l'Empire ottoman entre avril 1915 et juillet 1916.

Au début de la Première Guerre mondiale, le Comité Union et Progrès, parti panturquiste au pouvoir, également connu sous le nom de « Jeunes-Turcs », souhaite réaliser l'unification ethnique du pays et décide de se débarrasser de la minorité arménienne qui revendique son autonomie et est accusée de collaborer avec la Russie.

En février 1915, le ministre de l'intérieur de l'Empire, Taalat Pacha (1874-1921), met secrètement au point le plan d'extermination de la minorité arménienne. À partir d'avril, les Arménien·ne·s sont systématiquement arrêté·e·s, massacré·e·s sur place ou conduit·e·s dans le désert où iels meurent dans des « marches de la mort ». Il s'agit officiellement d'un « déplacement de la population arménienne ». Les autorités ottomanes censurent la presse et s'emploient à détruire les preuves du génocide.

Sur les 1,5 à 2,5 millions d'Arménien·ne·s vivant dans l'Empire ottoman, les historien·ne·s estiment qu'entre 600 000 et 1,5 million d'entre elleux sont massacré·e·s, soit entre la moitié et les deux tiers de la population. Des centaines de milliers d'Arménien·ne·s fuient le pays. Entre 100 et 200 000 autres sont islamisé·e·s, soit par des « Justes » turc·que·s cherchant à les sauver, soit de force.

De nos jours, la Turquie nie toujours le génocide, minimise le nombre de victimes et en réfute le caractère planifié. L'Arménie et la diaspora arménienne luttent toujours pour la reconnaissance du génocide. Le 24 avril, « Journée de commémoration du génocide arménien », est un jour férié en Arménie.

23 Suruç est une ville de 60 000 habitant·e·s au sud-ouest de la Turquie, près de la frontière syrienne. Le 20 juillet 2015, dans un centre culturel de la ville, un attentat-suicide visant des Kurdes a fait vingt-huit mort·e·s et une centaine de blessé·e·s. Le même jour, une voiture piégée a explosé de l'autre côté de la frontière, à Kobané, et tué deux miliciens kurdes. La Turquie a imputé ces attentats à l'État islamique.

24 Le nardy est un jeu semblable au backgammon.

25 Vassili Tchapaïev (1887-1919) était un militaire russe et un membre du parti bolchevique. Commandant d'un régiment de l'armée rouge, il est tué pendant la guerre civile contre les Blancs. En URSS, il est élevé au rang de héros légendaire et fait l'objet de livres et d'un film à succès en 1934.

26 Simon Galstian (1914-2000) était un peintre réaliste-socialiste arménien.

27 Gerard Cafesjian (1925-2013) était un homme d'affaires et un philanthrope arméno-américain. En 2002, il a entamé la rénovation de la Cascade, un ensemble soviétique monumental construit dans les années 1980, mais laissé inachevé et en ruine dans les années 1990, et sur lequel il a installé, en 2009, le Centre Gerard Cafesjian pour les arts.

28 Le khanat d'Erevan (1747-1828) était une principauté musulmane sous suzeraineté perse. Après la guerre russo-persane de 1826-1828, le khanat a été rattaché à l'Empire russe.

29 Le « *koniak* » arménien est un brandy produit en Arménie depuis la fin du XIXe siècle. L'usine Ararat, ancien monopole de la république socialiste soviétique (RSS) d'Arménie, en est le principal et plus célèbre producteur. Elle a été privatisée en 1998.

30 La forteresse d'Erevan a été construite par les Perses au XVIe siècle et détruite par les bolcheviks dans les années 1930.

31 Le palais du Sardar était la résidence des Sardars, les dirigeants du khanat d'Erevan. Il a été détruit en 1827 lors de la guerre russo-persane.

32 Sergueï Merkourov (1881-1952) était un sculpteur soviétique d'origine gréco-arménienne. Il a étudié à l'Académie des arts de Munich et travaillé à Paris jusqu'en 1907. De retour en Russie, il a participé au plan soviétique de propagande monumentale.

33 La Galerie nationale d'Arménie est le principal musée d'Erevan. Fondée en 1918, elle présente la plus grande collection d'artistes arménien·ne·s au monde. Elle est située sur la place de la République.

34 Les Tatars sont un peuple turc disséminé de la Crimée à la Chine.

35 Le Haut-Karabagh est une région rattachée à l'Azerbaïdjan depuis 1923, mais peuplée à 75 % d'Arménien·ne·s.

En février 1988, alors que l'URSS commence à se fissurer, les autorités de l'*oblast* autonome du Karabagh votent le rattachement de la région à l'Arménie. Des pogroms ont lieu en Arménie et en Azerbaïdjan et plus d'un million de personnes fuient d'un pays à l'autre. Fin 1991, l'Azerbaïdjan supprime le statut autonome du Haut-Karabagh. En réaction, les autorités de la région proclament son indépendance, ce qui déclenche une guerre qui durera deux ans. En mai 1994, un cessez-le-feu est signé au profit des indépendantistes qui occupent également les *raïons* (districts) azéris situés entre le Haut-Karabagh et l'Arménie.

Le conflit reste gelé jusqu'en septembre 2020 quand l'Azerbaïdjan, à qui la Turquie a fourni de l'armement de pointe, envahit la région. Un accord entre les différentes parties est signé en novembre. L'Azerbaïdjan conserve les territoires reconquis (un tiers du territoire du Haut-Karabagh) et l'Arménie doit quitter les *raïons* azéris occupés depuis la guerre précédente.

36 Martiros Sarian (1880-1972) était un peintre arménien. Influencé par Gauguin, il est considéré comme le père de la peinture moderne arménienne. En 1922, il dessine les armoiries et le drapeau de la toute nouvelle RSS d'Arménie. À partir des années 1930, il se consacre principalement aux paysages.

37 Minas Avétissian (1928-1975) était un peintre moderne arménien influencé par Martiros Sarian.

38 Le *lavash* est une galette de pain répandue dans le Caucase et au Moyen-Orient.

39 La *Coalition to Stop Violence against Women* a été créée en 2010 suite au décès de Zaroukhi Petrossian, une jeune femme de vingt ans battue à mort par son mari.

www.coalitionagainstviolence.org

40 La loi contre les violences domestiques a été adoptée par le parlement arménien en décembre 2017 pour entrer en vigueur en juillet 2018.

Voyage au Daghestan, 2015

41 Makhatchkala est la capitale de la république du Daghestan, sujet de la fédération de Russie. Le pays, situé au bord de la mer Caspienne et frontalier de la Géorgie et de l'Azerbaïdjan, est peuplé de 6 millions d'habitant·e·s et la ville de 600 000 habitant·e·s.

42 L'École d'art du Daghestan M. A. Djémal est la principale école d'art et d'arts appliqués du pays. Fondée en 1959, l'institution forme les étudiant·e·s à la peinture, au dessin technique, à la sculpture sur bois, au travail du métal, au tissage de tissus et tapis, et à la création de costumes.

www.dhurd.ru

43 Kizikiourt est une ville de 38 000 habitant·e·s à 56 km au nord-ouest de Makhatchkala.

44 Le wahhabisme est un courant sunnite de l'islam, qui prône une obéissance stricte à la charia. Il est principalement répandu en Arabie saoudite et au Qatar. Ces dernières décennies, la manne du pétrole saoudien lui a permis de se diffuser mondialement – au détriment des courants locaux de l'islam – en finançant d'innombrables associations musulmanes. Des organisations saoudiennes sont aussi fortement soupçonnées d'avoir financé des groupes djihadistes tels qu'Al-Qaïda.

45 Patimat Magomedova est une ethnographe dépendant de l'Iinstitut d'histoire, d'archéologie et d'ethnographie du Daghestan.

46 Diminutif de Patimat.

47 Kidéro est un village du *raïon* de Tsounta au sud-ouest du Daghestan. Il compte 750 habitant·e·s.

48 Le *namaz* est le nom persan de la prière musulmane.

49 La *Sounna* est un corpus qui recueille la tradition relatant les actes et pensées du prophète Mahomet. Après le Coran, c'est le texte le plus sacré de l'islam.

50 Najoud Goutchigov (né en 1958 ou 1969 selon les versions) est un chef de la police tchétchène. En 2015, il prend de force pour seconde épouse Louisa Goilabiéva, une jeune fille de dix-sept ans. Le scandale éclate en Russie à la suite de la publication d'un article de *Novaïa Gazeta*. La loi russe interdit la polygamie et les mariages forcés, qui plus est avec des mineures. L'absence de consentement va en outre contre la tradition tchétchène. Enfin, Ramzan Kadyrov a publiquement soutenu le mariage.

51 Les *kadyrovtsy* sont les membres des forces de sécurité de la Tchétchénie de Kadyrov.

Ramzan Kadyrov (né en 1976) est le chef de la république tchétchène, sujet de la fédération de Russie.

Il combat avec les indépendantistes contre les forces russes lors de la première guerre de Tchétchénie (1994-1996), avant de retourner sa veste et de se battre avec elles lors de la seconde (1999-2000). Il devient chef des services de sécurité sous la présidence de son père, Akhmad Kadyrov (2000-2004). Après l'assassinat de ce dernier, il devient vice-Premier ministre (2004), puis Premier ministre (2005-2007), avant d'être nommé président de la république par Vladimir Poutine (2007). Il règne toujours aujourd'hui. Il est accusé d'un nombre conséquent d'enlèvements, de tortures et de meurtres, dont la liste est trop longue pour être énumérée ici. Il promeut également l'islamisation du pays et persécute les LGBT.

52 Sirajoudine Saguïévitch Abdourakhmanov (né entre 1944 et 1946) est le chef du département des archives du *raïon* de Tsounta.

Au virage serré de nos vies : Abdurahmanov, Siražin Sagievič, *Ha krutyh povorotah našeï žizni*, Raduga-1, Mahačkala, 2010.

53 Un *raïon* est, en Russie et dans les anciennes républiques soviétiques, une subdivision territoriale. Au niveau d'une ville, il désigne un arrondissement ou un quartier. Au niveau d'une région (*oblast*, *kraï*, république autonome, *etc.*), c'est plus ou moins l'équivalent de nos départements. Par commodité, le terme est ici traduit « quartier » dans le premier cas, mais conservé tel quel dans le second.

54 Le *raïon* de Tsounta est situé au sud-ouest du Daghestan. Il est peuplé de 18 000 habitant·e·s.

55 En réalité, les Tchétchènes ont été tout aussi injustement accusé·e·s de collaboration. En 1944, près de 500 000 Tchétchènes et Ingouches ont été déporté·e·s vers le Kazakhstan et le Kirghizstan.

56 Mokok est un village du *raïon* de Tsounta, peuplé de 500 habitant·e·s.

57 Bejta est un village du *raïon* de Tsounta, peuplé de 4 300 habitant·e·s.

58 Les pionnier·e·s étaient l'un des trois mouvements de jeunesse en URSS. Les enfants allaient chez les *octobristes* entre cinq et neuf ans, chez les *pionnier·e·s* entre dix et quatorze ans et enfin au *Komsomol* à quinze ans et pouvaient y rester jusqu'à vingt-neuf ans. Les pionnier·e·s portaient un foulard rouge noué autour du cou.

59 Le bejta est une langue caucasienne parlée par environ 6 000 personnes dans le sud du Daghestan.

60 « En *marchroutka* » dans l'original. Un *marchroutka* est un bus privé suivant un itinéraire fixe, mais pouvant être arrêté n'importe où sur le trajet, à la montée comme à la descente.

Voyages à Tbilissi, 2015-2016

61 Tbilissi est la capitale de la République de Géorgie, ancienne république soviétique du Caucase, située entre la Russie, l'Azerbaïdjan, l'Arménie et la Turquie, indépendante depuis 1991. La ville est peuplée de 1,5 million d'habitant·e·s et le pays de 4 millions d'habitant·e·s.

62 À partir de 1988, des manifestations anti-soviétiques et indépendantistes ont lieu en Géorgie. En mars 1989, quand l'Abkhazie, jusqu'alors république autonome, revendique son indépendance de la Géorgie, la situation s'envenime et les manifestations se multiplient à Tbilissi. Les autorités locales sont débordées. Le 8 avril, les troupes soviétiques sont envoyées pour restaurer l'ordre et déloger les manifestant·e·s de l'avenue Roustavéli où se trouve le siège du gouvernement. Le 9, les soldats dispersent la manifestation et font dix-neuf victimes, dont dix-sept femmes. Refusant de porter la responsabilité de la répression, Mikhaïl Gorbatchev blâme tour à tour un mouvement de foule et l'armée. En conséquence, le gouvernement géorgien démissionne et l'opposition anti-soviétique se radicalise.

63 Le Musée de l'occupation soviétique de Tbilissi, créé en 2006, présente l'histoire de l'occupation

soviétique en Géorgie et de la lutte contre celle-ci. Il est situé sur l'avenue Roustavéli.

64 Le catholicos est le patriarche de l'Église orthodoxe géorgienne. Depuis 1977, le catholicos est Élie II (né en 1933).

65 Le *Women's Initiatives Supporting Group* est une organisation féministe fondée en 2000 et luttant pour l'émancipation des femmes, en particulier des lesbiennes et des transsexuelles, des femmes vivant en milieu rural et des femmes membres de minorités ethniques et religieuses, et de groupes marginalisés.

women.ge/en

66 Mikhaïl Gorbatchev (1931-2022) est un homme d'État soviétique.

Issu d'une famille paysanne, il devient le dirigeant de la ville de Stavropol en 1962, avant d'être repéré par Iouri Andropov, le chef du KGB, qui lui fait gravir les échelons. Il est élu au Comité central du PCUS en 1971, en devient le secrétaire général en 1978, avant d'être élu au Politburo en 1980.

Dans un contexte de stagnation économique, il est élu Secrétaire général du PCUS en 1985 et lance une vague de réformes structurelles. La *Perestroïka* (reconstruction) libéralise l'économie et démocratise les institutions. La *Glasnost* (transparence) donne au peuple soviétique les libertés d'expression, d'association, de manifestation et de grève. Gorbatchev renouvelle largement le Comité central et le Politburo en y faisant entrer des réformateurs.

En 1988, il annonce le retrait des troupes soviétiques d'Afghanistan. Il met fin à la course aux armements (traité Start I avec les USA en 1990), notamment en raison du poids écrasant de l'industrie militaire dans l'économie du pays (15 à 20 % du PIB). Il obtient le Prix Nobel de la paix en 1990.

Gorbatchev lance de vastes réformes constitutionnelles. En mars 1989, il crée le Congrès des députés du peuple d'Union soviétique, une assemblée législative élue pour deux tiers au suffrage universel, et un an plus tard, le poste de président de l'URSS auquel il est élu pour cinq ans par le Congrès.

Mais les réformes économiques sont un échec et le pays s'enfonce dans la crise, à laquelle s'ajoutent les revendications nationales des différents peuples de l'Union. C'est dans ce contexte que Boris Eltsine devient, en juin 1991, le premier président (élu au suffrage universel) de la République socialiste fédérative soviétique de Russie. En août, des militaires tentent un putsch à Moscou. Gorbatchev est écarté du pouvoir. Le putsch échoue et Eltsine, qui s'est opposé aux militaires, en sort renforcé. Le 21 novembre, la Communauté des États indépendants (CEI) est créée, dissolvant *de facto* l'Union soviétique. Le 25 décembre, Gorbatchev démissionne. Le lendemain, le Soviet suprême dissout l'URSS.

Largement détesté en Russie et considéré par beaucoup comme le « fossoyeur de l'URSS », Gorbatchev se présente aux élections présidentielles de 1996 auxquelles il n'obtient que 0,5 % des voix. Dans les années 2000, il fonde successivement le Parti social-démocrate de Russie (2001), l'Union des sociaux-démocrates (2007) et le Parti démocratique indépendant de Russie (2008). En décembre 2011, il demande l'annulation des élections législatives – entachées de fraudes massives – et la démission de Vladimir Poutine, alors Premier ministre. Il a soutenu l'annexion de la Crimée par la Russie.

67 Israpil Chovkhalov (né en 1969) est un journaliste russe (tchétchène). Il a travaillé à la télévision tchétchène et a été assistant parlementaire (Iabloko) à la Douma (1998-2003). Depuis 2003, il est le directeur de publication du magazine *Doch*.

68 *Doch* (« mot » en tchétchène) est un magazine indépendant fondé à Grozny en 2003 et couvrant l'actualité des pays du Caucase. Ses journalistes ayant été maintes fois menacé·e·s par les pouvoirs locaux, la rédaction a déménagé à Moscou. En 2014, Timour Kouachev, un de ses journalistes, a été assassiné. En 2009, *Doch* a reçu le Prix de la liberté de la presse décerné par Reporters sans frontières.

doshdu.com

69 *Le Mot de la femme* (2014-2016) était un magazine consacré à l'actualité et aux problèmes des femmes du Caucase. C'était une émanation du magazine *Dosh*.

doshdu.com/slovo-zhenshiny

70 Smatrédia est une ville de 25 000 habitant·e·s située à l'ouest de la Géorgie.

71 *Liberali* est un magazine indépendant géorgien fondé en 2009 avec le soutien de l'Open Society Georgia Foundation.

liberali.ge

72 25 millions de lari : 9,5 millions d'euros environ.

73 Lia Oukléba (née en 1974) est une artiste géorgienne. « La Vierge suicidaire », exposée à l'Université ilia de Tbilissi en 2015, a été publiquement condamnée par le catholicos Élie II.

74 L'article 282 du Code pénal russe de 1997 punit « l'incitation à l'hostilité ou à la haine portant atteinte à la dignité humaine d'une personne ou d'un groupe de personnes en raison du sexe, de la race, de la nationalité, de la langue, de l'origine, de l'attachement religieux, ou bien de l'appartenance à un groupe social ». La loi russe punissant « l'offense au sentiment religieux des croyants » a été adoptée par la Douma en juin 2013, en réaction à la « prière punk » des Pussy Riot dans la cathédrale Saint-Sauveur de Moscou l'année précédente. Un projet de loi similaire a été discuté au parlement géorgien en février 2016, mais retiré sous la pression de l'opposition.

75 « L'Art interdit » est une exposition ayant eu lieu à Moscou en 2007 et regroupant des œuvres d'art censurées l'année précédente. Les commissaires de l'exposition ont été poursuivis par une organisation orthodoxe « pour incitation à la haine » et condamné à des amendes en 2010. Victoria Lomasko et Anton Nikolaïev ont documenté le procès dans leur livre *L'Art interdit* (The Hoochie Coochie, 2014).

76 La république d'Abkhazie est une ancienne république autonome dépendant de la république de Géorgie. Elle est peuplée de 240 000 habitant·e·s. En 1989, elle comprenait 48 % de Géorgien·ne·s et 17 % d'Abkhazes. Et en 2011, 51 % d'Abkhazes et 19 % de Géorgien·ne·s.

En juillet 1989, alors que les Abkhazes revendiquent leur indépendance de la Géorgie, des émeutes entre Abkhazes et Géorgien·ne·s éclatent à Soukhoumi, la capitale, et font dix-huit mort·e·s. En 1991, la Géorgie proclame son indépendance de l'URSS. En février 1992, le conseil militaire au pouvoir à Tbilissi rétablit la constitution de la république démocratique de Géorgie de 1920, supprimant le statut autonome de l'Abkhazie. Le 23 juillet, l'Abkhazie proclame à son tour son indépendance. La Géorgie envoie des troupes sur place. La guerre s'achève fin 1993 par la victoire des séparatistes.

Le budget du pays étant fourni à 60 % par Moscou, l'Abkhazie est de fait inféodée à la Russie qui est un des rares États à la reconnaître.

77 La république d'Ossétie du Sud-Alanie est une ancienne république autonome dépendant de la Géorgie. Elle est peuplée de 50 000 habitant·e·s.

À la fin des années 1980, les relations s'enveniment entre Géorgien·ne·s et Ossètes qui revendiquent leur indépendance de la Géorgie et leur rattachement à l'Ossétie du Nord, territoire russe. En avril 1991, la Géorgie proclame son indépendance de l'URSS et révoque l'autonomie de l'Ossétie du Sud. L'armée géorgienne entre dans Tskhinvali, la capitale, mais se heurte à la forte résistance des séparatistes qui l'emportent en juin 1992. L'Abkhazie proclame son indépendance et le conflit reste gelé jusqu'en août 2008, quand Mikheil Saakachvili, le président géorgien, décide de reprendre le territoire par la force. La Russie – qui a massivement et opportunément délivré des passeports russes aux Ossètes – intervient militairement pour « protéger les citoyens russes ». Les troupes géorgiennes sont balayées en quatre jours. L'armée russe entre en Géorgie, avant de s'en retirer. La Géorgie dénonce l'annexion de l'Abkhazie par la Russie qui est un des rares États à la reconnaître.

En mars 2022, en pleine guerre russo-ukrainienne, Anatoli Bibilov, le président de la république ossète, a annoncé vouloir organiser un référendum sur le rattachement de l'Ossétie du Sud à la fédération de Russie. À l'heure où nous écrivons ces lignes, les déconvenues de l'armée russe en Ukraine ont enterré ce projet.

78 Le Center for Social Justice (anciennement Human Rights Education and Monitoring Center, ou EMC) est une organisation de gauche, créée en 2012 et luttant contre les inégalités sociales et pour la défense des droits humains en Géorgie.

socialjustice.org.ge

79 Le National Democratic Institute for International Affairs est une ONG américaine fondée en 1983. Elle promeut les institutions démocratiques dans le monde entier et fournit notamment une aide aux observateurs·rices de scrutins électoraux. Bien que se présentant comme une organisation non-partisane, elle est proche du Parti démocrate. On lui a en outre reproché d'être un outil du *soft power* américain et, sous couvert d'aider les démocrates étranger·e·s, de promouvoir les intérêts des États-Unis.

ndi.org

80 Mikheil Saakachvili (né en 1967) est un homme d'État géorgien et ukrainien.

En 1995, il est élu au parlement avec l'Union des citoyens de Géorgie, le parti du président Édouard Chévarnadzé. En 2000, il est nommé ministre de la justice et réforme les systèmes judiciaire et pénitentiaire. Il démissionne en 2001, après avoir dénoncé la corruption d'autres ministres.

En novembre 2003, il dénonce des fraudes aux élections législatives et proclame son parti vainqueur. Il appelle les Géorgien·ne·s à manifester pour demander la démission du président. C'est la « révolution des roses ». Chévarnadzé démissionne. Saakachvili se présente aux élections présidentielles en faisant campagne autour de la lutte contre la corruption et pour l'amélioration des salaires et des retraites. Il devient président en janvier 2004 avec 96 % des voix.

Il cherche à faire entrer la Géorgie dans l'OTAN et l'Union européenne. Il lutte contre la corruption avec un certain succès et mène de front une politique libérale de réductions d'impôts.

En 2007, il est accusé de corruption et d'abus de pouvoir dans des affaires de meurtres. Face aux manifestations, il annonce des élections présidentielles anticipées. En 2008, il les remporte avec 53,4 % des voix.

La même année, il tente, sans succès, de reprendre par la force le contrôle du territoire sécessionniste d'Ossétie du Sud (*voir la note 77 ci-dessus à ce sujet*).

Fin 2013, son mandat prend fin. Accusé d'abus de pouvoir dans plusieurs affaires, il part aux États-Unis pour fuir les poursuites judiciaires. Il sera condamné par contumace à trois ans de prison en 2018.

En 2015, le président ukrainien Pétro Porochenko lui octroie la citoyenneté ukrainienne et le nomme gouverneur de l'*oblast* d'Odessa. Il démissionne en novembre 2016, après avoir dénoncé la corruption des élites ukrainiennes. En 2017, il fonde le Mouvement des nouvelles forces. Sa popularité grandissante pousse Porochenko – qui craint un rival potentiel aux élections présidentielles de 2019 – à lui retirer la nationalité ukrainienne. Saakachvili retourne aux États-Unis, mais rentre clandestinement en Ukraine en novembre et annonce sa candidature aux prochaines élections. Il manifeste avec ses partisan.e.s devant la Rada (le parlement ukrainien) pour la destitution de Porochenko. Il est arrêté, s'évade avec l'aide de ses partisan·e·s, puis est arrêté de nouveau, condamné à trois ans de prison pour abus de pouvoir dans une affaire de meurtre, et enfin expulsé en février 2018.

En mai 2019, Volodymyr Zélensky, nouveau président ukrainien, lui rend sa nationalité ukrainienne et Saakachvili revient en Ukraine.

En 2021, il rentre en Géorgie où il est aussitôt arrêté et envoyé en prison pour y purger sa peine.

81 Bidzina Ivanichvili (né en 1956) est un homme d'affaires et homme politique géorgien.

Il fait fortune dans les années 1990 dans l'informatique, les télécoms et le secteur bancaire.

Lors de la « révolution des roses » de 2003, il soutient financièrement Mikheil Saakachvili, avant de se brouiller avec lui. En 2012, il crée la coalition d'opposition « Le Rêve géorgien » et devient Premier ministre, sous la présidence de Saakachvili. La cohabitation est dure. De nombreux·ses proches du président sont visé·e·s par des poursuites judiciaires. Il démissionne en 2013, non sans avoir choisi son successeur. Bien qu'officiellement retiré de la vie politique, il exerce dans l'ombre une grande influence et est toujours considéré comme un des hommes forts du pays.

82 Gori est une ville de 50 000 habitant·e·s située au centre de la Géorgie. C'est en outre la ville natale de Staline.

83 Galaktion Tabidzé (1891-1959) est un des plus grands poètes géorgiens. Sa poésie symboliste a influencé les poète·sse·s de la génération suivante. Pendant les grandes purges de 1937, il est interrogé et torturé par le NKVD. Sa femme et plusieurs membres de sa famille sont arrêté·e·s et exécuté·e·s. Il tombe alors dans la dépression et l'alcoolisme, avant d'être, en 1959, interné dans un hôpital psychiatrique où il se suicide.

84 En 1906, la police a découvert l'imprimerie et a démoli le bâtiment. Il a été reconstruit en 1937 pour l'ouverture du Musée Staline de l'imprimerie clandestine Avlabar. Le musée a fermé ses portes en 1991. Les pièces exposées ont disparu et le sous-sol a été inondé. Le PC géorgien l'a rouvert dans les années 2010 et le gère depuis sans aucune aide de l'État.

Une visite en ligne : wander-lush.org/stalin-underground-printing-house-museum-tbilisi

85 Iossif Djougachvili, dit Staline (1878-1953), était un homme d'État soviétique d'origine géorgienne.

Il adhère au Parti ouvrier social-démocrate de Russie en 1898. Avant la révolution, il braque des banques, sous le pseudonyme de Koba, pour financer les activités clandestines du parti. Il est déporté sept fois en Sibérie et s'évade six fois.

Quand la révolution de Février éclate, il rentre de Sibérie et prend en main l'antenne du parti de Pétrograd. Durant la guerre civile, il tisse des liens étroits avec la TchéKa, la police politique. En 1922, il est nommé secrétaire général du Comité central du PCUS. La fonction, d'abord purement administrative, lui permet de mettre la main sur l'ensemble de l'appareil bureaucratique.

À la mort de Lénine en 1924, il parvient à écarter ses rivaux et à placer ses fidèles aux postes clés. Il renforce sa position pendant la décennie suivante jusqu'à détenir le pouvoir absolu. Il met alors en place un culte autour de Lénine et de lui-même.

Entre 1929 et 1933, il met en place la « liquidation des koulaks en tant que classe » et la collectivisation de l'agriculture. Les réquisitions de denrées agricoles lui permettent de financer une industrialisation à marche forcée, mais provoque l'*holodomor*, la famine de 1932-1933 en Ukraine (entre 4 et 10 millions de mort·e·s).

Parallèlement, le système concentrationnaire se renforce. Des millions de personnes sont déportées au Goulag et sont utilisées pour la réalisation de grands travaux.

En 1934, l'assassinat du populaire dirigeant du PC de Léningrad, Sergueï Kirov, est le prétexte pour lancer les grandes purges. Staline dénonce les « traîtres » et les « saboteurs » responsables des mauvais résultats économiques. Les membres du parti, de l'armée et du monde de la culture sont notamment visés. Des millions de personnes, parfois des peuples entiers, sont déportées ou exécutées.

En 1939, il signe le pacte germano-soviétique. L'Allemagne et l'URSS se partagent la Pologne. En outre, l'URSS annexe, au prix d'une campagne militaire désastreuse, la Carélie (une région finlandaise), l'hiver 1939-1940, et les pays baltes en juin 1940. Un an plus tard, Hitler envahit l'URSS. Staline a ignoré les nombreux avertissements des services de renseignements soviétiques et occidentaux. En raison des purges dans l'armée, les pertes soviétiques sont effroyables et les troupes allemandes arrivent à 20 km de Moscou. L'Armée rouge finira par la repousser, mais au prix de 21 millions de morts. À la fin de la guerre, Staline apparaît toutefois comme le grand vainqueur. Il occupe la moitié orientale de l'Europe.

Les dernières années, il sombre dans la paranoïa, voit des complots partout et soupçonne même ses médecins de vouloir l'assassiner. Il meurt en mars 1953 d'une attaque cérébrale. Il est embaumé et placé aux côtés de Lénine dans son mausolée. En 1961, Nikita Khrouchtchev en retire sa momie.

86 Sosso est le diminutif de Iossif.

87 Ouchangui Davidovitch Davitachvili (né en 1930) est un chauffeur de taxi retraité et militant communiste. En 1956, il a ouvert à Tbilissi, dans la cour de son immeuble, le jardin-musée Staline.

88 Nikita Khrouchtchev (1894-1971) était un homme d'État soviétique.

Issu d'une famille paysanne, il devient commissaire politique pendant la guerre civile. En 1937, il est nommé à la tête du parti communiste d'Ukraine et au Politburo l'année suivante. Il met en place la collectivisation en Ukraine et participe aux grandes purges staliniennes. En 1949, il est rappelé à Moscou où il est nommé chef du PC moscovite.

À la mort de Staline en 1953, il parvient à prendre le pouvoir en se faisant élire premier secrétaire du Comité central du PCUS. Il met en place la déstalinisation du parti, la fin des répressions sanguinaires et une relative libéralisation de la culture et de la société.

En février 1956, au 20e congrès du PCUS, il donne son « discours secret » dans lequel il dénonce les crimes de Staline à qui il fait porter toute la responsabilité des atrocités des deux décennies précédentes. Le discours se répand très vite mondialement et est à l'origine de tentatives de libéralisation des régimes communistes, qui prennent fin avec l'écrasement de l'insurrection de Budapest en novembre.

Son règne est aussi marqué par les avancées du programme spatial, par une tentative d'améliorer les conditions de vie des Soviétiques (programme de construction de logements, production de biens culturels de masse) et par la détente dans les relations avec le bloc de l'Ouest, malgré d'importantes crises (débarquement de la baie des cochons, crise des missiles de Cuba).

En octobre 1964, Léonid Brejnev parvient à évincer Khrouchtchev qui démissionne de son poste de premier secrétaire. Ce dernier termine sa vie paisiblement et publie ses mémoires en 1970.

89 La *tchatcha* est un marc de raisin géorgien.

90 Soukhoumi est la capitale de l'Abkhazie (voir note ci-dessus). Elle est peuplée de 65 000 habitant·e·s.

91 L'*adjapsandal* est un plat traditionnel d'Arménie, de Géorgie et d'Azerbaïdjan, à base d'aubergines, de poivrons, de tomates et d'aromates.

92 Amirani et Mehèr sont les héros respectifs d'une épopée géorgienne et d'une épopée arménienne.

93 Seymour Baïdjan (né en 1976) est un journaliste et écrivain azéri. *Gougark* (Baycan, Seymur, *Quqark*, Quanun Nəşriyyatı, 2011) raconte l'histoire d'amour entre un Arménien et une Azérie durant la guerre du Haut-Karabagh.

94 Günel Mövlud (née en 1981) est une journaliste, traductrice et poétesse azérie. Elle est née à Mekhdili, village azéri sous contrôle arménien jusqu'à la seconde guerre du Karabagh en 2020.

95 Meydan TV est un journal indépendant azéri en ligne basé à Berlin, et publiant des articles en azéri, anglais et russe. Fondé en 2013 par le blogueur dissident et ancien prisonnier politique Emin Milli, Meydan TV se focalise sur l'actualité, la corruption et les problèmes de droits de l'homme en Azerbaïdjan. Plusieurs de ses journalistes ont été poursuivi·e·s ou interdit·e·s de séjour dans le pays.

meydan.tv/az

96 Massoud Barzani (né en 1946) est un homme d'État irakien et un leader kurde.

En 1978, il succède à son père, Mustafa Barzani, à la tête du Parti démocratique du Kurdistan, luttant pour les droits territoriaux des Kurdes d'Irak. Durant la première guerre du Golfe, le PDK et d'autres partis kurdes se soulèvent contre le régime de Saddam Hussein, mais l'insurrection est matée.

En 1996, il est élu président du Gouvernement régional du Kurdistan. À la chute de Saddam Hussein en 2003, les Kurdes s'unissent et élisent le parlement régional kurde qui réélit Barzani à la présidence en 2005. Son mandat devait s'achever en 2013, mais il existe un flou juridique sur la légalité d'un troisième mandat potentiel de Barzani et les élections sont reportées à deux reprises. Finalement, il renonce à se représenter en 2017. Son neveu, Netchirvan Barzani, lui succède, tandis que son fils, Masrour, occupe le poste de Premier ministre.

97 Le FSB (Service fédéral de sécurité de la fédération de Russie) est le service de renseignement russe ayant succédé au KGB en 1991.

98 L'enregistrement (*reguistratsia*) est une obligation administrative héritée de l'URSS, et ayant toujours cours dans beaucoup des anciens pays de l'Union. Chaque citoyen·ne doit « enregistrer » son adresse au poste de police. L'enregistrement figure sur le passeport intérieur, l'équivalent de la carte d'identité.

Voyage en Ingouchie, 2017

99 L'*oblast* de Transcarpatie est la région la plus occidentale d'Ukraine. Elle est située aux frontières de la Pologne, de la Slovaquie, de la Hongrie et de la Roumanie.

100 La république d'Ingouchie, sujet de la fédération de Russie, est située dans le Caucase du Nord, à l'est de l'Ossétie du Nord et au nord de la Géorgie. Jusqu'en 1991, l'Ingouchie faisait partie, avec la Tchétchénie, de la RSS autonome de Tchétchénie-Ingouchie. L'Ingouchie est peuplée de 470 000 habitant·e·s. Magas, fondée en 1995, capitale depuis 2002, est peuplée de 12 000 habitant·e·s. Les peuples ingouches et tchétchènes descendent tous deux des tribus nakhs et leurs langues sont proches.

101 L'*aksakal* (littéralement « barbe blanche » dans les dialectes turcs) était, jusqu'à l'époque soviétique, l'homme le plus âgé et le dirigeant de la communauté dans les villages du Caucase et d'Asie centrale. Au Kirghizstan, les *aksakals* ont été rétablis dans leur fonction par décret en 1995.

102 Selon les sources grecques antiques, les Amazones faisaient partie des tribus scythes vivant à l'est de la mer Noire, dans un vaste territoire comprenant l'Ingouchie.

103 Serpoukhov est une ville de l'*oblast* de Moscou, située à 100 km au sud de la capitale et peuplée de 127 000 habitant·e·s.

104 Le Mémorial de la Mémoire et de la Gloire est un monument créé en 2012 au sein du Complexe mémoriel des victimes de la répression. Ce musée, fondé en 1997 à Nazran, a pour but de commémorer la répression des Ingouches sous Staline et, plus généralement, l'histoire du peuple ingouche.

memorialing.ru

105 Nazran est une ville d'Ingouchie, située au nord de Magas, et peuplée de 120 000 habitant·e·s. C'était la capitale de l'Ingouchie jusqu'en 2002.

106 La division indigène de cavalerie caucasienne, plus connue sous le nom de « Division sauvage », était une unité de cavalerie de l'Empire russe durant la Première Guerre mondiale, composée de volontaires des différents peuples du Caucase. Elle a été dissoute lors de la révolution russe.

107 Le *Mercredi noir* est une œuvre de la peintre ingouche Aïchet Daourbekova (née en 1950 au Kazakhstan).

108 La « Grande Guerre patriotique » est le nom donné en URSS et en Russie à la Seconde Guerre mondiale.

109 Le *raïon* de Prigorod est une division administrative de la république d'Ossétie du Nord-Alanie, sujet de la fédération de Russie.

Le *raïon* faisait partie de la RSS autonome de Tchétchénie-Ingouchie, jusqu'à la dissolution de celle-ci et la déportation des Tchétchènes et des Ingouches en 1944, date à laquelle le *raïon* a été rattaché à l'Ossétie du Nord. En 1957, la RSS autonome de Tchétchénie-Ingouchie a été restaurée et les Ingouches autorisé·e·s à rentrer, mais le *raïon* de Prigorod est resté sous l'autorité de l'Ossétie du Nord.

En avril 1991, le Soviet suprême d'URSS décrète que le *raïon* revient à la RSS autonome de Tchétchénie-Ingouchie. Durant l'été 1992, la police et les milices ossètes s'en prennent aux Ingouches. Fin octobre, ces dernier·e·s prennent les armes et se révoltent contre les autorités ossètes. Les forces ossètes et l'armée russe répriment durement l'insurrection, se livrant à un véritable nettoyage ethnique. 600 Ingouches sont tué·e·s et 65 000 autres sont expulsé·e·s. En novembre, Boris Eltsine, président de la fédération de Russie, promulgue un décret stipulant que le *raïon* demeure sous l'autorité de la république d'Ossétie du Nord.

110 Vladikavkaz est la capitale de la république d'Ossétie du Nord-Alanie. Elle est peuplée de 300 000 habitant·e·s. La ville a été fondée en 1784, après la conquête russe du Caucase, pour servir de base militaire.

111 Sounja est une ville d'Ingouchie orientale, située près de la frontière tchétchène. Elle est peuplée de 67 000 habitant·e·s.

112 Troitskaïa est une ville située à l'ouest de Sounja. Elle est peuplée de 18 000 habitant·e·s.

113 Les « tours de clan » ont été construites entre le VIIIe et le XVIIIe siècle. Au Moyen Âge, chaque famille ingouche aisée se devait d'en construire une. Ces édifices de pierre, hauts d'une dizaine de mètres, servaient à la fois d'habitation, de refuge et de tour de guet. Il en subsiste plusieurs centaines. Les Ingouches se désignent elleux-mêmes dans leur langue de *Ghalghaï*, ce qui signifie « habitant·e·s des tours ».

114 En Tchétchénie et en Ingouchie, les cimetières sont toujours appelés des « tombes solaires ». Le peuple Nakh – dont sont issus les peuples tchétchènes et ingouches – vouait un culte au soleil.

Voyages à Och, 2016-2017

115 Och est une ville du Kirghizstan occidental, près de la frontière ouzbèke. Elle est peuplée de 280 000 habitant·e·s.

116 En avril 2010, des émeutes éclatent à Bichkek pour protester contre la hausse des tarifs de l'énergie et la corruption du président Kourmanbek Bakiev. Les manifestant·e·s envahissent le parlement et le siège du gouvernement. C'est la « révolution du melon ». Le 7, l'opposition annonce la formation d'un gouvernement intérimaire dirigé par Roza Otounbaïeva et la destitution de Bakiev. Le 15, ce dernier fuit au Bélarus et démissionne. Des manifestations anti- et pro-Bakiev ont lieu en mai.

C'est dans ce contexte chaotique qu'éclatent les émeutes d'Och. Début juin, une banale bagarre entre des Ouzbek·e·s et des Kirghizes éclate dans un casino de la ville. Le 10, des Ouzbek·e·s attaquent des Kirghizes et incendient des bâtiments. Des groupes de Kirghizes ripostent les jours suivants, en attaquant des Ouzbek·e·s et en incendiant 2000 bâtiments, principalement des maisons ouzbèkes, à Och et à Djalalabad. Le 12, Otounbaïeva déclare l'état d'urgence et envoie la troupe rétablir l'ordre, mais la situation est hors de contrôle. Près de 100 000 Ouzbek·e·s fuient en Ouzbékistan. Le nombre de mort·e·s est incertain et varie, selon les sources, entre 400 et 2000. La police kirghize a été accusée de s'en prendre majoritairement aux Ouzbek·e·s durant la répression. En 2012, 77 % des personnes poursuivies pour les émeutes de 2010 étaient des Ouzbek·e·s.

117 Le khanat de Kokand était un royaume musulman, né en 1710 de la dislocation du khanat dzoungar et disparu en 1876, lors de l'annexion du Turkestan par l'Empire russe. En 1868, un

traité avec la Russie en fait un vassal de l'empire. Le khanat s'étendait sur les territoires de l'Ouzbékistan, du Tadjikistan et du Kirghizstan.

118 Les monts Alaï sont une chaîne de montagnes s'étendant dans le sud du Kirghizstan.

119 Kourmanjan Datka (1811-1907), également connue sous le nom de « tsarine de l'Alaï » et de « mère de la nation » (kirghize), était une souveraine du *khanat* de Kokand. En 1832, elle épouse Alimbek, le *datka* (roi) du khanat. Quand Alimbek est assassiné lors d'un coup d'État en 1862, Kourmanjan devient la souveraine du khanat. En 1876, lorsque l'Empire russe annexe la région, elle accepte la situation et renonce à résister, même lorsque l'un de ses fils est exécuté par les Russes pour contrebande d'armes.

120 Vassili Verechtchaguine (1842-1904) est un peintre orientaliste russe, célèbre pour ses scènes de batailles. Il a visité et peint de nombreuses régions du monde, de l'Europe à l'Inde, en passant par la Palestine, le Japon et l'Asie centrale. En 1868 et 1870, il est invité au Turkestan par Constantin von Kaufmann, le gouverneur de l'armée du Turkestan. Il en tire une série de tableaux orientalistes qui le rendent célèbre. En 1877-1878, il sert dans l'armée impériale durant la guerre russo-turque.

Son livre *À la guerre en Europe et en Asie* (Verešagin, Vasilij, *Na vojne v Azii i Evrope*, Kušnerev i K°, Moscou, 1894) a été partiellement publié en français sous le titre *Guerres et Voyages, 1864-1877* (éd. Lingva, 2019).

121 Le Musée d'histoire et d'archéologie Sulaiman-Too a été fondé en 1949. Il est situé sur la montagne de Sulaiman à Och.

122 Durant la période soviétique, le « coin rouge » était un espace dédié à l'alphabétisation et à la propagande communiste, dans les lieux publics (écoles, bibliothèques, sièges d'institutions, etc.). Le nom dérive du « coin rouge » orthodoxe, l'angle de la maison où sont disposées les icônes.

123 Le Turkestan était une province de l'Empire russe de 1865 à 1918, date à laquelle il devient la RSS autonome du Turkestan. En 1924, la république est elle-même scindée en RSS du Turkmenistan, en RSS d'Ouzbékistan, en RSS du Tadjikistan et en *oblast* autonome kara-kirghiz (le futur Kirghizstan).

124 La police était appelée « milice » en URSS et en Russie jusqu'en 2011.

125 « La Crimée est à nous ! » est un slogan apparu en Russie après l'annexion de la Crimée, et exprimant la joie du retour de la péninsule « à la maison ».

En réalité, la Crimée faisait partie du khanat de Crimée, État tatar vassal de l'Empire ottoman, jusqu'à sa conquête par l'Empire russe en 1783. Au XIXe siècle, la péninsule est colonisée par des Russes et les Tatars deviennent minoritaires. Après la révolution russe, la péninsule devient la RSS autonome de Crimée, sujet de la RSFS de Russie. En 1954, pour célébrer les 300 ans du rattachement de l'Ukraine à la Russie, Nikita Khrouchtchev cède la Crimée à la RSS d'Ukraine. À la chute de l'URSS, la Crimée demeure une république autonome au sein de la république d'Ukraine.

En 2014, durant la révolution d'Euromaïdan, le parlement ukrainien abroge la loi sur les langues régionales. Bien que le président n'ait pas ratifié ce vote, il exacerbe les tensions à l'est du pays et en Crimée. Des manifestations pro-russes (et des manifestations pro-maïdan) ont lieu dans la péninsule. Le Kremlin profite du désordre pour en prendre le contrôle. Les 26, 27 et 28 février, des « petits hommes verts » – des soldats sans signe d'identification, mais bien entendu russes – prennent le contrôle des aéroports de Simféropol et de Sébastopol, du siège du gouvernement et du parlement de Crimée. Le parlement limoge alors le gouvernement local et annonce un référendum d'autodétermination qui a lieu le 16 mars. Dans une Crimée occupée, le rattachement de la péninsule à la fédération de Russie est adopté avec 97 % des voix, avec un taux de participation officiel de 86 % (mais les opposant·e·s à l'annexion l'estiment plutôt de 30 %). Le 18 mars, la Russie annonce le rattachement de la Crimée à la Russie, en violation du mémorandum de Budapest de 1994 par lequel elle garantissait l'intégrité territoriale de l'Ukraine.

126 Le Donbass est une région de l'Ukraine orientale composée des *oblasts* de Donetsk et de Louhansk.

À la suite de la révolution d'Euromaïdan et du renversement du président ukrainien Viktor Ianoukovytch en février 2014, des manifestations pro-russes opposées au nouveau gouvernement ont lieu dans l'est et le sud-est du pays. Des « brigades d'autodéfense » se forment dans le Donbass et l'armée russe fait des manœuvres à la frontière ukrainienne. Le 28 février, la Russie envahit la Crimée. Le 7 avril, les manifestations pro-russes se transforment en insurrection armée dans le Donbass. Les séparatistes se saisissent du siège du gouvernement à Donetsk et proclament la république populaire de Donetsk. Le 27, la république populaire de Lougansk est proclamée à son tour. Le 11 mai, les séparatistes organisent des référendums d'autodétermination. L'indépendance est votée à 90 % à Donetsk et à 96 % à Lougansk. L'armée ukrainienne intervient. La Russie fournit en secret des hommes et des armes aux séparatistes. Deux accords sont successivement signés. Le protocole de Minsk, signé le 5 septembre 2014, prévoit, entre autres choses, un cessez-le-feu et une autonomie pour les *oblasts* de Donetsk et de Lougansk. Mais le cessez-le-feu est vite rompu, les deux parties s'accusant mutuellement de l'avoir violé. Le 12 février 2015, un accord similaire (Minsk II) est signé, renforçant considérablement l'autonomie des deux *oblasts*, et prévoyant une amnistie des combattants et un nouveau cessez-le-feu. Mais il n'est pas appliqué et le cessez-le-feu est à nouveau violé.

Depuis 2014, les combats ont fait 14 000 mort·e·s et déplacé 1,5 million de personnes. Les séparatistes contrôlent la moitié orientale de la région.

Le 21 février 2022, la Russie reconnaît l'indépendance des deux républiques populaires et signe un accord de coopération et d'entraide avec elles. Le 24, l'armée russe envahit l'Ukraine. Un mois plus tard, elle se retire de l'ouest de l'Ukraine pour concentrer les combats sur le Donbass et le sud du pays. La reconquête de la région par l'armée ukrainienne est toujours en cours à l'heure où nous écrivons ces lignes.

127 Le plov est un plat mijoté à base de riz, de légumes et de viande de mouton ou de bœuf, originaire d'Asie centrale.

128 Sulaiman-Too (« la montagne de Salomon ») est une montagne, au cœur de la ville d'Och. Elle se trouve au milieu d'une ancienne route de la soie. Le roi Salomon étant réputé y être enterré, c'est encore de nos jours un lieu de pèlerinage musulman.

Le roi Salomon (Sulaiman dans le Coran) est un personnage de la Bible. Il y est présenté comme un prophète et le roi d'Israël entre 970 et 931 avant J.C. On lui attribue la construction du premier temple de Jérusalem.

129 Zoroastre (ou Zarathoustra) est un prophète perse ayant vécu, selon les estimations, à une époque située entre 1400 et 400 avant J.C. C'est le fondateur du zoroastrisme, une religion antique perse.

LA DERNIÈRE ARTISTE SOVIÉTIQUE DEVIENT QUELQU'UN D'AUTRE

Voyage à Minsk, 2020

130 La république du Bélarus, ancienne RSS du Bélarus, est située entre la Pologne, la Lituanie, la Lettonie, la Russie et l'Ukraine. Elle est peuplée de 9,5 millions d'habitant·e·s et sa capitale, Minsk, de 2 millions d'habitant·e·s. Le pays, qui importe du gaz russe et exporte la majeure partie de sa production en Russie, est très dépendant de cette dernière.

131 Alexandre Loukachenko (né en 1954) est un homme d'État bélarusse.

Leader du komsomol et dirigeant de sovkhoze durant la période soviétique, il devient le premier président de la république du Bélarus en 1994. Il stoppe alors la libéralisation de l'économie. Les grandes entreprises appartiennent encore aujourd'hui à l'État et l'agriculture est toujours collectivisée. Le secteur public représente 60 % du PIB bélarusse.

En 1996, Loukachenko organise un référendum pour accroître ses prérogatives, dont celle de dissoudre le parlement qui vient de tenter d'abolir la fonction présidentielle. Il fait arrêter 89 des 110 député·e·s et les remplace par des partisan·e·s loyaux·ales. Il muselle plusieurs partis et journaux d'opposition.

En 2001, après une campagne où l'opposition n'a pas eu accès aux médias – contrôlés par l'État -, il est réélu président de la république dès le premier tour avec 76 % des voix. En 2004, il organise et remporte un référendum anticonstitutionnel qui supprime la limitation à deux mandats consécutifs de la fonction présidentielle. Il est ainsi réélu président en 2006, 2010, 2015 et 2020, toujours avec des scores soviétiques. Chaque scrutin est lourdement entaché de fraudes et dénoncé par l'opposition et la société civile.

Aux élections législatives de 2019, aucun·e candidat·e de l'opposition n'est élu·e.

En 2020, les candidats de l'opposition aux élections présidentielles, Viktor Babariko et Sergueï Tikhanovski, sont arrêtés. L'épouse de ce dernier, Svetlana Tikhanovskaïa, se présente à sa place. L'élection de Loukachenko – qui revendique 80 % des voix – déclenche des manifestations de masse et des grèves. Face aux manifestants, Loukachenko déclare : « Tant que vous ne me tuerez pas, il n'y aura pas de nouvelles élections. » Le mouvement est réprimé férocement. 35 000 personnes sont arrêtées.

En février 2022, Loukachenko organise un référendum constitutionnel. Adopté, celui-ci crée une assemblée concurrente au parlement : l'Assemblée du peuple bélarusse. Elle a le pouvoir de démettre le président, ce qui permettrait paradoxalement à Loukachenko de rester indéfiniment au pouvoir, en contrôlant son éventuel successeur. Le référendum abolit également le statut de zone dénucléarisée du pays.

Au même moment, le Bélarus sert de base arrière à l'armée russe pour l'invasion de l'Ukraine.

132 Nadia Saïapina (née en 1989) est une artiste et enseignante d'art bélarusse. Le 15 août 2020, elle participe à une performance collective dénonçant les violences policières. Lors de celle-ci, des artistes tiennent les portraits des victimes des récentes manifestations. Le 7 septembre, elle est arrêtée à son domicile puis condamnée à quinze jours de détention. À l'issue de sa peine, elle quitte le Bélarus pour s'installer à Kiev.

cargocollective.com/NadyaSayapina

133 Irina Soukhy (née en 1963) est une militante écologiste bélarusse. Elle dirige les organisations écologistes Ekodom (Maison écologique) et Réseau vert, et a mené la campagne contre la construction de la centrale nucléaire d'Astravets au Bélarus.

134 Les autorités bélarusses n'ont eu de cesse de minimiser la pandémie de coronavirus et n'ont pris aucune mesure d'ampleur. Il n'y a eu ni confinement, ni campagne de vaccination massive. Loukachenko a dénoncé la « psychose » autour de la pandémie et a vanté les vertus de la vodka, du sauna, du sport et du travail pour lutter contre la maladie.

135 Le drapeau blanc traversé par une bande rouge horizontale était celui de la république populaire bélarusse (1918-1919) et, brièvement, de la république du Bélarus, après l'effondrement de l'URSS. En 1995, Loukachenko a fait adopter le drapeau actuel, inspiré de celui de la RSS du Bélarus. Le drapeau rouge et blanc a été adopté par les militants de l'opposition et est actuellement interdit au Bélarus, de même que la devise « Vive le Bélarus ! ».

136 Svetlana Tikhanovskaïa (née en 1982) est une traductrice, enseignante d'anglais et femme politique bélarusse.

En 2020, son mari, Sergueï Tikhanovski, se porte candidat aux élections présidentielles, mais est arrêté pour trouble à l'ordre public. Il sera condamné à 18 ans de prison en décembre 2021. La candidature des deux autres candidats de l'opposition est également empêchée par le pouvoir. Viktor Babariko est arrêté pour délits financiers et de nombreuses signatures pour la candidature de Valéri Tsepkalo sont invalidées.

Tikhanovskaïa décide alors de se présenter et parvient à fédérer l'opposition. Durant la campagne, elle dénonce le régime autoritaire de Loukachenko et demande la libération des prisonniers politiques. Elle subit une violente campagne de presse misogyne.

Le 9 août, Loukachenko est élu avec 80 % des voix. Elle obtient 10 % des voix, mais dénonce les fraudes massives et affirme avoir obtenu en réalité entre 60 et 70 % des voix. Deux jours plus tard, elle se réfugie avec ses enfants en Lituanie d'où elle appelle à des manifestations qui s'avéreront massives. Se disant prête à exercer le pouvoir, elle crée le Conseil de coordination qui regroupe une partie de l'opposition bélarusse.

En mars 2021, le Bélarus demande à la Lituanie son extradition pour « crimes contre l'ordre et la sécurité publique ». La demande est rejetée.

En février 2022, alors que le Bélarus sert de base arrière à l'armée russe pour l'invasion de l'Ukraine, elle accuse Loukachenko de haute trahison et annonce la formation d'un gouvernement en exil.

137 Le 10 août 2020, au métro Pouchkinskaïa de Minsk, un manifestant de trente-quatre ans, Alexandre Taraïkovski, est abattu par la police. Le ministère de l'intérieur prétendra qu'il avait tenté de jeter un engin explosif qui lui aura explosé dans les mains. Mais une vidéo publiée quelques jours plus tard prouvera qu'il avait les mains vides et que la police lui a tiré dessus.

138 Nexta (contraction du mot bélarusse *nekhta* – quelqu'un – et du mot anglais *next*) est un média en ligne bélarusse principalement diffusé sur Telegram et sur YouTube. La chaîne a été lancée en 2015 par le journaliste Stepan Poutilo (né en 1998) et est basée en Pologne.

En 2020, Nexta diffuse les informations pratiques sur les manifestations et devient la chaîne Telegram la plus populaire du pays (1,2 million d'abonné·e·s). Les autorités bélarusses accusent alors la chaîne d'organisation d'émeutes de masse et de troubles graves à l'ordre public, avant de l'interdire.

Le 23 mai 2020, le vol Ryanair 4978 (Athènes-Vilnius), dans lequel se trouve l'ancien rédacteur-en-chef de Nexta, Roman Protassevitch (né en 1995), est détourné par un avion de chasse bélarusse et forcé d'atterrir à Minsk. Le Bélarus prétend qu'une bombe du Hamas est à bord (ce qui ne s'avérera pas être le cas). Protassevitch est arrêté à sa descente d'avion. L'UE dénonce un « acte de piraterie d'État ». En juin 2021, Protassevitch est placé en résidence surveillée. Il encourt une peine allant de quinze ans de prison à la condamnation à mort.

nexta.tv

139 Maria Kolesnikova (née en 1982) est une musicienne, femme politique et prisonnière politique bélarusse.

En 2020, elle dirige l'équipe de campagne de Viktor Babariko jusqu'à son arrestation. Elle rejoint alors l'équipe de Svetlana Tikhanovskaïa, aux côtés de Véronika Tsepkalo, l'épouse du candidat Valéri Tsepkalo, alors en exil. En août, elle devient membre du Conseil de coordination et fonde le parti politique Razam.

Le 7 septembre, elle est enlevée par des hommes cagoulés et menée à la frontière ukrainienne. Elle déchire alors son passeport pour empêcher un exil forcé. Elle est arrêtée et placée en détention. Un an plus tard, après un procès à huis clos, elle est condamnée à onze ans de prison pour « complots visant à s'emparer du pouvoir » et « appels à des actions portant atteinte à la sécurité nationale ».

140 Un *flash mob* est un rassemblement éclair dans un lieu public, généralement organisé au préalable sur internet.

141 Viktor Tsoï (1962-1990) était un chanteur soviétique. Leader du groupe de rock Kino, aujourd'hui encore extrêmement populaire en Russie, il meurt dans un accident de voiture en 1990.

La chanson « Peremen! » (Changement, 1986) est vite devenue une hymne à la Perestroïka, bien que Tsoï ait toujours dénié à ses chansons toute intention politique.

Extrait : « Nos cœurs réclament le changement. / Nos yeux réclament le changement. / Dans nos rires, dans nos pleurs et dans nos veines, / le changement, nous attendons le changement. »

142 Bélaruskali est une des plus grandes usines du Bélarus. Elle est située à Soligorsk, dans la région de Minsk. Créée en 1958, elle réalise 20 % de la production mondiale d'engrais à base de potasse.

En 2020, 4 000 ouvrier·e·s de l'usine votent la grève pour demander la démission de Loukachenko et de nouvelles élections. Des ouvrier·e·s sont arrêté·e·s et condamné·e·s à quinze jours de détention. Quarante-neuf autres sont licencié·e·s pour « absentéisme ».

143 Drazdy est un quartier huppé de Minsk, situé au nord-ouest de la ville. Beaucoup de responsables politiques bélarusses y ont leur résidence. De nombreux·ses diplomates étranger·e·s y résidaient jusqu'en 1998, quand Alexandre Loukachenko a déclaré les lieux « propriété du gouvernement » et les a expulsé·e·s.

Moscou : la lutte des générations, 2021

144 Alexeï Navalny (né en 1976) est un avocat, opposant et prisonnier politique russe.

Célèbre blogueur anti-corruption, il participe, l'hiver 2011-2012, aux manifestations dénonçant les fraudes aux élections législatives lors desquelles il qualifie Russie unie, le parti au pouvoir (*cf.* note 167), de « parti des escrocs et des voleurs ». La formule fait florès. Il participe par la suite à la plupart des manifestations de l'opposition et est régulièrement arrêté.

En 2013, il se présente à la mairie de Moscou, obtient 30 % des voix au premier tour, mais conteste les résultats. En 2018, il tente de se présenter aux élections présidentielles, mais sa candidature est rejetée par la commission électorale en raison de sa condamnation dans l'affaire Kirovlès, dans laquelle il est accusé d'avoir détourné 16 millions de roubles (377 000 euros) et pour laquelle il a été condamné à cinq ans de prison avec sursis.

En 2014, il est condamné à trois ans et demi de prison avec sursis dans l'affaire Yves Rocher dans laquelle il est accusé d'avoir détourné avec son frère 26 millions de roubles (400 000 euros). Navalny dénonce ces deux condamnations comme des manœuvres du gouvernement russe pour le réduire au silence.

En 2011, il crée la Fondation anti-corruption (FBK). En août 2019, l'ONG est accusée d'avoir détourné les dons de ses adhérents. Une vague de perquisitions s'ensuit et l'ONG est classée « agent de l'étranger ». En 2021, la justice russe la qualifie « d'organisation extrémiste » – ce qui interdit à ses membres de se présenter à une quelconque élection – et liquide l'organisation.

Le 20 août 2020, Navalny est empoisonné au *novitchok* et tombe dans le coma durant un vol reliant Tomsk à Moscou. L'avion est dérouté sur Omsk où des médecins lui sauvent la vie. Il est évacué à Berlin pour y être soigné. Le 17 janvier 2021, guéri, il rentre à Moscou, mais est arrêté dès sa descente d'avion. Le 19, le FBK publie sur YouTube une vidéo dans laquelle Navalny dénonce le montage financier opaque qui a permis à Vladimir Poutine d'acquérir un palais fastueux sur le bord de la mer noire. La vidéo est vue plus de 120 millions de fois.

En février 2021, il est condamné à deux ans et demi de prison pour avoir violé son contrôle judiciaire (alors qu'il était en convalescence en Allemagne) et est incarcéré dans la colonie pénitentiaire de Pokrov où il purge actuellement sa peine.

145 Les poisons *novitchok* sont des agents innervants développés en URSS et en Russie dans les

décennies 1970-1990, afin de contourner la Convention sur l'interdiction des armes chimiques et d'être difficilement détectables par les médecins légistes.

146 Vnoukovo et Chérémétiévo sont deux des trois aéroports internationaux de Moscou. Le premier est situé au sud-ouest de la ville et le second au nord.

147 « Un Palais pour Poutine » (sous-titré en français) : www.youtube.com/watch?v=Y3tqLF5zgfw

148 En décembre 2011, Russie unie, le parti au pouvoir en Russie, remporte les élections législatives et obtient la majorité absolue à la Douma avec 49,3 % des voix. L'opposition et des ONG dénoncent des fraudes massives lors du scrutin. En réaction, des manifestations de masse (regroupant plus de 100 000 personnes pour les plus importantes) ont lieu dans les grandes villes du pays durant l'hiver 2011-2012 pour réclamer des élections libres et honnêtes. Alexeï Navalny était un des leaders de ces manifestations.

Victoria Lomasko a documenté ces événements dans *D'Autres Russies* (The Hoochie Coochie, 2018).

149 Les OMON sont les unités de police s'occupant du maintien de l'ordre en Russie. Ils sont l'équivalent des CRS en France.

Moscou : la vie sur une île, 2021-2022

150 La Douma d'État est la chambre basse de l'Assemblée fédérale de Russie. C'est l'équivalent de l'Assemblée nationale en France.

151 Aliona Popova (née en 1983) est une journaliste, juriste et militante russe des droits de l'homme.

Elle a fondé de nombreuses organisations, pour la démocratie numérique (Gov2People), pour l'aide aux victimes de catastrophes naturelles (Corps civil) et pour le développement de l'entrepreneuriat féminin (Startup Women). En 2016, elle fonde « Tu n'es pas seule », une organisation féministe dédiée à la défense des droits des femmes et à la lutte contre les violences domestiques.

En 2021, elle rédige un projet de loi pour lutter contre les violences domestiques (la peine encourue a été allégée par la Douma en 2018). Elle rejoint le parti Iabloko et se présente à la Douma d'État à Moscou. Elle obtient 6,9 % des voix.

Elle s'était déjà présentée, sans succès, à la Douma d'État en 2011 (pour le parti Russie juste à Moscou), à la mairie de Moscou en 2013 (pour le parti Pouvoir civil), et à la Douma de Moscou en 2014.

alenapopova.ru

« Tu n'es pas seule » : tineodna.ru

152 Mikhaïl Lobanov (né en 1984) est un mathématicien, enseignant de l'Université de Moscou et militant de gauche russe.

Se définissant comme un « démocrate socialiste », il participe à des actions pour la défense de l'environnement, la préservation des bâtiments historiques et le soutien aux prisonnier·e·s politiques.

En 2012, il fait partie des organisateur·rice·s des cortèges universitaires lors des manifestations contre les fraudes électorales. En 2013, il cofonde le syndicat Solidarité universitaire.

En 2021, il est désigné candidat aux élections législatives par le Parti communiste de la fédération de Russie (PCFR), bien qu'il ne soit pas membre du parti. Il reçoit le soutien d'Alexeï Navalny qui promeut la stratégie du « vote intelligent » (voter pour le candidat de l'opposition le mieux placé face au candidat du parti Russie unie). Bien qu'arrivé en tête après le décompte des voix dans les bureaux de vote, il n'arrive finalement que second, après le décompte du vote électronique, en obtenant 31,65 %, ce qui reste le meilleur score d'un candidat de l'opposition à Moscou.

153 Solidarité universitaire : unisolidarity.ru

[154] Préobrajenskoié est un quartier de Moscou, situé au nord-est de la capitale.

[155] Ramenki est un quartier de Moscou, situé à l'ouest de la capitale. Il est traversé par la rivière Ramenka dont il est question ici.

[156] Les *soubbotniki* (de *soubbota*, samedi) étaient en URSS des journées de travail, souvent dédiées au nettoyage ou à la réparation du mobilier urbain. D'abord bénévoles, elles se sont vite transformées en corvées obligatoires. De nos jours, un *soubbotnik* est une action bénévole, souvent militante.

[157] Kirill Medvedev (né en 1975) est un poète, musicien, traducteur, éditeur et militant de gauche russe.

Auteur de poèmes autobiographiques en vers libres et traducteur de Charles Bukowski, il renonce publiquement à ses droits d'auteur en 2003 et fonde les éditions libres marxistes en 2007. En 2010, il cofonde le groupe folk-punk Arkadi Kots, dont il est le chanteur-guitariste.

Au début des années 2000, il milite dans le parti de gauche Vpériod (En avant !). Il s'est impliqué dans la campagne pour la préservation de la forêt de Khimki, près de Moscou (2010-2011), et a soutenu les manifestant·e·s bélarusses en 2020. En 2017, il s'est présenté, sans succès, aux élections municipales de Moscou.

[158] Arkadi Kots est un groupe folk-punk formé en 2010 à Moscou. Le groupe, notamment engagé dans les causes féministe et antifasciste, adapte des poèmes en musique et chante des chansons révolutionnaires. Sa chanson la plus connue est « Steny » (Les Murs, 2012), une adaptation de « L'Estaca » du chanteur antifasciste catalan Lluis Llach.

Le nom du groupe vient du poète socialiste russe et juif Arkadi Kots (1872-1943) qui a notamment traduit « L'Internationale » en russe.

arkadiykots.ru

[159] Dmitri Morozov (né en 1999) est un militant de gauche russe.

En 2015, il cofonde, dans sa ville natale d'Ijevsk, un mouvement trotskiste : Iskra (L'Étincelle). À partir de 2018, il est un des principaux dirigeants du RSD à Ijevsk. En décembre 2021, il est exclu du RSD pour harcèlement sexuel, insultes et propos sexistes.

[160] Alexandra Talaver (née en 1991) est une chercheuse ukrainienne, doctorante à l'université d'Europe centrale Budapest-Vienne au département d'études de genre. Elle étudie l'histoire du mouvement féministe et la condition des femmes en URSS.

[161] Le RSD (Mouvement socialiste russe) est un parti de gauche créé en 2011 par la fusion des partis trotskistes Vpériod (En avant !) et Résistance socialiste. D'autres groupes d'extrême-gauche l'ont rejoint par la suite. Le RSD se définit comme une organisation antifasciste, révolutionnaire, démocratique et socialiste.

En 2021, le RSD a soutenu la candidature de Mikhaïl Lobanov aux élections législatives à Moscou.

anticapitalist.ru

[162] Il s'agit de la chanson « Drakony » (Dragons). La chanson dit en réalité : « Le roi sera bientôt pendu à un chêne. »

www.youtube.com/watch?v=hvUEViYm9Ec

[163] Ijevsk est la capitale de la république d'Oudmourtie, sujet de la fédération de Russie, située dans l'Oural. La ville est peuplée de 640 000 habitant·e·s et la république de 1,5 million d'habitant·e·s.

[164] *Volia* (Liberté) est une revue anarchiste créée en 1989 par Vladlen Toupikine (né en 1965).

Quelques numéros en ligne (2012-2013) : issuu.com/gazeta_volja

[165] « Chroniques de la résistance » est un des chapitres du livre de Victoria Lomasko, *D'Autres Russies* (The Hoochie Coochie, 2018, p. 131-164).

[166] Ioulia Galiamina (née en 1973) est une linguiste, journaliste et femme politique russe.

Membre du parti d'opposition Iabloko, elle se présente, sans succès, à la Douma de Moscou en 2014 et à la Douma d'État en 2016. Elle est élue à la Douma de Moscou en 2017, essaie de se représenter en 2019, mais sa candidature est rejetée.

Elle a été arrêtée à maintes reprises lors des manifestations de l'opposition. En décembre 2020, elle est condamnée à deux ans de prison avec sursis pour avoir appelé à des manifestations interdites. En mars 2022, elle est condamnée à 30 jours de détention pour avoir appelé à une manifestation contre l'invasion de l'Ukraine par la Russie.

167 Russie unie est un parti politique de droite fondé en 2001 par la fusion des partis Patrie, Toute la Russie et Unité. Il est actuellement présidé par Dmitri Medvedev.

Parti de Poutine et du gouvernement, conservateur et proche de l'Église orthodoxe russe, il détient la majorité absolue à la Douma depuis 2003. Il a récolté 49,8 % des voix aux dernières élections législatives (2021). Il tend à devenir de fait un parti unique, le seul parti d'opposition faisant encore un score conséquent étant le PCFR (18,9 % des voix en 2021).

En 2011, Alexeï Navalny a accusé le parti Russie unie d'être gangrené par la corruption et l'a qualifié de « parti des escrocs et des voleurs ».

168 Monomaque (« celui qui se bat en combat singulier ») était le surnom de l'empereur byzantin Constantin IX. La couronne de Monomaque est la coiffe du tsar.

169 L'expression « second monde » désigne au départ les pays de l'ex-bloc communiste. Elle renvoie aujourd'hui plus largement aux pays en fort développement, d'Europe de l'Est, du Moyen-Orient, d'Amérique latine, *etc.*

170 Marina Antonova (née en 1989) est une peintre russe.

Elle a pris position contre l'invasion de l'Ukraine par la Russie.

www.marina-antonova.com

www.instagram.com/marina.antonova.art

171 La Moskova est la principale rivière traversant Moscou qui tire son nom de celle-ci.

172 La garde nationale russe (Rosgvardia) est une force militaire russe créée en 2016. Regroupant des effectifs de l'armée et du ministère de l'intérieur, elle est chargée du maintien de l'ordre dans le pays et de la lutte contre le terrorisme et le crime organisé.

173 Sergueï Skoutarou (né en 1979) est un peintre russe d'origine moldave.

174 Zélénograd est une ville de la banlieue nord-ouest de Moscou. Elle est peuplée de 250 000 habitant·e·s.

175 La Moldavie, ancienne RSS de Moldavie, indépendante depuis 1991, est située entre la Roumanie et l'Ukraine.

176 Nadiéjda Plouguian (née en 1983) est une critique d'art, enseignante, commissaire d'expositions et féministe russe. C'est une spécialiste de la peinture et du graphisme soviétiques de l'entre-deux-guerres et de la question du réalisme au XXe siècle. Depuis 2009, elle enseigne l'art étranger à l'Institut d'histoire culturelle de Moscou.

177 Véniachki est un quartier de Moscou, situé à l'est de la capitale.

178 « Le Crayon féministe » est une série d'expositions organisées par Nadia Plounguian et Victoria Lomasko entre 2012 et 2014 à Moscou, Mourmansk, Saint-Pétersbourg et Oslo. Elles présentaient le travail pictural d'artistes féministes russes.

Catalogue de l'exposition « Le Crayon féministe 2 » : issuu.com/feminfoteka/docs/fk2_katalog_ru

TABLE DES MATIÈRES

De la même autrice, aux éditions The Hoochie Coochie :

L'Art interdit (2014, avec Anton Nikolaïev)
D'Autres Russies (2018)

Traduit du russe par Gérald Auclin.
Conception graphique de Gérald Auclin et Benjamin Hariot.
Avec le soutien de Gautier Ducatez et Olivier Philipponneau.

Ce livre est défendu par l'agence de relation presse & libraires Les Ardentes, que nous remercions pour leur soutien dans la préparation des textes.

Tous nos remerciements pour sa patience, sa compréhension et sa coopération à Liza Rižnikova de l'imprimerie Jelgavas Tipogrāfija.

Les illustrations aux pages 88 et 150 ont été réalisées par des participantes, dans le cadre d'ateliers animés par Victoria Lomasko pour des groupes féministes.

Les illustrations aux pages 126, 127, 131, 139 et 145 ont été publiées la première fois sur le site ArtsEverywhere.ca

Le chapitre *Voyage au Daghestan* a été réalisé avec le soutien de la fondation Heinrich Böll, interdite d'activité en Russie depuis le 8 avril 2022.

ISBN 978-2-916049-94-6

Dépôt légal : premier trimestre 2023.

Achevé d'imprimer en décembre 2022 chez Jelgavas Tipogrāfija en Lettonie.

La Région Auvergne-Rhône-Alpes

Les éditions The Hoochie Coochie sont soutenues par la région Auvergne Rhône-Alpes dans le cadre du contrat de filière livre 2022-2023.